Het Nieuwe Bouwen in Rotterdam 1920-1960

1982
Delft University Press
Museum Boymans-van Beuningen

Research en catalogus van de tentoonstelling zijn mede mogelijk gemaakt dank zij financiële steun van
het Ministerie van Cultuur, Recreatie en Maatschappelijk Werk
het Prins Bernhardfonds
de Nederlandse Organisatie voor Zuiver Wetenschappelijk Onderzoek (ZWO)

The research and the catalogue for the exhibition have been financed in part by the following
the Ministry for Cultural Affairs, Recreation and Social Welfare
the Prince Bernhard Fund
the Netherlands Organization for the Advancement of Pure Research (ZWO)

De reconstructie van de Bergpolderflat werd gesponsord door Boele & Van Eesteren, Den Haag

The reconstruction of one of the Bergpolder Flats has been sponsored by Boele & Van Eesteren, The Hague

De door J.A. Brinkman en L.C. van der Vlugt ontworpen telefooncel werd geïnstalleerd door
het Staatsbedrijf der PTT

The telephone box designed by J.A. Brinkman and L.C. van der Vlugt has been installed by
the Netherlands Postal and Telecommunication Services

Uitgegeven door / Published by:
Delft University Press
Mijnbouwplein 11
2628 RT Delft
The Netherlands
015 783254

ISBN 90 6275 102 4

Printed in The Netherlands.

Inhoud
Contents

Voorwoord

Het Nederlands Documentatiecentrum voor de Bouwkunst en het Stedelijk Museum te Amsterdam, het Gemeentemuseum te Den Haag en het Rijksmuseum Kröller-Müller te Otterlo hebben in 1975 'in intensief samenspel' door vier tentoonstellingen een beeld gegeven van de Nederlandse architectuur van 1890 tot 1930. De belangstelling voor die tentoonstellingen was zo groot dat vrijwel onmiddellijk besloten werd om na een aantal jaren opnieuw een dergelijke opzet te entameren en dan met het thema van 'Het Nieuwe Bouwen en Nederland 1920-1960'. Die onderneming heeft nu zijn beslag gekregen in vijf tentoonstellingen (het Museum Boymans-van Beuningen te Rotterdam is een nieuwe partner) die elk een aspect van het Nieuwe Bouwen tonen, van de voorgeschiedenis tot de nadagen. Het Nieuwe Bouwen was een wereldwijd verschijnsel dat zich na de Eerste Wereldoorlog begon te manifesteren. Het besef dat een nieuwe maatschappij aanstaande was, vroeg in de ogen van velen om radicaal nieuwe oplossingen voor sociaal-economische en culturele problemen.
In Nederland leverden de beeldende kunstenaars en architecten die zich in De Stijl-beweging hadden verenigd, een eerste bijdrage aan die probleemstelling.

In de CIAM, Congrès Internationaux d'Architecture Moderne, verenigden zich in 1928 architecten, die aanpassing zochten aan de structurele veranderingen in de maatschappij en zich voorbereidden op de eisen die een in bevolkingstal exploderende wereld stelde aan industrialisatie, woningbouw en stedebouw.
Tegenover die gigantische opgaven zouden rationalisatie en standaardisatie de eerste voorwaarden zijn om de bouwproblemen op menswaardige wijze te kunnen oplossen.
Het Nieuwe Bouwen is in Nederland in ruime mate zichtbaar geworden: in de stedebouw, in de collectieve en individuele woningbouw, in de bouw van fabrieken, verzamelgebouwen en collectieve voorzieningen.
Sinds lang zijn die feiten niet onopgemerkt gebleven, ook niet in de recente geschiedschrijving van de architectuur. Maar tegelijkertijd moet 'alles nog gebeuren'. In de bewustmaking van het grote publiek (nog altijd de grootste belanghebbende) en in de bestudering van de historische feiten, zullen onze tentoonstellingen en de daarbij behorende catalogi (neerslag van het onderzoek) naar wij hopen stimulerend blijken.

Dat zovele overheden, bedrijven, fondsen en particulieren hun steun aan ons ondernemen wilden geven, stemt ons tot grote dankbaarheid. Met name willen wij het Prins Bernhardfonds en het Ministerie van Cultuur, Recreatie en Maatschappelijk Werk onze erkentelijkheid betuigen. Veel dank ook aan onze medewerkers en aan de onderzoekers die de werkgroepen versterkten.

W.A.L. Beeren
R.W.D. Oxenaar
Th. van Velzen
E.L.L. de Wilde
D. van Woerkom

Foreword

In 1975, as a result of intensive teamwork, the Netherlands Museum of Modern Architecture, the Stedelijk Museum in Amsterdam, the Gemeente Museum in The Hague and the Rijksmuseum Kröller-Müller at Otterlo presented a variegated picture of Dutch architecture from 1890 to 1930 in four exhibitions. The interest in them was so great that it was decided almost at once to take up a similar project again after a few years, this time on the subject of 'Nieuwe Bouwen' and the Netherlands 1920-1960. That undertaking has now resulted in five exhibitions (a new participant being the Boymans-van Beuningen Museum in Rotterdam), each of which shows a different aspect of 'Nieuwe Bouwen', from its prior history to its latter days. 'Nieuwe Bouwen' or Functionalism was a worldwide phenomenon which began to appear after the First World War. The realization that a new society was imminent was felt by many to demand radical new solutions to social, economic and cultural problems. In the Netherlands the first contribution to the stating of those problems was made by the artists and architects who had united in the De Stijl movement.

Architects who tried to adapt to the structural changes in society and prepare themselves to meet the demands made in respect of industrialization, housing and town planning in a world subject to a population explosion banded together in 1928 in CIAM, the Congrès Internationaux d'Architecture Moderne. In the face of these gigantic tasks they saw rationalization and standardization as the prime prerequisites for being able to solve the building problems in a humane manner.
'Nieuwe Bouwen' has become visible in the Netherlands to a high degree: in town planning, in communal and individual housing, in the building of factories, collective buildings and communal facilities.
These facts have not gone unnoticed for a long time, not have they been neglected in recent histories of architecture, but at the same time 'everything still remains to be done'. It is our hope that our exhibitions and the catalogues accompanying them (the products of the research) will help to stimulate awareness among the general public (still the people most concerned) and study of the historical facts.

We are most grateful that so many authorities, firms, funds and private individuals have proved willing to support our undertaking. In particular we would like to express our gratitude to the Prince Bernhard Fund and the Ministry for Cultural Affairs, Recreation and Social Welfare. Many thanks are also due to our staffs and to the researchers who strengthened the working parties.

W.A.L. Beeren
R.W.D. Oxenaar
Th. van Velzen
E.L.L. de Wilde
D. van Woerkom

Bij de tentoonstelling het Nieuwe Bouwen in Rotterdam 1920-1960

'Het Nieuwe Bouwen' is een historisch begrip dat internationaal verbonden is aan de activiteiten van de CIAM: Congrès Internationaux d'Architecture Moderne. Het eerste congres vond in 1928 plaats (25-29 juni): het 'Kongress für Neues Bauen', gehouden in Château de la Sarraz. Na afloop werd een verklaring uitgegeven die onder meer ondertekend was door H.P. Berlage te Den Haag, Gerrit Rietveld te Utrecht en Mart Stam te Rotterdam. Het laatste congres werd in 1959 gehouden in het Rijksmuseum Kröller-Müller te Otterlo. Van 1930 tot 1947 zou dit internationale gezelschap, waarin onder andere Le Corbusier sterk van zich deed spreken, zich laten presideren door de Nederlander C. van Eesteren.
Naast aanduidingen als 'functionalisme' en 'nieuwe zakelijkheid' werd vooral 'het Nieuwe Bouwen' in Nederland gebruikt om een nieuwe aanpak van bouw te betitelen. Het Nieuwe Bouwen vormde een element binnen de moderne architectuur maar het stond er niet aan gelijk.
Het Nieuwe Bouwen van de CIAM behelst een veelheid van overwegingen en activiteit waarbij bevolkingsgroei, industrialisatie en technische voortgang de gegevens vormen. Mét het zicht op het bestuurlijk onvermogen om deze zo te structureren dat zij het welzijn van de burger bevorderen en niet verpletteren. Het Nieuwe Bouwen prepareerde zich om op de economische en industriële schaalvergroting een gelijkwaardig antwoord te geven. Met als uitgangspunt de humane eis dat aan een ieder uit de bevolkingsmassa's een minimum aan woon- en leefvoorzieningen moest worden gegarandeerd, bleek alleen de combinatie van sociologische analyse, regulering van investeringen en grondaanschaf, standaardisatie in technische uitvoering, macro-organisatie van huisvesting en uitgekiende schakering van ruimtelijke indeling, het antwoord.
Aan sociale bekommernis om het herbergen van de bevolkingsmassa's had het ook eerder niet ontbroken en het uitzicht op een nieuwe architectuur was anno 1930 op verschillende individuele momenten gegeven. Nieuw was dat een internationale elite van architecten zich opmaakte om de actuele en toekomstige maatschappelijke vragen te bestuderen en daarop ter zake te reageren.
In die zin was er niet in de eerste plaats sprake van een nieuwe ***bouwstijl*** maar van een ***bouworganisatie,*** waarbij de brain-trust van de CIAM zich zelf en anderen inprentte dat analyse en maatschappelijke structuralisering dwingender waren dan esthetische overwegingen of architectonische kwaliteit.
De geboden oplossingen waren zo radicaal en veronderstelden zoveel veranderingen van levenswijze en esthetische appreciatie, dat men van een culturele revolutie kan spreken, waarvan óók de esthetiek een onderdeel vormde. Het Nieuwe Bouwen was geen voorzichtige renovatie van een bestaande maatschappij maar een klinkklaar geponeerd alternatief.
Het nieuwe arbeidershuis was geen afgeleide van een burgerlijke villa, zoals de kleine woningen uit de 19e/vroeg 20e eeuwse tuindorpen te zien hadden gegeven. Wat Rotterdam betreft: Vreewijk. Het Nieuwe Bouwen schoof alle exclusiviteiten terzijde en stelde de suprematie van de collectieve bouw waarin veel gegeven zou worden aan practische indeling, comfort en licht, maar waarbij ook veel afgenomen werd aan stoep, tuin of plat om overgeheveld te worden naar de grote collectieve

On the exhibition 'Nieuwe Bouwen' in Rotterdam 1920-1960

'Nieuwe Bouwen' is a historical concept that is linked internationally with the activities of CIAM, the Congrès Internationaux d'Architecture Moderne. The first congress, the 'Kongress für Neues Bauen', was held in 1928 (25-29 June) in the Château de la Sarraz. Among the signatories of the declaration which was published afterwards were H.P. Berlage in The Hague, Gerrit Rietveld in Utrecht and Mart Stam in Rotterdam. The last congress was held in 1959 in the Rijksmuseum Kröller-Müller at Otterlo. From 1930 to 1947 this international assembly, in which Le Corbusier was among those who made a strong mark, was to elect to be presided over by the Dutchman C. van Eesteren.
'Nieuwe Bouwen' was used in the Netherlands, alongside terms such as 'Functionalism' and 'Nieuwe Zakelijkheid', primarily to denote a new approach to building.
'Nieuwe Bouwen' constituted an element within modern architecture, but was not synonymous with it.
The 'Nieuwe Bouwen' of CIAM embraced a multiplicity of considerations and activities, in which population growth, industrialization and technological advance constituted the givens. In the realization that governments were incapable of structuring these in such a way that they would not shatter the wellbeing of the individual citizen, but promote it, 'Nieuwe Bouwen' prepared itself to give equally valid answers to the increase in scale of both the economy and industry. It took as its basic premiss the humane demand that each member of the masses must be guaranteed a minimum of housing and living facilities and to this the only answer appeared to be the combination of sociological analysis, regulation of investment and land acquisition, standardization of building techniques, large-scale organization of housing and carefully considered gradations in the dividing up of interiors. Social concern about the accommodation of the masses had not been lacking before this either and the prospect of a new architecture was held out at various individual points around 1930. What was new was that an international elite of architects were preparing to study the current and future social questions and provide relevant answers. In that sense what was in question in the first instance was not a new architectural style, *but an* architectural organization, *in which the brains' trust of CIAM impressed upon itself and others that analysis and social structuralization were more imperative than aesthetic considerations or architectonic quality.*
The solutions put forward were so radical and presupposed so many changes in lifestyle and aesthetic appreciation that they amounted to a cultural revolution, of which the aesthetics also formed a part. 'Nieuwe Bouwen' was no cautious renovation of an existing society, but a clearly posited alternative.
The new worker's house was not a derivative of a middle-class villa, such as had been presented in the little dwellings in the 19th- and early 20th-century garden suburbs, e.g. Vreewijk in the case of Rotterdam. 'Nieuwe Bouwen' swept all exclusivity aside and advocated the supremacy of the collective building, in which much would be given in respect of practical arrangement, comfort and light, but in which a lot was also taken away in respect of stoop, garden or terrace, which were siphoned off into the large communal facilities of parks, squares and roof gardens. At the very least that certainly demanded a new concept of living, a new lifestyle. The direct confrontation with the street was in many cases to disappear and in its place came a communication with nature and sunlight via the expanses of glass in the façades. That too implied a change of lifestyle, from enclosure and concealment to, at least visual, communication.

voorzieningen van parken, pleinen en daktuinen.
Dat vroeg op zijn minst wel om een nieuw besef van wonen, om een nieuwe woonstijl. De directe confrontatie met de straat zou in vele gevallen verdwijnen. Daarvoor in de plaats kwam een correspondentie met natuur en zonlicht door de ruim beglaasde gevels.
Ook dat impliceerde verandering van levensstijl, van geborgenheid en verborgenheid naar, althans visuele, correspondentie.
Maar ook inzoverre de Nieuwe Bouwers geen architectonische stijl pretendeerden en zich eerder de makers voelden van een vakmatig geschapen woon-instrument, impliceerde dat toch dat voorafgaande stijlen daarmee werden afgeschaft. De vertrouwde tekenen van behuizing van zadeldak en schoorsteen tot klein gevensterde, vaak donker ogende gevels, verdwenen als expressie van behuizing en wonen. Daarvoor in de plaats traden wit bepleisterde, metaal gedekte of met glas bevensterde volumens die niet zwaar uit de grond rezen, maar door nieuwe bouwconstructies van ijzer en gewapend beton, zich boven het straatniveau verhieven en zich als ware plastieken tot een uitgestrekte ruimte verhielden. Terecht heeft het publiek daar meer in gezien dan uitsluitend de rationalisering die men pretendeerde. Men ontdekte onherroepelijk ook bouw*stijl*.

Het bleek een titanenopgave om de overheden en andere belanghebbenden tijdig tot maatregelen te bewegen die het Nieuwe Bouwen zijn kans gaven. Even moeizaam was het om bij de directe belanghebbenden – de bewoners – vonken van sympathie te wekken. Tenslotte was er het quorum van architectencollegae die om integere beweegredenen of uit gebrek aan verbeeldingskracht, een stevig bakstenen alternatief boden.
De architecten van het Nieuwe Bouwen hadden een scherpe visie. Zij konden de maatschappelijke situatie in hun eigen tijd tamelijk wel onderscheiden, maar ook de schaal schatten waarop de problematiek van het bouwen zich weldra zou voordoen.
Om hun creaties en rationele planning naar volle waarde te schatten was het een vereiste om ook zelf in het perspectief van de toekomst te kunnen zien. Dat bleek voor de 'meerderheid' een zware opgave.

De stad Rotterdam kent vele bouwwerken die onder de noemer van het Nieuwe Bouwen vallen. Vooral in de experimentele fase van voor de oorlog zijn er roemruchte meesterwerken aan te treffen: de plastisch fascinerende en naar binnen voorbeeldig geordende woningen van de buurtwijk Kiefhoek door J.J.P. Oud, de Van Nellefabriek van Brinkman en Van der Vlugt, de eerste galerijflat van W. van Tijen.
Na de oorlog zijn er opnieuw historie makende feiten, met name dat van het winkelcomplex De Lijnbaan van Van den Broek en Bakema, dat de variabele toepassing in winkeltype binnen een generaal kader toestond en door expeditiewegen aan de achterzijde een vrije wandelstraat voor de voetgangers kon creëren. Ook in de eerste wijken is er volgens de principes en methodes van het Nieuwe Bouwen van verkaveling, strokenbouw, wooneenheid, getracht oplossingen te vinden voor de in een geschakeerde samenstelling te huisvesten bevolkingsmassa's.
Zonder ooit te zijn geraakt tot grootschalige consequente stedeplanning kent Rotterdam in het Nieuwe Bouwen een nabije historie waarin een actief en brillant architectenmilieu de uitzonderlijke momenten heeft gecreëerd die het internationaal vertrouwd en beroemd

But even though the 'Nieuwe Bouwen' architects laid no claim to an architectural style, feeling themselves rather to be the makers of a skilfully created housing instrument, that nonetheless implied that previous styles were done away with. The familiar drawing of a house, from a sloping roof and chimney to an often dark-looking façade with small windows, disappeared as an expression of house and home. In its place came volumes plastered white, clad in metal or windowed with glass, which did not rise massively out of the ground, but soared above street level, thanks to new building constructions of iron and reinforced concrete, and were related to a wide space as if they were sculptures.
People rightly saw more in them than just the rationalization they were claimed to be, irrevocably also discovering an architectural style.

The task of prevailing upon authorities and other interested parties to take steps in good time that would give 'Nieuwe Bouwen' its opportunity proved a titanic one. It was equally difficult to arouse sparks of sympathy among those directly involved, i.e. the inhabitants. And finally there was the quorum of fellow-architects who offered a solid brick alternative on unimpeachable grounds or out of lack of imagination.
The vision of the architects of 'Nieuwe Bouwen' was sharp. They were not only able to discern the social situation of their own time quite well, but they could also assess the scale on which the problems of building would soon present themselves. To be able to estimate their creations and rational planning at its true value, it was also necessary to be able oneself to see them in the light of the future and that proved a hard task for the 'majority'.

There are many buildings in the city of Rotterdam that come under the denominator of 'Nieuwe Bouwen'.
Renowned masterpieces of the experimental stage of before the war in particular are to be found there: the plastically fascinating dwellings with exemplary internal arrangements of the Kiefhoek district by J.J.P. Oud, the Van Nelle factory by Brinkman & Van der Vlugt and the first block of gallery flats by W. van Tijen.
After the war came new history-making developments, especially that of the Lijnbaan shopping complex by Van den Broek & Bakema, which allowed of the application of varied types of shop within a general framework, while succeeding in creating a street where pedestrians can walk freely by providing access roads at the back. In the first districts to be built, too, an attempt was made to find solutions for mass housing of a varied composition in accordance with 'Nieuwe Bouwen's' principles and methods of land organization, ribbon building and housing units.
Without ever getting as far as consistent large-scale town planning, Rotterdam has in 'Nieuwe Bouwen' a recent history in which a brilliant and energetic circle of architects created the outstanding moments that made it internationally known and renowned. It was this that gave the Boymans-van Beuningen Museum the ambition to make a contribution to the common plan of the big Dutch museums of modern art to initiate the mounting of a series of exhibitions.

The exhibition
The subject of the exhibition in the first instance is the architecture of 'Nieuwe Bouwen' itself, hence the marking out of buildings in the city and the 'route map' that leads to them. Then there are the grand plans that were not *carried out and to which we have drawn attention by large noticeboards in the city. This was made possible in a most amicable manner by the support of A. van der Plas, director-general of the Public Works Department, and his staff.*
The exhibition in the museum, like all architectural

hebben gemaakt. Het Museum Boymans-van Beuningen had daarom de ambitie een bijdrage te leveren aan de gezamenlijke opzet van de grote Nederlandse musea voor moderne kunst om het Nieuwe Bouwen tot inzet van een reeks exposities te maken.

De tentoonstelling

Het onderwerp van de tentoonstelling is op de eerste plaats de architectuur van het Nieuwe Bouwen zelf. Vandaar de aanduiding van gebouwen in de stad en de 'wandelkaart' die er naar verwijst. Voorts zijn er de *niet* uitgevoerde plannen van grote allure, waarvoor wij aandacht vragen middels grote schetsborden in de stad. Op zeer collegiale wijze werd dit mogelijk gemaakt door ondersteuning van ir. A. van der Plas, hoofddirecteur van de Dienst Gemeentewerken en zijn medewerkers.
De expositie in het museum steunt, zoals iedere architectuurexpositie, niet op realia maar op media en intermedia: foto's, dia's, films en maquettes. Veel dank zijn wij verschuldigd aan de heren W.J. van der Jagt, F. Hooykaas en W. Kooyman van de Architecten-gemeenschap Van den Broek en Bakema te Rotterdam. Grote erkentelijkheid betuigen wij de maquettemakers die met groot inzicht en gevoeligheid de monumentaliteit van gebouwen tot kleinschalige plasticiteit hebben vertaald. In het bijzonder noem ik ir. M. Risselada, medewerker aan de T.H. te Delft en zijn gezellen.
Eén maquette is van uitzonderlijke aard, die van een flat uit het woongebouw Bergpolder van W. van Tijen, opgeleverd in 1934. De reconstructie 1 : 1 werd practisch gerealiseerd door het bureau Bauer te Amsterdam en de firma Ottenheijm te Stiphout (Helmond). De sponsoring van dit project geschiedde door de firma Boele en Van Eesteren te Den Haag, de onderneming die eertijds de montagehoogbouw realiseerde.
De Esthetische Dienst, van de Centrale Directie der P.T.T. en de Ambachtelijke Werkplaatsen van de P.T.T. te Rotterdam restaureerden een telefooncel van Brinkman en Van der Vlugt anno 1932 in zijn oorspronkelijke staat. Alle vernuft was nodig om de precieze oorspronkelijke materialen en vormgeving te achterhalen.
Anderen reconstrueerden ten bate van onze informerende programma's de tijd waarin zij een historisch aandeel hadden.
Met name noem ik ir. A. Bos, oud-directeur van Volkshuisvesting, ir. J. Tillema, oud-directeur van Gemeentewerken, de heer H.J.A. Hovens Greve, stedebouwkundig onderzoeker van de Dienst Stadsontwikkeling, architect ir. E.F. Groosman en ir. W. Wissing, stedebouwkundige.

Alle hierboven vermelden zij onze grote erkentelijkheid geuit. Zo goed als de vele bruikleengevers die ons hun werken toevertrouwden.

Tenslotte zijn er de medewerkers van het veld. De vele vaste medewerkers van het museum. Hun inzet en die van onze vrienden die tijdelijk hun arbeidskracht en toewijding afstonden, was zo groot dat niet ik maar het onderwerp van de expositie zelf hen zou moeten bedanken.
Omdat ik echter alle enthousiasme en toewijding heb ervaren, zo goed als alle noden en perikelen, betuig ik nochtans mijn erkentelijkheid namens hen die het onderwerp ter harte gaat.

Wim Beeren

exhibitions, is based not on real objects, but on media and intermedia: photographs, slides, films and maquettes. We owe a great debt of thanks to W.J. van der Jagt, F. Hooykaas and W. Kooyman of the Van den Broek & Bakema Partnership in Rotterdam. We would also like to express deep gratitude to the maquette makers, who have translated the monumentality of buildings into small-scale plasticity with great insight and sensitivity. Mention must be made in particular here of M. Risselada of the Technological University at Delft and his companions.
One maquette of an exceptional nature is that of a flat from Van Tijen's Bergpolder block, completed in 1934. The 1:1 reconstruction was realized in practice by the Bauer Office in Amsterdam and the firm of Ottenheijm at Stiphout (Helmond). This project was sponsored by the firm of Boele & Van Eesteren of The Hague, the concern which realized the prefabricated high-rise building in the past.
The Aesthetics Department of the Central Management of the Netherlands Postal and Telecommunication Services and its Workshops in Rotterdam were responsible for the restoration of a telephone box of 1932 by Brinkman & Van der Vlugt to its original state. Great ingenuity was needed to track down the precise original materials and design.
Others reconstructed the period in which they had a historic share on behalf of our informational programmes. In particular I must mention A. Bos, former director of Housing, J. Tillema, former director of Public Works, H.J.A. Hovens Greve, town-planning researcher of the Urban Development Department, the architect E.F. Groosman and the townplanner W. Wissing.

To all those mentioned above we would like to express our deep gratitude and the same applies to the numerous lenders who have entrusted their works to us.

Finally there are the workers in the field, the many members of the permanent staf of the museum. Their application and that of our friends who lent us their labours and devotion for a time was so great that not I but the very subject of the exhibition itself ought to thank them. However, since I experienced all the enthusiasm and devotion, as well as all the pains and perils, I nonetheless extend my gratitude on behalf of all those who have this subject at heart.

Wim Beeren

1
J.A. Brinkman & L.C. van der Vlugt,
Van Nellefabriek, 1929.
Van Nelle factory, 1929.

2
J.A. Brinkman & L.C. van der Vlugt,
Van Nellefabriek, 1929.
Van Nelle factory, 1929.

3
J.J.P. Oud,
Kiefhoek, 1929.

4
J.A. Brinkman & L.C. van der Vlugt,
Woonhuis J. Sonneveld, 1932.
House for J. Sonneveld, 1932.

5
W. van Tijen, J.A. Brinkman & L.C. van der Vlugt,
Bergpolderflat, 1934.
Bergpolder Flats, 1934.

6
J.A. Brinkman & L.C. van der Vlugt,
Feyenoord Stadion, 1936.
Feyenoord Stadium, 1936.

7
W.Th. ten Bosch,
Woningbouw Jaffa, 1938.
Housing at Jaffa, 1938.
W. van Tijen & H.A. Maaskant,
Plaslaanflat, 1938.
Plaslaan Flats, 1938.

8
W. van Tijen & H.A. Maaskant
m.m.v. E.F. Groosman,
Zuidpleinflat, 1949.
Zuidplein Flats, 1949.

9
W. van Tijen & H.A. Maaskant,
Industriegebouw Goudsesingel,
1949.
Industry Building on
Goudsesingel, 1949.

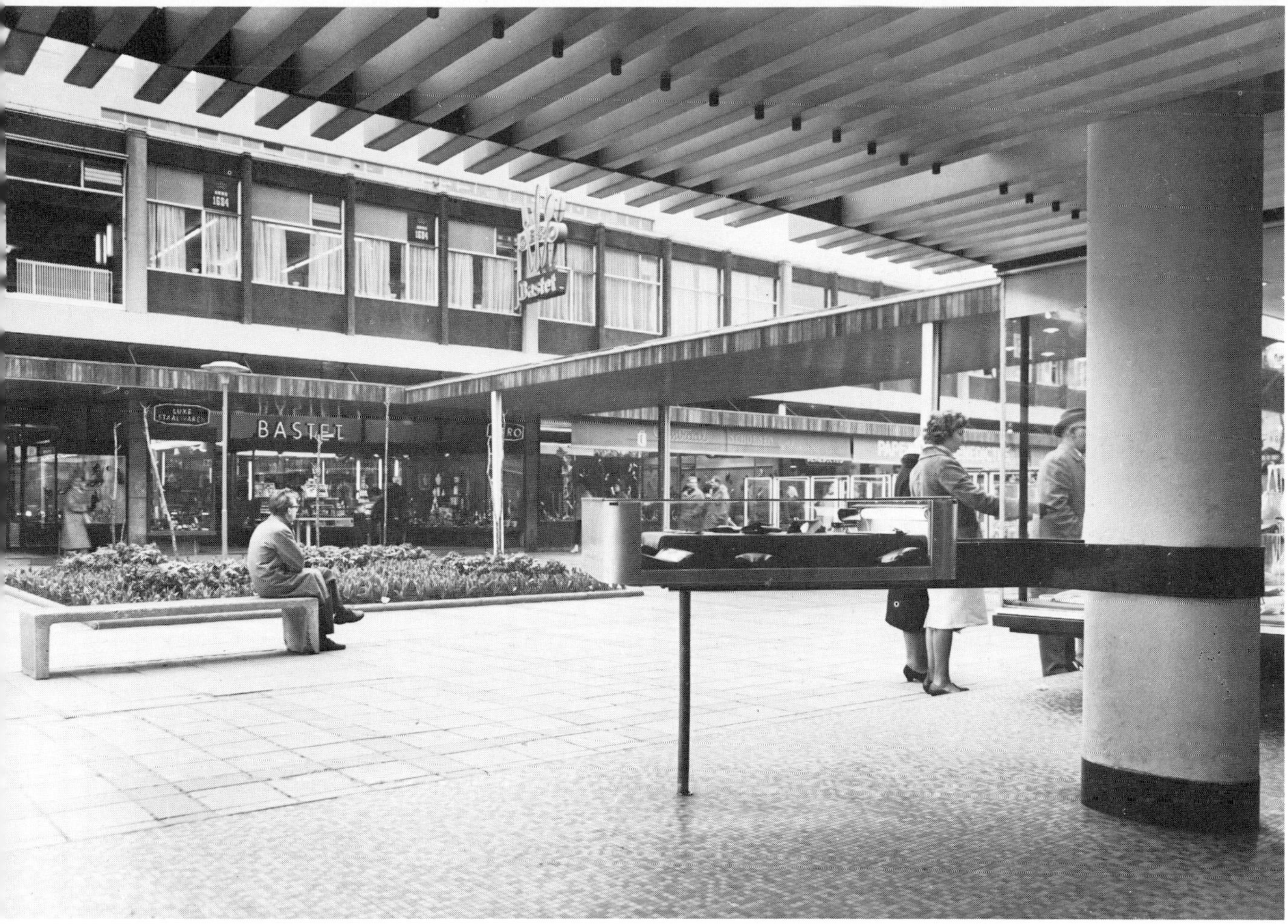

10
J.H. van den Broek & J.B. Bakema,
i.s.m. Dienst Stadsontwikkeling,
Lijnbaan, 1953.

11
B. Merkelbach & P. Elling,
Rijnhotel, 1959.
Rijn Hotel, 1959.

Data

Bestuur

1912 Dienst Gemeentewerken Rotterdam gesplitst in vijf hoofdafdelingen, één daarvan Stadsuitbreiding en gebouwen

1917 oprichting Gemeentelijke Woningdienst die taak Volkshuisvesting overneemt van Dienst Gemeentewerken, dir. ir. A. Plate

1924 ir. W.G. Witteveen chef hoofdafdeling Stadsuitbreiding en gebouwen, medewerker ir. A. van der Steur

1926 ir. W.G. Witteveen hoofd nieuwe afdeling Stadsontwikkeling, tevens stadsarchitect

1931 afdeling Stadsontwikkeling wordt zelfstandige Gemeentedienst, dir. ir. W.G. Witteveen

Idee

1920 oprichting Rotterdamse vereniging 'Opbouw' door architecten W. Kromhout en M. Brinkman

1927 oprichtingsmanifest Amsterdamse architectenkern 'de 8'
Weissenhofsiedlung in Stuttgart, woningen van o.a. J.J.P. Oud en M. Stam

1928 'Opbouw' organiseert in Rotterdam tentoonstelling internationale moderne architectuur
eerste voorbereidende bijeenkomst van de Congrès Internationaux d'Architecture Moderne, CIAM, La Sarraz. Beginselverklaring ondertekend door o.a. M. Stam

1929 CIAM 2 Frankfurt, de woning voor het bestaansminimum

1930 enkele leden van 'de 8' en 'Opbouw' vormen de Nederlandse Groep van het Internationale Congres voor het Nieuwe Bouwen, als vertegenwoordiging CIAM
CIAM 3 Brussel, rationele bebouwing woonwijk

1932 verschijning tijdschrift *de 8 en Opbouw* tot 1943 *Organische woonwijk in open bebouwing,* preadvies 'de 8' en 'Opbouw'
J.B. van Loghem publiceert *Bouwen, bauen, bâtir, building,* over het Nieuwe Bouwen

1933 CIAM 4 Athene, stedebouw: de Functionele Stad

1934 in kader CIAM 5 werkt 'Opbouw' tot 1937 aan plan voor groen- en recreatievoorzieningen voor Rotterdam, zgn. Groenplan
Gemeente Amsterdam, prijsvraag 'Goedkoope Arbeiderswoningen' Premies o.a. voor ontwerpen van W. van Tijen en J.H. van den Broek te Rotterdam

Bouw

1920 J.J.P. Oud, van 1918-1933 als architect verbonden aan de Woningdienst, ontwerpt woningcomplexen voor de nieuwe stadsuitbreiding Spangen

1921 M. Brinkman, woningcomplex in Spangen, galerijstraat en collectieve voorzieningen
op initiatief van ir. A. Plate wordt op grote schaal geëxperimenteerd met betonwoningen in Rotterdam-Zuid. Architecten J.M. van Hardenveld en A. Hulschbosch

1924 J.J.P. Oud, complex semi-permanente eengezinshuizen in Oud-Mathenesse

1928 ir. A. Plate richt de N.V. Volkswoningbouw op
J.A. Brinkman en L.C. van der Vlugt, villa C.H. van der Leeuw

1929 J.A. Brinkman en L.C. van der Vlugt, Van Nellefabrieken

1930 J.J.P. Oud, complex eengezinswoningen De Kiefhoek

1934 W. van Tijen i.s.m. J.A. Brinkman en L.C. van der Vlugt, woongebouw Bergpolder, i.o.v. N.V. Volkswoningbouw
Staalskelet, montagebouw

1935 J.H. van den Broek, woningbouw Vroesenlaan, half open bouwblok
W. van Tijen, woningbouw Frans Bekkerstraat, uitwerking prijsvraagontwerp 'Goedkoope Arbeiderswoningen'

Bestuur

1936 samenvoeging Gemeentelijke Woningdienst met Diensten Stadsontwikkeling en Volkshuisvesting tot Gemeentelijke Technische Dienst, dir. ir. W.G. Witteveen (Stadsontwikkeling), adj. dir. ir. L.J. van Dunné (Gemeentewerken) en ir. A. Bos (Volkshuisvesting); medewerkers o.a. ir. L.H.J. Angenot en ir. C. van Traa

1940 14 mei bombardement op Rotterdam, centrum en deel Kralingen verwoest
17 mei ir. J.A. Ringers benoemd tot (landelijk) Algemeen Gemachtigde van de Wederopbouw
18 mei opdracht college B. en W. aan ir. W.G. Witteveen voor nieuw stadsplan
16 december oprichting (Rijks) Dienst voor de Uitvoering van de Wederopbouw van Rotterdam (Diwero)

1941 1 januari oprichting Adviesbureau Stadsplan Rotterdam (ASRO) waarin opgenomen de afdeling Stadsontwikkeling, dir. ir. W.G. Witteveen
september ontwerpprijsvraag voor Hofplein en Blaak uitgeschreven door de Algemeen Gemachtigde, inzendingen van o.a. 'de 8' en J.H. van den Broek
oktober ir. W.G. Witteveen presenteert maquette nieuw stadsplan in Museum Boymans-van Beuningen

1942 Gemeentelijke Technische Dienst opgesplitst in vier Diensten, waaronder Volkshuisvesting (ir. A. Bos) en Stadsontwikkeling (ir. W.G. Witteveen, tevens stadsbouwmeester)
juli kritische nota van de Club Rotterdam (zakenleven Rotterdam, o.a. C.H. van der Leeuw) t.a.v. plan Witteveen

1944 dr. C.H. van der Leeuw benoemd tot afgevaardigde van Algemeen Gemachtigde bij ASRO
ir. W.G. Witteveen op non-actief, ir. C. van Traa neemt waar
juli instelling adviserende commissie Opbouw Rotterdam (OPRO) met o.m. de architecten J.H. van den Broek, H.M. Kraaijvanger, W. van Tijen en P. Verhagen

1945 oprichting overkoepelende Dienst Openbare Werken, waaronder de vier diensten Stadsontwikkeling (ir. C. van Traa), Volkshuisvesting (ir. A. Bos), Gemeentewerken (ir. J.A.C. Tillema) en Bouw- en Woningtoezicht vallen

1946 28 mei Basisplan voor de wederopbouw van Rotterdam van ir. C. van Traa aangenomen door de noodgemeenteraad L. Stam-Beese, als stedebouwkundig ontwerpster werkzaam bij de Dienst Stadsontwikkeling, krijgt opdracht tot ontwerp woonwijk Pendrecht

Idee

1937 CIAM 5 Parijs, wonen en ontspanning
tentoonstelling *Ontdek Uw Stad*, Rotterdam, o.a. presentatie Groenplan van 'Opbouw'
'de 8' en 'Opbouw' in gehele samenstelling lid van CIAM

1940 W. van Tijen en M.A. Maaskant, J.A. Brinkman en J.H. van den Broek, *Woonmogelijkheden in het nieuwe Rotterdam,* publicatie gelijknamige tentoonstelling in de Beurs (1941)

1941 'Opbouw' opgeheven

1942 studiegroep voor de architectonische verzorging van de naoorlogse woningbouw, voorzitter W. van Tijen

1946 *De toekomst der stad, de stad der toekomst,* publicatie van de in 1943 opgerichte studiegroep o.l.v. ir. A. Bos. Pleidooi voor de wijkgedachte

Bouw

1936 J.A. Brinkman en L.C. van der Vlugt, Feyenoordstadion

1938 W. van Tijen en H.A. Maaskant, flatgebouw Kralings Plaslaan, betonskelet, div. woningtypen
W.Th.H. ten Bosch, woningbouw Jaffa, strokenbouw

	Bestuur		Idee		Bouw
		1947	CIAM 6 Bridgwater, hereniging CIAM, voorbereiding CIAM 7 heroprichting 'Opbouw'	1947	uitvoering Kleinpolder, ontwerp L. Stam-Beese (Dienst Stadsontwikkeling)
		1948	begin reeks studieontwerpen 'Opbouw' voor Pendrecht in kader CIAM 7 en 8		
1949	ASRO opgeheven, taak overgenomen door nieuwe Dienst Stadsontwikkeling en Wederopbouw, dir. ir. C. van Traa (tot 1964)	1949	CIAM 7 Bergamo, de menselijke nederzetting en zijn architectonische expressie	1949	J.H. van den Broek en J.B. Bakema, woningbouw Vredenoordlaan in kader wederopbouw Kralingen W. van Tijen, H.A. Maaskant i.s.m. E.F. Groosman, woongebouw Zuidplein, collectieve voorzieningen, betonskelet W. van Tijen en H.A. Maaskant, ontwerp Zuidwijk, gedeeltelijke uitvoering
		1951	CIAM 8 Hoddesdon, 'core': het gemeenschapsvormende element in de nederzetting		
		1952	begin reeks studieontwerpen 'Opbouw' voor geprojecteerde stadsdeel Alexanderpolder in kader CIAM 9 en 10	1952	W. van Tijen en H.A. Maaskant, Groothandelsgebouw, verzamelgebouw voor grossiers
		1953	CIAM 9 Aix-en-Provence, de betekenis van woning en wonen: Habitat	1953	J.H. van den Broek, J.B. Bakema, F.J. van Gool, Lijnbaan centrum, in opdracht van Dienst Stadsontwikkeling uitvoering Zuidwijk, oorspronkelijk ontwerp gewijzigd door H.C. Milius (Dienst Stadsontwikkeling) uitvoering Pendrecht, ontwerp L. Stam-Beese (Dienst Stadsontwikkeling)
		1955	'De woonwijk van morgen', maquette c. 15x15 m van 'Opbouw' plan voor Alexanderpolder op *E'55*-tentoonstelling	1955	Nationale tentoonstelling *E'55.* Architectonische verzorging J.H. van den Broek en J.B. Bakema
		1956	CIAM 10 Dubrovnik, Habitat, onderlinge relatie mens-omgeving	1956	H.A. Maaskant, H.D. Bakker en A. Krijgsman, Lijnbaanflats
		1957	reorganisatie CIAM; opheffing 'de 8' en 'Opbouw'		
		1958	W. van Tijen e.a., *Ieders Huis Straks,* 1:1 woningmodel in Bouwcentrum. Toepassing resultaten studiereeks *Functionele grondslagen van de woning* (Bouwcentrum, o.a. W. van Tijen en M. Stam)		
		1959	CIAM-congres 'nieuwe stijl', museum Kröller-Müller, Otterlo; CIAM definitief opgeheven		

De strijd om een goed gebouwde stad

De (Eerste) Wereldoorlog en de dreiging van een revolutie in de nadagen van die oorlog was men rond 1920 in Rotterdam nog niet vergeten. Voor de havenstad Rotterdam, met een achterland tot ver buiten Nederland, was de bedrijvigheid in de laatste oorlogsjaren zeer sterk teruggelopen. Door de nog onveilige Noordzee en de enorme verliezen van de internationale vloot, kwam die bedrijvigheid ook maar langzaam op gang. Dit deed afbreuk aan het algemene economische beeld dat gekenmerkt werd door een naoorlogse hausse, gevolgd door een kostencrisis en zich daarna tot de grote crisis van de jaren dertig, weer herstellende economie.[1]

Hoewel een totale revolutie uit was gebleven, twijfelde niemand er in de jaren twintig aan dat de komende tijd revolutionaire ontwikkelingen op vele gebieden te zien zou geven. De doorzettende industrialisatie in Nederland en in het buitenland zou tot een toenemende verstedelijking leiden zoals ook de omringende landen al hadden aangetoond. Rotterdam verwachtte zelfs dat het zou uitgroeien tot één van de grote Europese metropolen.[2]

Maar ook werden er grote maatschappelijke veranderingen verwacht. Alleen de dreiging van de revolutie leidde al tot aanzienlijke concessies aan de arbeidersbeweging op het gebied van woon- en werkomstandigheden.

De havenstaking van februari 1920 leidde in Rotterdam weliswaar tot een hechtere samenwerking van de havenbaronnen en een vrijwel volledige nederlaag voor de havenwerkers, maar de organisatiegraad onder alle arbeiders bleef toenemen.[3]

In de jaren dertig werden onder invloed van de wereldcrisis en de toenemende werkeloosheid de arbeidersbewegingen en organisaties in het defensief gedrongen.

Door de crisis had Rotterdam na de oorlog niet de oppervlakte en het inwonertal bereikt dat voorspeld was. Ondanks aanzienlijke vernieuwingen, concentraties van kapitaal en start en voortgang van belangrijke infrastructurele werken, werd Rotterdam geen wereldstad, die de vergelijking met Parijs of Londen kon doorstaan.

Rotterdam bleef voor een belangrijk deel een havenstad, waarbij de havenbelangen prevaleerden boven de stadsbelangen. Doordat de economische en sociale verbeteringen voor een groot deel van de bevolking stagneerden, verslechterde de situatie zelfs, zij het dat de levensstandaard niet daalde onder het peil van de Eerste Wereldoorlog.[4]

Binnen dit algemene kader kunnen de ontwikkelingen op stedebouwkundig gebied geïnterpreteerd worden.

Die stedebouwkundige ontwikkelingen kunnen op zich in een aantal aspecten aangetoond worden. Daartoe kan zowel voor een territoriale als voor een functionele onderscheiding worden gekozen.

Een territoriale indeling is voor de beschreven periode adequater, omdat de functionele indeling die het Nieuwe Bouwen het liefst hanteerde, in de beschreven periode zeker een veel voorkomende benadering in de praktijk van de stedebouw was.

Bij het verkeer en de volkshuisvesting in Rotterdam echter past een indeling naar functie beter.

Maar zelfs bij deze aspecten gaat het om incidenten en zeker niet om een volwaardig en doelgericht opererend planapparaat op het niveau van de stedebouw.

Allereerst zal kort aandacht besteed worden aan de havenwerken, voor zover ze direct en indirect via de

The fight for a well built city

Around 1920 the First World War and the threat of a revolution towards the end of it had not yet been forgotten in Rotterdam. As a port with a hinterland extending beyond the frontiers of the Netherlands, the city had suffered a very sharp decline in its activity in the last years of the war and that activity was also slow in getting going again owing to the enormous losses in the international fleet and the fact that the North Sea still remained dangerous. This detracted from the general economic picture which was characterized by a postwar boom, followed by a costs crisis and a subsequent recovery in the economy up to the great crisis of the thirties.[1] Although no total revolution had taken place, no-one doubted in the twenties that the years to come would see revolutionary developments in many spheres. The thrusting industrialization in the Netherlands and elsewhere would lead to an increasing urbanization such as had already taken place in the surrounding countries, while Rotterdam itself was even expected to grow into one of the great European metropolises.[2] But it was also anticipated that there would be great social changes. The mere threat of revolution had already led to considerable concessions to the working-classes in respect of living and working conditions.

Admittedly, the dock strike of February 1920 in Rotterdam had resulted in closer co-operation among the dock barons and a virtually total defeat for the dockers, but the level of organization among all workers continued to rise.[3]

In the thirties, under the influence of the global crisis and the growth in unemployment, the workers' movements and organizations were driven on the defensive. Because of the crisis Rotterdam had failed after the war to achieve the size and number of inhabitants that had been predicted.

Despite considerable rebuilding, concentrations of capital and the initiation and continuation of important infrastructural projects, it had certainly not become a metropolis that could stand comparison with Paris or London, for example.

It remained a port in the main and the interests of the port prevailed over those of the city. Because of the stagnation in economic and social improvements, the situation even worsened for a large section of the population, although the standard of living never fell below the level of the First World War.[4]

The developments in the field of town planning must be interpreted within this general context. These developments in themselves can be divided into a number of aspects, the choice here lying between a territorial or a functional division. For the period in question a territorial division is more satisfactory, since the functional division that 'Nieuwe Bouwen' preferred to use at the time was certainly a very common approach in town-planning practice. In the case of transportation and municipal housing in Rotterdam, however, a functional division is more appropriate. But even in these aspects what were in question were only incidents and certainly not a purposeful and fully operative planning apparatus at a town-planning level.

First of all, brief attention will be paid to the work on the docks insofar as this had an influence via the changes in the urban morphology and the regulation of the life of the city. Then will follow a discussion of the expansion of the city on the north-west side with the problems of the link up with Schiedam, Delft and the inner city, the development on the north-east side, with the 'Wood and Park Plan' as its most spectacular element, and the development of Rotterdam South, which is closely bound up with the tempo of the development of the entire city and in particular with the transport and dock

verandering van de stedelijke morfologie en de regulering van het stadsleven invloed deden gelden.
Vervolgens zullen de stadsuitbreidingen in noordwestelijke richting met de aansluitingsproblemen naar Schiedam en Delft, de binnenstad en de ontwikkeling naar het noordoosten die als spectaculairste element het 'Bosch- en Parkplan' bevat, ter sprake komen. De ontwikkeling van Rotterdam-Zuid die nauw verbonden is met het tempo van de ontwikkeling van de hele stad en speciaal met de verkeers- en havenproblematiek. Tenslotte zal aandacht besteed worden aan de specifiek stedebouwkundige problematiek, die zowel de uitbreidingen als de totale centrumfunctie voor de oude (binnen)stad van Rotterdam opleverde. Als afsluiting zal worden ingegaan op de interventies van diensten en particuliere organisaties die commentaar op deze ontwikkelingen leverden (afb. 1).

Havens
Hoe belangrijk de ontwikkeling van de havens voor Rotterdam was, kan een citaat uit *Rotterdam en hoe het bouwde* van J.G. Wattjes uit 1939, duidelijk maken:
De haven blijft zich ontwikkelen. Op waarlijk grootsche wijze worden de hoeveelheid wateroppervlak en de lengten der kaden uitgebreid. De Waalhaven, van 1906 tot 1931 aangelegd, vormt met haar oppervlak van 300 ha bij diepten van $8\frac{1}{2}$ en 10 m, de grootste en meest moderne haven der wereld. Aangelegd worden de St. Jobshaven met $8\frac{1}{2}$ m diepte in 1908, de Schiehaven, diep 8 m, in 1909, de Lekhaven en de IJsselhaven, beide diep 10 m, in 1916, de Benzinehaven met 3 m diepte in 1927, de Merwehaven met haar drie bassins van 8 m, 10 m en 12 m diepte, de petroleumhaven, diep 10 m, in 1933. Het Schiekanaal, dat de Delfshavensche Schie met de Rotterdamsche Schie verbindt en het Noorderkanaal, een voortzetting van het Schiekanaal, dat de beide Schieën met de Buitenrotte in verbinding brengt, in 1938 gereed gekomen, geven een omlegging en verbetering van de binnenscheepvaartwegen. Ongeveer terzelfder tijd krijgt de Delfshavensche Schie door de Coolhaven en de Parksluizen via de Parkhaven een voor de grootere binnenschepen betere verbinding met de Maas. Ook ongeveer terzelfder tijd komt de groote nieuwe verkeersweg van Rotterdam naar Den Haag gereed. Tot den aanleg van een tweede, groote petroleumhaven onder Pernis, met 140 ha, voor de petroleum-industrie bestemde, terreinen, werd in Maart 1938 door het gemeentebestuur besloten.[5]

De hier opgesomde werken zijn ten eerste direct al door hun ruimtebeslag van grote invloed geweest op de hoofdvormen van de stad. De nieuwe havens drongen namelijk diep de stad of het land in en waren bovendien voorzien van gigantische apparatuur voor op-, overslag en vervoer. Deze apparatuur creëerde te zamen met de gebouwen en de grote zeeschepen om de havengebieden een soort territoria met geheel eigen vorm en karakter.
In deze zin kunnen we spreken van een directe invloed van de haven op het stadsbeeld. Deze dynamiek komt in de volgende aspecten tot uitdrukking.

Ruimtebeslag
Een groot deel van de stad werd direct of indirect in dienst van het scheepvaartverkeer en de daarmee verwante industrieën en diensten gesteld. Daarvoor moest letterlijk aarde bewogen worden. Grote hoeveelheden grond die voor de nieuwe havens werden afgegraven, werden elders in de stad weer opgespoten. Zo werd ook hier door de havens de omgeving totaal veranderd.

Dynamiek van het 'moderne'
Direct concurrerend met enerzijds het platteland en

problems. Finally, we shall consider the specific town-planning problems posed by the extensions as well as the function of the old (inner) city as the overall centre and look at the interventions on the part of services and private organizations that had their say in these developments (fig. 1).

Docks
Just how important the development of the docks was for Rotterdam can be made clear by a quotation from J.G. Wattjes' Rotterdam en hoe het bouwde *of 1939:*
The harbour continues to develop. The amount of water area and the lengths of the quays have been extended in a truly grand manner. The Waalhaven, constructed between 1906 and 1931, constitutes the biggest and most modern dock in the world with its area of 300 hectares at depths of $8\frac{1}{2}$ and 10 metres. The St. Jobshaven with a depth of $8\frac{1}{2}$ m was constructed in 1908, the Schiehaven with a depth of 8 m in 1909, the Lekhaven and the IJsselhaven, both 10 m deep, in 1916, the petroleum dock with a depth of 3 m in 1927, the Merwehaven with its three basins 8, 10 and 12 m in depth and the oil dock, 10 m deep, in 1933. The Schie Canal, which links the Delfshaven Schie with the Rotterdam Schie, and the Noorder Canal, a continuation of the Schie Canal, which links the two Schies with the Buitenrotte, completed in 1938, provide a diversion and improvement of the inland waterways. Around the same time the Delfshaven Schie acquired a better link with the Maas for larger inland vessels through the Coolhaven and the Parksluizen via the Parkhaven, while the large new arterial road from Rotterdam to The Hague was also completed around the same time. In March 1938 the city council decided on the construction of a second large oil dock below Pernis, with 140 hectare terrains earmarked for the oil industry.[5]
The work summed up here already had a great direct influence on the main lines of the city in the first place through the amount of space they occupied, for the new docks penetrated deep into the city or the countryside, while they were, in addition, equipped with gigantic apparatus for storage, transhipment and transportation. Along with the buildings and the big ships this apparatus created territories of a kind that had a form and character entirely of their own. In this sense it is possible to speak of the harbour having a direct influence on the city's image. This dynamism found expression in the following aspects.

Monopoly of space
A large part of the city was directly or indirectly devoted to the service of the shipping and the industries related to it. The earth had literally to be moved for this. Great quantities of earth that had been dug out for the new docks were pumped out elsewhere in the city, so that the environment there was totally altered by the docks.

The dynamism of 'modernity'
In direct competition with the countryside on the one hand and the city on the other, an environment was created that had an aspect all its own on the visual level too. Cranes, grain elevators, dredgers, refineries,conveyor-belts and railway emplacements constituted a new dynamic and mechanized world, which made a deep impression on the people moving around or past it. These impressions of a new and totally artificial landscape penetrated culture in the narrower sense, that of art and architecture. Although one is more inclined to think of the industrial metaphor in connection with the 'machine-aesthetics' of the 'Functionalists', it is possible that in Rotterdam the harbour provided a stimulus for the development of architectural style (fig. 2).[6]

anderzijds de stad werd een omgeving geschapen die ook op beeldend niveau een gehele eigen uitdrukking had. Kranen, graanelevatoren, baggermachines, raffinaderijen, transportbanden en spoorwegemplacementen vormden een nieuwe dynamische en gemechaniseerde wereld die grote indruk maakte. Deze indrukken van een nieuw en totaal cultuurlandschap werkten door in de cultuur in engere zin, in kunst en bouwkunst.
Hoewel men bij de 'machine-esthetiek' van de 'Nieuwe Zakelijken' eerder aan de industriële metafoor dacht, is het mogelijk dat in Rotterdam de haven voor de ontwikkeling van de beeldtaal in de architectuur stimulerend was (afb. 2).[6]

Het onmogelijke is mogelijk
Zeker in combinatie met de Zuiderzeewerken, de Hoogovens en de sluizen van IJmuiden heeft de schaal waarop land water werd en water land, grote invloed op de Nederlanders gehad. Men had sterk het gevoel dat voor de ingenieur als nieuwe magiër alleen verboden in financiële of politieke zin hem ervan konden weerhouden om de totale leefomgeving te veranderen. Hiermee was in feite ook de mogelijkheid of misschien zelfs de noodzaak tot het ontstaan van een nieuwe mens geschapen.

Noord West Rotterdam
Op basis van o.a. de cijfers van de Volkstelling van 1900 en de Woningwet die in 1902 in werking trad, had ook Rotterdam besloten tot een planmatige stadsuitleg. Al in 1903 werd door de gemeentewerken onder leiding van ir. G.J. de Jongh een uitbreidingsplan ingediend (afb. 3). Dit plan werd na enkele wijzigingen en met uitsluiting van een gebied langs de spoorbaan in 1906 vastgesteld.
Het was in feite een samenvoeging van een aantal al geheel of gedeeltelijk uitgewerkte plannen. De volgende gebieden werden onderscheiden: Coolpolder, Bospolder, Mathenessen, Spangen en de 'Reserveboezem Schieland'.[7] Het was zeker niet zo dat de technici van de Gemeente een totale planmatige uitleg afwezen, zoals gesuggereerd wordt in de gangbare literatuur.
We kunnen eerder spreken van een lange plantraditie.[8]
Wel werden op het politieke vlak de realisaties ervan telkens weerstreefd door anders gestelde prioriteiten. Deze prioriteiten waren grotendeels afhankelijk van de groeperingen van het handels- en havenkapitaal, de speculanten en als intermediair daartussen, de banken.[9]
Zelfs toen bij alle partijen overeenstemming bestond over de noodzaak van een volkshuisvestingsprogramma, werden de belangen van de speculanten ontzien en werden bv. de gordel tussen de 19e eeuwse wijken en de nieuw door de Gemeente verworven terreinen niet direct in ontwikkeling genomen voor de huisvesting van de arbeiders. Er werden slechts door middel van bouwverordeningen pogingen gedaan tot voorkoming van toekomstige krottenwijken, waarbij er pas laat via 'Bauberatung' en schoonheidscommissie van een vorm van aarzelende stedebouw sprake was.[10]
Verder werden ontwikkelingen en uitbreidingsplannen belemmerd door plannen voor weg- en spoorverbindingen. Wat het wegverkeer betreft was er het probleem van de aansluiting van de weg van Den Haag naar Rotterdam, de latere Rijksweg. Bij de waterwegen vormden vooral de Delfshavense Schie en de voorgestelde nieuwe kanalisaties en aansluitingen een groot probleem.
Dit leverde weer nieuwe problemen op voor een groot deel van het noordwestelijk terrein, omdat een nieuwe verdeling in de polderstructuur en de daarbij behorende bemaling noodzakelijk werden. Tenslotte moest het spoorwegnet naar de nieuwe havens verbeterd worden en werd er door

The impossible is possible
Certainly in combination with the Zuider Zee works and the steelworks and locks at IJmuiden, the scale on which land became water and water land had a great influence on the Dutch. They had a strong feeling that only embargos of a financial or political nature could restrain the engineer, as the new magician, from transforming the entire environment in which they lived. And this in fact also created the possibility of or perhaps even necessity for the rise of a new kind of human being.

North West Rotterdam
On the basis of the figures from the Census of 1900 and the Housing Act that came into effect in 1902, among other things Rotterdam too had decided on an planned extension of the city. An expansion plan was submitted as early as 1903 by the Public Works Department under the engineer G.J. de Jongh (fig. 3) and after one or two alterations and the exclusion of an area along the railway line, this plan was finalized in 1906.
It was in fact a compilation of a number of plans that had already been wholly or partially worked out. The following areas were marked out: Coolpolder, Bospolder, Mathenessen, Spangen and the Schieland Reservoir.[7] It was certainly not the case that the city's technical experts rejected a completely planned extension, as is suggested in the current literature. It was more a question of a long planning tradition.[8]
It is, however, true that the realizations of the plans time and again met with resistance in the political sphere from priorities of a different order. These priorities depended largely on the groupings of commercial and harbour capital, the speculators and the banks, as intermediaries between the two.[9]
Even when agreement existed between all the parties over the necessity for a housing programme, the interests of the speculators were taken into consideration and the belt between the 19th-century districts and the sites newly acquired by the city was not directly developed for the housing of workers. Attempts were merely made by means of building regulations to avoid future slum areas and only at a late stage was there some hesitant town planning via 'Bauberatung' and the advisory committee on aesthetics.[10]
Developments and extension plans were further hampered by the fact that there were plans for road and railway links. In the case of road traffic there was the problem of the link-up of the road from The Hague to Rotterdam, the later motorway.
As regards the waterways, the Delfshaven Schie and the proposed new canalizations and links constituted a particularly big problem. This in turn posed new problems for a large part of the North Western area, since it necessitated a new arrangement of the polder structure and the drainage involved. Finally, the railway network to the new docks had to be improved and the government was studying the question of a link-up between the various railway networks.
The settlement of the main traffic arteries through and to or from the new districts was less of a problem, since the directions were governed by Nieuwe Binnenweg and West-zeedijk, while the existing dyke structure and road network determined the additional roads and bridges.
Building began in places where infrastructural provisions were already present in part or could be constructed quickly and rationally. This applied to Spangen, which formed an autonomous polder, and Tusschendijken, where earth from the docks under construction could be pumped in. The main structure of these districts is not very spectacular. This is particularly true of Tusschendijken which, in emulation of the German town-planning tradition, was organized as rationally as possible by means of compact blocks of building.
Spangen is more interesting as far as its main structure is concerned. First of all there is the obvious closed, compact face it presents to the other building in 'Oud Mathenesse',

het Rijk gestudeerd op een aansluiting tussen de verschillende spoorwegnetten. De afwikkeling van de hoofdverkeersstromen door en naar de nieuwe wijken was minder problematisch. De richtingen werden bepaald door de Nieuwe Binnenweg en de Westzeedijk, terwijl de aanwezige dijkstructuur en het wegennet bepalend werden voor invullingen en waterovergangen. De bouw begon daar waar infrastructurele voorzieningen voor een deel al aanwezig waren, of snel en logisch konden worden gerealiseerd. Dat gold voor Spangen, dat een zelfstandige polder vormde en Tusschendijken, dat opgespoten kon worden met grond uit de havens in aanleg. De hoofdstructuur van deze wijken is weinig spectaculair. Dat geldt het sterkst voor Tusschendijken waar volgens Duitse stedebouwkundige traditie een zo rationeel mogelijke verkaveling via gesloten bouwblokken werd ingevoerd. Spangen is wat betreft de hoofdstructuur interessanter. De duidelijke beslotenheid naar de overige bebouwing van 'Oud Mathenesse', dat achter of eigenlijk op de dijk ligt, vormt hier een karakteristiek die eveneens geldt voor het gebied dat achter de spoordijk tot het industriepark moest uitgroeien. Aan de andere kant, de Schiekade, werd rekening gehouden met een vermenging van wonen en bedrijvigheid. Het hart van het plan vormden de sportterreinen. Wanneer de nabijgelegen havengebieden, het energiebedrijf en het uiteindelijk in aanzet gerealiseerde industriepark achter de spoordijk in de beschouwing wordt betrokken,[11] is de interpretatie van het plan Spangen als een vroeg werktuig voor het herstel van de arbeidskracht naast nabijgelegen nieuwe produktiegebieden mogelijk.[12]
Tenslotte is in Spangen het doorbreken van de stedebouwkundige opzet door de architect M. Brinkman te vinden. Deze streefde duidelijk naar een verzoening tussen de collectiviteit van het gesloten bouwblok en de benadrukking van het individuele gezin dat in de tuinstadopzet tot uitdrukking kwam.[13]
Brinkman probeerde met deze plannen, te zamen overigens met voorstellen van tal van andere Rotterdamse architecten, tot betere etagewoningen te komen dan de standaard van het Rotterdamse alcooftype dat ten grondslag lag aan de verkaveling en exploitatieopzet.[14]
Een ander ontwerp dat kenmerkend is voor de invloed van de gekozen stedebouwkundige uitleg op het architectonisch ontwerp is het plan van J.H. van den Broek voor het Mathenesserplein (1927–'29).[15] Dit plein moest het knooppunt worden van wegen aan beide zijden van de Delfshavense Schie, waarbij via een hoge brug doorgaande kaden werden veiliggesteld. Via de invoering van verticale elementen krijgt het plein niet alleen een eigen monumentale identiteit maar ook een logische overgang naar de lager gelegen delen, via de torengebouwen langs de brug. Voor de beantwoording van de stedebouwkundige as van de Mathenesserweg, die door hoge bebouwing geflankeerd wordt, wordt de centrale toren als poortgebouw behandeld. De woningen en winkels zijn ontworpen voor het bestaande produktieschema van de kleine aannemers en de alcoof komt dan ook in veel plattegronden voor.[16] Er wordt nadrukkelijk in de gevelopbouw een onderscheid gemaakt tussen de winkel- en woonfunctie. Dit onderscheid wordt ook gebruikt om een horizontale koppeling van de verschillende bouwmassa's visueel tot stand te brengen. Zo is het Mathenesserplein een interessant stedebouwkundig incident, omdat het nadrukkelijk het probleem van de ordening stelt. De hier gevonden oplossing van 'woontorens' komt ook elders in de stad voor en is niet alleen kenmerkend voor de ontwerpmethode van J.H. van den Broek maar ook voor die van ir. W.G. Witteveen. Witteveen, die uitgroeide tot de

which lies behind or actually on the dyke, a characteristic that also applies to the area that was meant to grow outwards behind the railway dyke as far as the industrial estate. On the other side, the Schiekade, allowance was made for a mixture of housing and industry. The sports grounds constituted the heart of the plan. If the nearby dock area, the power station and the industrial estate behind the railway embankment, which was eventually realized in outline,[11] are taken into consideration, it is possible to interpret the Spangen Plan as an early vehicle for the rehabilitation of the labour force alongside nearby new centres of production.[12] Finally, in Spangen is also to be found the breakthrough in the town-planning concept by the architect M. Brinkman. Brinkman was very clearly aiming to reconcile the collectivity of the enclosed block with the emphasis on the individual expressed in the garden-city concept.[13] Brinkman tried by these plans, together, in fact, with proposals by numerous other Rotterdam architects, to achieve flats of a better standard than the Rotterdam type with alcove sleeping-places on which the concept for the land-organization and exploitation was based.[14]
Another design that typifies the influence of the chosen town-planning lay-out on the architectural design is Van den Broek's plan for Mathenesserplein (1927-9).[15] This square was meant to be the junction point of roads on either side of the Delfshaven Schie, through roads beside the river being made safe by means of a high bridge. As a result of the introduction of vertical elements the square acquired not only a monumental identity of its own, but also a logical transition to the parts lower down, via the tower blocks beside the bridge. The axis of the plan, Mathenesserweg, which was flanked by tall buildings, was acknowledged by the treatment of the central tower as a gateway. The dwellings and shops were designed for the existing production programme of small contractors, so that the alcove appears in many of the ground plans.[16] In the structure of the façade an emphatic distinction was made between shops and dwellings and this distinction was also used to bring about a visual horizontal link-up between the various blocks. Thus Mathenesserplein is an interesting architectural incident, because it emphatically poses the problem of arrangement. The solution of tower blocks of flats arrived at here occurs again in a number of other places in the city and is characteristic of the design method not only of Van den Broek, but also of W.G. Witteveen. Witteveen, who blossomed into the decisive city architect and developer of Rotterdam, is regarded in the recent literature[17] as the 'last of the Mohicans' – the aesthetic town planners – but such an interpretation of his work precisely conflicts with his whole approach to the urban problems of Rotterdam as a designer. Before he was given an appointment by the city in 1924, he had worked for the Dutch Railways as a civil engineer. As such he was also involved in the railway line problems in Rotterdam. This experience, his training and his will made him pre-eminently suited to act as the head of an urban development department and in 1931 it proved possible to set up such a department in which the technical, statistical and design sides were united.[18] Witteveen's prestige as its head was so great that in 1936 he became director of the entire City Technical Services Department[19] and that despite the relative decline in the building activity, which, among other things, soon necessitated a fusion between the various municipal services for economy reasons.
The first plan Witteveen was called on to make in the city's service already at once demonstrates his skill in reconciling different elements visually. It concerned the extensive Dijkzicht estate belonging to the Hobokens, a powerful ship-owning family, which lay between Nieuwe Binnenweg and Westzeedijk, immediately adjacent to the old city. The heirs to the property had planned to use the site for speculative

bepalende stedebouwer en stadsontwikkelaar van Rotterdam, wordt in de literatuur als 'laatste der Mohikanen' – van de esthetische stedebouwers – beschouwd.[17] Een dergelijke interpretatie van zijn werk is strijdig met juist de inzet van de ontwerper Witteveen in de stadsproblematiek van Rotterdam. Voordat Witteveen in 1924 bij de gemeente Rotterdam een aanstelling kreeg was hij als civiel ingenieur werkzaam bij de Nederlandse Spoorwegen. Als zodanig was hij ook betrokken bij de spoorwegproblematiek in Rotterdam. Deze ervaring, zijn opleiding en zijn wil tot vormgeven maakten hem bij uitstek geschikt om te functioneren als hoofd van een dienst Stadsontwikkeling. In 1931 kon zo een eigen dienst Stadsontwikkeling ontstaan, die de technische, statistische en vormgevingskant verenigde.[18] Het prestige van Witteveen in deze functie bleek zo groot dat hij in 1936 directeur van de totale Gemeentelijke Technische Dienst werd.[19] Dit gebeurde ondanks de enigermate teruglopende bouwactiviteiten, die onder meer spoedig een fusie uit bezuinigingsoverwegingen tussen de verschillende gemeentelijke diensten noodzakelijk maakte. Al direct bij het eerste plan dat Witteveen in dienstverband moet maken vertoont zich de vaardigheid van de verzoening van verschillende elementen door het beeld. Tussen de Nieuwe Binnenweg en de Westzeedijk, direct grenzend aan de oude stad, lag het landgoed Dijkzicht van de machtige redersfamilie Hoboken. Door protesten uit de gegoede burgerij werden plannen van de erfgenamen om het uitgestrekte terrein te gebruiken voor speculatiebouw geblokkeerd en werd de Gemeente gedwongen om de grond aan te kopen. Witteveen deelde het terrein door een wegenschema op in zichtbare eenheden, die een aansluiting en ontsluiting ten opzichte van de bestaande stad mogelijk maakte (afb. 4).
De woningen werden zowel in gesloten blokken als in verspreid liggende villa's gegroepeerd, waardoor een wisselend karakter met accenten ontstond. Ruimte werd gemaakt voor de vestiging van belangrijke culturele en commerciële centra. Opvallend zijn ook hier de accenten van torens en torenachtige hoekoplossingen.[20]
Deze vaardigheid van Witteveen om op beeldende wijze strijdige elementen te verenigen laat zich misschien nog duidelijker aanwijzen in de ontwikkeling van het plan Blijdorp, Bergpolder. In 1921 had W. Kromhout een uitwerking gemaakt van de globale plannen voor de totale noordwestelijke gordel: het plan Blijdorp. In overleg met Kromhout maakte Witteveen op basis van een totale studie voor een wegenplan voor de stad een nieuw plan: het Uitbreidingsplan Blijdorp van 1929, waarbij een spoorlijn geëlimineerd werd en een aansluiting met de overige bebouwing tot stand kwam.
In de loop van de jaren dertig lukte het hem om via de werkverschaffing het parkgedeelte te doen realiseren. Dit was echter geen incidentele ingreep in de stad, maar het begin van een serie plannen. Daarna volgde de verplaatsing van de Diergaarde uit de binnenstad naar Blijdorp. Hierdoor werd een gunstiger plaats mogelijk gemaakt voor het station DP (Delftsche Poort) en tegelijkertijd een doorbraak vanaf de Beukelsdijk richting Hofplein, dat daarmee een centralere plaats in het oude stadsdeel innam. Het gehele Diergaardeterrein kon nu worden ingezet voor een uitbreiding en ordening van de city,[21] waarbij via de Westersingel aansluiting op de 'parkway' uit Dijkzicht werd gevonden.
De uitbreidingen in het noordoosten passen minder in het kader van deze bespreking. In 1914 had een aantal woningbouwverenigingen in reactie op de speculatieve bebouwing met subsidies 'Nieuw Crooswijk' ontwikkeld. Daarbij veroorzaakte de stadsontwikkeling in dit deel geen

building, but this move was blocked by protests from other wealthy citizens and the council was forced to buy the land. Witteveen now divided it up into manageable units by a system of roads which made it possible to link it with and open it up to the existing city (fig. 4). Dwellings were both grouped in compact blocks or spread out in the form of villas, so as to create a varied character with accents, while room was allowed for the establishment of important cultural and commercial centres. Here too towers and towerlike corner structures constitute striking accents.[20]
Witteveen's cleverness in uniting different elements by visual means comes out even more clearly, perhaps, in the development of the Blijdorp, Bergpolder Plan. In 1921 W. Kromhout had made an elaboration of the broad overall plan for the nort-western belt: the Blijdorp Plan.
In consultation with him Witteveen produced a new plan on the basis of a complete study for a road plan for the city: the Blijdorp Extension Plan of 1929, whereby a railway line was eliminated and a link created with the other built-up areas. In the course of the thirties he succeeded in getting the park section realized as a job creation programme. This was, however, not an incidental intervention in one part of the city, but the beginning of a whole series of plans. It was followed by the removal of the Zoo from the inner city to Blijdorp, which freed a more advantageous site for the Delftsche Poort station and at the same time provided a breakthrough from Beukelsdijk in the direction of Hofplein, which thus acquired an even more central place in the old part of the city.
The entire site of the Zoo, the Diergaarde site, now became available for an extension and re-ordering of the city,[21] *whereby a link was found with the 'parkway' from Dijkzicht via Westersingel.*
The extensions in the north east are less relevant in the context of this discussion. In 1914 a number of housing associations had developed 'Nieuw Crooswijk' with the aid of subsidies as a reaction to speculative building. Thus the urban development in this area did not occasion any discussions worth mentioning in the period in question here. In the east Rotterdam annexed and grew into Kralingen. Expansion here was hampered by the Kralingse Wood project and the Alexander Polder, the deepest polder in the Netherlands at that time. The decision to lay out a large city park around a peat mere precisely at this spot met with a great lack of comprehension in the course of time, for the park was a long way away from the districts that were most badly in need of green, open spaces.
The plan was probably dictated primarily by the need to put the material from the Waalhaven, over 26 million cubic metres of it, somewhere where it would not endanger the concept of the Rotterdam connurbation as a whole, which was still taking shape. At all events, two years before the pumping operation was completed, a plan was submitted by the Granpré Molière, Verhagen and Kok partnership (Klijnen being the main author of the design). It comprised two variants, one with and one without a housing estate. The first part was opened in 1927, but the designations and arrangement of the plan were adjusted throughout the entire period between the World Wars, so that the picture was continually changing both in reality and on the drawing-board. Yet as the plan went on a strategy was developed here for controlling the growth of the city by means of green buffer zones and this anticipated the installation of the Amsterdam Wood as a boundary for the growth of Amsterdam.

Rotterdam South
These attempts to create green belts and effect a planned and finite expansion failed in respect of the development of Rotterdam South or 'Overmaas', as the public obstinately continued to call it, thus emphasizing its separation. Here we

noemenswaardige discussies in de beschreven periode. In het oosten groeide Rotterdam aan het geannexeerde Kralingen vast. Uitbreiding werd hier in de weg gestaan door het project Kralingse Bos en de toen laagst gelegen polder in Nederland, de Alexanderpolder. De beslissing om juist hier rond een veenplas een groot stadspark aan te leggen stuitte in de loop der tijd op veel onbegrip. Het park lag nogal excentrisch ten opzichte van de wijken, waar juist het meest behoefte aan groen was.
Waarschijnlijk is het plan vooral ingegeven door de noodzaak om de afgegraven grond van de Waalhaven, ruim 26 miljoen kubieke meter, op een plaats te brengen waar het de nog in ontwikkeling zijnde visie op de totale Rotterdamse agglomeratie niet in gevaar bracht. In ieder geval wordt twee jaar voor het opspuiten voltooid was, in 1923 een plan door het Bureau Granpré Molière, Verhagen en Kok (ontwerp vnl. Klijnen) ingediend. Het plan kent twee varianten: één met en één zonder villapark. In 1927 werd het eerste deel opengesteld, maar gedurende de gehele periode tussen de Wereldoorlogen werden de functies en inrichting van het plan bijgesteld, zodat het beeld zowel in werkelijkheid als op de tekenborden doorlopend veranderde. Toch is hier sprake van een in de loop van het plan ontwikkelde strategie tot beheersing van de groei van de stad, met groene bufferzones, die vooruitloopt op bijvoorbeeld de inzet van het Amsterdamse Bos als grens voor de groei van Amsterdam.

Rotterdam-Zuid

Die pogingen om bufferzones te vormen en een planmatige en eindige uitbreiding tot stand te brengen falen bij de ontwikkelingen van Rotterdam-Zuid of 'Overmaas' zoals de volksmond hardnekkig de beleving van het afgescheiden karakter bleef benadrukken. Enerzijds zien we hier de ergste vorm van speculatiebouw parallel lopen met de stichting van de havens en de daarbij behorende bedrijvigheid, anderzijds worden ver van deze 'verschrikkelijke werkstad' min of meer idealistische projecten ontwikkeld. Zo werd in 1914 als wervend milieu en controlemiddel voor de gespecialiseerde arbeiders van de Rotterdamse Droogdokmaatschappij, het Tuindorp Heyplaat, in de traditie van de Duitse 'Arbeitersiedlung' onder leiding van de architect Baanders gebouwd.
Meer gebaseerd op de hier ook aan invloed winnende gedachte van de Engelse Tuinstadbeweging is het Tuindorp Vreewijk. Het oorspronkelijke initiatief is van de bankier K.P. van der Mandele. H.P. Berlage maakte de eerste schetsen. De bedoeling van beiden is duidelijk: een wervend anti-stedelijk milieu dat vooral aansluiting zal vinden bij het nog kort van het onbedorven landschap afstaande gezin.[22] Wanneer de planontwikkeling overgaat naar het Bureau Granpré Molière, Verhagen en Kok, wordt de uitvoering gewijzigd, gedetailleerd, gefaseerd en opgenomen in hun plan voor het totale Rotterdam-Zuid dat op zich weer onderdeel uitmaakt van één van de vroegste streekplannen in Nederland, het plan IJsselmonde (afb. 5). Ondertussen was alweer een belangrijk deel van de open ruimte tussen Vreewijk en de oude bebouwing opgevuld met tuindorpen, die qua vorm en opzet lijken op de'betondorpen'in Amsterdam. Zo werd Zuid naast de havenbedrijven en werven voornamelijk door volkshuisvestings(nood)plannen ingevuld en liepen de officiële stedebouwkundige plannen vaak op de ontwikkeling achter. Ook Witteveen kon ondanks globale studie in 1928 en onderzoek van zijn gloednieuwe afdeling stadsontwikkeling (Rapport Angenot) geen werkelijke greep op de ontwikkelingen krijgen.[23] Uiteindelijk wordt met de belangrijkste tussenfase van 1927 in juli 1938 een plan van Witteveen aangenomen dat enerzijds zijn globale studie

see on the one hand the worst kind of speculative building running parallel with the foundation of the docks and the activities connected with them, while on the other more or less idealistic projects were developed far away from this 'appealing industrial city'. Thus in 1914 the garden suburb of Heyplaat was built in the tradition of the German 'Arbeitersiedlung' under the direction of the architect Baanders as an environment that was meant to entice the workers of the Rotterdam Dry Dock Company, as well as being a means of controlling them. The garden suburb of Vreewijk was based more on the idea of the English garden city, which was also beginning to gain influence here. The original initiative came from the banker K.P. van der Mandele and Berlage made the first sketches. The intention of both is quite clear: an enticing anti-urban environment that would have a particular appeal for families still only one or not even one generation away from the unspoilt countryside.[22]
When the development of the plan passed to the Granpré Molière, Verhagen and Kok partnership, its execution was altered, elaborated, phased and absorbed into their plan for the whole of Rotterdam South, which in its turn formed part of one of the earliest regional plans in the Netherlands, the IJsselmonde Plan (fig. 5). Meanwhile, a large part of the open space between Vreewijk and the old built-up area was again filled in with garden suburbs, which in their form and plan resemble the 'concrete villages' in Amsterdam.
Thus alongside the dock industries and wharves, Rotterdam South became largely filled up with (emergency) housing projects and the official town-planning concepts often lagged behind the development.
Even Witteveen was unable to get a real grip on the developments, despite a broad survey in 1928 and an investigation by his brand-new Urban Development Department (Angenot Report).[23] *Finally, with the most important intermediate stage of 1927, a plan by Witteveen was adopted in July 1938, which on the one hand rounded off his broad study of Greater Rotterdam and on the other applied a working out in subsections to the northern part of Rotterdam South as a whole. This plan joined up as well as possible with the new linking of the riverbanks (decided on in 1933, completed in 1941) and the existing built-up areas.*
The through roads were linked on the opposite bank with the motorway to The Hague. At the same time the design again aimed at a rational form of building, which would make it possible to include compact blocks, disc-shaped high-rise buildings, open building and the completion of the Vreewijk garden suburb. The plan was, however, considerably altered during and after the war, so that in the far-reaching urbanization the green buffer zone in it came to function only as a green element and boundary in the linking of districts.
The problem of how far and to what extent Rotterdam South ought to become an entity on its own with its own centre remained unsolved and has done so up to the present day.[24]

Centre

The actual centre of Rotterdam, the triangular old city, had already come under heavy pressure during the First World War. On the one hand there was a rapid decline into slums and on the other the difficulty of making connections over the old boundaries of the ramparts. The latter was the consequence of the failure to carry out the original plans by the city architect W.M. Rose, who had already wanted in the first half of the 19th century to lay out broad avenues in order to link together the various parts of the city, with the suburbs which were designed by him much more spaciously than they were executed. However, entirely in the Rotterdam tradition of 'from fishing-village to metropolis', Burgomaster Zimmerman had already carried through his plan for the transformation of the Coolvest into a boulevard, curiously renamed Coolsingel, in

van Groot Rotterdam afrondt en anderzijds een uitwerking is in onderdelen voor het noordelijke deel van totaal Rotterdam-Zuid. Het plan sluit zo goed mogelijk op de nieuwe oeververbinding (beslissing 1933, voltooiing 1941) en de bestaande bebouwing aan. De doorgaande wegen hebben op de andere oever verbinding met de Rijksweg naar Den Haag. Tegelijkertijd wordt in de vormgeving opnieuw gezocht naar een rationele bebouwing, die zowel gesloten bouwblokken, schijfvormige hoogbouw, open bebouwing als afbouw van het Tuindorp Vreewijk mogelijk maakt. Het plan is echter in de oorlog en daarna aanzienlijk gewijzigd. De groene bufferzone van het plan functioneert in de verdergaande verstedelijking dan alleen nog maar als groenelement en grens in de schakeling van wijken. Onopgelost, tot op de dag van vandaag, is de vraag in hoeverre en in welke omvang Rotterdam-Zuid een eigen eenheid zou moeten worden met een eigen centrum.[24]

Centrum

Het eigenlijke centrum van Rotterdam, de oude stadsdriehoek, stond al tijdens de Eerste Wereldoorlog onder zware druk. Enerzijds was er de sterke verkrotting en anderzijds de moeizame aansluiting over de oude grenzen van de wallen. Het laatste was het gevolg van het niet uitvoeren van de oorspronkelijke plannen van de stadsarchitect W.M. Rose, die al in de eerste helft van de 19e eeuw de stad, met de door hem veel ruimer ontworpen dan uitgevoerde buitenwijken, een onderlinge relatie via brede avenues had willen geven. Geheel in de traditie van Rotterdam, 'van vissersdorp tot wereldstad' had burgemeester Zimmerman wel in 1910 zijn plan tot omvorming van het Coolvest in een boulevard, merkwaardigerwijs Coolsingel geheten, doorgezet.
Hier kregen in een steeds modernere vormgeving achtereenvolgens het stadhuis, het hoofdpostkantoor en de Beurs met kantoren een plaats.[25] Witteveen beperkte zich in dit nieuwe stadscentrum tot een logische afronding in het zuiden via een doorbraak naar de Westzeedijk, waar een aantal openbare voorzieningen en woon- en winkelblokken werden gepland. Aansluitingen hierop waren de verbindingen met de 'groene long' van Dijkzicht en de doorbraak bij het Van Hogendorpplein dat in het planstadium bleef steken. De tactiek van krotopruiming en bestrijding van zedeloosheid door vernietiging van de wijk 't Zand werd verder voortgezet met de plannen voor de Meentdoorbraak. Hierbij werd gekozen voor een gesloten bebouwing maar met inzet van de modernste vormentaal. Dit project van J.B. van Loghem uit 1936 sneuvelde in de bezuinigingsronden. Dit besluit deed Van Loghem verzuchten: *Rotterdam heeft havenbelangen, maar heeft geen gevoelige mensen nodig die iets zouden kunnen maken van de stad, die door vorige generaties is verwaarloosd en ook door deze generatie verwaarloosd wordt.*[26]
Een andere Nieuwe Bouwer, Mart Stam, verweet de gemeente Rotterdam en in het bijzonder de adviseur Berlage, teveel 'gevoeligheid'. Hij veegde in het blad *ABC* de vloer aan met de vrijwel eindeloze reeks van bouwkunstige oplossingen betreffende het zogenaamde Hofpleinprobleem en verweet de plannenmakers teveel kunstzinnige gevoeligheid en te weinig gevoel voor de bepalende stedebouwkundige kracht: het verkeer.
Zijn tegenplan is een prachtig voorbeeld van het ontkennen van het probleem zoals dat in die tijd ervaren werd.
In Mart Stams commentaar is niet alleen de soepele afwikkeling van het verkeer de kracht van zijn oplossing, maar wordt deze verkeersstroom als beeldende kracht ondersteund door de begrenzing van anonieme glasgevelwanden die door de onbenoembaarheid en door de situatie ter plaatse als oneindig geïnterpreteerd kunnen worden.

1910. Here in ever more modern designs the town hall, the main post office and the Stock Exchange plus offices acquired a place one after the other.[25]
In this new city centre Witteveen confined himself to a logical rounding-off in the south via a breakthrough to Westzeedijk, where a number of public facilities were planned with housing blocks and shops. Connections with this were the links with the 'green lung' of Dijkzicht and the breakthrough at Van Hogendorpplein that got bogged down at the planning stage. The policy of slum clearance and the combatting of immorality by the demolition of the 't Zand district was carried through still further by the plans for the Meent breakthrough. Here the choice fell on a compact form of building, albeit with the application of the most modern style. This project of 1936 by J.B. van Loghem perished in the economy drives, which caused him to lament that Rotterdam has port interests, but it does not need any sensitive people who would be able to make something of the city, which has been neglected by previous generations and is also being neglected by this generation.[26]
Another 'Nieuwe Bouwen' architect, Mart Stam, accused the city of Rotterdam and its adviser Berlage in particular of too much 'sensitivity'. In the periodical ABC *he wiped the floor with the virtually endless series of architectural attemps to solve the so-called Hofplein problem, accusing the planners of having too much artistic sensibility and too little feeling for the force governing town planning, transportation.*
His counterplan is a splendid example of the denial of the problem as it was seen at that time. In his comments not only does the supple carrying-through of the traffic constitute the strength of his solution, but this stream of traffic is underlined as an expressive force by being bounded by anonymous glass façades.
Berlage's position was completely opposite to this, both as regards viewpoint and concept. This is most clearly expressed in his first plan. He tried to find a solution for the northern end of Coolsingel at the point where Schiekade (with the Schie filled in), Goudsesingel and Weena come together as streams of traffic. The first and most far-reaching plan of 1921 made free with the existing environment in a manner far removed from child's play, but the breaker's hammer and indiarubber hesitated when they got to the Delft Gate, the reminder of the city's boundaries in the 'Golden Age'.
This monument was included in an new demonstration of monumentality that was meant to herald a new golden age. Even more than in the case of Mathenesserplein, the concern here was to endow a point of junction of conflicting architectural elements with significance by unified architectural means. These elements can be reduced to opposing functions for the users of the square: people who want to stay there and people who want to pass by as quickly as possible.
After a score of plans and a number of sketches and ideas besides, Witteveen cut the knot in 1927 and designed an inexpensive plan: the Delft Gate was to be moved and the building around a straightforward carrying through of the traffic was to acquire an urban character by stages.
The contribution of 'Nieuwe Bouwen' to this discussion and the reactions of third parties in fact indicate the marginal position of the 'Opbouw' Association at the town-planning level, although the manifesto-like counterplan did have an effect in an indirect way on the creation of an avant-garde town-planning tradition (fig. 6). However, the German bombardment of May 1940 meant that Witteveen had to go back to the drawing-board again during the war.

Opposition and 'Nieuwe Bouwen'

This explicit criticism of the 'Opbouw' Association, which became the mouthpiece of the 'Nieuwe Bouwen' architects at

Berlage staat daar in mentaliteit en opzet tegenover wat in zijn eerste plan het duidelijkst tot uiting komt. Hij probeert een oplossing te vinden voor de noordelijke afsluiting van de Coolsingel op het punt waar Schiekade (met te dempen Schie), Goudsesingel en Weena elkaar als verkeersstromen ontmoeten. In het meest vergaande en eerste plan van 1921 wordt zeker niet kinderachtig met de bestaande omgeving omgesprongen. De slopershamer en het vlakgom aarzelen echter bij de herinnering aan de begrenzing van de stad in de 'Gouden Eeuw': de Delftse Poort. Dit monument wordt opgenomen in een nieuw monumentaal betoog dat moet voorafgaan aan een nieuwe gouden eeuw.

Nog sterker dan bij het Mathenesserplein gaat het hier om betekenis te geven aan een knooppunt van conflictuerende stedelijke elementen door een eenheid van architecturale middelen. Deze elementen kunnen worden herleid tot tegengestelde functies voor de gebruikers van het plein: mensen die er willen verblijven en mensen die er zo snel mogelijk voorbij willen.

Na een twintigtal plannen en nog een aantal schetsen en ideeën hakt Witteveen de knoop door en ontwerpt in 1927 een goedkoop plan: de Delftse Poort wordt verplaatst en in fasen zou de bebouwing rond een eenvoudige verkeersafwikkeling een stedelijk karakter krijgen. De bijdrage van het Nieuwe Bouwen aan deze discussie en de reacties van derden geven in feite de marginale positie van de Vereniging 'Opbouw' op het niveau van de stedebouw aan. Op een meer indirecte wijze heeft het manifestachtige tegenplan wel gewerkt in de creatie van een stedebouwkundige avant-gardistische traditie (afb. 6).

Het Duitse bombardement van mei 1940 noodzaakt Witteveen echter om in de oorlog opnieuw aan het tekenbord te gaan staan.

Oppositie en het Nieuwe Bouwen

Toch is deze expliciete kritiek van de Vereniging 'Opbouw', die aan het eind van de jaren twintig tot spreekbuis voor de Nieuwe Bouwers werd, een uitzondering. De zwaarste kritiek kwam in eerste instantie van de belangenverenigingen van de gegoede bewoners. Zo leert het archief van de Bewonersvereniging 'Het Westen' dat, vaak in samenwerking met soortgelijke buurt- of wijkgroepen met tijdelijk succes gestreden werd tegen verplaatsing van het vliegveld Waalhaven, met gedeeltelijk succes voor het openhouden van het land van Hoboken en zonder succes tegen het Bosch- en Parkplan.

Ook het nadrukkelijke thema 'Rotterdam woon-en werkstad' werd niet het eerst gesteld door het Nieuwe Bouwen. Dit met name na de oorlog populaire motto werd al eerder nadrukkelijk naar voren gebracht door de Vereeniging voor Stadsverbetering 'Nieuw Rotterdam'. Al in haar eerste boekje *Het behoud van Rotterdam?* dat in 1923 verschijnt, wordt een sterk pleidooi gehouden voor een zelfstandige dienst Stadsontwikkeling en eenheid in het stadsbeeld. Alphons Siebers spreekt zich uit voor een systeem van 'Bauberatung'. Het systeem gaat ervan uit dat één architect, aanbevolen door de Dienst Stadsontwikkeling, de projectontwikkeling door de doorgaans kleine aannemers, coördineert. Zo kon een verbrokkelde uitvoering door deze kleine aannemers die slechts enkele huizen konden bouwen voorkomen worden. Deze methode, eventueel aangevuld met een adviserende schoonheidscommissie, kan volgens Siebers dan ook, zeker aangevuld met goed straatmeubilair, de rust in de zich chaotisch ontwikkelende stad herstellen.

Als voorbeeld van goed ontworpen straatmeubilair wordt de lantaarn van J.J.P. Oud in de volgende publicatie van 1926 afgebeeld.[27] Ook Vreewijk wordt als positief voorbeeld vermeld, hoewel er kritiek is op de

the end of the twenties, was nonetheless an exception. The heaviest criticism came in the first instance from the associations set up by well-to-do citizens to safeguard their interests. For example, we learn from the records of the 'Het Westen' Residents' Association that it was temporarily successful in the fight it conducted, often in co-operation with other similar neighbourhood or district groups, against the resiting of the Waalhaven airfield, partially so in that for keeping the Hoboken estate open and unsuccessful in that against the Wood and Park Plan.

The emphatic theme of 'Rotterdam, a city to live and work in' was not posited by 'Nieuwe Bouwen' either, for this slogan, which became particularly popular after the war, had already been expressly brought to the fore earlier on by the 'Nieuw Rotterdam' Association for Urban Improvement. The first booklet it published in 1923, entitled The preservation of Rotterdam?, *already contained a strong plea for an independent Urban Development Department and a unified image for the city. Alphons Siebers advocated a system of 'Bauberatung', which is based on the co-ordination by a single architect, recommended by the Urban Development Department, of the development of projects by, usually small, contractors. In this way it would be possible to avoid a fragment execution by these small contractors, who were able to build only a few houses. In Siebers' view this method, possibly amplified by an advisory committee on aesthetics and certainly backed up by good street furniture, would enable peace to be restored in the chaotically developing city.*

J.J.P. Oud's street lamp was illustrated in the next publication of 1926 as an example of well-designed street furniture,[27] while Vreewijk was also mentioned as a positive example, although criticism was directed at the schools, which disrupted the harmony, and at, for example, a bakery.

But despite that, the apartment block was seen as the expressive unit of the city proper, so that there was a link-up here with town-planning opinion in Germany. Van den Broek, Brinkman and Van der Vlugt in particular had realized one or two blocks of housing via the 'Bauberatung' system.

In a new booklet published by the 'Nieuw Rotterdam' Association in 1929, Growing Rotterdam, *Siebers was a good deal more positive. He stated that as far as the port was concerned, it equalled Hamburg in tonnage and had shot ahead of Antwerp, but that Hamburg was in the lead as regards town planning, the integration of the river Alster in the city meeting with particular approval. This may have been an early example of the theme of a 'city with a view of a river' that influenced Van Traa's plans directly after the war. The booklet contains much positive criticism and appreciation of both the development of Dijkzicht and that of the plan in Rotterdam South. The design for the Van Nelle factory too is highly praised, but this is coupled with a plea for a good industrial settlement policy and for the extension of the influence of the town planners and the aesthetics vetting committee, which had been set up meanwhile, to cover the industrial sites.[28]*

The illustration of the tower office block of the Municipal Electricity Company, backed up by the appeal for high-speed transport for 'Greater Rotterdam', also makes the argument clear: Rotterdam may or even must develop into a city that can measure itself against the big cities in the United States, for example, but it must guard against the chaos of the strangled inner cities and enormous suburbs that was to be seen there and also posed a threat to Europe.[29] And here the provision of a strong technical service by the authorities to act as arbitrator in the conflict of interests over urban space was regarded as indispensable. It was in this climate that Witteveen was able to rise to become the most powerful man in the Technical Services Department just before the bombs were to fall on Rotterdam.

The contributions made by the members of the 'Opbouw'

disharmoniërende scholen en bijvoorbeeld een bakkerij. Toch wordt voor de echte stad het woonblok als de beeldende eenheid gezien en wordt dus aangesloten op de stedebouwkundige opvattingen in Duitsland. Met name Van den Broek, Brinkman en Van der Vlugt hebben enkele woningblokken via het systeem van de 'Bauberatung' gerealiseerd.
In 1929 is Siebers, in een nieuw boekje van de Vereeniging 'Nieuw Rotterdam', *Groeiend Rotterdam,* aanmerkelijk positiever. Er wordt gesteld dat wat betreft de haven er in tonnage een evenwicht met Hamburg en een voorsprong op Antwerpen is, maar dat de stedebouw in Hamburg voorop loopt. Met name de integratie van de rivier de Alster in de stad wordt positief gewaardeerd. Een vroeg voorbeeld van het thema 'stad met gezicht op de rivier', dat de plannen van Van Traa direct na de oorlog beïnvloedt? Er is veel positief gerichte kritiek en waardering voor zowel de ontwikkeling van Dijkzicht als voor de planontwikkeling in Rotterdam-Zuid. Ook het ontwerp voor de Van Nellefabriek wordt uitermate positief beoordeeld, maar wordt gekoppeld aan een pleidooi voor een goed industrieel vestigingsbeleid en een stedebouwkundige invloed en invloed van de inmiddels geïnstalleerde schoonheidscommissie tot op de industrieterreinen.[28] Ook door de afbeelding van de kantoortoren voor het Gemeentelijk Electriciteitsbedrijf (GEB) wordt het betoog, dat nog ondersteund wordt door roep om snelvervoer voor 'Groot Rotterdam', duidelijk: Rotterdam mag zich of moet zich zelfs ontwikkelen tot een stad die zich met bijvoorbeeld de grote steden in de Verenigde Staten kan meten, maar moet waken tegen de chaos van de verstikte binnensteden en enorme suburbs die daar was te zien en ook Europa bedreigde.[29]
Een sterke technische dienstverlening door de overheid als scheidsrechter in de belangenstrijd in de stedelijke ruimte, wordt daarbij onontkoombaar geacht. Het is in dit klimaat dat Witteveen kan opklimmen tot de machtigste man van de Gemeentelijke Diensten, vlak voordat de bommen op Rotterdam zullen vallen.
Veel fragmentarischer en minder zelfbewust zijn de bijdragen aan het stedebouwkundig debat van de leden van de Vereniging 'Opbouw'. De opzet van de Vereniging was van oorsprong (1920) algemeen cultureel van aard.[30] In de oprichtingsstatuten worden ze als volgt omschreven:
1e. de aaneensluiting van hen, die te Rotterdam en omgeving als beoefenaars der bouw- en aanverwante kunsten werkzaam zijn;
2e. het algemeen inzicht dier kunsten te bevorderen;
3e. de juiste waardeering van het schoonheidsbegrip bij alle openbare werken van bouwkunstigen en decoratieven aard te dezer stede;
4e. de onderlinge ontwikkeling.[31]
Deze statuten bleven tot juni 1929 geldig en onderstrepen het locale karakter. Zo wordt dan ook de Vereniging eerder gezien als elitaire afscheidingsbeweging uit de Vereniging Bouwkunst en Vriendschap, die ook aannemers tot haar leden rekende, dan een progressieve strijdgroepering.
Op persoonlijke basis bestonden er wel contacten met ambtenaren en industriëlen op sleutelposities. Op artistiek gebied waren er sterk wisselende voorkeuren voor stijl en doel van de werkzaamheden wat ook wel blijkt uit de verschillende persoonlijkheden als W. Kromhout Czn., M.J. Granpré Molière, L.C. van der Vlugt, N.P. de Koo, W.H. Gispen, M. Brinkman, E. Bolle, J. Gidding, J. Klijnen, J.J.P. Oud en M. Stam die in het begin lid waren. Leven in de brouwerij kwam er doordat later o.a. C. van Eesteren, J.B. van Loghem, G. Kiljan, P. Schuitema, I. Liefrinck, W. van Tijen toetraden. Bij de statutenwijziging van 25 juni 1929 veranderen er twee dingen zeer nadrukkelijk:
1 doel van de Vereniging wordt expliciet onderlinge

Association to the town-planning debate were far more fragmentary and less self-confident. The Association's objectives were initially (1920) of a general cultural nature.[30] *They were defined in its statues as follows.*
1. the uniting of the practitioners of architecture and related arts working in and around Rotterdam;
2. the furtherance of general understanding of those arts;
3. a proper appreciation of the concept of aesthetics in connection with all public works of an architectural and decorative nature in the city;
4. mutual development.[31]
These regulations, which remained in force until June 1929, underline the local character of the association. Thus it was seen more as an elitist breakaway movement from the 'Architecture and Friendship' Society, which also numbered contractors amongst its members, than as a progressive fighting group. Contacts with local government officials and industrialists in key positions did exist on a personal basis however. In the artistic sphere the styles and objectives of the activities varied a great deal, as is also evident from the differences in the personalities of the members, such as W. Kromhout Czn., M.J. Grandpré Molière, L.C. van der Vlugt, N.P. de Koo, W.H. Gispen, M. Brinkman, E. Bolle, J. Gidding, J. Klijnen, J.J.P. Oud an M. Stam, who were members at the beginning. Things livened up later on thanks to the advent of, among others, C. van Eesteren, J.B. van Loghem, G. Kiljan, P. Schuitema, I. Liefrinck, and W. van Tijen.
When the statues were altered on 25 June 1929, two very emphatic changes took place:
1. the aim of the association explicitly became mutual co-operation, candidates for membership also being required to have shown in their work and their attitude to life that they belong among those who have helped to further the intellectual movements as expressed in, for example, 'Nieuwe Zakelijkheid' and Functionalism;
2. the word Rotterdam no longer appears in the objectives and it is explicitly stated that membership may be revoked if a member acts in a way that is in conflict with the regulations or interests of the association.[32]
Naturally, in an association with such clear objectives, quite a lot of battles were fought out and a number of people were also warded off, although there were probably never any expulsions. However, a number of people such as J.J.P. Oud, for example, did disappear in the mid thirties as a result of discussions or for other reasons.[33]
All the same there was still no question of any direct organization of 'Nieuwe Bouwen', which was linked up with CIAM. Not until 1937 was the Dutch group in CIAM disbanded, at which point the members of the 'de 8' Association in Amsterdam joined with 'Opbouw' in a collective membership of CIAM. Before then only the following people had official contact with CIAM and were entitled to attend the congresses: C. van Eesteren, G. Rietveld, A. Boeken, S. van Bodon, J. Duiker, J.H. Groenewegen, J.C. Karsten, B. Merkelbach, M. Stam, J.B. van Loghem, S. van Ravensteyn, W. van Tijen, J. Wiebenga, Th.K. van Lohuizen and L. van der Vlugt as members, W. van Bodegraven as aspirant member and Mrs. Schröder and C.H. van der Leeuw as friends of CIAM. In addition to the holding of exhibitions, mention must be made of another promotional activity, namely the foundation of the periodical de 8 en Opbouw, *which appeared from 1932 to the middle of 1942.*[34] *Neither in this journal, nor in any other way, can the 'Opbouw' Association be said to have had an obvious influence on town planning in Rotterdam. At the most there can be said to have been indirect influence via Van Lohuizen and Van Eesteren, both of whom were members for a relatively short time and had more influence on the development of Amsterdam and on national policy, or via Van Traa and Witteveen, both of whom were members for only a*

samenwerking, waarbij de candidaatleden in *hun werk en hun levenshouding tevens getoond hebben te behooren tot diegenen, die de geestelijke stroomingen helpen bevorderen, zooals deze o.a. door de nieuwe zakelijkheid en het functionalisme worden uitgedrukt*;
2 het woord Rotterdam komt niet meer in de doelstelling voor en expliciet wordt vermeld dat er een reden tot ontzegging van lidmaatschap is wanneer een lid gedragingen vertoont *in strijd met statuten of belangen der vereeniging.*[32]
Natuurlijk werden in een vereniging met een zo duidelijke doelstelling nogal wat conflicten uitgevochten en stootte de vereniging ook een aantal mensen af, hoewel waarschijnlijk nooit een royement is uitgesproken.
Wel verdween naar aanleiding van discussies of om andere redenen een aantal mensen, zoals bijvoorbeeld J.J.P. Oud, midden jaren dertig.[33]
Toch was er nog steeds geen sprake van een directe organisatie van het Nieuwe Bouwen, die samenhing met de CIAM. Pas in 1937 wordt de Nederlandse groep van CIAM opgeheven en worden de leden van de Vereniging 'de 8' uit Amsterdam en 'Opbouw' collectief lid van de CIAM. Vòòr die tijd hadden slechts de volgende personen officieel contact met de CIAM en waren gerechtigd om de Congressen bij te wonen: C. van Eesteren, G. Rietveld, A. Boeken, S. von Bodon, J. Duiker, J.H. Groenewegen, J.Ch. Karsten, B. Merkelbach, M. Stam, J.B. van Loghem, S. van Ravensteyn, W. van Tijen, J. Wiebenga, Th.K. van Lohuizen en L. v.d. Vlugt als leden, W. van Bodegraven als medewerker (aspirant lid) en mevrouw Schröder en C.H. van der Leeuw als vrienden van de CIAM. Naast het houden van tentoonstellingen moet als belangwekkende activiteit vermeld worden de oprichting van het blad *de 8 en Opbouw* dat van 1932 tot midden 1942 verscheen.[34] Noch in dit blad, noch op andere wijze is van een duidelijke invloed van de Vereniging 'Opbouw' op de stedebouw in Rotterdam sprake. Ten hoogste kan gesproken worden van een indirecte invloed via Lohuizen, Van Eesteren, die allebei relatief kort lid waren en meer invloed op de ontwikkeling van Amsterdam en het landelijke beleid hebben gehad of via de leden Van Traa en Witteveen, die allebei slechts zeer kort lid waren.[35]
Aan de andere kant moet ook staande gehouden worden dat de bijdragen van leden van 'Opbouw' gelijke tred houden met de ontwikkeling in de CIAM en tesamen met de uitgebreide bouwwerken heel duidelijk beeldvormend zijn voor het Nieuwe Bouwen. Zo worden de resultaten van het derde congres in Brussel (1932) met het thema rationele bebouwingswijze omgezet in een praeadvies voor het Congres op 21 mei 1932 van het Instituut voor Volkshuisvesting en Stedebouw, waar alle belangrijke volkshuisvesters en stedebouwers elkaar ontmoetten. Dit advies leidt ook tot voorstel voor een herverkavelingsvoorstel van Witteveens plan voor Zuid waarbij alleen de hoofdwegen door Van Tijen en Van der Vlugt in stand worden gelaten. Verder wordt geheel in stijl van de Duitse Zeilenbau voornamelijk de noordzuid richting aangehouden.[36]
Voor 1933 levert Rotterdam braaf, zoals gevraagd, zijn bijdragen aan de analyse van de stad, waarbij aan de inzet en het begrip van veel leden getwijfeld mag worden (afb. 7).[37]
Op het vierde congres in 1933 op de *Patris II,* die tussen Marseille en Athene op en neer vaart, vergezellen dan ook alleen mevrouw Van Eesteren, M. van Bodegraven en M. van der Linden de held van de moderne stadsontwikkeling in Amsterdam.[38] Wanneer de toelichting van Van Eesteren op de analyse van Rotterdam wordt gelezen, overvalt een gevoel van teleurstelling de lezer, dat al dit cijfer- en onderzoekwerk slechts tot zulke magere

very short time.[35]

On the other hand, it must also be stressed that the contributions of 'Opbouw' kept in step with the developments in CIAM and that, along with the building executed, they very plainly determined the aspect of 'Nieuwe Bouwen'. Thus the results of the third congress in Brussels (1932), on the theme of rational building methods, were translated into a proposal for the Conference of the Institute of Housing and Town Planning on 21 May 1932, where all the important housing people and town planners met together. This proposal also led to a suggestion for a rearrangement of Witteveen's plan for Rotterdam South by Van Tijen and Van der Vlugt, in which only the main roads were left in situ. Otherwise a nort-south alignment was kept to in the main, entirely in the style of German 'Zeilenbau'.[36]
For the fourth CIAM Congress in 1933 Rotterdam duly came up as requested with its own contribution to the analysis of the city, in which the application and comprehension of many of the members may be doubted[37] *(fig. 7). At this congress, on the* Patris II, *which sailed back and forth between Marseilles and Athens, only Van Eesteren's wife, M. van Bodegraven and M. van der Linden accompanied the hero of modern urban development in Amsterdam.*[38] *When one reads Van Eesteren's gloss on the analysis of Rotterdam, one is overcome by a feeling of disappointment that all this statistical and research work led only to such meagre conclusions. But this is the case with all the summaries of the analyses.*[39] *The discussions of the character of the ground, number of inhabitants, traffic bottlenecks, expansion possibilities or otherwise and suchlike remain in general far below the level of the discussions at the international town-planning conferences.*
In retrospect, however, we can certainly see a number of designs and buildings in Rotterdam, in which the Nieuwe Bouwen architects were directly trying to find an answer, either in the form or in the intended effect, to a problem that was not to be posed more pressingly until after the Second World War. There appear to have been only two aims behind all these interventions, designs and publications:
– to have a part in the development of the new man who can find happiness in the new world.
– to preserve the profession of architect or rather master-builder, namely the leader and organizer of the building process.
Both these aims, which are admittedly tied to place and time, were realized most clearly in the field of mass housing.

New dwellings for new men
Although the Housing Act of 1901 was expressly aimed at the housing of the entire population, the discussion in political and management organs concentrated primarily on that of the 'lowest income groups'. The housing shortage among these groups had risen appallingly during the course of the First World War, while there was no capital available for investment in this sector. Thus we see a strengthening and sharpening of government concern over housing, which led to the planting of the first saplings in what has in our time grown into an almost interminable forest of regulations, instructions and subsidies.[40]
In the Burgdorffer Report of 1912 on Rotterdam another aspect of the authorities' concern came to light: housing policy as a means of controlling the masses and creating or maintaining a potential labour force. Although the report was in fact rejected and even occasioned the foundation of the city's own housing organization, the City Housing Department, in 1916, with A. Plate at its head, the classification of the various groups and the different methods of approach during the whole period 1920-40 is illuminating in

constateringen moet leiden. Dit is echter met alle samenvattingen van de analyses zo.[39] De behandeling van bodemgesteldheid, bewonersaantal, verkeersknelpunten, uitbreidings(on)mogelijkheden e.d. blijven in het algemeen ver onder het niveau van de discussies op de internationale stedebouwkundige congressen.
Terugkijkend kunnen we echter wel een aantal ontwerpen en gebouwen in Rotterdam aanwijzen waarmee de Nieuwe Bouwers of in de vorm, of in de bedoelde werking, direct zochten naar een antwoord op een probleem dat pas na de Tweede Wereldoorlog nadrukkelijk gesteld zou worden.
Al deze ingrepen, ontwerpen en publicaties blijken slechts twee doelstellingen te hebben:
– deel te hebben aan de ontwikkeling van de nieuwe mens die het geluk in de nieuwe wereld kan vinden;
– redding van het beroep van architect of liever nog bouwmeester, namelijk de leider en organisator van het bouwproces.
Beide doelstellingen werden, weliswaar aan plaats en tijd gebonden, het duidelijkst gerealiseerd in de volkswoningbouw.

Nieuwe woningen voor nieuwe mensen
Hoewel de Woningwet van 1901 nadrukkelijk volkshuisvesting, dus de huisvesting van de gehele bevolking, tot doel heeft, spitst de discussie in politieke en beleidsorganen zich vooral toe op de huisvesting van de 'minst draagkrachtigen'. In de loop van de Eerste Wereldoorlog was de woningnood onder deze groep schrikbarend opgelopen, terwijl geen kapitaal voor investeringen in deze sector beschikbaar was. We zien dan ook een versterkte en verscherpte overheidsbemoeiing met de volkshuisvesting ontstaan, waarbij ook de eerste boompjes worden geplant, die in onze tijd tot een bijna onafzienbaar woud van regels, aanwijzigingen en subsidies zijn uitgegroeid.[40]
In het Rapport Burgdorffer van 1912 komt een ander aspect van de overheidsbemoeiing aan het licht: de volkshuisvestingspolitiek als middel tot beheersing van de massa en de vorming of instandhouding van een arbeidspotentieel. Hoewel het rapport in feite werd verworpen en zelfs in 1916 aanleiding was tot de stichting van een eigen organisatie voor de volkshuisvesting, de Gemeentelijke Woningdienst, met aan het hoofd ir. A. Plate, is de inkadering van de verschillende groepen en de verschillende benaderingswijzen gedurende de hele periode 1920–'40 bij de beoordeling van de woningplannen verhelderend.[41]
De directeur van de Gemeentewerken gaat bij de beoordeling van het volgende schema uit:

A. Valide werklieden	1. ongehuwd
	2. gehuwd
	a. met klein gezin
	b. met groot gezin
B. Mindervalide personen	1. ongehuwd
	a. mannen
	b. vrouwen
	2. gehuwd
	a. zonder gezin
	b. met gezin
C. Minderwaardige personen	1. ongehuwd
	a. mannen
	b. vrouwen
	2. gehuwd
	a. zonder gezin
	b. met gezin

an assessment of the housing plans.[41]
The director of Public Works based his assessment on the following scheme:

A. Able-bodied workers	*1. unmarried*
	2. married
	a. with small family
	b. with large family
B. Less able-bodied persons	*1. unmarried*
	a. men
	b. women
	2. married
	a. without family
	b. with family
C. Physically unfit persons	*1. unmarried*
	a. men
	b. women
	2. married
	a. without family
	b. with family

He posited the following strategy and priorities:
A1: *adequate opportunities for living-in and boarding-houses, but the city can have a task here in respect of aid towards building and the running of a large boarding-house that would pay for itself.*
A2a: *this is not a problem for the council, but for housing associations. The State must create conditions for payable rents.*
A2b: *a bigger problem, because too small a sum is left over for rent after the children have been provided for.*
Two possibilities are suggested: the foundation or encouragement of a housing association that would accept control of admissions by the council, while the council would provide inexpensive land on long leasehold. The second possibility is a council subsidy for the families so that they can be housed in ordinary (i.e. small) workers' dwellings.
The poorest of all are implicitly left to their fate, while council building and exploitation is also regarded as undesirable.
B1a: *in this category are included men who want to work, but are unable to or not enough to be able to live in an adequate dwelling. For individuals with no hope of returning to work the Poorhouse is the institution in principle. For the others there is the intermediate stage of the lodging-house, which may or may not be on a philanthropic basis.*
B1b: *evidently the highest category that women on their own can attain to. The solutions in B1a are suggested, although no cheap lodgings exist except in private houses. A warning is issued here against public provisions that are too good, because widows who let rooms would be able to call for support again in that case.*
B2a: *a case for subsidization by the Public Assistance Board, although consideration is also given to the provision of small dwellings of the almshouse type in Rotterdam South and the Bosch Polder. It is conceded that in practice this category are or are obliged to be slum or near-slum-dwellers.*
B2b: *likewise potential slum-dwellers. In this case the idea is put forward of encouraging housing associations to take care of this group 'hygienically but very frugally' on the 'periphery'.*
C1a and b: *here the fear is expressed that an improvement in private and municipal poor relief would merely act as an attraction. However, the director did go on to say,* It should also be remembered that over against the danger of an increase in the physically unfit elements, many could

Hij stelt de volgende strategie en prioriteiten:
A1: voldoende mogelijkheden voor inwoning en kosthuizen, maar de gemeente kan een taak hebben bij hulp voor bouw en exploitatie van een groot en rendabel kosthuis.
A2a: probleem hoort niet thuis bij gemeente, maar bij woningbouwverenigingen. Het Rijk moet voorwaarden scheppen voor betaalbare huren.
A2b: groter probleem, omdat een te gering bedrag voor huur overblijft, na de zorg voor de kinderen. Twee mogelijkheden worden voorgesteld: stichting of stimulering van een woningbouwvereniging die accepteert dat de gemeente de toelating regelt, waarbij de gemeente voor goedkope grond in erfpacht zorgt. De tweede mogelijkheid is gemeentesubsidie aan de gezinnen zodat ze in normale arbeiderswoningen (kleine dus) gehuisvest kunnen worden.
De allerarmsten worden impliciet aan hun lot overgelaten. Ook gemeentelijke bouw en exploitatie wordt onwenselijk geacht.
B1a: onder deze categorie worden mannen gerekend die wel willen maar niet kunnen werken of niet voldoende om een menswaardige woning te kunnen bewonen.
Voor personen die niet de kans hebben op terugkeer in het arbeidsproces is principieel het Armhuis de institutie.
Voor de anderen is er de tussenvorm van het Logement al of niet op filantropische basis.
B1b: kennelijk de hoogst bereikbare categorie voor alleenstaande vrouwen. De oplossing B1a wordt voorgesteld, hoewel goedkoop logies behalve bij particulieren niet bestond. Gewaarschuwd wordt tegen te goede openbare voorzieningen omdat zo kamerverhurende weduwen wel weer eens bij de steun zouden kunnen aankloppen.
B2a: taak Armbestuur voor subsidiëring, terwijl ook de stichting van hofjesachtige kleine woningen in Zuid en in de Boschpolder wordt overwogen. Toegegeven wordt dat deze categorie in de praktijk de bewoners zijn of moeten worden van krotten en bijna krotten.
B2b: eveneens potentiële krotbewoners, waarbij gedacht wordt aan de stimulering van woningbouwverenigingen om 'hygiënisch maar zeer sober' aan de 'peripherie' deze groep op te vangen.
C1a en b: angst voor verbetering van de particuliere en gemeentelijke armenzorg, omdat er een veronderstelde aanzuigende werking van uitgaat. *Men bedenke verder, dat tegenover het bezwaar van den toeloop der minderwaardige elementen staat, dat wellicht velen door de geschetste verzorging behoed kunnen worden voor een ondergaan in de onderste lagen, hetgeen o.m. geldt voor ontslagen gevangenen en zij die tijdelijk in diepe armoede verkeeren,* vervolgt echter de directeur en suggereert wel een verbetering maar vergezeld van een aanvrage om Rijkssteun.
Bij de debatten over het volkshuisvestingsvraagstuk stonden de liberaal mr A. de Jong als verantwoordelijke wethouder en de SDAPer Spiekman recht tegenover elkaar. De Jong pleitte voor particulier initiatief en Spiekman voor overheidsingrijpen. Op grond van zijn eigen gegevens, aanzien als kenner van de levensomstandigheden van de krotbewoners en door zijn redenaarstalent lukt het Spiekman om tijdelijk een overheidsingrijpen door de Raad te slepen. Om de ergste nood te lenigen mocht een gemeentelijke woningdienst van ontwerp via bouw tot exploitatie voor 'eenvoudige woningen' zorgen. De woningcomplexen dienden echter weer verkocht te kunnen worden wanneer de situatie op de kapitaalmarkt weer genormaliseerd zou zijn en het dus weer rendabel was om in onroerend goed te investeren. Inzet van de politiek werd eerst de valide werklieden aan woonruimte te helpen en daarna te zorgen dat de tijdelijk minder validen via de huisvesting tot valide werklieden konden worden.[42]

perhaps be prevented by the care outlined from sinking down to the lowest levels. This applies, among others, to released convicts and those temporarily in dire poverty, *and he did recommend an improvement, albeit one accompanied by an appeal to the Government for help.*
In the debate on the housing problem the liberal A. de Jong, as the alderman responsible, and the Social Democrat Spiekman took directly opposite stands. De Jong argued in favour of private initiative, Spiekman for intervention on the part of the authorities. On the basis of information of his own, respect for his knowledge of the living-conditions of the slum-dwellers and his powers of persuasion, Spiekman succeeded in forcing official action through the council for a time. In order to relieve the worst need a city housing department was empowered to organize the design, building and running of 'simple dwellings'. But it must be possible for the housing complexes to be sold again when the financial situation had returned to normal and it once more became remunerative to invest in property. This policy was intended firstly to help able-bodied workers find somewhere to live and secondly to ensure that the temporarily incapacitated could become useful workers again as a result of the housing provision.[42] *Much of the housing built in accordance with these objectives took the form of the garden suburbs of concrete houses in Rotterdam South, while in Spangen too a number of blocks were built at an accelerated pace.*

New collectivity and the preservation of the individual family as a unit

In 1918 M. Brinkman was commissioned to design dwellings for a site reserved for two apartment blocks on the edge of the Spangen Plan.[43] *His plan, produced in collaboration with the director of the Housing Department, A. Plate, can certainly be called revolutionary for that time. In the first place provision was made for a large number of communal facilities, some of which were to be found in the luxury flats, which were also still a novelty at that time. In the second we see enclosed block broken up and the 'elevated street' introduced in an attempt to produce an attractive new block of a high density variety (fig. 8).*
The design is characterized by the distribution of the 273 dwellings over four building levels. They are grouped so as to give an orientation on the inner terrain as far as possible. Front doors give on to this or on to the street that is constructed at the second level and links 143 dwellings with each other. Goods lifts also make it possible for tradesmen to reach these front doors with hand- or dog-carts. In 62 of the dwellings the construction of the gallery is also used for the balconies of the third level. As regards their living-rooms the dwellings are positioned so as to catch as much sunlight as possible. They have a living-room, kitchen, lavatory and three smaller (bed)rooms. Those on the ground floor are twice as wide as those on the gallery, which are spread over two floors via an internal staircase (see isometric view for grouping). The central heating, a single radiator in the living-room instead of a fireplace, was only introduced into the specification drawings at a late stage after they had already been completed. In the final design the building for the central facilities, laundry, drying attics, bath-house, is also a monumental accent in the sight line of two entrances that give access to the inner terrain.
It took over two years to prepare the project and the architect was asked to make a maquette for use when the plan was considered. This was primarily meant to give an overall impression. The plan was so different from current housing that it was feared that it would spoil the town-planning concept, but at the same time the combination of the various dwellings was very clever and complicated. The discussion of the plan in the city council was a lively one, among other

Een groot deel van de woningproduktie vond volgens deze doelstellingen plaats in de betontuindorpen in Zuid, terwijl ook in Spangen een aantal blokken in versneld tempo tot stand kwam.

Nieuwe collectiviteit en het redden van het individuele gezin als eenheid

In 1918 kreeg M. Brinkman opdracht tot ontwerpen van woningen aan de rand van het plan, dat voor twee woningblokken bestemd was.[43] Het in samenwerking met de directeur van de woningdienst, A. Plate, opgestelde plan is voor zijn tijd bepaald revolutionair te noemen. Ten eerste wordt in het plan een groot aantal collectieve voorzieningen geleverd die voor een deel voorkwam in de luxe flats, die toen ook een nouveauté waren. Ten tweede zien we het doorbreken van het gesloten bouwblok en de introductie van de 'verhoogde straat' als een poging om een wervend nieuw type met een hoge bebouwingsdichtheid te produceren (afb. 8).

Het ontwerp wordt gekenmerkt door een verdeling van de 273 woningen over vier bouwlagen. De woningen zijn zo gegroepeerd dat er zoveel mogelijk een oriëntatie op het binnenterrein ontstaat. Voordeuren liggen aan dit binnenterrein of de straat die op de tweede bouwlaag is geconstrueerd en 143 woningen met elkaar verbindt.

Door de goederenliften is het voor leveranciers mogelijk met hand- of hondekarren ook bij deze voordeuren te komen. Bij 62 woningen wordt de constructie van de galerij ook benut voor de balkonnetjes op de derde laag.

De woningen zijn wat de woonkamer betreft zoveel mogelijk op de bezonning geplaatst. De woningen hebben een woonkamer, keuken, toilet en drie kleinere (slaap)kamers.

De woningen op de begane grond zijn twee keer zo breed als de woningen op de galerij die over twee etages via een interne trap zijn verdeeld (zie voor groepering isometrie).

De centrale verwarming, één radiator in de zitkamer, in plaats van een stookplaats is pas in een laat stadium in de al gereed zijnde bestektekeningen aangebracht.

In het uiteindelijke ontwerp is het gebouw van de centrale voorzieningen, wasserij, droogzolders, badhuis, ook een monumentaal accent in de richtlijn van twee poorten die toegang tot het binnenterrein geven, geworden.

De voorbereiding van het project duurde ruim twee jaar en de architect kreeg opdracht om een maquette te vervaardigen voor de planbeoordeling. Deze was overwegend bedoeld om een totaalindruk te krijgen.

Het plan week dusdanig af van gangbare woningbouw dat men een verstoring van het stedebouwkundige beeld vreesde. Tevens was de combinatie van de verschillende woningen zeer knap en gecompliceerd. De discussie in de gemeenteraad naar aanleiding van het plan was levendig, o.a. omdat er geen eensluidend standpunt van Burgemeester en Wethouders was. In die discussie komt met name bij de tegenstanders een aantal argumenten boven tafel die duidelijk maakt hoezeer al in het ontwerpstadium dit plan het beeld van de volkshuisvestingspraktijk bekritiseerde.

Het eerst genoemde bezwaar grijpt terug op de beheerkwestie en vindt het plan van bijna twee miljoen gulden, dat als een eenheid functioneert, letterlijk onverkoopbaar aan toekomstige beleggers.

De collectiviteit en dure gemeenschappelijke voorzieningen worden door een groot aantal volksvertegenwoordigers onaanvaardbaar genoemd.

Daarnaast maken de tegenstanders in het algemeen bezwaar tegen de gedwongen collectiviteit. Het wordt 'ongewenscht' en 'in strijd met den onafhankelijken geest van de Nederlanders' gevonden. Vaak wordt de vergelijking getrokken met enerzijds de tuindorpen, met name met

things because the Burgomaster and Aldermen did not share the same opinion about it. A number of arguments put forward in that discussion by the opponents in particular make it clear how much this plan, even at the design stage, constitued a criticism of the current image of housing practice.

The first objection to be raised concerned the question of management, regarding a plan costing nearly two million guilders, which functioned as a totality, as literally unsaleable to future occupiers. A large number of representatives described the collectivity and the expensive communal facilities as unacceptable. In addition the opponents in general objected to the enforced collectivity. It was considered 'undesirable' and 'in conflict with the independent spirit of the Dutch'. The comparison was frequently made with the garden suburbs, Vreewijk in particular, on the one hand, and the barrack-like tenement blocks in the big foreign metropolises. It was even suggested that the 'hofjes', houses built around courtyards, of former days were preferable.

On the Communist side the collectivity was defended as solidarity, but the alderman whose task it was to support the plan, the Social Democrat Arie Heijkoop, did so on strictly pragmatic grounds. In this he did not scruple to stress that it had been worked out by his predecessor, a Liberal, he referred to the total of 14,000 families who were compelled to live cheek by jowl in Rotterdam at that very moment and pointed out that what were at issue were eighteen months' work and the chance of building 264 dwellings.

Most of the attacks were concentrated on the elevated street, a gallery along which the houses were placed, reference sometimes being made to the 'unDutch' flat roofs here as well. Fear and anger were aroused in particular by the opportunity for immorality offered by the uncontrolled strolling and slipping away into seclusion it would allow of among young couples, the difficulty of achieving good police surveillance and the quarrels among neighbours it was felt certain to give rise to. These objections were refuted by pointing out that what was in question was merely a 'normal street' above ground level, in which the 'normal surveillance' and 'normal relations between neighbours' were promised and anticipated. In the opinion of the supporters of the plan quarrels between neighbours and 'immoral situations' were more likely to be occasioned by cohabitation and living 'on a single staircase', as was also customary in Spangen to some extent.

Burgomaster Zimmerman, who was also against the plan, referred to the enormous scale of the experiment.

The gallery-street had a total length which was roughly half that of Hoogstraat, the longest shopping street in Rotterdam. Zimmerman was clearly in favour of an analogous transformation of Rotterdam into a big city, but he was afraid of experimentation. He argued that a gallery of such length and with the pretensions of a street as normally constituted 'has not been used for this purpose in a single other city in the civilized world'. Heijkoop adduced in reply the positive reaction of A. Plate, director of the Housing Department, and the Public Health Committee, as well as the experimental character of the plan, rounding off this part of his argument by saying, thus I would like the City Council of Rotterdam to tackle something and do something, even if the councils of Gouda, Utrecht or Buiksloot have not yet done it.

This battle for prestige between Alderman Heijkoop and Burgomaster Zimmerman ended in a win on points for the former, with thirty votes for and eleven against the plan.

But this must certainly not be seen as a victory for the Social Democrats' housing policy.[44] The way in which he had chosen to defend the plan later proved fatal for Heijkoop. Not only did he not succeed in getting a ban brought in on alcove dwellings, but the council used the same argument about the housing shortage to force him in September 1921 even to

Vreewijk, en anderzijds de woonkazernes van de grote buitenlandse metropolen. Zelfs wordt gesteld dat de 'hofjes' van vroeger nog beter waren. Van communistische zijde wordt de collectiviteit als solidariteit verdedigd, maar de wethouder die het plan moet verdedigen, Arie Heijkoop (SDAP), verdedigt het plan op strikt pragmatische gronden. Daarbij schroomt hij er niet op te wijzen dat het door zijn voorganger, een liberaal, is ontwikkeld. Hij noemt het getal van 14.000 gezinnen die op dat moment gedwongen samenwonen in Rotterdam en wijst erop dat anderhalf jaar werken en de mogelijkheid tot bouw van 264 woningen in het geding zijn.
De meeste aanvallen concentreren zich op de verhoogde straat, een galerij waaraan de huizen zijn geplaatst. Soms wordt daarbij tevens gewezen op de 'onhollandse' platte daken. Angst en woede wekken vooral de aanleiding tot zedeloosheid door de mogelijkheid tot ongecontroleerd flaneren en zich afzonderen van jongere paartjes, de moeilijkheid om tot een goede politiesurveillance te komen en de te verwachten burenruzies. Deze bezwaren worden weerlegd door aan te geven dat het hier gaat om een 'normale straat' boven de grond, waarbij de'normale surveillance' en 'normale burenrelaties' toegezegd en verwacht worden. Burenruzies en 'onzedelijke toestanden' worden volgens de verdedigers van het plan meer in de hand gewerkt door samenwoning en leven 'op één trap', zoals ook in Spangen voor een deel gebruikelijk was. Burgemeester Zimmerman die ook tegenstander van het plan is, wijst op de enorme schaal van het experiment. De galerijstraat heeft een totale lengte die ongeveer de helft is van de Hoogstraat, de langste winkelstraat in Rotterdam. Zimmerman is duidelijk voor een analoge omvorming van Rotterdam tot grote stad, maar schuwt het experiment. Hij stelt dat een galerij met een dergelijke lengte en met pretenties van een volwaardige straat in 'geen enkele andere stad van de beschaafde wereld voor dit doel is aangebracht'. Heijkoop wijst op de positieve adviezen van de Directeur van de Woningdienst, A. Plate, de Gezondheidscommissie en tenslotte op het experimentele karakter en besluit dit deel van zijn pleidooi met *ik wil dan ook, dat het Gemeentebestuur van Rotterdam iets zal aanpakken en iets zal doen, ook zelfs, wanneer de gemeentebesturen van Gouda en Utrecht of Buiksloot het nog niet doen.*
Deze prestigeslag tussen wethouder Heijkoop en burgemeester Zimmerman werd op punten, dertig stemmen voor en elf tegen het plan, door de eerste gewonnen. Hieruit moet zeker niet een overwinning voor de sociaal-democratische huisvestingspolitiek worden gelezen.[44]
De gekozen verdedigingswijze werd Heijkoop later noodlottig. Het lukte hem niet een verbod op alcovenbouw voor elkaar te krijgen, en met hetzelfde beroep op de woningnood dwong de gemeenteraad hem in september 1921 zelfs om te gaan onderhandelen met aannemers die plannen voor alcoofwoningen hadden ingediend.
Zo werden de SDAPers Heijkoop en De Zeeuw gedwongen om ontslag te nemen uit het College van Burgemeester en Wethouders. Ook op het gebied van de planontwikkeling was het voorbeeld van de galerijwoningen meer een éénmalig experiment dan de uitdrukking van een nieuwe vorm van stedelijk bouwen. Zo werd de architect P.G. Buskens door het voltallige B & W gedwongen om de galerij uit zijn plan voor 289 woningen in het blok Busken Huet-, Multatuli- en Vosmaerstraat te verwijderen onder verwijzing naar het 'experiment' met het blok van Brinkman.[45]
Hoewel het experiment waarschijnlijk nooit duidelijk is geëvalueerd zijn er nogal wat aanwijzingen dat het complex zeker voldeed als een alternatieve groepering van

enter into negotiations with contractors who had submitted plans for alcove dwellings. Thus he and his fellow-Social Democrat De Zeeuw were compelled to resign from the Court of Burgomaster and Aldermen. Moreover, in the more direct sphere of the development of the plan too the model of the gallery apartments was more of a one-off experiment than the expression of a new form of urban building. Thus the architect P.G. Buskens was compelled by the full council to take the gallery out of his plan for 289 dwellings in the block on Busken Huet, Multatuli and Vosmaerstraat by a reference to the 'experiment' with Brinkman's block.[45]
Although the experiment was probably never clearly evaluated, there are quite a few indications that the complex was certainly satisfactory as an alternative grouping of dwellings with communal facilities for the group of skilled workers' families with reasonable incomes for which it was intended. This housing project set a standard for able-bodied workers with a family which was very rarely equalled before the Second World War.[46]

The minimum dwelling and the maximum attainable: Witte Dorp and Kiefhoek by J.J.P. Oud
As a result of the late start, in 1916, of a fundamental discussion of the role of the council in housing, Rotterdam and its Social-Democrat aldermen did not succeed in realizing a monument to his policy comparable with the Spaarndammer neighbourhood in Amsterdam. When the Social-Democratic Party got back on to the council after the elections of 1923, not only was their position weakened numerically, but the regulations regarding Government contributions had worsened to such an extent that it proved impossible to realize the ambitious plans of the City Housing Department: J.J.P. Oud's plans for around 2,000 dwellings in Tusschendijken and C. Kromhout's plans for around 2,500 dwellings in Oud Mathenesse.[47] *A new method of intervention had to be found, now that the actual building and management of dwellings had gone back into private hands again. This new policy is made very clear by the projects for Oud Mathenesse (the Witte Dorp or White Village) and Kiefhoek, which have hitherto been discussed virtually exclusively in the context of Oud's individual oeuvre. A peep behind the scenes is provided by Jonkheer M.J.I. de Jonge van Ellemeet, the new director of the Building and Housing Inspectorate, in 1925:* In the planned extension, which will form the link between Rotterdam and Schiedam, a modest city park is envisaged at this point *[the Witte Dorp]*. However, the area has not yet developed to the extent that it will prove necessary to lay this part out in the near future . . . *There was an opportunity to make this land more remunerative for a time than would have been possible by letting it as meadowland. In this way a loss of interest was avoided and with it a serious hindrance to the laying-out of the park in the near future. It might seem strange, but in such a case building on a site can precisely further the later creation of a park on the same site economically speaking. Semi-permanent building is eligible for this purpose.*[48]
At the same time living accommodation was needed immediately owing to the increase in the housing shortage created by slum clearance in the inner city.[49] *The people forced to move by this earned their livings by activities linked to the port or the inner city, so that their removal to housing projects in Rotterdam South would give rise to big problems. Not only could they not pay the rents, but because it would be impossible for them to continue doing the same work owing to the great distance between their dwellings and workplaces, they would 'become a complete burden on the community'. Moreover, it would still be possible to make use of advantageous Government subsidies in building these emergency dwellings with a lifespan of twenty-five years. It is*

woningen met collectieve voorzieningen voor de groep van goedgeschoolde en redelijk betaalde arbeidersgezinnen waar het voor bedoeld was. Met deze huisvesting werd een standaard gesteld voor de valide arbeiders met een gezin, die voor de Tweede Wereldoorlog slechts bij hoge uitzondering gehaald werd.[46]

De minimumwoning en het maximaal haalbare: Witte Dorp en Kiefhoek van J.J.P. Oud

Door de late start, 1916, van een wezenlijke discussie over de functie van de Gemeente bij de Volkshuisvesting, lukte het Rotterdam en haar sociaal-democratische wethouders niet om een met de Spaarndammerbuurt in Amsterdam vergelijkbaar monument voor hun politiek te realiseren. Toen de SDAP na de verkiezingen van 1923 weer in het gemeentebestuur terugkeerde, was niet alleen hun positie nummeriek verzwakt, maar waren ook de Rijksbijdrage-regelingen dusdanig verslechterd dat de ambitieuze plannen van de Gemeentelijke Woningdienst, J.J.P. Oud's plannen voor ongeveer 2000 woningen in Tusschendijken en C. Kromhout's plannen voor ongeveer 2500 woningen in Oud Mathenesse, niet realiseerbaar bleken.[47] Er moest naar een nieuwe interventietechniek gezocht worden, nu de daadwerkelijke bouw en exploitatie van woningen weer in particuliere handen geraakt was. Deze nieuwe politiek wordt duidelijk aan hand van de projecten voor Oud Mathenesse (het Witte Dorp) en de Kiefhoek, die tot nu toe in de literatuur vrijwel uitsluitend in het kader van Oud's persoonlijk oeuvre behandeld zijn. Jhr. M.J.I. de Jonge van Ellemeet, de nieuwe directeur van het Bouw- en Woning-toezicht, geeft in 1925 een klein kijkje in de keuken: *In de ontworpen uitbreiding, die de schakel zal vormen tussen Rotterdam en Schiedam, is op deze plaats* (het Witte Dorp R.D.) *een bescheiden stadspark gedacht. De omgeving heeft zich echter nog niet in die mate ontwikkeld, dat aanleg van dit park in de naaste toekomst nodig zou blijken (. . .).*
Er was aanleiding deze grond tijdelijk een grotere rentabiliteit te verschaffen dan door verhuur als weiland mogelijk zou zijn. Daardoor wordt renteverlies vermeden en daarmee een ernstig beletsel voor de parkaanleg in de naaste toekomst. Het moge vreemd schijnen maar in een dergelijk geval kan bebouwing van een terrein juist economisch de latere totstandkoming van een park op datzelfde terrein bevorderen. Voor dit doel komt semi-permanente bouw in aanmerking.[48]
Tevens was directe woonruimte nodig door de toename van de woningnood, die ontstond door de krotsanering van de binnenstad.[49] De mensen die hierdoor moesten verdwijnen vonden hun bestaan in aan de haven of de binnenstad gekoppelde activiteiten. Verplaatsing van bewoners naar woningbouwprojecten in Zuid zou grote problemen oproepen. Niet alleen konden ze de huren niet opbrengen, maar doordat het onmogelijk zou zijn hetzelfde werk te blijven doen door de grote afstand tussen wonen en werken zouden ze 'geheel ten laste van de gemeenschap' komen. Door de bouw van deze noodwoningen met een levensduur van vijfentwintig jaar kon nog wel gebruik gemaakt worden van gunstige Rijkssubsidie. Zowel uit de discussies als uit de uiteindelijke exploitatievorm blijkt dat het hier gaat om door middel van huisvesting de categorie 'minder valide arbeiders met gezin' in een modelwijk om te vormen tot valide arbeiders en wanneer dit onmogelijk was tenminste hun kinderen daartoe te vormen. Hoe wanhopig de volkshuisvestingssituatie was, blijkt ook uit de demonstratie van daklozen en krotbewoners die in 1923 werd gehouden.[50] In ieder geval werden 74 van de 343 in exploitatie genomen door de Maatschappij voor Volks-woningen, die zich geheel volgens de voorstellen van Burgdorffer, was gaan toeleggen op de zorg voor de

clear from both the discussion and the eventual form of exploitation that the idea here was to use housing as a means of transforming 'less able-bodied workers with families' in a model estate into able-bodied workers and if this were not possible, at least to turn their children into such. Just how desperate the housing situation was is also evident from the demonstration held in 1923 by homeless people and slum-dwellers.[50] In any case 74 of the 343 dwellings were taken over and run by the Workers' Housing Society, which had begun to concern itself with the housing of 'able-bodied workers with large families' and 'less able-bodied workers', entirely in accordance with Burgdorffer's proposals. Via a system beginning with direct control the families were ultimately admitted in three or four stages to the Witte Dorp, it being assumed that in the case of establishment in dwellings among those in which a good family life was conducted a small amount of largely administrative surveillance would be enough to bring about adaptation.[51]
This strategy can also be deduced from the design, from its complete seclusion from the area around the district to its surveyability, with the slight, but emphatic identification of the individual dwelling, which nowhere left an area that was completely unobserved (fig. 9). Also significant is the central playground, which constitutes the main square of the community on the same axis as the 'administration building'. The dwellings themselves are a clear expression of functional arrangement intended to promote the development of a moral family: narrow kitchens which cannot possibly be used as living-rooms, so that they become the 'housewife's domain' and separate bedrooms for parents and children with the possibility of separating children of opposite sexes.
J.J.P. Oud proved to be pre-eminently suited to carry out this specific architectural commission. He himself explicitly stated that it is the task of architecture to offer people a foreshadowing of a better society with mutual solidarity and he believed that the coming of that society could be furthered by the provision of dwellings that would encourage good behaviour and inhibit 'bad'.[52] As far as the exterior design was concerned, he was bound not only by an economical choice of materials, but also by very clear and emphatic instructions regarding forms, such as the prescription of sloping roofs.[53]
Not until 1924 was he given the chance by the city architect of carrying out a commission with a high degree of freedom: the building project in Hoek van Holland. In this he on the one hand seized the opportunity of carrying still further the exploration of combinations of standardized ground plans which he had already initiated in Tusschendijken and Spangen,[54] while on the other he set his face against De Stijl as an architectural movement in the design, trying in his own way to limit and define the open building by the application of a number of formal devices, in order to prevent a loss of scale and form where there was a possibility of endless repetition. He was most expressly concerned here with a typological experiment that had to be applicable in the extensive expansion that was anticipated in Rotterdam South and elsewhere.
This experiment was to be continued on a slightly bigger scale in Kiefhoek.[55] J.J.P. Oud developed the initial concept of this plan in 1925 for around three hundred single-family houses. It was designed to be carried out by the City Housing Department by the prefabrication method. The vast majority of the houses had a standard ground plan, so that it would have been possible to conduct an experiment on the production of houses comparable to the mass production of, say, cars (fig. 10). Oud although spoke of a 'Ford house'.
However, since there was no money to cover the initial expenses of carrying out such an industrial design, traditional methods were used and the building later proved to have been done too cheaply. The industrial, mass production aspects

huisvesting van 'valide arbeiders met grote gezinnen' en de 'minder valide arbeiders'. Via een systeem dat begon met directe en totale controle werden de gezinnen in drie of vier fasen uiteindelijk toegelaten tot het Witte Dorp.
Verondersteld werd dat bij huisvesting te midden van woningen waar een goed gezinsleven plaatsvond een geringe grotendeels administratieve bewaking voldoende was om een aanpassing te bewerkstelligen.[51]
Deze tactiek is ook af te lezen aan de vormgeving: vanaf de totale afgeslotenheid naar buiten de wijk toe tot de overzichtelijkheid met een oppervlakkige maar nadrukkelijke identificatie van de enkele woning, die nergens een totaal onbespied terrein kent (afb. 9).
Significant is de centrale speelplaats, die het gemeenschappelijke plein vormt met daaraan in de as het 'administratiegebouw'. De woningen zelf zijn een duidelijke uitdrukking van functionele inrichting, die de ontwikkeling van een zedelijk gezin moet bevorderen: smalle keuken die het onmogelijk maakt om deze als leefruimte te gebruiken waardoor deze tot 'domein van de huisvrouw' wordt en de scheiding tussen ouder- en kinderslaapkamers met de mogelijkheid van sexescheiding voor de kinderen.
Voor deze specifieke opdracht voor de architectuur blijkt J.J.P. Oud uitstekend geschikt. Hij stelt zelf expliciet dat het de taak van de architectuur is de mensen een voorafschaduwing te bieden van een betere maatschappij met onderlinge solidariteit. Hij gelooft dat het leveren van woningen die een goed gedrag stimuleren en een 'foutief' belemmeren de komst van die maatschappij kan stimuleren.[52] Wat betreft de uiterlijke vormgeving, was Oud niet alleen gebonden aan een sobere materiaalkeuze maar ook aan zeer duidelijke en nadrukkelijke vormaanwijzigingen, zoals het voorschrift van de schuine daken.[53]
Pas in 1924 krijgt Oud van de stadsarchitect de kans in een verregaand vrije opdracht: de bouw in Hoek van Holland. Hierbij grijpt hij enerzijds de kans om zijn onderzoek naar combinaties van gestandaardiseerde plattegronden, die al in Tusschendijken en Spangen waren ingezet, verder door te voeren.[54] Anderzijds zet Oud zich in de vormgeving af tegen De Stijl als architectuurbeweging en probeert op zijn manier met de inzet van een aantal vormmiddelen de open bebouwing door een symmetrische behandeling te beperken en te definiëren teneinde verlies van maat en vorm bij de mogelijkheid van eindeloze repetitie te voorkomen. Heel nadrukkelijk ging het hierbij om een typologisch experiment dat inzetbaar moest zijn in de extensieve uitbreidingen zoals die o.a. in Rotterdam-Zuid voorzien waren. Een experiment dat in de Kiefhoek op iets grotere schaal voortgezet zou worden.[55]
J.J.P. Oud ontwikkelde dit plan in eerste opzet in 1925 voor ongeveer driehonderd eengezinswoningen. Het werd ontworpen voor de gemeentelijke woningdienst in montagebouw. Het overgrote deel van de woningen had een standaard plattegrond en zo zou een experiment met de produktie van woningen vergelijkbaar met de serieproduktie van bijvoorbeeld auto's plaats kunnen vinden. Oud spreekt dan ook van een 'woon Ford' (afb. 10).
Omdat er echter geen geld was om de aanloopkosten voor een dergelijk industrieel ontwerp uit te voeren, werd de bouw traditioneel en naar later bleek te goedkoop uitgevoerd. Het industriële en seriematige komt nu alleen in de vormgeving tot uiting.
Het standaardtype heeft een binnenbreedte van 3,88 meter en een buitenlengte van 7,54 meter. Het bruto vloeroppervlak is kleiner dan de standaardalcoofwoningen door beperking van de verkeersruimten: vervanging van gangen door zeer korte entree, een draaitrap i.p.v. steektrap en een portaal voor ontsluiting van de drie slaapkamers. De verwarming was alleen via het fornuis in het keukentje

now found expression only in the form.
The standard type has an internal width of 3.88 metres and an external length of 7.54 metres. The gross floor area is smaller than that of the standard alcove dwelling, but the circulation areas are cut down, corridors being replaced by a very short hall and a straight staircase by a winding one, with a landing to give access to the three bedrooms. Heating was provided solely via the range in the kitchen. Inside the estate the facilities were limited to a fuel merchant's and a water-purifying station. Otherwise the children's play areas (sandpits) with their raised edges (roughly in the centre and the south-east corner), like the shops with dwellings which were freely available for renting, were determined by the formal solutions of the spaces in the estate rather than to provide a given, logically sited level of provision. This applies even more strongly to the much more plastic New Apostolic Church, which was built somewhat later and which, while undoubtedly constituting an accent in the plan of the estate, in fact has nothing to do with it. The main aim of the Kiefhoek plan is the same, apart from a slight change in the application: to offer hope to the hopeless situation of a category of people looking for houses by means of a limited project. The concern here was to establish a model and not to make a start on solving the housing shortage.[56] The discussion and development of the plan took place in 1925. Families in the lowest income groups in particular had suffered a considerable drop in purchasing power, while cheap dwellings for slum clearance and those forced out by rent rises had become increasingly scarce, so that rent strikes and opposition to eviction were also common occurrences.
This pressure became so great that it seemed politically justifiable for the council to take steps to reduce it a little. New government regulations also seemed to offer hope of success. In view of the requirements, the Kiefhoek project can be said to embody the first design for a standard dwelling offering the maximum living-space via minimal means.
However, an enormous difference of opinion proved to exist within the City Council regarding the housing policy to be followed. The discussion resulted in the rejection of the original plan, which was considered too luxurious, and after it was revised too the opposing political views still applied:
– Attempts to relieve the most desperate need by establishing a standard for all those seeking homes and thus 'spreading the poverty' versus *a one-sided concentration on the development of dwellings that able-bodied workers could afford, which would be run mainly via the housing association.*
– Belief in the disciplining of the masses to a hygienic and responsible way of life, in which good housing was even seen as a means of limiting the costs of poor relief, unemployment and policing, versus *the writing-off of a large section of the population as simply belonging among the unadaptable, the only possibility in whose case is to repress their growth.*
– Belief in a particular role to be played by the authorities in the regulation of the housing market versus *belief in the eventual correction of the emergency situation by the free market with the aid of government subsidies.*
In the end it was the arguments listed first, those of the progressive wing, that won the day and the objectives of the project were adhered to, although there was a shift of category in favour of large families. This enabled the plan to be adopted by a big majority in the middle of 1927.
Difficulties with the Government and the bankruptcy of the contractor meant that considerable savings had to be made and also that the production and execution was less industrialized than had been envisaged. As a result it was not possible to make a start on building until the spring of 1930. Nor, for the rest, dit this resolve the sharp division between

voorzien. Binnen de wijk waren de voorzieningen beperkt tot een brandstoffenhandel, waterstokerij. Verder zijn de kinderspeelplaatsen (zandbakken) met hun verhoogde randen (in ongeveer midden en zuidoost-hoek) evenals de vrij te verhuren winkels met woning eerder bepaald door de vormoplossingen van de ruimten van de wijk dan om een bepaald en logisch geplaatst voorzieningenniveau te verschaffen. Dat geldt nog sterker voor de iets later gebouwde en veel plastischer Nieuw-Apostolische Kerk die wel een stedebouwkundig accent in de wijk is, maar daar feitelijk niets mee te maken heeft.
Het hoofddoel van het plan Kiefhoek is met een geringe wijziging van inzet hetzelfde: door middel van een beperkt project perspectief te bieden aan een uitzichtloze situatie van een categorie woningzoekenden. Daarbij ging het om het stellen van een voorbeeld en niet om een aanzet de woningnood op te lossen.[56] De aanvang van de discussie en planontwikkeling ligt in 1925. Met name bij gezinnen met de laagste inkomens was er sprake van aanzienlijke daling van de koopkracht, terwijl goedkope woningen door krotopruiming en huurverhogingen steeds schaarser werden. Huurstakingen en verzet tegen ontruimingen kwamen dan ook vaak voor. Deze druk werd zo groot dat het politiek verantwoord leek om een gemeente-initiatief te nemen om wat druk van de ketel te nemen. Ook nieuwe regeringsmaatregelen leken een mogelijkheid tot succes te geven. Gezien de eisen kan bij de Kiefhoek gesproken worden van het eerste ontwerp voor een standaardwoning, die een maximale woonruimte wil bieden met minimale middelen. Binnen de Gemeenteraad bleek echter een enorm verschil van mening over de te volgen huisvestings-politiek. De discussie leidde tot verwerping van het oorspronkelijke plan dat als te luxueus werd gekenschetst. De politieke tegenstellingen lagen er ook na herziening van het plan:

- Pogingen om de ergste nood te lenigen door een standaard voor alle woningzoekenden te stellen en zo de 'armoede te verdelen', *tegenover* eenzijdige concentratie op het ontwikkelen van betaalbare woningen voor valide arbeiders, vooral via de woningbouwverenigingen te exploiteren.
- Geloof in het disciplineren van de massa tot een hygiënische en verantwoorde leefwijze, waarbij goede huisvesting zelfs wordt gezien als een middel om de kosten van armenzorg, werkeloosheid en politie te beperken, *tegenover* het afschrijven van een groot deel van de bevolking als nu eenmaal behorend tot de onaanpasbaren waarbij alleen repressie van 'uitwassen' mogelijk is.
- Geloof in de eigen rol van de overheid in het reguleren van de woningmarkt *tegenover* geloof in een uiteindelijke correctie van noodtoestanden door de vrije markt ondersteund door het subsidiëren via de Rijksoverheid.

De eerstgenoemde argumenten, van de progressieve vleugel, winnen het tenslotte. Wel wordt de categorie verschoven naar grote gezinnen onder handhaving van de doeleinden van het project. Via deze bestemming, kon het plan medio 1927 met een grote meerderheid aangenomen worden. Moeilijkheden met het Rijk en het failliet gaan van de aannemer bewerkstelligden dat aanzienlijke besparingen moesten worden toegepast en dat ook de produktie en uitvoering ambachtelijker werd dan voorzien was. Daarom kon pas in het voorjaar van 1930 met de bouw gestart worden. De scherpe scheiding tussen voor- en tegenstanders werd er overigens niet door opgelost.
De ontbrekende ruimte en het ontbrekende geld heeft Oud er niet van weerhouden om van de Kiefhoek een monument voor zijn architectuuropvatting te maken: een demonstratie dat vanaf het muurtje van de hal tot en met de totaalopzet van de wijk de architect zijn vormwil kan combineren met

those in favour of the plan and those against.
Lack of space and money did not prevent Oud from making Kiefhoek a monument of his architectural ideas, a demonstration that from the walls of the hallways up to and including the total plan of the district of the architect can combine his own style of design with the multiple production of dwellings with standardized ground plans, and he was able to carry this combination through right across all the savings. This reconciliation of ostensibly conflicting factors also finds expression at the level of the plan as a whole. In the overall impression of the estate it is the way it is closed off from its surroundings that strikes one, whereas inside it it is precisely the openness that is emphasized by architectural means. The same applies to the main form and alignment of the plan, which are strengthened by the interplay of brick and stucco (underlined by the awnings and pseudo-ribbon windows), while the detailing in the street and in front of the doors accentuates the individuality of the dwellings. The nort-east/south-west alignment of most of the blocks guarantees the amount of sunlight thought desirable at that time, while it also fits in with the street plan of the estate as a whole. There is no question here of a rational land-organization such as was aimed for in Germany in particular and was also brought to the fore in this country a bit later on. Thus it was other aspects of the plan that caused its effect on and popularity among 'Nieuwe Bouwen' architects. As Van Loghem indicated in De Groene Amsterdammer, *Oud had finally succeeded in combining the ideal of inhabitants and housing authorities, the single-family house, with a design that dit not repudiate the new city which, in the eyes of many, would pose a threat to family and rural values. According to many 'Nieuwe Bouwen' architects, every opportunity should be seized to achieve this result and possible concrete problems and imperfections of an architectural nature were only secondary considerations in this.*[57] *Actually Oud himself took the reproaches regarding the poor quality of the building to heart and it is possible that this may be part of the explanation for his moving away from the increasingly contentious 'Opbouw' Association.*[58]
More interesting, however, is his apolitical approach. In the later project for a possible re-organization of the Blijdorp Plan (1931) Oud was concerned with 'beauty of a very pure nature', which could be realized by ribbon building, but did not have to be limited to it. Such practical arrangements could serve as the basis for an architecture that would have to follow the incontestable development of society whatever its political tenor.

White amid the greenery: the Rotterdam maximum dwelling

'Nieuwe Zakelijkheid's desire to develop into an international style that would attract recruits was realized in particular by Brinkman and Van der Vlugt in the Van Nelle factory (1926) and also in a series of houses. These houses have disappeared from the historiographical construction of the prior history of the modern International Style, but they were much admired in their day and contributed greatly to the dissemination and acceptance of 'Nieuwe Bouwen' as a style. The first obvious example is C.H. van der Leeuw's house of 1927-8 on Kralingse Plaslaan (fig. 11). Although it was not in the end built as a detached house, it can nonetheless be described as the first design in the series of such. It clearly illustrated that 'Nieuwe Bouwen's' style could place itself at the service of the very personal requirements of a resident, who was likewise aiming at a higher order in his inner life and profession. Van der Leeuw was not only linked to the 'Nieuwe Bouwen' movement via the commission for the Van Nelle factory, of which he was a director, but he was also in contact with CIAM even before many of the Dutch architects who are counted as belonging to it. In him Brinkman and Van der Vlugt

een seriematige produktie van woningen met gestandaardiseerde plattegronden.
Dwars tegen alle besparingen in kon hij deze combinatie doorzetten. Deze verzoening van elkaar schijnbaar tegensprekende factoren komt ook op het niveau van het totale plan tot uitdrukking. Als totaalindruk van de wijk valt de beslotenheid naar buiten op, terwijl binnen de wijk juist de openheid met architectonische middelen wordt benadrukt. Hetzelfde geldt voor de hoofdvorm en richting in het plan, die door het samenspel van baksteen en stuc, onderstreept door de luifels en pseudobandvensters, versterkt worden, terwijl de detaillering aan de straatzijde en voor de deur de individualiteit van de woning benadrukken. De noord-oost/zuid-west richting van de meeste blokken garandeert de in die tijd gewenste bezonning. Die oriëntatie sloot overigens aan bij het stratenplan van de hele wijk. Van een rationele verkaveling zoals met name in Duitsland werd nagestreefd en ook in ons land enige tijd later naar voren werd gebracht was geen sprake. De werking en populariteit bij architecten van het Nieuwe Bouwen lag dan ook bij andere aspecten van het plan. Zoals Van Loghem aangaf in de *Groene Amsterdammer* was het Oud gelukt om eindelijk het ideaal van bewoners en volkshuisvesters, een eengezinswoning, te combineren met een vormgeving die zich niet afzette tegen de nieuwe stad die de waarden van gezin en platteland volgens velen zou bedreigen. Om dit resultaat te bereiken moest volgens veel Nieuwe Bouwers iedere kans gegrepen worden en eventuele concrete ongemakken en onvolkomenheden van bouwkundige aard waren daarbij van ondergeschikte aard.[57] Oud zelf overigens trok zich de verwijten van de slechte bouwkundige kwaliteit wel aan en het is mogelijk dat zijn grotere afstand tot de steeds strijdbaarder wordende vereniging 'Opbouw' hier voor een deel door verklaard kan worden.[58] Belangwekkender is echter zijn a-politieke opstelling. In het latere project voor een mogelijke verkaveling van het plan Blijdorp (1931) gaat het Oud om 'schoonheid van zeer zuiveren aard'[59], die middels de strokenbouw kon worden bewerkstelligd, maar daartoe niet hoefde te worden beperkt. Dergelijke practische ordeningen konden als vertrekpunt voor een bouwkunst dienen, die de onomstotelijke ontwikkeling van de maatschappij los van de politieke lading zou moeten volgen.

Wit in het groen: de Rotterdamse maximumwoning.
De wens dat de Nieuwe Zakelijkheid zich zou ontwikkelen tot een wervende internationale stijl, van een hogere orde, wordt gerealiseerd door met name Brinkman en Van der Vlugt in de Van Nellefabriek (1926), maar ook in een serie villa's. Deze villa's zijn in de historiografische constructie van de (voor)geschiedenis van de moderne internationale stijl weggevallen, maar werden in die tijd erg bewonderd en hebben sterk bijgedragen tot de verspreiding en acceptatie van het Nieuwe Bouwen als stijl. Het eerste duidelijke voorbeeld is het woonhuis van C.H. van der Leeuw aan de Kralingse Plaslaan uit 1927-28 (afb. 11). Hoewel de uiteindelijke uitvoering een niet vrijstaand huis is geworden kan er toch gesproken worden van het eerste ontwerp in de reeks van villa's. Het huis illustreert duidelijk dat de vormtaal van het Nieuwe Bouwen dienstbaar gemaakt kan worden aan de persoonlijke instelling van de bewoner die evenzeer in zijn geestelijk leven en in zijn beroep streefde naar de hogere orde. Van der Leeuw was niet alleen via de opdracht voor de bouw van de Van Nellefabriek, waarvan hij directeur was, verbonden met het Nieuwe Bouwen. Eerder dan veel Nederlandse architecten die tot deze stroming gerekend worden, stond hij in contact met CIAM. In hem vonden Brinkman en Van der Vlugt precies de ideale

found just the ideal client that someone like Le Corbusier was looking for at that time[60] The idea that motivated both client and architects was a need for dematerialization, whereby it was precisely the application of modern technology that could go beyond everyday reality and make direct contact with the essence of man, nature and the 'All'.
With the exception of the use of pilotis *Van der Vlugt and Brinkman's houses comply with Le Corbusier's 'Les 5 points d'une architecture nouvelle' (1926).[61] The organization too, with the garage and servants' quarters on the ground floor, the great emphasis on appearances and reception and the separation of the routes followed by the servants and the guests, shows a striking similarity to this 'machine for living in'. But in the case of this bachelor's residence the machine metaphor becomes precisely a medium for an entirely personal expression from lighting and furniture to the whole compass of, for example, the organ room. And the 'plan libre', which is realized here not by reinforced concrete, but by a steel construction filled in with (plastered) brick, acquires a translation of its own here, certainly in the exterior.*
This demonstration of an entirely personal type of house was continued more laboriously, but not less convincingly in the house built in 1928-34 for J. Sonneveld, who was also a director of Van Nelle (figs. 12a, b). This house is more concerned with emphasizing the free development of the individual member of the family, which is carried through to a hygienic kind of isolation which finds expression in the principle of separate toilets for each member of the family. Only on the first floor does the family come together in the traditional series of library, sitting-room, dining-room and terrace. The care of the family and of the mechanics of the house are effected by means of different circuits of separate servants' quarters and service shafts. The construction of this house too is based on a steel skeleton, but the floors are of reinforced concrete plates and the walls of lightweight concrete.[62]
That direct co-operation between architect and client is of the essence in this series also comes out clearly in the house and surgery built for Dr. H.J. Boevé, which is of a fairly traditional form in both its construction and arrangement,[63] but in its appearance precisely makes a strong appeal to a new and abstract kind of design (fig. 12c).
The fact that the clients undoubtedly made a big contribution also makes it difficult to speak of a genuine formal development in this series of houses, such as illustrated by the De Bruin house at Schiedam (1929-1931) and perhaps even more clearly in that of J.G. Vaes on Plaszoom (1932)[64].
It seems rather as if the clients excluded or precisely opted for certain components of the idiom and that in this way the various rooms and areas were brought into a relationship with the greenery and the surrounding landscape either in a collage-like manner (Vaes) or as an emphatic compositional entity (De Bruin) by the use of simple white and glass rectangles, circles, boxes and cylinders. This method becomes even clearer in the case of the 'summer houses' built for, for example, C.H. van der Leeuw (Sterkamp, Ommen 1928) and M.A.G. van der Leeuw (Rockanje 1930).[65]
This series of houses did, in any case, have the effect of attracting and winning support for the acceptance of 'Nieuwe Bouwen' as a style and above all as a new aesthetic.[66] In this the expertise in the execution and the application of both traditional and new materials played a part which perhaps seems almost incomprehensibly large now. In the period of their building and just after it these houses were used in surveys as a demonstration of a possible choice for the elite and as an argument in a debate with a group that opted for unity in the city image.[67] It was one of Witteveen's merits that he had made this demonstration of white amid the greenery possible, in the Dijkzicht Plan in particular. Mention must also

opdrachtgever waar iemand als Le Corbusier in die periode naar op zoek was.[60] Drijfveer voor zowel opdrachtgever als architecten was de behoefte aan dematerialisering waarbij juist toepassing van de moderne techniek de dagelijkse realiteit kon overstijgen en direct contact met het wezen van de mens, de Natuur en het 'Al' mogelijk kon maken. Met uitzondering van de toepassing van de *pilotis* voldoen de villa's van Van der Vlugt en Brinkman aan 'Les 5 points d'une architecture nouvelle' (1926) van Le Corbusier.[61] Ook de organisatie, met de garage en dienstbodenvertrekken op de begane grond, de grote nadruk op representatie en ontvangst en de gescheiden verkeerscircuits voor personeel en gasten, vertonen een opvallende gelijkenis met deze woonmachine. Maar de machinemetafoor wordt bij deze vrijgezellenwoning juist een middel tot een persoonlijke uitdrukking van belichting en meubilair tot aan de totale ruimte van bijvoorbeeld de orgelkamer. Maar ook het 'plan libre' dat hier niet bereikt wordt door gewapend beton maar door ijzerconstructie en vulling met (gepleisterde) baksteen kreeg zeker in het uiterlijk een eigen vertaling.
Moeizamer maar eveneens overtuigend wordt deze demonstratie van persoonlijke woonvorm voortgezet in het 'huis Sonneveld' (1928–'34) (afb. 12a,b). J. Sonneveld was eveneens directeur van Van Nelle. Bij dit huis gaat het meer om de benadrukking van de vrije ontplooiing van het individuele gezinslid. Dit wordt doorgevoerd tot aan een hygiënistisch isolement zoals tot uitdrukking komt in het principe van toiletkabinetten voor ieder gezinslid.
Slechts op de eerste verdieping komt het gezin bijeen in de traditionele reeks van bibliotheek, zitkamer, eetkamer en terras. Verzorging van gezin en apparatuur vindt plaats in gescheiden circuits van aparte dienstbodenruimten en leidingenschachten. Constructief is ook dit huis gebaseerd op een staalskelet maar de vloeren zijn van gewapend betonnen platen en de wanden van gasbeton.[62]
Dat het in deze reeks gaat om een directe samenwerking tussen architect en opdrachtgever komt ook duidelijk naar voren in het woonhuis met praktijk van de arts van dr. H.J. Boevé, dat zowel in bouw als indeling een vrij traditionele vorm heeft,[63] maar als verschijningsvorm juist sterk appelleert aan een nieuwe en abstracte beeldvorming (afb. 12c).
Deze ongetwijfeld grote inbreng van de opdrachtgevers maakt het ook moeilijk om echt van een formele ontwikkeling in de villareeks te spreken, zoals bijvoorbeeld het woonhuis De Bruin in Schiedam (1929–'31), maar misschien nog duidelijker het woonhuis van J.G. Vaes aan de Plaszoom (1932), illustreert.[64] Het lijkt er eerder op dat de opdrachtgevers bepaalde onderdelen van het idioom uitsluiten of juist kiezen en via deze procedure de diverse ruimten hetzij collagematig (huis Vaes) hetzij als een nadrukkelijke compositorische eenheid (huis De Bruin) via eenvoudige witte en glazen rechthoeken, cirkels, dozen en cilinders in een relatie met het groen en de natuur in de omgeving brengen. Nog duidelijker wordt deze werkwijze bij de 'zomerhuisjes' voor bijvoorbeeld C.H. van der Leeuw (Sterkamp, Ommen 1928) en M.A.G. van der Leeuw (Rockanje 1930).[65] In ieder geval heeft deze reeks wervend en overtuigend gewerkt voor de acceptatie van het Nieuwe Bouwen als stijl, maar vooral als een nieuwe esthetiek.[66]
Het vakmanschap in de uitvoering en toepassing van zowel traditionele als nieuwe materialen heeft daarbij een nu misschien vrijwel onbegrijpelijk grote rol gespeeld. In de periode van de bouw en vlak daarna werden deze villa's in de overzichtswerken gebruikt als demonstratie van een mogelijke keus voor de elite en als argument in een polemiek met een groep die voor de eenheid van stadsbeeld koos.[67] Het is de verdienste van Witteveen

be made of a rather later (1936) and extremely controversial contribution by Van Tijen in the context of these maximum dwellings (fig. 13). This house is not only a demonstration of unconventional design within 'Nieuwe Bouwen', but it can be seen even more than conventional large houses as a reaction against the norm of the white villa. This double house puts the emphasis precisely on collectivity, economy and a literal and figurative double use.[68]

The impotence of formal solutions of the housing problem
It was also Van Tijen who pragmatically repudiated the canon of 'Nieuwe Bouwen' in a workers' housing project at Zutphen, De Pol (1932) (fig. 14). At the same time by the way he divided up the site he threw in his lot programmatically, again, as the very first to do so, with the international CIAM programme of rational land-organization (ribbon building) with (minimum) dwellings that people could afford. The building of the project was financed by the industrialist Karel Reesink, who als gave Van Tijen commissions to build his factory and offices.[69] *These were minimum dwellings without heroics and only local materials of the cheapest possible variety in those days were used: sand-lime brick, cement tiles and wood.*
In Van Tijen's view, expressed in de 8 en Opbouw, *the problems in mass housing lay not only in the vast themes of the modern international movement,* light, space, conciseness, modernity, *but precisely also in the solution of the problems bound up with these, such as* heating, protection from the sun, sleeping accommodation, storage space, furnishing, drying facilities, *in a good and inexpensive manner.*[70] *This kind of approach involved a definitive break with the practice of the majority of the 'modern', who saw the visual signs of the movement as expressed in Kiefhoek and elsewhere as the prime characteristic of the new architecture. But the fifty dwellings at Zutphen also meant another break, that with the search for a concretization of the idea of the modern:* The dwelling will only be able to become really simple as a 'cell', as a component with limited functions of large, complete housing complexes. But the family dwelling (and it is the building of this that is undoubtedly our task at present and for the time being) will always evince that complexity, when it is well worked out. Thus these dwellings were created not with the simplicity and uniformity of a modern building construction as their primary characteristic, but with an acutely functional conciseness, more like that of a modern piece of equipment such as a vacuum-cleaner or typewriter, which can, indeed, be called thorough and efficient, but certainly not simple.[71]
Van Tijen's prewar production was to continue to be characterized by this stance: an emphasis on unconventional, concrete experimentation which was not based in advance on the axioms of the modern movement. Despite its heavily idealistic illustrations, this approach also informs the Proposal on the organic housing estate with open site-planning put forward by 'de 8' of Amsterdam and the 'Opbouw' Association of Rotterdam, *a study mainly by Van Tijen (Rotterdam) and Merkelbach (Amsterdam), which cannot be dismissed as merely tactical.*[72] *The style of demonstration and argument in it is borrowed from the contributions of the Germans and Swiss in particular to the CIAM Congress (1930) in Brussels.*
Van Tijen and Merkelbach cherished the expectation that the new urban planning would already prove so attractive at the visual level of the street that a break could be enforced with the Dutch practice of urban expansion by means of a system of main roads which determined the blocks and squares and green open spaces, which were mostly linked to public facilities. The design for such an 'organic district' by Van Tijen and Van der Vlugt (1931) was not only a practical demonstration of the failure of this strategy, but it also showed

geweest om met name in het plan Dijkzicht deze demonstratie van wit in het groen mogelijk te maken. In het kader van deze maximumwoningen valt een wat latere (1936) en uiterst polemische bijdrage van Van Tijen te vermelden (afb. 13). Het huis is niet alleen een demonstratie van onconventionele vormgeving binnen het Nieuwe Bouwen, maar is beter nog dan de conventionele herenhuizen te lezen als een reactie op de norm van de witte villa. Dit dubbele woonhuis benadrukt juist de collectiviteit, economie en letterlijk en figuurlijk dubbel gebruik.[68]

Het onvermogen van vormoplossingen voor de woning-nood

Het was ook Van Tijen, die met een woningbouwproject voor arbeiders (1932) in Zutphen, De Pol, zich pragmatisch tegen het kanon van het Nieuwe Bouwen afzette (afb. 14). Tegelijkertijd sloot hij programmatisch via de verkaveling juist weer als eerste aan bij het internationale CIAM-programma van rationele verkaveling (strokenbouw) van betaalbare (minimum) woningen. De bouw werd gefinancierd door de industrieel Karel Reesink, die ook aan Van Tijen opdracht gaf voor de bouw van zijn fabriek en kantoren.[69] Het werden minimumwoningen zonder heroïek en alleen de toenmalig locaal allergoedkoopste materialen werden gebruikt: kalkzandsteen, cementpannen en hout. Volgens Van Tijen in *de 8 en Opbouw* ligt de problematiek van de volkswoningbouw niet alleen in de vaste thema's van de moderne internationale beweging, *bezonning, ruimteontwikkeling, beknoptheid, modernisering,* maar juist ook in de oplossing van de daarmee samenhangende problemen zoals *verwarming, zonbeschutting, slaapgelegenheid, bergruimte, meubilering, drooggelegenheid* op een goede en goedkope manier.[70]

Door een dergelijke instelling tekent een definitieve breuk zich af met de praktijk van de meerderheid van de 'modernen' die vooral de visuele tekens van de beweging zoals die o.a. in de Kiefhoek naar voren kwamen, als kenmerk van de nieuwe architectuur zagen.

De vijftig woningen in Zutphen betekenden echter ook een andere breuk met het streven naar concretisering van het idee van het moderne: *Werkelijk eenvoudig zal de woning eerst kunnen worden als 'cel' als onderdeel met beperkte functies van groote volledige wooncomplexen. De gezinswoning echter (en de bouw daarvan is op het oogenblik en voorloopig stellig onze opgave) zal, wanneer hij goed is gelost, altijd die gecompliceerdheid vertoonen. Zoo ontstonden deze woningen met niet als eerste kenmerk de eenvoud en gelijkvormigheid van een moderne bouwconstructie, doch in sterk uitgenutte beknoptheid, meer verwant aan een modern gebruiksvoorwerp als een stofzuiger of een schrijfmachine, die men wel doelmatig en doorwérkt, maar zeker niet* eenvoudig *kan noemen.*[71]

Deze stellingnamen zullen kenmerkend blijven voor de vooroorlogse produktie van Van Tijen: een nadruk op onconventionele concrete experimenten waarbij niet bij voorbaat de axioma's van de internationale moderne beweging vertrekpunt zijn.

Deze benadering kenmerkt, ondanks de zwaar ideëel getinte illustraties, ook het *Praeadvies uitgebracht door de ver. arch. kern 'de 8' te Amsterdam en de Vereniging 'Opbouw' te Rotterdam over de organische woonwijk in open bebouwing.* Deze studie van voornamelijk Van Tijen (Rotterdam) en Merkelbach (Amsterdam) kan niet alleen als tactisch worden afgedaan.[72] De gehele betoogtrant en argumentatie is ontleend aan de bijdragen van met name de Duitsers en Zwitsers aan het CIAM congres (1930) te Brussel.

Van Tijen en Merkelbach hadden de verwachting dat al op

the difference between the theory of the Proposal *and the practice of the design (fig. 15).*[73] *Admittedly, the through roads between the long apartment blocks were eliminated, but an obvious town-planning accent was added to the main road by means of two high-rise blocks and the street itself was solidly interpreted as an urban wall.*[74] *The positioning of the public facilities in the sight-lines of the main roads was also adhered to, so that they are virtually isolated from the planning arrangement for the building of the dwellings, which is governed by the admission of sunlight and protection against wind. Thus the plan evinces a clash between two conceptions of town planning.*

The preparations for the third CIAM Congress and this Proposal *may possibly also have had a direct influence on the setting up of the 'Competition for Inexpensive Workers' Dwellings' by the City of Amsterdam on the instigation of the Union of Dutch Architects. This competition is generally seen as a victory for the 'Nieuwe Bouwen' architects and it is quite true that W. van Tijen (plan fl. 4.75, 'Opbouw') (fig. 16), Bodon, Groenewegen, Karsten and Merkelbach (1254, 'de 8'), A. Staal, S. van Woerden and G.H. Holt (& 'de 8') and J.H. van den Broek (Optimum, Rotterdam) (fig. 17) were all awarded prizes of four hundred guilders for their plans and the jury's conclusions were almost a summary of the protests and (counter) plans of 'Nieuwe Bouwen' of the immediately preceding period.*[75]

But the result of the competition can also be seen, certainly in combination with the glosses on the plans published, as a threat of stagnation of typological studies by reason of the heavily generalized statements regarding the types and as a document that incontrovertibly confirms that the mass housing movement had been driven on to the defensive, if it had not actually suffered a defeat. The conclusion of the jury was clear enough after all.

– . . . high-rise building *is* not desirable for the housing of normal working-class families;

– low building in the farm of single-familiy dwellings would inevitably lead to a high density, on account of the costs, and to a type of dwelling not considered acceptable by the jury;

– gallery flats also had their disadvantages in the jury's view in respect of poor light and too much pressure on the gallery, while they did not yield any savings either;

– back-to-back building and dwellings along corridors were likewise rejected as providing too little 'light and air';

– dwellings on at least four floors linked by porticos, possibly with a fifth floor as well (though this was deplored), in ribbon blocks appeared to be the only possible model for 'building at a price people can afford'.

The most important conclusion was, however, that the designs submitted have not provided acceptable solutions for the problem of good and inexpensive workers' housing.

L. Seegers, the Communist member of the council, had already predicted this outcome in fact,[76] *for in the thirties, after initial government intervention in the direction of the subsidization of housing in order to control wage developments, the choice fell on the privatization of the housing market again, on the understanding that the power of the state would actually ultimately be used to curb the declining returns on housing.*

The great admiration for the so-called 'central plan for Blijdorp', designed by Van den Broek, Otten and Ten Bosch (1931) to the City's commission, led to these architects being called in for large parts of this expansion plan and also to the virtually complete acceptance of the various types that were put forward in it.[77] *But this state of affairs cannot disguise the fact that a district which was originally intended for the advancement of the new and disciplined workers' families was almost entirely used to absorb the smaller families and the*

beeldniveau van de straat de nieuwe stedelijke ordening dusdanig wervend zou werken dat een breuk geforceerd kon worden met de Nederlandse praktijk van stadsuitbreiding via een stelsel van hoofdstraten, die de blokken bepaalden en pleinen of groenvoorzieningen die meestal gekoppeld waren aan openbare voorzieningen.
Het ontwerp van Van Tijen en Van der Vlugt voor een dergelijke 'organische stadswijk' (1931) toont niet alleen praktisch het falen van deze tactiek aan, maar ook het verschil tussen theorie van het *Praeadvies* en ontwerpdemonstratie (afb. 15).[73] Tussen de woningen in strokenbouw worden weliswaar de doorgaande wegen geëlimineerd, maar naar de hoofdverkeersweg wordt via twee hoge bouwblokken een duidelijk stedebouwkundig accent aangebracht en wordt de straat wel degelijk als een stedelijke wand geïnterpreteerd.[74] Ook het in zichtlijnen van die hoofdverkeerswegen leggen van de openbare voorzieningen blijft gehandhaafd, waardoor deze vrijwel geïsoleerd worden van het ordeningsysteem van de bouw van de woningen die zich op zon-toetreding en windwering richt. Hierdoor ontstaat in het plan een botsing van twee stedebouwkundige opvattingen. De voorbereidingen voor het derde CIAM-congres en dit praeadvies hadden mogelijk ook directe invloed op het totstandkomen van de 'Prijsvraag voor Goedkoope arbeiderswoningen'. Deze op initiatief van de BNA door de gemeente Amsterdam uitgeschreven prijsvraag wordt in het algemeen gezien als een overwinning van de Nieuwe Bouwers. Inderdaad kregen W. van Tijen (plan f 4,75 'Opbouw') (afb. 16), Bodon, Groenewegen, Karsten en Merkelbach (1254, 'de 8'), A. Staal, S. van Woerden en G.H. Holt (&, 'de 8') en J.H. van den Broek (Optimum, Rotterdam) (afb. 17) een premie van vierhonderd gulden voor hun plannen en waren de conclusies van de jury bijna een samenvatting van protesten en (tegen)plannen van het Nieuwe Bouwen van de direct daarvoor liggende periode.[75] Men kan echter ook, zeker in samenhang met de commentaren bij de gepubliceerde plannen, de prijsvraaguitkomst zien als een dreiging tot stagnatie van typologische studies door de sterk veralgemeniseerde uitspraken t.a.v. de typen en als een document dat onomstotelijk vaststelt dat de volkshuisvestingsbeweging in het defensief was gedreven om niet te spreken van een feitelijke nederlaag. Immers de conclusie van de jury was overduidelijk:
- ... *hoogen bouw (is) voor de huisvesting van normale arbeidersgezinnen niet aangewezen;*
- laagbouw van eengezinswoningen moest door de kosten leiden tot een hoge dichtheid en een woningtype dat door de jury niet aanvaardbaar werd geacht;
- galerijbouw levert volgens de jury nadelen op wat betreft met name slechte lichtinval en teveel drukte op de galerij en levert geen besparingen op;
- rug-aan-rug-bouw en corridorbouw wordt eveneens afgewezen wegens een te weinig 'licht en lucht';
- woningen in liefst vier lagen met portiekontsluitingen met eventueel een (betreurde) vijfde woonlaag en gebouwd in strokenbouw blijkt het enig mogelijke model voor 'betaalbaar bouwen'.

De belangrijkste conclusie was echter, *dat de ingediende ontwerpen aanvaardbare oplossingen van het probleem der goede en goedkoope arbeiderswoning niet hebben gegeven.* Dit was overigens een conclusie die het communistische raadslid L. Seegers al had voorspeld.[76] In de jaren dertig was namelijk, na aanvankelijk interventie van de staat in de richting van subsidiëring van de woningbouw om de loonontwikkeling te beheersen, gekozen voor het opnieuw privatiseren van de woningmarkt met dien verstande dat uiteindelijk de staatsmacht zelfs werd gebruikt om het teruglopende rendement in de woningbouw te remmen.

migration from the inner city of the better-off.[78] *Yet the pragmatism of Van den Broek and the City Housing Department also determined the method of a number of 'Nieuwe Bouwen' architects in other projects.*

From utopia to the building of the attainable for better time hoped not to be far away

It is once again in the book Inexpensive Workers' Dwellings *that the dilemma of and the ultimate divisions in Nieuwe Bouwen are most clearly expressed, for here too two possibilities for reducing costs were clearly set out over against each other for the first time:*
1. a reduction of the middle-class type of dwelling, such as appeared in the majority of the entries;
2. attempts to arrive at a specific type of dwelling for the working-class family by means of the 'double function' of rooms in the dwelling.
These two solutions characterized the entries of the Rotterdam prizewinners in particular and were also to determine a large part of their building production from that time on. The discussion turned on the fixation on a single place for a single traditional family over a long period versus the ideal put forward in the twenties of individuality, mobility and flexibility, which would have to be made possible, if not essential, by a greater socialization of society.[79] *It was Mart Stam, who had earlier tried to work out the theme of the minimum dwelling in Frankfort, in the Hellerhof district among other places, who came to this last conclusion and it is known that Van Tijen and Van den Broek also made a visit to him there in 1928. Thus the solutions found can better be interpreted as a further assimilation of the problems of this minimum dwelling than as an evolution out of the manipulations of interior design by Rietveld and Mrs. Schröder-Schräder.*[80]
Van Tijen's 'fl. 4.75' design is a perfect illustration of completely programmed and flexible housekeeping.
A variation on this plan was further worked out in a three-storey apartment block on Frans Bekkerstraat in Rotterdam South (fig. 18). Here it became possible on a site orginally partly earmarked as green belt to carry out experiments that still came just within the reach of the skilled worker. Instead of the eight variants, three were applied here with different basic dimensions. This complex was also an experiment in prefabrication and possible industrialized building. The loadbearing construction consisted of a steel skeleton, which made it possible to have brick dividing walls of different widths. The frontages hang free in this construction. The double function is found primarily in the use of a recess bed for the married couple, so that this room can be incorporated in the living-room by means of a sliding glass door. This made numerous adherents of 'Nieuwe Bouwen' wonder how the fight against the unhealthy dark alcove, which did, however, make it possible to have a separate bedroom, could have ended up with a 'part-time' bedroom which, though admittedly light and airy, was not separated off from the (smoky) living room.[81] *In addition it could also be remarked that the sunlight flooding into the dwellings necessitated the additional provision of glass awnings. However, the editors of* de 8 en Opbouw *were of the opinion that the 'tidy Dutch housewife' would be very well able to make responsible use of the dwelling, certainly in view of the interest in the model dwelling that Van Tijen had installed with A. Verbeek.*[82]
After earlier experiments with forms of land-organization and types of ground plan, all of which can be interpreted as an attempt to convince the building contractors that the proposals he presented as ideal plans in Optimum really were operational, Van den Broek was given the opportunity to carry out an almost ideal realization (fig. 19).[83] *He had already entered into a discussion with the 'Eendracht' Housing*

De grote waardering voor het zogenaamde 'centraalplan Blijdorp' ontworpen door Van den Broek, Otten en Ten Bosch (1931) in opdracht van de Gemeente leidde tot inschakeling van deze architecten voor grote delen van dit uitbreidingsplan en ook in vrijwel volledige acceptaties van de verschillende typen die in het plan werden voorgesteld.[77] Deze gang van zaken kan echter niet verbloemen dat een wijk die oorspronkelijk bedoeld was voor de toename van de nieuwe en gedisciplineerde arbeidersgezinnen vrijwel volledig werd gebruikt voor de opvang van de gezinsverdunning en trek uit de binnenstad van de meer welgestelden.[78] Toch bepaalt de pragmatiek van Van den Broek en de Gemeentelijke Woningdienst ook de werkwijze van een aantal Nieuwe Bouwers in andere projecten.

Van utopie naar het bouwen van het haalbare voor hopelijk nabije betere tijden

Het is opnieuw bij het boek *Goedkoope arbeiderswoningen* waar het dilemma en de uiteindelijke gespletenheid van het Nieuwe Bouwen het duidelijkst tot uiting komt.
Ook worden hier voor het eerst duidelijk twee mogelijkheden tot kostenverlaging tegenover elkaar gezet:
1. reductie van het burgerhuistype, zoals dat bij de meerderheid van de inzendingen voorkomt;
2. pogingen om tot een eigen type te komen voor het arbeidersgezin door 'dubbel gebruik' van ruimten in de woning. Met name deze tweede oplossing kenmerkt de inzendingen van de Rotterdamse gepremieerden en zal ook een groot deel van hun bouwproduktie van die tijd af gaan bepalen. Kern van de behandeling is de fixatie op één plek van één traditioneel gezin gedurende een lange tijd in tegenstelling tot het in de jaren twintig beleden ideaal van de individualiteit, mobiliteit en flexibiliteit die door een grotere socialisatie van maatschappij en voorzieningen mogelijk zo niet noodzakelijk gemaakt moest worden.[79]
Het is Mart Stam, die eerder al in Frankfurt o.a. in de wijk Hellerhof het thema van de minimumwoning had geprobeerd uit te werken, die tot deze constatering komt. Het is bekend dat Van Tijen en Van den Broek Stam daar in 1928 bezochten. De gevonden oplossingen kunnen dan ook beter geïnterpreteerd worden als een verdere verwerking van de problematiek van deze minimumwoning dan van een evolutie vanuit de binnenhuisarchitecturale manipulaties van Rietveld en mevrouw Schröder-Schräder.[80]
Van Tijens 'f 4,75' ontwerp is een perfecte illustratie van een dergelijk geheel geprogrammeerd en flexibel huishouden. Verder werd een variatie op dit plan uitgewerkt in een woonbebouwing van drie lagen aan de Frans Bekkerstraat in Rotterdam-Zuid (afb. 18).
Het werd mogelijk om hier experimenten op een oorspronkelijk gedeeltelijk tot groen bestemd gebied uit te voeren die nog net binnen het bereik van de gekwalificeerde arbeider lagen. In plaats van de 8 varianten worden er hier drie toegepast met verschillende beukmaten. Verder was dit complex ook een experiment in montage- en eventuele industriële bouw.
De draagconstructie bestaat uit een staalskelet dat de gemetselde scheidingswanden van verschillende breedte mogelijk maakt. De puien hangen vrij in deze constructie. Het dubbele gebruik is voornamelijk gevonden in de toepassing van een opklapbed voor het ouderlijk echtpaar, zodat deze kamer door middel van een glazen schuifdeur bij de woonruimte kan worden betrokken. Vele sympathisanten van het Nieuwe Bouwen vroegen zich bij deze oplossing af hoe de beweging van de strijd tegen de ongezonde donkere alcoof, die echter nog een gescheiden slaapvertrek mogelijk maakte, was aangeland bij de

Association in 1930 regarding the transformation of the part of the Blijdorp Plan into a semi-open main block with one or two long apartment blocks inside it.[84] *However, as has already been said, the provisions for workers' housing had suffered such a sharp drop, that this type of dwelling was ruled out. Now workers' institutions were prepared to finance a plan that was the product of the conclusion that new building was something they could not afford:* Thus it was finally decided not to aim at a minimal rent in this complex, but to carry the whole of it out with character and quality as a demonstration of and propaganda for a well-organized housing complex in which all the attention was concentrated on the requirements for a good life.[85]
The plan was limited in the end to 84 dwellings on a plot which had been earmarked for a compact rectangular block.
The block was now left open on the south-west side, so as to afford a view of the park that was to be laid out. The U-form thus created was further treated as three separate wings, apart from the first floor. The living-quarters were literally elevated above the ground, so as to leave room for a 'play gallery' and storage place. Apart from the storage place and staircases the ground floor was communal. In the original plan it was confined to the flower garden and nursery school.
In the final execution this nursery school was rated as 'De Eendracht youth work'.
Apart from those at the ends, all the dwellings were of the same type with four rooms, a kitchen, bedroom and basement storage place. But the principal characteristic is the flexible ground plan, which is interpreted in the design as offering possibilities for use by day and night. In practice, however, the residents had a greater need for a flexible ground plan that would allow of adaptations to changing (family) circumstances over a longer period. The housing market had already collapsed before the project was completed and despite the fact that the level of rents there was lower than in the surrounding blocks, it failed to attract enough inhabitants. This may have helped to give rise to the doubts about the general validity of such transformations in the city.[86]
Van Loghem had already declared in his 'Nabetrachting' on the competition for 'Inexpensive Workers' Dwellings' that he would no longer concern himself with the 'attainable', but would try to demonstrate the 'possible'.[87] *To this end, however, the architecture would have to extend over a larger area by means of the grouping of buildings of different heights and different functions. He expected little or no good to result from transformations of blocks,* If it is not soon realized that a new organization in very big districts will have to take place in a completely new way and on a very large scale, both in the old cities and in the extensions still to be undertaken, in which living, working and relaxation can find complete expression in each district as an indissoluble organism, then our cities, which are already completely out-of-date after all, will increasingly become centres that can only be kept going by powerful support from the authorities. In the newly oriented large districts referred to above it will be possible to introduce the desired variety in methods of building.[88] *This argument, led to a plea for the introduction of 'large tower blocks', since these would, in his view, be relatively cheap to build in combination with* children's playground, nursery schools, trade schools, swimming-baths, children's gardens, places of entertainment and relaxation, libraries, medical centres, etc. etc. *This was a programme that only Mart Stam was able to realize on a planning level in the Soviet Union, albeit he was able to make use there of the discussions and prototypes that had been developed, such as those that had been brought to development by 'Nieuwe Bouwen' in Frankfort and Rotterdam in particular and to a lesser extent in Amsterdam.*[89]

weliswaar lichte en luchtige part-time slaapkamer, die echter niet afgescheiden was van de (rokerige) zitkamer.[81] Daarbij zou nog opgemerkt kunnen worden dat de vele zonneschijn in de woningen een extra voorziening van glazen luifels nodig maakte. De redactie van *de 8 en Opbouw* meende echter dat de 'propere Nederlandsche huisvrouw' zeer wel in staat was verantwoord gebruik te maken van de woning, zeker gezien de belangstelling voor de modelwoning die Van Tijen met A. Verbeek had ingericht.[82]

Na eerdere experimenten met verkavelingsvormen en plattegrondtypen, die alle geïnterpreteerd kunnen worden als een poging tot overtuiging van de bouwondernemers van de operationaliteit van zijn voorstellen zoals ze als ideaalplan in Optimum waren gepresenteerd, krijgt Van den Broek de gelegenheid om een bijna ideale uitvoering te verwezenlijken (afb. 19).[83] Al in 1930 was Van den Broek in bespreking met de Woningbouwvereniging 'Eendracht' om een deel van het plan Blijdorp te transformeren tot een half open hoofdblok met daarbinnen enkele stroken met woningen.[84] De voorzieningen voor de volkshuisvesting waren echter, zoals al is opgemerkt, zo sterk teruggelopen dat arbeiderswoningen uitgesloten waren. Nu financierden instellingen van arbeiders een plan dat was voortgekomen uit de conclusie dat voor hen nieuwbouw onbetaalbaar was geworden: *Tenslotte werd dus besloten om in dit complex niet te streven naar een minimalen huurprijs, doch het geheel in karakter en kwaliteit uit te voeren als demonstratie en propaganda voor een goed georganiseerd wooncomplex, waarin aan de eisschen van goed wonen alle aandacht was geschonken.*[85]

Het plan is uiteindelijk beperkt tot 84 woningen in een kavel waarop een rechthoekige gesloten blokbebouwing was voorzien. Aan de zuidwestzijde wordt nu het blok open gelaten zodat een uitzicht op het aan te leggen park ontstaat. Ook verder wordt de nu ontstane U-vorm als drie afzonderlijke, behalve de eerste verdieping, losse vleugels behandeld. Het wonen vindt verder letterlijk boven de grond plaats, zodat ruimte voor een 'speelgalerij' en bergingen ontstaan. Behalve de bergingen en trappenhuizen is het grondoppervlak collectief. In het oorspronkelijke plan beperkte dit zich tot de siertuin en een kleuterschooltje. In de uitvoering evolueerde deze kleuterschool tot 'jeugdwerk De Eendracht'.

Behalve de eindwoningen zijn alle woningen van hetzelfde type: vier kamers, een keuken, badkamer en een kelder-bergplaats. Maar het voornaamste kenmerk is de flexibele plattegrond, die geïnterpreteerd wordt in het ontwerp als mogelijkheid tot dag- en nachtgebruik. In de praktijk bestond er echter bij inwoners meer behoefte aan een flexibele plattegrond die binnen de woning aanpassingen aan veranderende (gezins)omstandigheden, gezien over een langduriger periode, mogelijk maakte.

De woningmarkt was al ingezakt en het lukte niet ondanks een lager huurpeil dan dat van de omliggende blokken, voldoende bewoners te trekken. Mede hierdoor ontstond mogelijk de aarzeling over de algemene geldigheid van dergelijke transformaties in de stad.[66]

Al bij de 'Nabetrachting' van de prijsvraag voor 'Goedkoope Arbeiderswoningen' had Van Loghem opgeroepen zich niet neer te leggen bij het 'haalbare' maar proberen het 'mogelijke' aan te tonen.[87]

Daartoe moest de architectuur zich echter door middel van groepering van verschillende bouwhoogten en verschillende functies over een groter oppervlak uitstrekken. Van transformaties van bouwblokken verwachtte hij geen tot weinig heil: *Wanneer niet spoedig wordt ingezien dat op geheel nieuwe wijze, op zeer groote schaal, zoowel in de oude steden als in de nog te maken*

High rise building: from accents in the overall picture to experimental housing and back to accent again

We have a high-rise building committee in Amsterdam, which is why we are not putting up any high-rise buildings for the time being except, if it has to be, as failed monuments, which have the special blessing of the council attached to them. *This acid comment from B. Merkelbach was elicited by a visit to the Parklaan Flats in Rotterdam in 1933.*[90] *Van Tijen was later to say of this example,* It was a very risky undertaking, in collaboration with a building firm. I did not know enough about anything, but, miracle of miracles, it more or less succeeded. A decent ground plan, a steel skeleton, a bow front with one of the first glass curtain walls in the Netherlands (something I did not know). Proper sound-proofing, a roof terrace that afforded contact with the Maas.[91] *Yet this Parklaan block of flats was no more than one of a number of variants with avant-garde features of the town-planning solutions for corners that were not uncommon in Rotterdam. Van den Broek in particular designed a whole series of them from Mathenesserplein to Ungersplein.*[92]

A block of a completely different order was the Bergpolder block of flats, which was completed in 1934 (fig. 20). This was literally a prototype for a new form of urban mass housing, which was meant to test a number of premises and hypotheses of international Functionalism. It was commissioned by the N.V. Volkswoningbouw Rotterdam, a society set up on the initiative of A. Plate in 1928 as an answer to the decline in the activities of the City Housing Department. Its objectives evinced a combination of Plate's interests as ex-director of the City Housing Department and his capacity as secretary and later chairman of the most powerful employers' organization in Rotterdam, the Rotterdam South Shipping Association. The aim was to arrive at acceptable mass housing that people could afford via remunerative demonstration projects. The means to this end was industrialization and standardization of the building industry and an early attempt to arrive at a form of organization midway between a project developer and a housing corporation. The expected result could be the lowering of the labour cost factor in the building industry as well as the reduction of the wages of all workers and thus an increase in the returns of both the building contractors and all owners of capital.[93]

After starting with large-scale projects based on a system of casting coarse concrete in standard moulds, which misfired owing to lack of funds and town-planning problems, the society made its name with the block of gallery flats at Bergpolder. With the exception of the light artificial stone isolation and dividing walls and the plastering and painting, the entire building, steel skeleton included, was prefabricated. An essential feature of the design, according to Van Tijen, was that the constructional unit coincides with the housing unit, *whereby for safety's sake in this experiment a single type of dwelling was used as the basis:* with deliberate intent only dwellings for small families were made. Modern living is not merely a question of arrangement. One must also be able and want to be housed and live in a modern way (that is in a compact, orderly and simple manner). The desire and the suitability for this are naturally to be found mainly among young people. *Not only is the whole style of living dictated by the architecture here, as had already been made clear in Stam's contribution, but matters were even taken a step further by the attribution of a didactic effect to the architecture itself:* This building will offer a suitable opportunity to this category and the experiences gained on both sides will help to develop the style of living still further. The more this fund of experience grows and the more the category in question increases in numbers and significance and a

uitbreidingen, een nieuwe indeeling in zeer groote wijken zal moeten plaats hebben, waarin het wonen, het werken en de ontspanning als een onverbrekelijk organisme in elke wijk volledig tot uiting kunnen komen, dan zullen onze toch reeds volkomen verouderde steden steeds meer worden de centra, die slechts door grooten steun van overheidswege in gang gehouden kunnen worden. In de bovengenoemde nieuw georiënteerde groote wijken zal het mogelijk zijn, de gewenschte afwisseling in bebouwingswijze te brengen.[88]
Het betoog leidt tot een pleidooi voor invoering van 'Groote torenhuizen' omdat deze zijns inziens in combinatie met *kinderspeelplaatsen, kleuterschooltjes, handwerkscholen, zwembaden, kindertuintjes, ontspanningslokalen, bibliotheken, medische consultatiebureaux enz. enz.* dan redelijk goedkoop te maken zullen zijn. Een programma dat alleen Mart Stam op planniveau kon realiseren in de Sovjetunie, maar waar hij wel gebruik kon maken van de discussies en ontwikkelde prototypen zoals die door het Nieuwe Bouwen met name in Frankfurt, Rotterdam en in mindere mate in Amsterdam tot ontwikkeling waren gekomen.[89]

Hoogbouw: van accenten in het stadsbeeld naar onderzoeken van een woningtype tot opnieuw accenten in het stadsbeeld

Wij hebben in Amsterdam een hoogbouwcommissie en daarom bouwen wij voorloopig geen hoogbouw, of het moest zijn als mislukte monumenten, waaraan de speciale zegen van de Raad gehecht wordt. Dit was een zure opmerking van B. Merkelbach naar aanleiding van een bezoek aan de Parklaanflat in 1933.[90]
Van Tijen zou later zelf over dit voorbeeld zeggen: *Het was een grote waag, samen met een bouwbedrijf. Ik wist van alles onvoldoende, maar wonder boven wonder slaagde het min of meer. Een behoorlijke plattegrond, een staalskelet, een erker met een van de eerste glazen gordijngevels in Nederland (wat ik niet wist). Behoorlijke geluidsisolatie, een dakterras dat contact gaf met de Maas.*[91]
Toch is deze Parklaanflat niet meer dan een van meer avantgardistische tekens voorziene variant op de in Rotterdam niet ongebruikelijke stedebouwkundige hoekoplossingen, zoals met name Van den Broek in een hele reeks ontwierp van Mathenesserlaan tot Ungersplein.[92]
Van een geheel andere orde was het 'woongebouw Bergpolder' dat in 1934 gereed kwam (afb. 20). Het ging hier letterlijk om een prototype voor een nieuwe vorm van stedelijke volkswoningbouw, dat een aantal aannamen en hypotheses van het internationale Nieuwe Bouwen moest testen. Opdrachtgever was de N.V. Volkswoningbouw Rotterdam. Deze vereniging was op initiatief van ir. A. Plate opgericht in 1928 als antwoord op het teruglopen van de initiatieven van de Gemeentelijke Woningdienst. In de doelstellingen vertoonde de maatschappij een combinatie van de belangstelling van Plate als ex-directeur van de Gemeentelijke Woningdienst en zijn functie als secretaris en later voorzitter van de machtigste werkgeversorganisatie in Rotterdam, de Scheepvaartvereniging Zuid. Doel was via rendabele demonstratieprojecten te komen tot aanvaardbare en betaalbare massahuisvesting. Middel daartoe was industrialisatie en standaardisatie van het bouwbedrijf en een vroegtijdige poging om te komen tot een organisatievorm die het midden hield tussen een projectontwikkelaar en een woningbouwcorporatie.
Het verwachte resultaat zou het omlaagbrengen van zowel de loonkostenfactor in het bouwbedrijf als het drukken van de lonen van alle arbeiders kunnen zijn en dus een vergroting van het rendement van zowel de bouwondernemers als alle kapitaalbezitters.[93] Na aanvankelijke grootschalige projecten die gebaseerd waren op

bigger and more reliable demand for housing facilities of this type comes into being, so also will there be a falling-away of the difficulties that at the moment still impede realizations on a larger scale and thus make it impossible to make such housing facilities available, for the masses as well.[94]
After accumulating these experiences and those gained from a second apartment block, this time aimed at a higher income bracket, Van Tijen was clearly less positive about the application of high-rise building. In all probability this came about precisely as a result of the realistic experience gained from the Plaslaan Flats (fig. 22). After having posited that Like all human problems, that of the planning of the modern city, as set out in the high-rise building question, can also only be solved by living through it, *Van Tijen comes to the conclusion that the experience of the high-rise building can start from the standpoint of the individual and the impression, but that, given a free choice, only a very small elite would opt to live in a high-rise building and that also one of high quality. In his view, high-rise building was only really suitable in the situation in the Netherlands for* those for whom a compact dwelling, as long as it is well thought out and equipped, is no objection and even an advantage, such as bachelors, working women, older women living on their own and newly-weds. *For this limited category and because of the desire to 'break holes in the brick encasements', it is suggested that high-rise buildings should be sited as accents in the town plan* where certain spots in a town plan are very attractive to live in because of their situation and a spacious environment is present by reason of the lay-out of parks or squares,and also in cases where the actual building site is of limited dimensions.[95]
Thanks to this statement the plan of the Plaslaan Flats, which was much more varied and based on a reinforced concrete skeleton construction, became the model for the high-rise building of the immediate postwar period[97] *rather than the Bergpolder Flats, despite the adoption of the latter in 1934 in the plans of both Van Tijen and Van den Broek.*[96]
A fundamental feature here is the possibility of providing communal facilities to compensate for the limited and isolated private territory. It cannot be described as anything other than tragic for the concept of the architect as expresser and owner of ideas that his relativization by Van Tijen of his own creations was unable to quench the enthusiasm of his fellow Functionalists either nationally[98] *or internationally*[99] *for the gallery block of flats as the icon of the modern in mass housing. Only in* Housing Possibilities in the New Rotterdam *did Van Tijen succeed in realizing the wish expressed by Van Loghem at the planning level and arriving in collaboration with Van den Broek, Maaskant and Brinkman at a varied residential district. But this study was also marked by the experiences of the war. It signified the giving up of both the definitive break with the past and the uncompromising use of formal studies in order to arrive at the expression of a new society. Instead of the architectural design of a new environment for the 'new man', a compromise with all those who were willing and a link-up with tradition proved to be the only possible way of creating a balance and a future at the planning level in respect of the possibility actually lived through of the total destruction of the past in a quite different and more violent way than the avant garde had ever dreamed of.*

The new life

The proposals of 'Nieuwe Bouwen' were invariably characterized by the construction or at least the hope of a new life, that social developments would lead to a new kind of humanity. As we have seen that hope of collectivity and humanity ended, as far as housing was concerned, in a renewal of the concept of mass housing that is scarcely

standaardmallen gietsysteem van korrelbeton, die door gebrek aan fondsen en stedebouwkundige problemen mislukten, maakte de maatschappij naam met de galerijflat in Bergpolder. Met uitzondering van de gemetselde drijfsteenisolatie- en scheidingswanden en het stucadoors- en verfwerk werd het gehele gebouw vanaf het ijzerskelet in montagebouw vervaardigd. Noodzaak voor het ontwerp was volgens Van Tijen dat *de constructieve eenheid samenvalt met de wooneenheid,* waarbij veiligheidshalve bij dit experiment werd uitgegaan van één woningtype: *met opzet zijn alleen woningen voor kleine gezinnen gemaakt. Modern wonen is niet alleen een indeelingskwestie. Men moet ook modern (dat is beknopt, ordelijk en eenvoudig) kunnen en willen wonen en leven. De wensch en de geschiktheid daartoe vindt men uit den aard hoofdzakelijk bij jonge menschen.* Hierbij wordt niet alleen vanuit de architectuur de wooncultuur gedicteerd zoals ook al in de bijdrage van Stam bleek, maar zelfs een stap verder gegaan door een pedagogische werking aan de architectuur zelf toe te schrijven: *Dit gebouw wil voor deze categorie een geschikte gelegenheid bieden en met behulp van de wederzijdse opgedane ervaringen het wonen verder ontwikkelen. Naar mate dit ervaringsmateriaal groeit en naar mate de bedoelde categorie in aantal en beteekenis toeneemt en een grooter en betrouwbaarder vraag naar woongelegenheid van deze soort ontstaat, zullen ook de moeilijkheden wegvallen, die nu nog realisaties op grooteren schaal belemmeren en daarmede beschikbaarstelling van zulke woongelegenheid, ook voor de massa, onmogelijk maken.*[94]
Na verzameling van die ervaringen en de ervaringen bij een tweede woongebouw dat nu meer gericht was op een draagkrachtiger publiek, was Van Tijen duidelijk negatiever t.o.v. de toepassing van hoogbouw. Hoogstwaarschijnlijk komt dit juist door de realistische ervaringen met de Plaslaanflat (afb. 22). Na gesteld te hebben: *Zooals elk menschelijk probleem, is ook dat der moderne stadsaanleg, zooals het in het hoogbouwvraagstuk wordt gesteld, alleen op te lossen door het te doorleven,* komt Van Tijen tot de conclusie dat beleving van de hoogbouw van de positie van het individu en de impressie uit kan gaan maar dat bij een vrije keuze een zeer kleine elite voor een hoog woongebouw en dan nog van hoge kwaliteit zal kiezen.
Echt geschikt in de Nederlandse situatie is de hoogbouw zijns inziens slechts voor *wie een beknopte woning, mits goed doordacht en geoutilleerd, geen bezwaar en zelfs een voordeel is, zoals vrijgezellen, werkende vrouwen, oudere alleenwonende dames en pasgehuwden.* Door deze beperkte categorie en door de wil 'gaten te breken in de steenkorsten' wordt voorgesteld de hoogbouw als stedebouwkundig accent daar te plaatsen *waar bepaalde punten in een stadsplan door hun ligging voor bewoning zeer attractief zijn en door park- of pleinaanleg een ruime omgeving aanwezig is, ook bij beperkte maten van het eigenlijke bouwterrein.*[95]
Door deze opstelling werd het veel meer gedifferentieerde en op een betonskeletconstructie gebaseerde plan van de Plaslaanflat eerder dan de Bergpolderflat, ondanks de opname in 1934 in de plannen van zowel Van Tijen als Van den Broek[96], model voor de hoogbouw van direct na de oorlog.[97]
Essentieel daarbij is de mogelijkheid van het stichten van collectieve voorzieningen die het beperkte en geïsoleerde privé-territorium compenseren. Het is niet anders dan tragisch voor de opvatting van de architect als uitdrukker en eigenaar van ideeën te noemen dat deze relativering van de eigen scheppingen noch het enthousiasme van de medeleden van het Nieuwe Bouwen nationaal[98] noch internationaal[99] voor de galerijflat als ikoon van het moderne in de massawoningbouw vermocht te doorbreken. Pas in *Woonmogelijkheden in het nieuwe Rotterdam* lukt

possible for us to appreciate properly now, without this leading to satisfaction on the part of either the users or the designers of the dwellings. The situation is even more complex as regards the other aspects of life about which 'Nieuwe Bouwen' made proposals at the level of environmental planning and design. Even if it is possible to speak of a community of aims and plans in 'Nieuwe Bouwen', this cannot be described much more precisely than as an attempt at the construction of fragments of a 'negative Utopia',[100] *that is to say an ultimate decision to participate in the inescapable instead of opposing it and constructing unrealizable visions. By reacting in this way it was possible to retain the hope or illusion of having a part in a future that might make a harmony as yet undreamed of possible for other men. That meant a spiritualization of the most absolute materialism. It also explains the otherwise ambiguous attitude of, for example, a Van Doesburg, as well as of the other members of the Union of revolutionary-socialist intellectuals, who on the one hand were engaged on a strict analysis and reduction of art, city and society to hypothetical essentials, while on the other they plunged into the total disorder and studied frenzy of Dada.*[101] *We also come across this theme, sometimes in a barely recognizable form, in all the projects of 'Nieuwe Bouwen' that do not resort to total empiricism.*

The new labour: the Van Nelle factory as the form of industrial labour

The Van Nelle factory embodies very emphatically two contrasting aspects that are characteristic of avant-garde architecture:
– the boundlessness, mobility and dematerialization of both the production and the object in which it takes place;
– the limitation to a number of images and the strongly symbolic value of a very specific object, which arrives at its own presentation of 'modernity' via a chain of formal anecdotes.
Both aspects must have come together in the minds of the client and the architect. The first applies in respect of the interpretation of a coffee, tea and tobacco factory in terms of universal values, which was regarded as possible and necessary in the cultural circles in which they both moved. One wonders whether Mart Stam may not have played a role here in influencing Van der Vlugt's programme.[102]
However, the concrete design and above all the individualization of the object were undoubtedly the work of Van der Vlugt himself, giving rise, probably in consultation with C.H. van der Leeuw as the director responsible, to many of the 'solutions' that have fixed precisely this image in the memory as 'modern' and also as 'new art' (fig. 21).
The design is characterized by an ostensible horizontal infinity and immeasurability, which are controlled by the vertical accents, while all the traffic elements from staircases to traverses for staff and goods are made into units that determine the image. At this level the plan is to be interpreted as a completely flexible casing for no matter what human and mechanical activity which, bathed in sunlight and constantly moving and fluctuating, presents a continually changing aspect. It is characteristic that these aspects are very emphatically present in a perspective view from the design stage, while the building's purpose as a tobacco factory is only made clear by the slogans. It was also these aspects of the building that caused it to be recognized and acknowledged as a means and manifest of achieving beauty for industrialization and of not only accepting taylorism, but even celebrating it.[103]
It was precisely the flexibility and overall validity of the basic principles of the design that also made it possible for alterations and manipulations of details to be effected during building, which were to define the building precisely as an

het Van Tijen op planniveau om de verbale wens van Van Loghem te realiseren en te zamen met Van den Broek, Maaskant en Brinkman te komen tot een gevarieerde woonwijk. Deze studie wordt echter ook getekend door de ervaringen van de oorlog. Het betekent het opgeven van zowel de definitieve breuk met het verleden als het compromisloos hanteren van vormstudies om te komen tot de uitdrukking van een nieuwe maatschappij. In plaats van architectonisch vormgeven aan een nieuwe omgeving voor de 'nieuwe mens' bleek een compromis met alle goedwillenden en aansluiting met de traditie de enige kans om een tegenwicht en een toekomst op planniveau te creëren ten opzichte van de doorleefde mogelijkheid van totale vernietiging van het verleden op een heel ander en gewelddadiger niveau dan de avant-garde ooit had voorzien.

Het nieuwe leven

Het Nieuwe Bouwen kenmerkt zich in haar voorstellen altijd door de constructie van of tenminste de hoop op een nieuw leven: dat de maatschappelijke ontwikkeling zal leiden tot een nieuwe mens. Zoals we gezien hebben liep die hoop op collectiviteit en menselijkheid voor wat betreft de volkshuisvesting uit op een nauwelijks voor ons nog te beseffen vernieuwing van het begrip wonen voor de massa zonder dat dit leidde tot bevrediging van gebruiker of ontwerper van de woningen. Nog ingewikkelder ligt het wat betreft de andere aspecten van het leven waarbij het Nieuwe Bouwen voorstellen op het niveau van de ruimtelijke ontwikkeling en vormen deed. Als er al sprake is van een gemeenschappelijkheid van doelstellingen en planvorming van het Nieuwe Bouwen dan valt dat niet veel nauwkeuriger te omschrijven dan als de poging tot constructies van fragmenten van 'negatieve utopie',[100] dat wil zeggen een uiteindelijke keuze om deel te nemen aan het onontkoombare in plaats van het verzet en de constructie van niet realiseerbare droombeelden.

Door deze wijze van reageren kon men de hoop of illusie hebben om deel te nemen aan een toekomst die voor een andere mens een nog niet te beseffen harmonie mogelijk zou kunnen maken. Dat betekende vergeestelijking van het meest absolute materialisme. Dat verklaart ook de anders tweeslachtige opstelling van bijvoorbeeld een Van Doesburg maar ook van andere leden van de Bond van revolutionair-socialistische intellectueelen die enerzijds bezig waren met een strenge analyse en reductie van de kunst, stad en maatschappij tot veronderstelde essenties en anderzijds zich onderdompelden in de totale wanorde en gezochte waanzin van Dada.[101] In soms nauwelijks herkenbare vorm treffen we dit thema ook aan in alle projecten van het Nieuwe Bouwen die niet vluchten in het totale empirisme.

De nieuwe arbeid: Van Nellefabriek als vorm van de bevrijdende arbeid

De Van Nellefabriek heeft zeer nadrukkelijk twee tegengestelde aspecten die kenmerkend zijn voor de avant-garde van de architectuur:

– de grenzeloosheid, beweeglijkheid en dematerialisering van zowel de produktie als het object waarin dit plaats vindt;

– de beperktheid tot een aantal beelden en een sterke symboolwaarde van een zeer specifiek object dat via een keten van vormanecdotes komt tot een eigen beeldvorming van 'het moderne'.

Zowel het eerste als het tweede aspect moet aangesloten hebben op zowel opdrachtgever als architect. Daarbij geldt voor het eerste aspect vooral de interpretatie van een fabriek voor koffie, thee en tabak tot universele waarden,

object and representation. This is most markedly the case with the roof pavilion, which was only added after Van der Leeuw had been impressed by the view on the completion of the eight floor. It is typical of the absolutism of infinity and the opposition to fixed forms that this pavilion was dubbed a 'chocolate box' by Stam.[104] *Admittedly, it does emphatically determine the image and identity of the factory, but it does so via the metaphor of the modern analogy of the conning tower of a ship or the control tower of an airport.*[105] *In fact it was the domination of this form in particular in combination with the curve of the entrance and the positioning of the first staircase outside the block as such that proved decisive for the recognition of this building by designers and critics who were searching for a new architectural style that would harmonize with the new industrialized society. It was precisely that industrialization that they had accused of destroying existing culture and forms and now a new 'beautiful form' proved to be possible after all.*

As a result of this the design and liberation through labour have often been given pride of place in the numerous commentaries up to the present day. But the buildings can also be read as a total subordination of human beings to an architectural programme that is not just limited to the sphere of production, but extends to cover the theme of the reproduction of the labour force. The programme of light, air and purity of line makes the people inside the firm, from the worker on the conveyor belt to the office staff, totally visible. The facilities such as toilets, washrooms and canteens too, which were extremely progressive for those days, were on the one hand directly intended to have the effect of increasing production, while on the other they literally bound the workers to the factory area for a longer period. The same applies to the sports facilities, which bound workers (football field) and upper echelons (tennis courts) equally. Sport as a means of physical development is even more emphatically present in the swimming-bath in the Schie in earlier stages of the plan. This makes the programme even more markedly a product of its time, for the recreational and sanitary facilities were, after all, organized at the place of production, because they had not yet been produced by the state in the sphere of the housing estate as the place of reproduction of the labour force.

The great power of the formal renewal in canvassing these programmatic aspects cannot be emphasized enough.

Proof of this is supplied by the example of the industrialist Reesink, who governed the lives of his staff programmatically much more completely, up to and including their housing, by means of the designs by Van Tijen and Maaskant, but made a far less radical break with the familiar in its design.

The new man and relaxation: education or regulation

As a result of the increase in free time and the simultaneous growth of the built-up areas, the problem of mass recreation made itself felt ever more pressingly as the twentieth century went on. In the development of town planning the laying-out of parks was seen in the first instance mainly as an extension to the masses of the restoration of the contact with nature that had already been experienced by the elite long before. It was thought that this would have a direct, liberating influence on body and spirit. However, this stylized confrontation with an artificially created landscape, which was intended to be spread evenly throughout the urban area, came to nothing. There were two reasons for this:

– the parks proved either not to be realized at all or only on left-over areas, so that, depending on the weather and the place, an enormous pressure of traffic was created in specific parts of the city or countryside;

– areas that had certainly not been planned, such as the Waalhaven 'beaches' in Rotterdam, proved immensely attractive, while other places tended to draw less visitors

zoals dat mogelijk en noodzakelijk werd geacht in de culturele kringen waar beiden in verkeerden. Kan Mart Stam daarbij een rol hebben gespeeld in de programmatische beïnvloeding van Van der Vlugt?[102]
Wat betreft het concrete ontwerp en juist de verbijzondering van het object is zonder twijfel sprake van een ontwerp van Van der Vlugt, waarbij veel van de 'oplossingen' die juist dit beeld in de herinnering hebben vastgezet als het'moderne' maar ook als 'nieuwe kunst', waarschijnlijk in samenspraak met C.H. van der Leeuw als de verantwoordelijke directeur, tot stand zijn gekomen (afb. 21).
Het ontwerp kenmerkt zich door een horizontale schijnbare oneindigheid en maatloosheid, die gecontroleerd wordt door de verticale accenten. Verder zijn alle verkeers-elementen van trappenhuizen tot traverses voor personeel en goederen tot de beeldbepalende eenheid gemaakt.
Op dit niveau is het plan te interpreteren als een totaal flexibele omhulling van ongeacht welke menselijke en mechanische activiteit die badend in het zonlicht en in constante wisseling en beweging voortdurend van aspect veranderd wordt. Kenmerkend is dat op een perspectief uit de ontwerpperiode deze aspecten zeer nadrukkelijk aanwezig zijn en het pas door de reclameteksten de functie van tabakfabriek duidelijk maakt. Deze aspecten aan het bouwwerk maakten ook dat de avant-gardes het gebouw herkenden en erkenden als een middel en manifest om de schoonheid te bereiken door de industrialisatie en taylorisatie niet alleen te accepteren maar zelfs te vieren.[103]
Juist de flexibiliteit en de algemene geldigheid van de basisprincipes van het ontwerp maakte het ook mogelijk dat nog tijdens de bouw wijzigingen en manipulaties op onderdelen konden plaatsvinden die het gebouw juist als object en afbeelding zijn gaan definiëren. Het meest nadrukkelijk is dit het geval met het dakpaviljoen dat pas werd gemaakt nadat Van der Leeuw al op de gereed-gekomen 8e verdieping van de fabriek onder de indruk van het uitzicht kwam. Het is tekenend voor het absolutisme van oneindigheid en verzet tegen gefixeerde vormen, dat dit paviljoen door Stam werd betiteld als 'bonbondoos'.[104]
Dit paviljoen bepaalt weliswaar nadrukkelijk het beeld van de fabriek als identiteit, maar wel via de metafoor van het moderne analoog aan de commandotoren van een schip of de verkeerstoren van een vliegveld.[105] Toch is met name de dominantie van deze vorm in combinatie met de ingangs-ronding en het buiten het bouwblok liggende eerste trappenhuis bepalend geweest voor de erkenning van dit bouwwerk door vormgevers en critici die op zoek waren naar een nieuwe bouwstijl die in overeenstemming zou moeten zijn met de nieuwe geïndustrialiseerde maatschappij. Juist die industrialisatie verweten ze vernietiging van bestaande cultuur en vormen en nu bleek dan toch een nieuwe 'schone vorm' mogelijk.
In de vele commentaren tot op de dag van vandaag wordt zo vooral de vormgeving en bevrijding door de arbeid vaak op de voorgrond gesteld. Het gebouw is echter ook te lezen als een totale ondergeschiktheid van de mens aan een architectuurprogramma dat zich niet alleen beperkt tot de sfeer van de produktie maar zich uitstrekt tot aan het thema van reproduktie van de arbeidskracht. Het programma van licht, lucht en zuiverheid maakt de mens binnen het bedrijf van lopende band arbeider tot aan het kantoorpersoneel totaal zichtbaar. Ook de voor die tijd uiterst progressieve voorzieningen als toiletten, wasruimten en kantines waren enerzijds rechtstreeks bedoeld om produktiviteitverhogend te werken maar bonden anderzijds de werkers letterlijk voor een langere tijd aan het fabrieksterrein. Dat geldt ook voor de sportaccommodatie waarbij de binding van

than expected after they had been laid out, like the Dijkzicht Plan for example.
Efforts to resolve this situation were aimed at the introduction on the one hand of a hierarchy in the provisions within the urban area and on the other of the concept of 'active green space', i.e. sports- and playgrounds and areas where people could have gardens.
It is striking that these attemps were coupled with a far-reaching quantification and dividing-up of the masses aimed at achieving the possibility of guidance. At the fourth CIAM Congress (Athens, 1933) 'Nieuwe Bouwen' had already been singled out after a lengthy internal discussion to undertake a deductive approach to the problems of big cities.[106]
This meant that the development of existing cities was understood to be an unstoppable phenomenon, which could only be guided by analysis and quantification. To this end it was felt that the closely connected aspects of city life, dwellings, work and recreation, with transportation as the binding factor, ought to be studied and resolved separately as far as possible. This method was strongly propagated by the team led by Van Eesteren, the chairman of CIAM, which worked on the General Expansion Plan for Amsterdam (1933-4) and this also became the starting-point for the analysis of the other cities that were studied by the national groups in CIAM.
The basic material on Rotterdam supplied by Witteveen mainly through the agency of Van Eesteren, threatened after the congress to become dead charts and statistics. As far as the work aspect was concerned, almost nothing could be expected in the near future in view of the world economic crisis, which hit Rotterdam, with its international orientation, very badly. As regards traffic, Witteveen reigned supreme with his City Technical Services Department, but the knowledge of the Rotterdam members of 'Opbouw' was also very limited.
As regards housing, the city limits had already virtually been reached by expansion plans and in view of the collapse of any concern on the part of the authorities little could be expected in the near future from an integral approach.
This left recreation, which was obviously a problem in Rotterdam, but on behalf of which the army of unemployed could be set to work on laying out the parks without impairing capitalist relationships. Admittedly the town planners lacked a genuine knowledge of the aspect of the provision of green spaces to some extent, but it was decided that it would be possible to learn about it as the work went on, under the guidance of J.T.P. Bijhouwer, the landscape architect invited to do the job. Hard work was done on the plan in the period between 1935 and the fifth CIAM Congress in Paris 1937. From the concrete counting of traffic flows and observation of the behaviour of children and adults to the concrete designing of three parks – a 'city park' for Rotterdam South, a district park for Spangen and a neighbourhood park for Afrikaanderplein – a collective attempt was made to formulate and above all to represent the total problem of mass recreation (fig. 23). By a combination of charts with pictorial statistics, photo reports and pictograms this succeeded in enforcing a break unique for that time with the practice of current landscape design, which still largely lapsed into the creation of picturesque settings in presenting concrete design activities.
Although this was emphatically a question of the demonstration of a method, a 'plan of ideas', the concrete working out of the examples had a direct result in the form of the functionalization of park design in Rotterdam.[107] *Thus in the design for Afrikaanderplein, which was mainly by Van Tijen, Kluyver and Maaskant, the green area meant just to be looked at was limited to around 30%, as was the design for the district park, which was mainly by the engineers Van Loghem, Kammer and Brusse. Bijhouwer, Van Gelderen, Albarda and*

arbeiders (voetbalterrein) en hogere beambten (tennisvelden) gelijk is. Nog nadrukkelijker is die sport als middel tot ontwikkeling van het lichaam aanwezig in het zwembad in de Schie uit eerdere fasen van het plan. Dit maakt het programma nog nadrukkelijker tijdsbepaald. Immers de recreatieve en sanitaire voorzieningen worden hier op de produktieplaats georganiseerd omdat ze in de sfeer van de woonwijken als plaats van reproduktie van de arbeidskracht nog niet door de staat geproduceerd worden.
De grote kracht van de vormvernieuwing als werving voor deze programmatische aspecten kan niet genoeg benadrukt worden. Het bewijs wordt wel geleverd door het voorbeeld van de industrieel Reesink, die in Zutphen door middel van de ontwerpen van Van Tijen en Maaskant, programmatisch veel vollediger het leven van zijn personeel tot en met de huisvesting regisseerde maar in de vormgeving veel minder radicaal brak met het vertrouwde.

De nieuwe mens en de ontspanning: opvoeding of regulatie

Door toename van de vrije tijd en tegelijkertijd de toename van de bebouwde oppervlakten deed zich in de loop van de twintigste eeuw het probleem van de massarecreatie steeds dwingender voelen. In de ontwikkeling van de stedebouw werd in eerste instantie de bouw van parken vooral gezien als een massificatie van het al langer door de elite beleefde herstel van het contact met de natuur. Gedacht werd dat hiervan een directe en bevrijdende werking op lichaam en geest zou uitgaan. Deze gestileerde confrontatie met een gecreëerde natuur die gelijkelijk over het stadsoppervlak verspreid diende te worden faalde echter. Dat had twee redenen:
- de parken bleken niet of op overgeschoten plaatsen te worden gerealiseerd, zodat afhankelijk van het weer en de plaats een enorme verkeersdruk ontstond op onderdelen van stad en platteland;
- bepaalde niet geplande gebieden zoals in Rotterdam de Waalhaven-'stranden' bleken een enorme aantrekkingskracht te hebben, terwijl andere plekken na inrichting eerder minder bezoek trokken dan verwacht werd, zoals bijvoorbeeld het plan Dijkzicht.

Pogingen om deze toestand op te heffen richten zich enerzijds op het aanbrengen van een hiërarchie in de voorzieningen binnen het stedelijk gebied en anderzijds op invoering van het begrip 'actief groen', d.w.z. sport- en speelterreinen en gebieden om te tuinieren. Opvallend is dat deze pogingen gepaard gaan met een verregaande kwantificering en opdeling van de massa om tot een mogelijke sturing te komen. Al bij het vierde CIAM-congres (Athene 1933) was door het Nieuwe Bouwen na langdurige interne discussie gekozen voor een deductieve benadering van de problematiek van de grote steden.[106] Dit betekende dat de ontwikkeling van bestaande steden werd begrepen als een niet te stuiten fenomeen dat slechts door analyse en kwantificering te sturen zou zijn. Daartoe moesten de samenhangende aspecten van het stedelijk leven, wonen, werken, recreëren en als verbindende factor het verkeer zoveel mogelijk gescheiden worden bestudeerd en opgelost worden. Deze werkwijze werd sterk gepropageerd door het team, onder leiding van de CIAM-voorzitter Van Eesteren, dat werkte aan A.U.P. (Algemeen UitbreidingsPlan, Amsterdam 1933–'34) en dit werd ook uitgangspunt voor de analyse van de andere steden die de landengroepen van CIAM bestudeerden. Voor Rotterdam werd het basismateriaal voornamelijk door tussenkomst van Van Eesteren door Witteveen verzorgd en dreigde na het congres tot dood cijfer- en kaartmateriaal te worden. Voor wat betreft het aspect werken kon nauwelijks iets op

Schröder even limited the green area in the city park to around 25%, including the projected swimming-bath. It is further striking that the overall plan, with the suggested routes to recreation centres at an area planning level, is based on the quantification of needs and habits discovered to exist among the masses, but that in the presentation great attention is paid to propaganda for the plans directed at those same masses.[108]
Although the plan won great admiration, particularly from the city's Technical Department, the moot points still remaining in respect of it proved to be too far removed from the propagandistic and utopian tone of the fifth CIAM Congress. Thus there was also an obvious crisis in the 'Opbouw' Association, after work on the Green Plan stopped. The crisis appeared in another way too. Van Tijen, for example, was called in to assist with the functionalization of the Kralingen Park through the commission for the building of a riding-school with house attached (1937) (fig. 24). But the reason for this was not the success and unconventionality of his design for the Kralingen Rowing and Sailing Club (1935), but the fact that he could build so well and cheaply.
The same applies to a design of 1934 by J.A. Brinkman and L.C. van der Vlugt for the Feyenoord Stadium (fig. 25). In the final realization all the components that were not strictly necessary disappeared, so that the interplay between steel construction and glass roofing was cut out of the plan in 1936.[109] *What remained was a sample of the combination of the art of engineering with overall design. Brinkman himself gave the following analysis of and solutions to the problems:*[110]
– the sightlines of the playing field, which were realized for every spectator with no obstacles by means of the suspended steel construction in two layers and based on the reinforced concrete floors;
– the stipulations for the football field, which had to be surrounded by a gently curving cindertrack, determined the distinctive main form of the stadium ('the Tub');
– the quick and safe filling and emptying of the stands; whereby the system of the 22 steel staircase towers round the terrain and the subdivisions made it possible to empty the 43,000 seats and 22,000 standing places in six minutes.
The tests made in connection with this design, which was certainly revolutionary for the Netherlands, ranged from a microscopic examination of the behaviour of the materials employed to the getting of more than 1,500 unemployed and marines to test various spots by jumping on them when the complex was nearing completion.[111]

Building, speaking and seeking: from revolutionary acts to a vehicle for the inevitable

The fight for the new architecture has resulted throughout the world in the joining together of those architects who, through their attitude to life, have seen the art of building as a problem that can only be brought to a solution, when it is seen in all countries as a completely integral part of the social and economic mechanism of the world organization.[112] *Van Loghem wrote this in a period when Fascism had already won the day in Italy, when the worldwide crisis was continuing undiminished and the Nazis were preparing to take over in Germany within a year. However, this quotation is not just meant to demonstrate the utopian character of the vision of society in the mind of a single architect of 'Nieuwe Bouwen', for it would, after all, be possible to show that such a hope was certainly not unique either inside or outside the architectural world. Its prime importance lies in the making of a distinction between the various forms in which 'Nieuwe Bouwen' tried to propagate its ideas and the broader or narrower basis on which they rested.*

korte termijn verwacht worden, gezien de economische wereldcrisis die het internationaal georiënteerde Rotterdam sterk raakte. Wat betreft het verkeer was Witteveen met zijn Gemeentelijke Technische Dienst oppermachtig, maar de kennis van de Rotterdamse leden van 'Opbouw' was ook erg beperkt.
Wat betreft het wonen waren de gemeentegrenzen door uitbreidingsplannen al vrijwel bereikt en kon gezien het ineenstorten van de overheidszorg ook weinig heil op korte termijn van een integrale aanpak verwacht worden. Resteerde de recreatie, die in Rotterdam duidelijk problematisch was, maar waar bij de aanleg van parken het leger van werklozen kon worden ingezet zonder de kapitalistische verhoudingen aan te tasten. De werkelijke kennis van de stedebouw op het aspect van de groenvoorzieningen ontbrak weliswaar voor een deel, maar er werd besloten dat onder leiding van de uitgenodigde landschapsarchitect ir. J.T.P. Bijhouwer al doende geleerd kon worden. In de periode van 1935 tot en met het vijfde CIAM-congres in 1937 in Parijs werd hard aan het plan gewerkt. Vanaf het concreet tellen van verkeersstromen en observeren van het gedrag van kinderen en volwassenen tot aan het concreet ontwerpen van drie parken – een 'stadspark' voor Rotterdam-Zuid, een wijkpark voor Spangen en een buurtpark voor het Afrikaanderplein – werd collectief geprobeerd de totale problematiek van de massarecreatie te verwoorden maar vooral te verbeelden (afb. 23). Door een combinatie van beeldstatistiekkaarten, fotoreportages en pictogrammen lukte het een voor die tijd unieke breuk te forceren met de praktijk van de toenmalige landschapsarchitectuur die nog grotendeels bij de presentatie van concrete ontwerpactiviteit verviel in een pittoreske enscenering. Hoewel het nadrukkelijk om het aantonen van een werkwijze, een 'ideeplan', gaat heeft de concrete uitwerking van de voorbeelden een direct resultaat gehad in een functionalisering van het parkontwerp in Rotterdam.[107] Zo is in het ontwerp van het Afrikaanderplein van voornamelijk Van Tijen, Kluyver en Maaskant het kijkgroen beperkt tot ongeveer 30% evenals in het ontwerp van het wijkpark van voornamelijk de ingenieurs Van Loghem, Kammer en Brusse. Bijhouwer, Van Gelderen, Albarda en Schröder beperken het groen zelfs tot ongeveer 25% inclusief het geprojecteerde strandbad. Verder is het opvallend dat het totaalplan tot en met de voorgestelde routes naar ontspanningscentra op streekplanniveau gebaseerd zijn op kwantificering van behoeften en gewoonten die geconstateerd zijn, maar dat in de presentatie grote aandacht aan propaganda voor de plannen naar diezelfde massa wordt gemaakt.[108]
Hoewel het plan met name bij de gemeentelijke diensten grote waardering oogstte bleek op het vijfde CIAM-congres dat de bij het plan gebleven vraagpunten te ver aflagen van de propagandistische en utopische toon van het congres. Er is dan ook duidelijk sprake van een crisis in de Vereniging 'Opbouw' nadat het werk aan het Groenplan gestopt is. Ook op een andere manier blijkt de crisis. Zo wordt bijvoorbeeld Van Tijen ingeschakeld bij functionalisering van het park Kralingen door opdracht tot het bouwen van de manege met woonhuis (1937) (afb. 24). De reden is echter niet het succesvolle en onconventionele van zijn ontwerp voor de roei-en zeilvereniging Kralingen (1935), maar het feit dat hij zo goed en goedkoop kan bouwen. Datzelfde geldt voor een ontwerp van J.A. Brinkman en L.C. van der Vlugt voor het Stadion Feyenoord uit 1934 (afb. 25). Bij de uiteindelijke realisatie vervallen alle niet strikt noodzakelijke onderdelen, zodat o.a. het spel tussen staalconstructie en glasafdekking in 1936 uit de plannen wordt geschrapt.[109] Wat overbleef was een staaltje van combinatie van ingenieurskunst met

Thus in this example 'building' takes on the character of a personal manifesto which precisely endeavours to make the link between politics and building via the projection of a future culture.
In this connection there can further be seen to have been considerable differences in the personal stances of the various architects and here again the thirties must be regarded as a fundamental dividing line. One way of dividing up these approaches might be as follows:
– projects which aimed as built objects to secure acceptance or at least a hearing for 'Nieuwe Bouwen', the best example of this being the Van Nelle factory;
– a daily share in the building and rebuilding of smaller objects, e.g. commissions like the Kralingen Rowing Club, which have already been mentioned;
– counterplans and entries to competitions aimed at (eventual) realization, which often came to lead a life of their own in the publications, as happened with Oud's plan for ribbon building in Blijdorp for example;
– counterplans and competitions as ammunition for opposition, the difference between this and the previous category sometimes being difficult to make out, although Mart Stam's plans for the Rokin in Amsterdam centainly constitute an example here;
– verbal protests and polemics, among which the Hofplein question is the longest-lasting and probably also the clearest example;
– verbal manifestos, of which the foundation manifesto of 'de 8' has become the best known, but among which may also be counted one or two of 'Opbouw's' publications;
– their own journal, which was meant to serve a very specific purpose which distinguishes it from numerous other avant-garde periodicals, many of which also made their appearance in the period of the twenties;
– reviews in newspapers, periodicals and books written by members of 'Opbouw' under their own names;
– exhibitions, excursions and meetings as a means not only of broadening ideas but also of forming a common opinion;
– collective studies, of which the Green Plan has become the best-known 'Opbouw' example;
– the various positions held in education and on civic and other governmental or semi-governmental committees.
In discussing the Van Nelle factory we have already examined the way in which the acceptance of the ideas or at least the stylistic contribution of 'Nieuwe Bouwen' got through to various groups via the concrete realization of objects.
Another example which can perhaps serve as a clear illustration of the complexity of this theme is Van Loghem's Sport Funds Swimming-Bath of 1933 at Haarlem (fig. 26), a design published in numerous papers and surveys both at home and abroad.[113] But the building is also significant in another way, apart from its success with the critics. The whole course of events, from the preparation of the plan and the rejection of a working design that was admittedly modishly modernistic, but poorly thought out functionally, to the giving of the commission to one of the great propagandists of 'Nieuwe Bouwen', was celebrated as a victory, also at the immediate level of the struggle to make a living. But what was more important for the effect of the object and the illustrations of it was the link that was made between the avant-garde theme and the objectives of an idealistic association, the Sport Funds. The Sport Funds movement was primarily aimed at getting as many (covered) swimming-baths as possible built in places where municipalities refused or were not in a position to provide them. Although it concentrated its arguments in the first instance on increasing safety by means of teaching people to swim, the movement not only had ties with the sports movement in general, as its name already illustrates, but it was also clearly linked to efforts to reviving

totaalontwerp.
Brinkman noemt zelf de volgende probleemanalyse en oplossingen.[110]
– de gezichtslijn op het speelveld, die zonder obstakels voor iedere toeschouwer wordt gerealiseerd door middel van de ijzeren hangconstructie in twee lagen en gefundeerd in de gewapend betonnen vloeren;
– de opgave van het voetbalveld waaromheen een sintelbaan met vlakke bochten moest lopen bepaalt de nadrukkelijke hoofdvorm ('de Kuip') van het stadion;
– het snel en verantwoord vullen en ledigen van de tribunes, waarbij bleek dat het systeem van deze 22 stalen traptorens rondom het terrein en vakindeling het mogelijk maakte om de 43000 zitplaatsen en 22000 staanplaatsen in 6 minuten leeg te krijgen.
De proeven bij dit zeker voor Nederland revolutionaire ontwerp strekten zich uit van microscopisch onderzoek naar het gedrag van de aangewende materialen tot proefondervindelijk springen van meer dan 1500 werklozen en mariniers op diverse plekken, nadat het complex in hoofdzaak gereed was.[111]

Bouwen, spreken en zoeken: van revolutionaire daden tot aan voertuig van het onafwendbare

De strijd om de nieuwe architectuur heeft in de geheele wereld geleid tot aaneensluiting van die architecten, die door hun levenshouding de kunst van het bouwen hebben leeren zien als een probleem, dat slechts tot oplossing kan gebracht worden, wanneer in alle landen dit bouwprobleem als een volkomen integreerend deel wordt gezien van het sociaal economisch raderwerk van de wereldorganisatie.[112]
Een tekst van Van Loghem in een periode dat het fascisme in Italië al had overwonnen, de wereldcrisis onverminderd voortduurde en de nazi's zich opmaakten om binnen een jaar de macht in Duitsland over te nemen. Dit citaat wil echter niet alleen het utopisch karakter van de achterliggende maatschappijvisie bij één architect van het Nieuwe Bouwen aantonen. Het zou mogelijk zijn om aan te tonen dat een dergelijke hoop zeker niet uniek was binnen en buiten de architectenwereld. Maar het is vooral belangrijk om een onderscheid te maken in de verschillende vormen waarin het Nieuwe Bouwen de ideeën probeerde te propageren en in de bredere of smallere basis waarop die verschillende vormen konden steunen. Zo is in dit voorbeeld 'bouwen' een persoonlijk manifest dat probeert juist wel de verbinding tussen politiek en bouwen te maken via de projectie van een toekomstige cultuur.
Daarbij zijn er dan ook nog aanzienlijke verschillen in de persoonlijke stellingnamen, waarbij ook weer de jaren dertig als een essentiële breuklijn moeten worden gezien.
Een mogelijke indeling bij een dergelijke benadering is:
– projecten die als gebouwd object zorgen voor een acceptatie of tenminste een bereidheid tot luisteren naar het Nieuwe Bouwen, waarbij de Van Nellefabriek als het beste voorbeeld kan gelden;
– het dagelijkse aandeel in het bouwen en verbouwen van kleinere objecten, waarbij bijvoorbeeld opdrachten als de roeivereniging Kralingen al genoemd zijn;
– tegenplannen en prijsvraaginzendingen gericht op (uiteindelijke) realisatie, waarbij vaak dergelijke plannen een eigen leven gaan leiden in de publicaties, zoals bijvoorbeeld bij het ontwerp van de strokenbouw voor Blijdorp van Oud is gebeurd;
– tegenplannen en prijsvragen als oppositioneel middel, waarbij het onderscheid met de vorige categorie soms moeilijk te maken is, maar waartoe bijvoorbeeld de plannen van Mart Stam voor het Rokin behoren;
– verbale protesten en polemieken, waarbij de

physical culture which went as far as an interest in providing facilities for a daily bath.[114]
As regards the first aspect Van Loghem tried to make the Sports Funds Swimming-Bath in Haarlem literally as good and cheap as possible by the use of both the reinforced concrete skeleton and iron roofing at a technical level and a circulation system that was extremely well thought out for that period. As regards the two other aspects, the attempt to make the building a real delight is particularly striking. This was achieved primarily by the sliding glass panels, which afforded a visual contact with the outside (light and air) in winter and a real one in summer.
Programmatic similarities of this kind between Nieuwe Bouwen and other social manifestations often constituted an important element in the arguments and agitation of the Functionalists. In the case of physical culture, many of them undoubtedly felt that this was only attainable in a different society, but at least as many believed that realizations foreshadowing this would have a directly liberating effect. In a discussion of the Sport Funds Swimming-Bath Merkelbach declared, Even with one's jacket on, one feels a different, freer man than is the case in the ordinary daily grind.
We can recommend everyone just to pay a visit to this new swimming-bath in Haarlem in order to become convinced through their own observation that Functionalism can be put into practice with all its consequences even by someone *(Van Loghem R.D.)* who himself only half believes in it, and that real liberation could come about in the present society.[115] *Thus the Sport Funds Swimming-Bath, along with or perhaps even more than Stoop's open-air swimming-bath at Bloemendaal (1935) by the 'de 8' architect G. Holt, became an expression of how practice can support theoretical argument and, according to some, even outstrip it.*[116]
However, the daily practice of relatively small alterations probably also had at least as big, if not a bigger influence at that time. An important aspect here is that these small projects were often directly linked to culture in the narrow sense of the word, as in the case of the renovation of the Art Society's building by Brinkman and Van der Vlugt (fig. 27).[117]
The link with culture in the wider sense too, as in the extension of the Domestic Science School, conveyed the 'objectives' of 'Nieuwe Bouwen' at the level of the image as well as in the education expressed in the forms.
As far as the first example is concerned, it evinces the creation by the most minimal means possible of an environment meant to enable artists and art-lovers already to gain physical experience of the foreshadowing of the society it was assumed they were striving for. At the same time the façade was partly covered by an 'objective grid', which is admittedly related to the overall dimensions of the building, but which also suggests at least a possibility for modernizing the aspect of the street and getting rid of the absolute division between the internal and external worlds.
This breaking-open of the walls is also the principal characteristic of the formal changes in and extension of the Domestic Science School. The aim of the Functionalists in all this was to demonstrate their approach at every opportunity, however small it might be, and it is illustrative of this method that in the discussions on this project reference was at once made to larger and even more programmatic projects abroad.[118] *But in the organization of the interior too a direct attempt was made to steer 'women's work', which, as we have already seen, was the driving force behind the minimum dwelling, in the direction of 'Nieuwe Bouwen'. To this end Van Loghem installed in the building two complete dwellings on the model of the 'experimental dwelling', which the pupils took it in turns to 'run'. A demonstrative method of this kind in respect of subordinate parts is not always so obvious and unequivocal, but there do exist other examples in Rotterdam*

Hofpleinkwestie het langdurigste en waarschijnlijk ook duidelijkste voorbeeld is;
– verbale manifesten, waarvan het oprichtingsmanifest van 'de 8' het bekendst is geworden maar waartoe ook enkele publicaties van de 'Opbouw' gerekend kunnen worden;
– het eigen tijdschrift wat een zeer specifieke functie was toebedacht dat het onderscheidt van tal van avantgarde tijdschriften, die ook vaak in de periode van de jaren twintig verschenen;
– door de leden van de 'Opbouw' op persoonlijke titel geschreven kritieken in kranten en tijdschriften en boeken;
– tentoonstellingen, excursies en bijeenkomsten, als middel tot verbreiding van de ideeën maar ook tot onderlinge meningsvorming;
– collectieve studies, waarbij het Groenplan het bekendste voorbeeld van de 'Opbouw' is geworden;
– de verschillende posities in het onderwijs, gemeentelijke en andere overheids- of semie-overheidscommissies.
Al bij de Van Nellefabriek is ingegaan op de wijze waarop voor verschillende groepen de acceptatie van de ideeën of tenminste de stilistische bijdrage van het Nieuwe Bouwen doorwerkt door de concrete realisatie van objecten.
Een ander voorbeeld kan de gecompliceerdheid van dit thema misschien duidelijk illustreren: het Sportfondsenbad te Haarlem van Van Loghem (1933) (afb. 26). Het ontwerp werd in veel binnen- en buitenlandse bladen en overzichten gepubliceerd.[113] Op een andere wijze dan succes in kritieken is het gebouw ook operationeel. De gang van zaken bij de planvoorbereiding en het afwijzen van een weliswaar modieus modernistisch, maar slecht functioneel doordachte ontwerparbeid, waarna de opdracht werd gegeven aan één van de grote propagandisten van het Nieuwe Bouwen, is ook op het niveau van de directe strijd van het brood op de plank als overwinning gevierd.
Belangrijker voor de werking van het object en zijn afbeeldingen is de verbinding die wordt gelegd tussen het avantgardistische thema met de doelstellingen van een ideële vereniging, de Sportfondsen. De Sportfondsen-beweging was vooral gericht op het realiseren van zoveel mogelijk (overdekte) zwembaden in plaatsen waar gemeenten weigerden of niet voldoende in staat waren om deze voorziening te realiseren. Hoewel de argumentatie in eerste instantie op het verhogen van de veiligheid door middel van zwemlessen, was gericht, heeft de Sport-fondsenbeweging uitlopers naar enerzijds de algemene sportbeweging zoals de naam al illustreert, maar anderzijds duidelijke verbindingen met pogingen tot herwinning van een lichaamscultuur die tot in de aandacht voor dagelijkse badgelegenheid doorgaat.[114]
Wat betreft het eerste aspect probeert Van Loghem door de toepassing van zowel het betonskelet en de ijzeren overkapping op bouwtechnisch niveau als via een voor die tijd erg uitgekiend verkeerssysteem het Sportfondsenbad in Haarlem letterlijk goed en goedkoop te maken.
Wat betreft de twee andere aspecten valt met name de poging op om een 'feestelijk gebouw' te maken. Dit is vooral geslaagd door de glazen schuifwand, die 's winters een visueel contact met de buitenlucht (en -licht) mogelijk maakt, terwijl dit contact in de zomer materieel kan worden.
Dergelijke programmatische overeenkomsten tussen het Nieuwe Bouwen en andere maatschappelijke verschijnselen is vaak een belangrijk element in het betoog en de agitatie van de Nieuwe Bouwers geweest.
Veel Nieuwe Bouwers stelden zich echter op het standpunt dat een dergelijke cultuur alleen te bereiken was in een andere maatschappij, maar minstens zovelen geloofden aan een directe bevrijdende werking van gerealiseerde voorafschaduwingen. Zo stelt Merkelbach bij een bespreking van het Sportfondsenbad: *Men voelt zich zelfs in*

that illustrate it, from the installation of ships to the realization of an infant school on an enclosed site (figs. 28-9).[119]
There is a whole series of examples in which precisely rejected entries to competitions played a big part in creating the image of 'Nieuwe Bouwen' and in the battle against the partial and modish adoption of Functionalist elements.
The earliest example in the Netherlands is probably Oud's design for the competition for the Rotterdam Stock Exchange. Paradoxically enough, however, such entries to competitions were effective precisely on the level of the image, so that they lent themselves to the taking over of 'forms'. Thus in this instance too we see 'Oud's Exchange', for example, fitted into the evolutionary and thus inescapable path, while this example from the Coolsingel series also enables us to understand its continuance not by Oud, but by Staal and Dudok, despite verbal execration and attacks.[120]
The same ambivalence also characterizes the numerous verbal protests and polemics, in which a great purity was sought for on the one hand, while on the other the aim was precisely to demonstrate the correctness of the arguments after the event in the realization of elements from them.
This was the effect of, for example, 'Opbouw's' stance regarding Hofplein, in which the counterplans made were precisely not at the level of its aspect as a whole.[121] *An even clearer example, however, is the decision to make the traffic visible in the case of the discussions regarding the linking of the two banks of the Maas in Rotterdam. In flat contradiction of the discussions on the tunnel project of the Amsterdammer Limperg, the Rotterdammers and thus also 'de 8' and 'Opbouw' opted for the suspension bridge project of the engineer J. Emmen (fig. 30).*[122] *Van Loghem put it most clearly a year later:* I took the standpoint at that time that since a bridge can be an architectural monument, while a tunnel is never such, there was no sense in discussing the tunnel in a periodical confined to architecture and related arts.[123]
This manifesto, along with M-kunst *and the foundation manifesto of 'de 8', actually constitutes an obvious example of the oppositional period of 'Nieuwe Bouwen'.*[124] *But this kind of obvious opposition of 'de 8' and 'Opbouw' hoped would be the years of fruition, but which in fact produced ever more laborious attempts to keep the crisis, which also involved the members of the association, hidden from the outside world.*
It was in hopes of giving a lead to a clear and unequivocal development for 'Nieuwe Bouwen' that the periodical de 8 and Opbouw *was founded. Terms like 'Nieuwe Zakelijkheid' were avoided as far as possible and as far as possible a style of argument was chosen that evinced an analytical, not to say technocratic approach. In addition an attempt was made to safeguard the vanguard position by references and publications from at home and abroad that were intended to underline these analysis. To this decision can also be attributed the dogmatic and at the same time aggressive tone towards precisely those architects who adopted Functionalist aspects in their designs.*
This aspect is nearly always neglected in discussions of the periodical or contributions to it. In its form and the agreements over its content a clear break can be seen with periodicals like De Stijl *or* i-10, *although those involved certainly regarded themselves as successors of these.* de 8 and Opbouw *is to be interpreted as the organ of a group of artists who counted themselves among the avant garde on the look-out for political and social movements and individuals which or who would set their proposals productively in train. This is also the reason why they emphatically rejected political stances.*
Only in the case of other arts and the more markedly the further they were removed from the daily practice of architecture was recourse had to the manifesto character.
The best-known examples are the number on 'New

zijn colbertje een ander, een bevrijder mens, dan in de gewone dagelijkse sleur het geval is. Wij kunnen een ieder eens een bezoek aan dit nieuwe Haarlemse bad aanbevelen, omdat men door eigen waarneming overtuigd wordt, dat het nieuwe bouwen ook in al zijn consequenties beoefend kan worden, door iemand (Van Loghem R.D.) *die er zelf maar half in gelooft, dat er in deze samenleving van werkelijke bevrijding sprake zou kunnen zijn.*[115] Zo wordt het Sportfondsenbad samen met of misschien zelfs nog meer dan Stoop's openluchtbad te Bloemendaal (1935) van het lid van 'de 8', G. Holt, een uitdrukking van hoe de praktijk het theoretische betoog ondersteunt en volgens sommigen zelfs voorbijstreeft.[116] De dagelijkse praktijk van de relatief kleine verbouwingen heeft echter waarschijnlijk in die tijd net zo'n grote, zo niet een grotere invloed gehad. Daarbij is het belangrijk dat deze kleine projecten dikwijls direct gekoppeld zijn aan de cultuur in de enge zin van het woord, zoals bij de verbouwing van het gebouw van de Kunststichting door Brinkman en Van der Vlugt (afb. 27).[117]
Ook de koppeling met cultuur in ruimere zin, zoals de uitbreiding van de School voor Vrouwenarbeid, draagt zowel op het niveau van het beeld als de daarin in vormen uitgedrukte pedagogie de 'doelstellingen' van het Nieuwe Bouwen over. Wat het eerste voorbeeld betreft is er sprake van een met zo weinig mogelijk middelen scheppen van een 'environment' dat kunstenaars en kunstminnaars in staat moet stellen al de voorafschaduwing van de maatschappij, waarnaar zij verondersteld worden te streven, lijfelijk te ondergaan. Tegelijkertijd wordt er een 'objectief raster' over een deel van de gevel gelegd dat weliswaar gekoppeld is aan de totale maatvoering van de verbouwing, maar tenminste een mogelijkheid suggereert om het straatbeeld te moderniseren en de absolute scheiding van binnen- en buitenwereld op te heffen. Dit openbreken van de wanden, is ook het voornaamste kenmerk van de vormveranderingen en uitbreiding van de School voor Vrouwenarbeid. De opzet daarbij is voor de Nieuwe Bouwers het bij iedere aangelegenheid, hoe klein die ook is, de mogelijkheden van hun benaderingswijze te demonstreren. Het is illustratief voor deze werkwijze dat bij de bespreking van dit project rechtstreeks verwezen wordt naar grotere en nog programmatischer projecten in het buitenland.[118] Maar ook in de inrichting werd rechtstreeks gepoogd juist de 'vrouwenarbeid', die zoals al opgemerkt de motor van de minimumwoning was, in de richting van het Nieuwe Bouwen te sturen. Daartoe waren door Van Loghem in het gebouw twee volledige woningen volgens het model van de 'proefwoning' ingericht die beurtelings door de leerlingen 'bediend' worden. Een dergelijke demonstratieve werkwijze op onderdelen is niet altijd zo duidelijk en éénduidig, maar in Rotterdam zijn er voorbeelden van de inrichting van schepen tot en met het realiseren van een 'bewaarschool' op een binnenterrein te noemen, die deze werkwijze illustreren (afb. 28, 29).[119]
Er is een hele reeks van voorbeelden, waarbij juist afgewezen inzendingen van prijsvragen een grote rol spelen bij de beeldvorming en strijd tegen deze partiële en modieuze overname van elementen van het Nieuwe Bouwen. Waarschijnlijk het vroegste voorbeeld in Nederland is het ontwerp van Oud voor de prijsvraag voor het Beursgebouw in Rotterdam. Paradoxaal genoeg werkten dergelijke prijsvraaginzendingen echter juist op het beeldniveau en dus ook als aanleiding tot overname van 'vormen'. Ook in dit geval zien we de 'beurs van Oud' bijvoorbeeld in de evolutionaire en dus onontkoombare weg ingezet worden. Daarbij wordt bij dit voorbeeld van de Coolsingelreeks ook de voortzetting niet van Oud maar van Staal en Dudok juist begrijpelijk, ondanks verbale

Photography' and the criticisms of the ambiguous functionality of industrial products like ships and trains.
It is precisely in connection with the 'free arts' that the breaking-point within 'de 8' en 'Opbouw' can first be discerned. One of the clearest examples is the decision to feel a relationship with avant-garde or precisely new Neo-Neo-Classism in their case, which already foreshadowed the break between 'Group 32' and 'de 8' in 1934. Van Loghem made a link between projects such as, for example, the alteration of the Domestic Science School and the photomontages of Hannah Hoch: Would it be possible for us architects, who are repeatedly required at this time to open up old blind buildings by alterations and renovations, to be so particularly struck by this work? Are we not doing the very same things that is brought so to life in this photomontage. Is it not that in the best 'rejuvenated' buildings of 'functionalists' the old slumbering remains suddenly take on a universal humanity through the touch of the new additions and breakthroughs? *(fig. 31a). K.L. Sijmons, on the other hand, declared,* The spirit evinced by H.H.'s work is that of Germany after the war, the inflation era: anti-life and degenerate, *and went on to hold up to Van Loghem the healthy and harmonious work of H. Wenzelaar (fig. 31b).*[125]
It was not, however, until years later that the actual break took place over the Huizen town hall design by Arthur Staal and S. van Woerden, after having begun, as everyone realized, with the discussion on 'abstract art' in the Stedelijk Museum in 1939. The conflict centred not only on the discernment of a formal stagnation in the development of 'Nieuwe Bouwen', but also on an assessment of the avant garde of the twenties coupled with the priorities that the associations had been obliged to posit. After all, even after resigning from membership of the 'de 8' and 'Opbouw' Associations, Oud had been allowed to maintain in a discussion that more could be learned from an old farmhouse than from Le Corbusier and, for example, Van Ravesteyn's work for the Dutch Railways had been praised in the journal.[126] *The break occurred around the regarding of the objectives of the twenties as a 'not yet' or as an already 'conquered and left behind' position. Such a formulation also makes it clear how 'the young' could adduce regressive opinions as progressive both in this conflict and in the postwar discussions.*
It is not only because the various members and ex-members of 'de 8' and 'Opbouw' seemed to be engaged in public fisticuffs that it may be remarked that the role played by the various media in the propaganda and antipropaganda has not been given sufficient prominence in the historiography of 'Nieuw Bouwen'.[127] *It is, after all, highly likely that the positions of the various dailies and weeklies were just as important for the dissemination of the ideas of 'Nieuwe Bouwen 'as the subscriptions to* de 8 en Opbouw *and the sales of books on architecture. To give an obvious example: the direct range and effect of Van Loghem's historical work* Bouwen, *which is cited by everyone, probably contributed far less to the dissemination of the ideas of 'Nieuwe Bouwen' than a single radio talk given by Mart Stam at a peak listening time.*[128] *However, this example also indicates that one must obviously take into account the audience that the contributions were aimed at in assessing them.*
The same goes for the taking over or organizing of exhibitions. The 'Opbouw' Association was very active in respect of helping people in Rotterdam to get to know both foreign contributions such as the exhibitions on the Weissenhof estate, as well as in holding exhibitions of its own work.[129] *These activities also included very purposeful explanations for related groups and general 'popular education' through participation in the exhibitions. The use of the panels by Steiger and Hess on the development of the city may be mentioned as the best example of the former, while an*

bezweringen en aanvallen.[120]
Dezelfde ambivalentie kenmerkt ook veel verbale protesten en polemieken, waarbij enerzijds naar een grote zuiverheid wordt gestreefd, maar men anderzijds juist zijn gelijk achteraf wil bewijzen bij realisatie van elementen van het betoog. Deze werking heeft bijvoorbeeld de stellingname van 'Opbouw' bij het Hofplein, waarbij bewust niet op het niveau van het stadsbeeld tegenplannen werden gemaakt.[121] Als voorbeeld kan echter nog duidelijker de keuze voor het zichtbaar maken van verkeer gelden bij de discussies rond de oeververbindingen in Rotterdam. Geheel in tegenspraak met de besprekingen van het tunnel-project door de Amsterdammer Limperg kozen de Rotterdammers en daardoor ook 'de 8' en 'Opbouw' voor het hangbrugontwerp van dr.ir. J. Emmen (afb. 30).[122]
Het duidelijkst stelt Van Loghem het een jaar later: *Ik heb mij toen op het standpunt gesteld, dat, aangezien een brug een architectonisch monument kan zijn, terwijl een tunnel dit nooit is, een tunnelbespreking geen zin heeft in een tijdschrift, dat zich bepaalt tot architectonische en aanverwante kunsten.*[123]
Dit manifest is eigenlijk, te zamen met *M-kunst* en het oprichtingsmanifest van 'de 8', een duidelijk voorbeeld van de oppositionele periode van het Nieuwe Bouwen.[124]
Een duidelijkheid, die doelbewust vermeden wordt in wat de leden van 'de 8' en 'Opbouw' hoopten dat de oogstjaren zouden worden, maar in feite steeds moeizamer pogingen opleverde om de crisis die zich ook uitstrekte tot aan de leden van de Vereniging voor de buitenwereld zoveel mogelijk verborgen te houden.
De hoop om leiding te geven aan de eenduidige en duidelijke ontwikkeling van het Nieuwe Bouwen is de aanleiding tot de stichting van het blad *de 8 en Opbouw*. Termen als 'Nieuwe Zakelijkheid' worden zoveel mogelijk vermeden en voor de betoogtrant wordt zoveel mogelijk gekozen voor een analytische om niet te spreken van een technocratische benadering. Daarnaast probeert men de voorhoedepositie veilig te stellen door verwijzingen en publicaties uit binnen-en buitenland, die deze analyses moeten onderstrepen. Tegelijkertijd is deze keuze verantwoordelijk voor een gelijkhebberige en aanvallende toon t.o.v. juist architecten die Nieuwe Zakelijke aspecten in hun ontwerpen overnemen.
Dit aspect wordt bijna altijd verwaarloosd bij de bespreking van het blad of bijdragen daarin. Nadrukkelijk is in vorm en afspraken over inhoud een breuk te constateren met bladen als *De Stijl* of *i-10*, hoewel men zich wel als opvolgers beschouwde. 'de 8' en 'Opbouw' is te interpreteren als een groep kunstenaars die zich tot de avantgarde rekenen op zoek naar politieke en maatschappelijke stromingen en individuen die hun voorstellen produktief willen inzetten. Dit is ook de reden dat nadrukkelijk afgezien wordt van politieke stelling-namen. Slechts bij andere kunsten en nadrukkelijker naarmate ze verder verwijderd zijn van de dagelijkse praktijk van de architectuur wordt teruggegrepen op het manifestkarakter. De bekendste voorbeelden zijn het nummer over 'Nieuwe Fotografie' en de kritieken op de dubbelzinnige zakelijkheid van industriële produkten als schepen en treinen. Juist bij de 'vrije kunsten' valt het eerste het breukpunt binnen 'de 8' en 'Opbouw' te constateren. Eén van de duidelijkste voorbeelden is de keuze van voelen van verwantschap met avant-garde of juist nieuw neo-neo-classicisme bij de 'vrije kunsten', die al in 1934 de breuk tussen groep 32 en 'de 8' vooraf-schaduwt. Van Loghem trekt een lijn tussen zijn projecten zoals bijvoorbeeld de verbouwing van de school voor Vrouwenarbeid en de fotomontages van Hannah Höch: *Zou het mogelijk zijn, dat wij architecten, die in dezen tijd zoo herhaaldelijk oude blinde gebouwen door wijziging en*

example of the latter was the exhibition Discover your City, *which was intended to make Rotterdammers identify with their city via a mass of statistics and pictures of the port, industry, the city, housing, etc. in an exhibition that ran for a long time. In the field of housing 'Nieuwe Bouwen' succeeded in making ribbon building with high-rise accents, as realized in the Jaffa district, the climax in the evolution from apartment blocks to open building for the time being. As regards recreation, and also the more general problem of the growing metropolis, it did the same via the presentation of the Green Plan.*
The presentation of the Green Plan marked both the peak and the beginning of the decline of collective work as engaged in within the Association.[130] *It is clear that just before the war the Association believed only in partial aspects of 'Nieuwe Bouwen', and even that belief was confined to a few individual members, as the mainstream and the possibility of formulating an architectural answer to the existing problems of the big cities and those still to come. Thus it is not surprising that after the bombardments of Rotterdam it was not 'Opbouw', but two 'Nieuwe Bouwen' architects' offices that came up with an evaluation of 'Nieuwe Bouwen's' contribution as part and no longer as the vanguard of social development. In* Housing Possibilities in the New Rotterdam *a typological criticism of the Reconstruction Plan for the devastated inner city of Rotterdam was presented at the level of the housing estate only. It was the 'de 8' Association, which collectively, but primarily via the efforts of Mart Stam, presented an idea to counter Witteveen's plan. This counterplan can be seen as both a summing up of the 'Opbouw manifesto' of the twenties that had been drawn up by Stam and a vision of the totally new city that 'Nieuwe Bouwen' had continued to keep in view, despite the practice of deductive studies and changes in practice at the local level.*[131] *Not for nothing did one of those who worked on the plan, J.P. Kloos, clash with the readiness of other Functionalists to prepare the reconstruction in concert and reconciliation.*[132]
This incident is also, however, an indication of a new problem that has been neglected up to now in the historiography, that of how far the attitude of different persuasions is to be explained by the various positions and viewpoints of the members of the 'Nieuwe Bouwen' associations. This is a question to which it is impossible to give an answer at the moment. Not only are a great many separate studies still needed regarding the positions of Nieuwe Bouwen architects in governing bodies, advisory bodies, non-architectural, political and cultural organizations, education, etc., but research also needs to be done in order to get an idea of standpoints and the changes in the standpoints of the opponents of 'Nieuwe Bouwen'. Such research ought not then to lead to the (re)discovery of new heroes or forgotten fundamentals, but what it well might lead to is a definition of the 'effect' of architecture at the level of the image and organization of architecture. As an example may be cited the alteration of the Diaconessen Hospital, regarding which 'de 8' en 'Opbouw' did not get much further than the recognition of the 'spirit of Van der Vlugt' in the architecture (fig. 32).[133]
It seems more interesting to read this as the formation of an image and organization which is operative and effective in an institution like a hospital, an effectiveness which by the addition of the word can even link the aim of the institution with the Christian theme of spiritual regeneration, which was probably given a higher place than concern for physical recovery by this organization.

Rob Dettingmeijer

verbouwing moeten openen, zoo bijzonder door dit werk gefrappeerd worden. Doen wij niet ook hetzelfde, wat deze fotomontage zoo levend maakt. Is het niet of in de beste 'verjongde' bouwwerken van de 'nieuwe zakelijken' plotseling de oude slapende resten door de aanraking van de nieuwe toevoegingen en doorbrekingen, tot universeele menschelijkheid worden (afb. 31a).
K.L. Sijmons stelt daartegenover: *De geest die uit H.H.'s werk spreekt is die van het Duitschland na den oorlog, het inflatie-tijdperk; anti-vitaal en gedegenereerd.* Daarna wordt Van Loghem het gezonde en harmonieuze werk van H. Wenzelaar voorgehouden (afb. 31b).[125]
Pas jaren later zou, met als door iedereen beleefd begin, de discussie over de 'abstracte kunst' in het Stedelijk Museum in 1939 de breuk plaatsvinden naar aanleiding van het raadhuisontwerp voor Huizen van Arthur Staal en S. van Woerden. Als kern voor het conflict gold niet het constateren van een vormstagnatie in de ontwikkeling van het Nieuwe Bouwen, maar een beoordeling van de avantgarde van de jaren twintig en daaraan gekoppeld de prioriteiten die de verenigingen moesten stellen.
Immers ook na het bedanken als lid van de Verenigingen 'de 8' en 'Opbouw' mocht Oud beweren in een discussie dat er meer van een oude boerderij dan van Le Corbusier te leren viel en wordt bijvoorbeeld het werk van Van Ravensteyn voor de Nederlandse Spoorwegen lovend in het blad besproken.[126] De breuk vond plaats rond het zien van de doelstellingen van de jaren twintig als een 'nog niet' of als een al 'overwonnen en achterliggende' positie.
Een dergelijke formulering maakt het ook duidelijk hoe 'de jongeren' zowel in dit conflict als in de naoorlogse discussies regressieve opvattingen als progressief konden inzetten.
Niet alleen omdat de verschillende leden en ex-leden van 'de 8' en 'Opbouw' vechtend over straat leken te rollen kan men opmerken dat in de geschiedschrijving van het Nieuwe Bouwen de rol van de diverse media in de propaganda en antipropaganda een te ondergeschikte rol speelt.[127] Het is immers hoogstwaarschijnlijk dat de posities van diverse dag- en weekbladen minstens zo belangrijk zijn geweest voor de verspreiding van de ideeën van het Nieuwe Bouwen als de abonnementen op *de 8 en Opbouw* en de verkoop van architectuurboeken.
Om een duidelijk voorbeeld te geven: het directe bereik en effect van het algemeen geciteerde historische werk van Van Loghem *Bouwen* heeft waarschijnlijk veel minder tot verspreiding van de ideeën van het Nieuwe Bouwen bijgedragen dan één causerie van Mart Stam op een tijdstip van grote luisterdichtheid voor de VARA.[128] Dit voorbeeld geeft echter ook aan dat bij de beoordeling van de bijdragen heel duidelijk gelet moet worden op de doelgroep waar de bijdrage op gericht is. Hetzelfde geldt voor het overnemen of organiseren van tentoonstellingen. Daarbij beijverde de Vereniging 'Opbouw' zich ervoor de Rotterdamse bevolking kennis te laten maken met buitenlandse bijdragen zoals de tentoonstelling van de Weissenhofsiedlung, maar ook met exposities over eigen werk.[129] Tevens maakten doelgerichte explicaties voor verwante groepen en algemeen 'volksonderricht' door deelnemen aan tentoonstellingen deel uit van de activiteiten.
Als beste voorbeeld van het eerste kunnen de inzet van de panelen van de ontwikkeling van de stad van Steiger en Hess genoemd worden. Een tweede voorbeeld is de expositie *Ontdek uw stad,* waarbij de Rotterdammers gedurende een lang lopende expositie een identificering met hun stad moesten krijgen via tal van cijfers en beelden over de haven, de industrie, de stad, de woning, etc. Op het gebied van de woningbouw lukte het om de strokenbouw met hoogbouwaccenten, zoals in de

wijk Jaffa gerealiseerd was als het voorlopig hoogtepunt van de evolutie van woningblokken naar open bebouwing te laten maken. Voor wat betreft het recreëren, maar ook de algemenere problematiek van de groeiende monopool lukte dit via de presentatie van het Groenplan. Tegelijkertijd markeert de presentatie van dit Groenplan hoogtepunt en begin van verval van de collectieve arbeid zoals dat binnen de Vereniging 'Opbouw' plaatsvond.[130] Het is duidelijk dat deze vereniging vlak voor de oorlog slechts op deel-aspecten en dan nog beperkt tot enkele individuele leden geloofde in het Nieuwe Bouwen als de hoofdstroom en mogelijkheid om een architecturaal antwoord te formuleren op de bestaande en nog komende problemen van de grote steden. Het is dan ook niet verwonderlijk dat na het bombardement op Rotterdam niet de Vereniging maar twee architectenbureaus van het Nieuwe Bouwen komen met een evaluatie van de bijdrage van het Nieuwe Bouwen als onderdeel en niet meer als voorhoede van de maatschappelijke ontwikkeling. In *Woonmogelijkheden in het Nieuwe Rotterdam* wordt slechts op het niveau van de woonwijk een typologische kritiek op het Wederopbouw-plan voor de verwoeste binnenstad van Rotterdam gepresenteerd. Het is de Vereniging 'de 8' die in collectieve arbeid, maar vooral via de inzet van Mart Stam een tegenbeeld presenteert voor het plan van Witteveen. Dit plan kan gezien worden als een opsomming van het door Stam opgestelde manifest van 'de Opbouw' uit de jaren twintig. Tevens is het een visie op de totaal nieuwe stad, die het Nieuwe Bouwen ondanks de praktijk van deductieve studies en veranderingen op de praktijk van het niveau van de wijk voor ogen was blijven staan.[131]
Niet voor niets botst één van de medewerkers aan het plan, J.P. Kloos, op de bereidheid van andere Nieuwe Bouwers om gezamenlijk en verzoenend als architecten de weder-opbouw voor te bereiden.[132] Dit incident is echter ook een aanwijzing voor een nieuwe problematiek die bij de geschiedschrijving tot nu toe verwaarloosd is: in hoeverre is de houding maar ook de bereidheid tot samenwerking met andersgezinden te verklaren uit de diverse posities en perspectieven van de leden van de verenigingen van het Nieuwe Bouwen. Beantwoording van een dergelijke vraag is op dit ogenblik onmogelijk. Niet alleen moeten er nog tal van deelstudies verricht worden over de posities van Nieuwe Bouwers in overheidsorganen, adviesorganen, niet-architecturale, politieke en culturele organisaties, onderwijsposities e.d., maar ook moet een inzicht in de standpunten en standpuntwijzigingen van tegenstanders van het Nieuwe Bouwen onderzocht worden. Dergelijke onderzoeken zouden dan niet moeten leiden tot het (her)ontdekken van nieuwe helden of vergeten essenties, maar zouden wel kunnen leiden tot een plaatsbepaling van de 'werking' van architectuur op niveau van beeld en organisatie van architectuur. Als voorbeeld kan gelden de verbouwing van het Diaconessenhuis waar 'de 8' en 'Opbouw' niet verder komen dan de herkenning van de 'geest van Van der Vlugt'[133] in het bouwwerk (afb. 32). Interessanter lijkt een lezing als beeldvorming en organisatie die operatief en effectief is bij een instituut als een ziekenhuis. Een effectiviteit die via toevoeging van het woord zelfs de doelstelling van het instituut kan verbinden met het christelijke thema van geestelijk herstel dat door deze organisatie waarschijnlijk nog boven de zorg voor lichamelijk herstel werd gesteld.

Rob Dettingmeijer

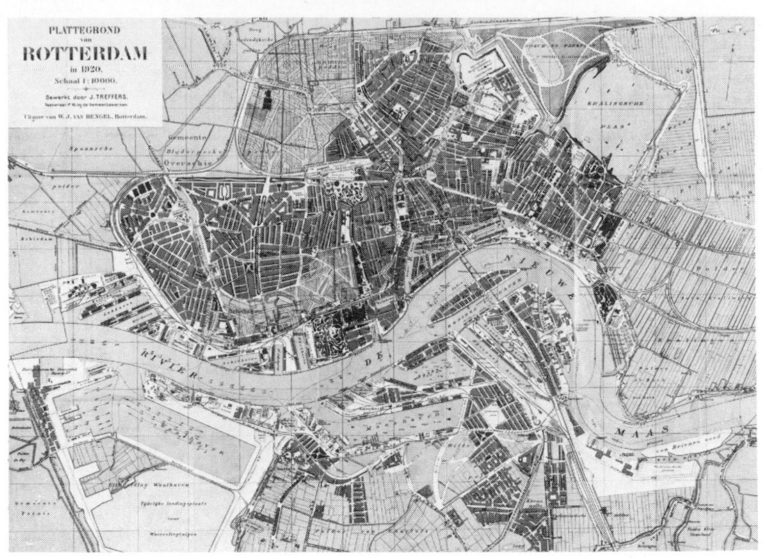

1
Plattegrond van Rotterdam in 1920 met uitbreidingsplannen, bewerking J. Treffers.
Ground plan of Rotterdam in 1920 with expansion plans added by J. Treffers.

2
W. van Tijen: 'Het flatgebouw Bergpolder (Van Tijen, 1934), waarin we verwantschap voelen met de functioneele grijpers en kranen en de haven'.
'The Bergpolder block of flats (Van Tijen, 1934), in which we feel a relationship with the functional grabs and cranes and the harbour'.

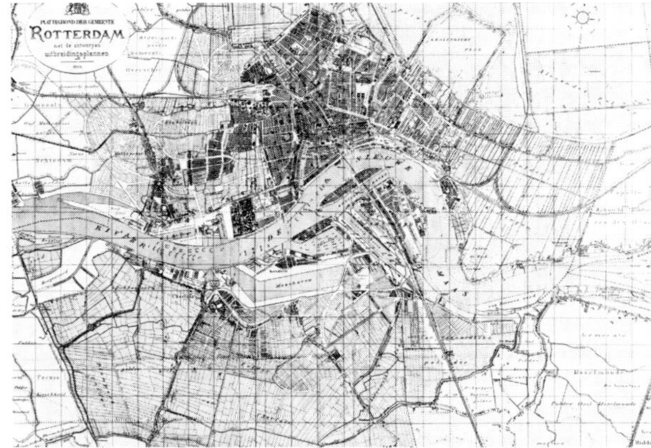

3
Plattegrond Rotterdam met al voor het uitbreidingsplan ontworpen stratenplannen, 1903.
Ground plan of Rotterdam with the street plans, which were already designed for the expansion plan, 1903.

a

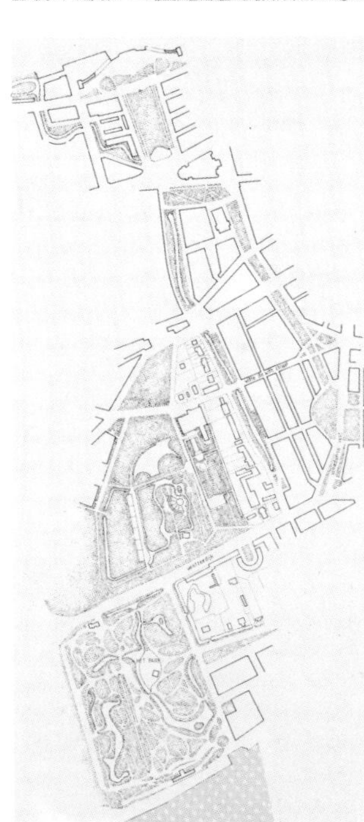

b

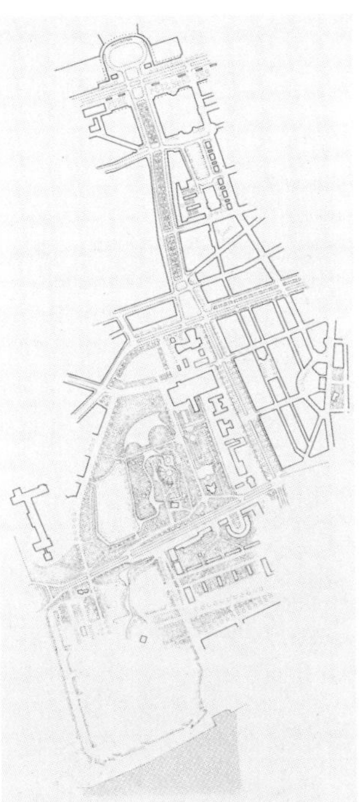

4
Plan Dijkzicht in
a. wederopbouwplan van W.G. Witteveen, 1941
b. basisplan van C. van Traa, 1946.
Plan for Dijkzicht in
a. reconstruction plan by W.G. Witteveen, 1941
b. basic plan by C. van Traa, 1946.

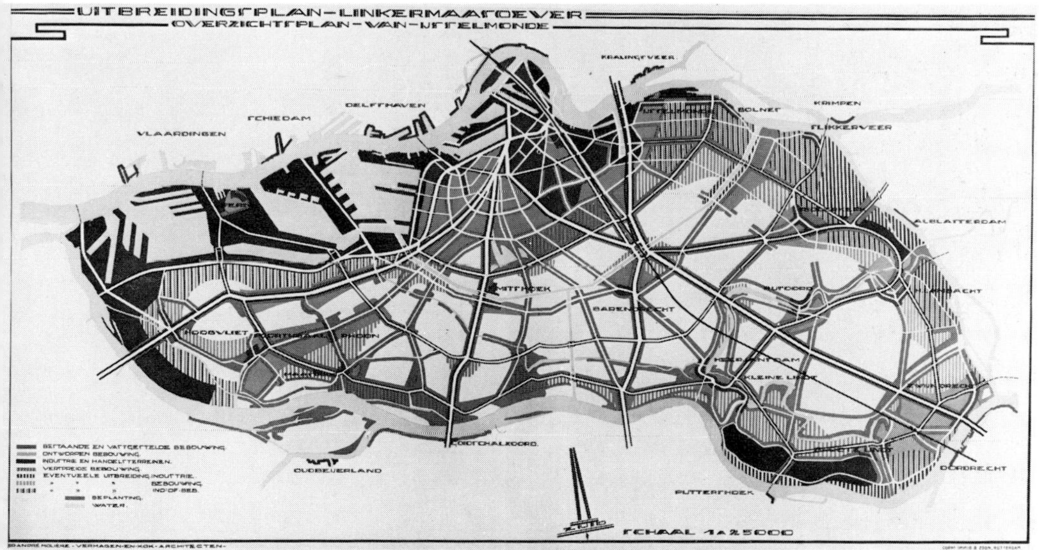

5
Grandpré Molière, Verhagen, Kok, Streekplanschema IJsselmonde in kader uitbreidingsplan Rotterdam, 1921.
Regional planning scheme for IJsselmonde in context of Rotterdam expansion plan, 1921.

 *OVEREENKOMST ??* 

Maquette van het Hofplein te Rotterdam, welke toont hoe dit plein er zal uitzien na verplaatsing van de Delftsche Poort en de voltooiing der overige werken.

Het door de „Vereeniging Opbouw" in 1927 uitgewerkte plan ter oplossing van het Hofpleinvraagstuk.

6
Het Hofpleinprobleem.
Plan van W.G. Witteveen (1928-38) (links) vergeleken met plan van de 'Opbouw', 1927.
The Hofplein problem.
Plan by W.G. Witteveen (1928-38) compared with plan by 'Opbouw', 1927.

7
CIAM Nederland, Kaart II, Rotterdam. Beeldstatistiek AUP voor het IVe congres (1933).
Dutch CIAM group, Map II, Rotterdam. AUP pictorial statistics for the 4th Congress(1933).

8
M. Brinkman, Woonblok in Spangen, 1919-1921.
a. binnenterrein, ca. 1960
b. de galerijstraat
c. interieur gemeenschappelijke wasruimten
d. isometrie bouwblok.

Housing block in Spangen, 1919-1921.
a. inner courtyard, c. 1960
b. the gallery street
c. interior of communal washplaces
d. isometric view of block.

a

b

d

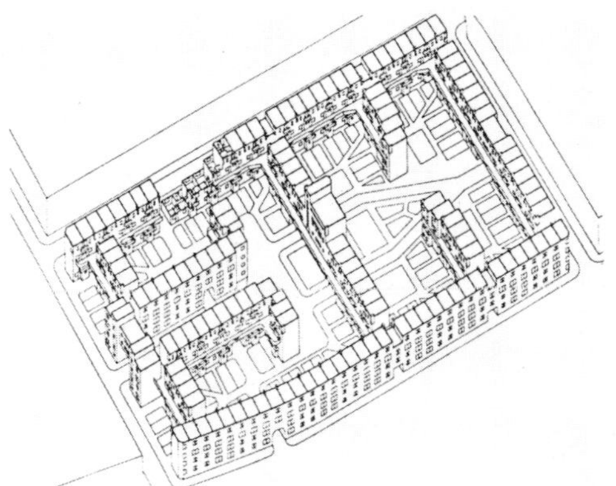

c

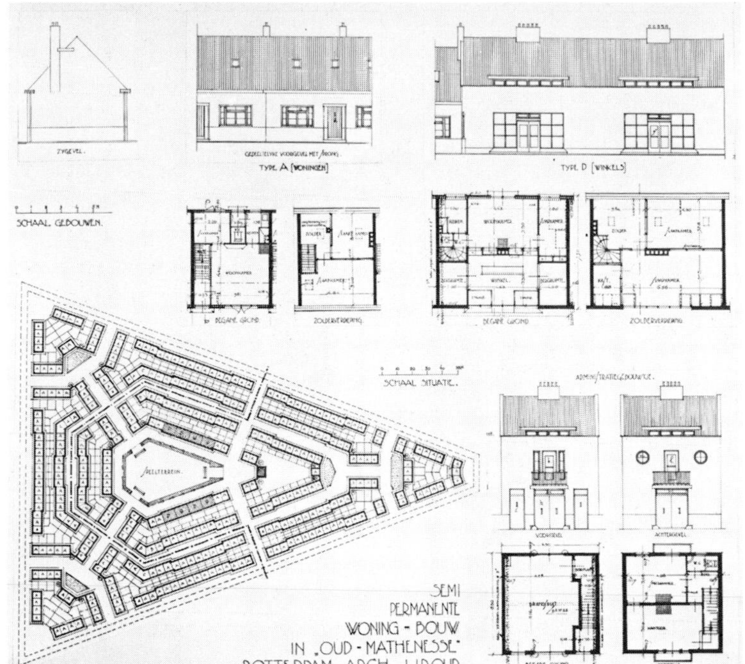

9
J.J.P. Oud, Semipermanente woningen Oud-Mathenesse, 1922-1924, tekening ongedateerd.
Semipermanent dwellings, Oud-Mathenesse, 1922-1924, drawing undated.

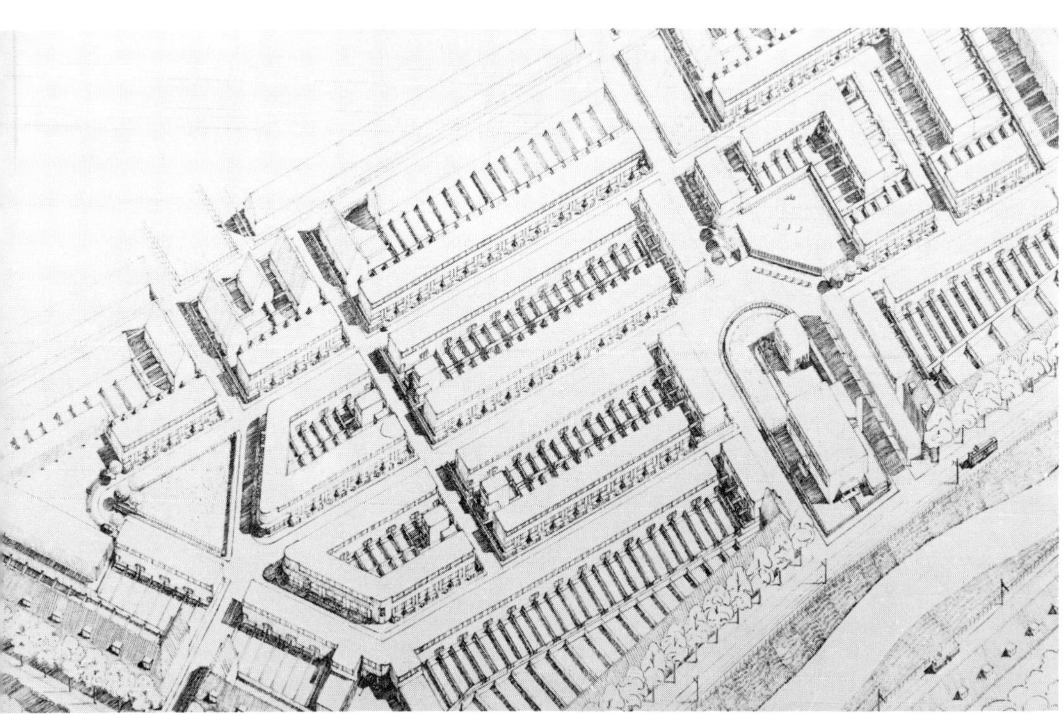

a

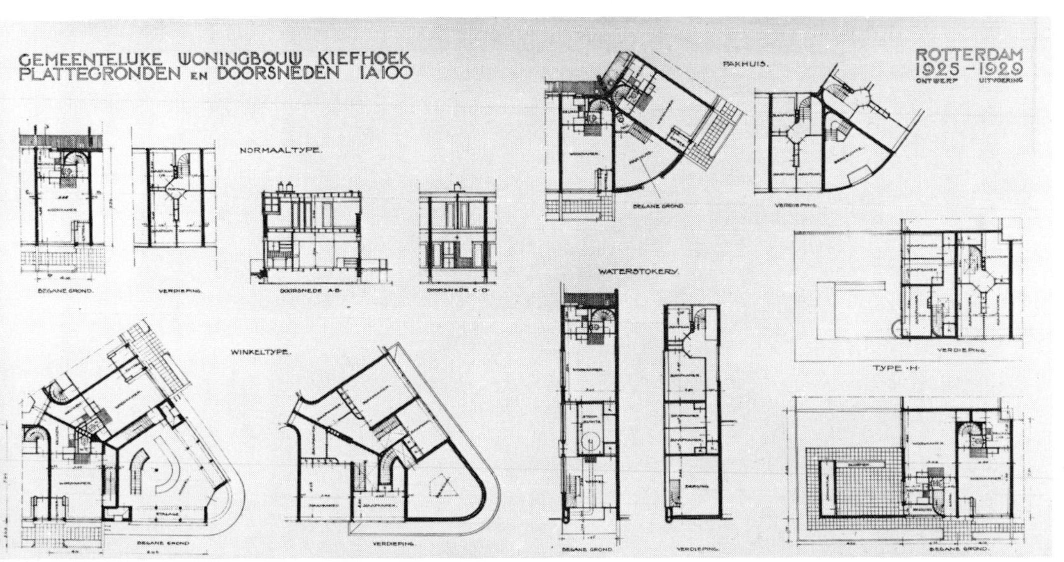

b

10
J.J.P. Oud, Kiefhoek 1925-1930
a. isometrie ca. 1930?, ongesigneerd
b. overzicht woningtypen.
Kiefhoek, 1925-1930
a. isometric view, c. 1930?, unsigned
b. survey of types of dwelling.

a

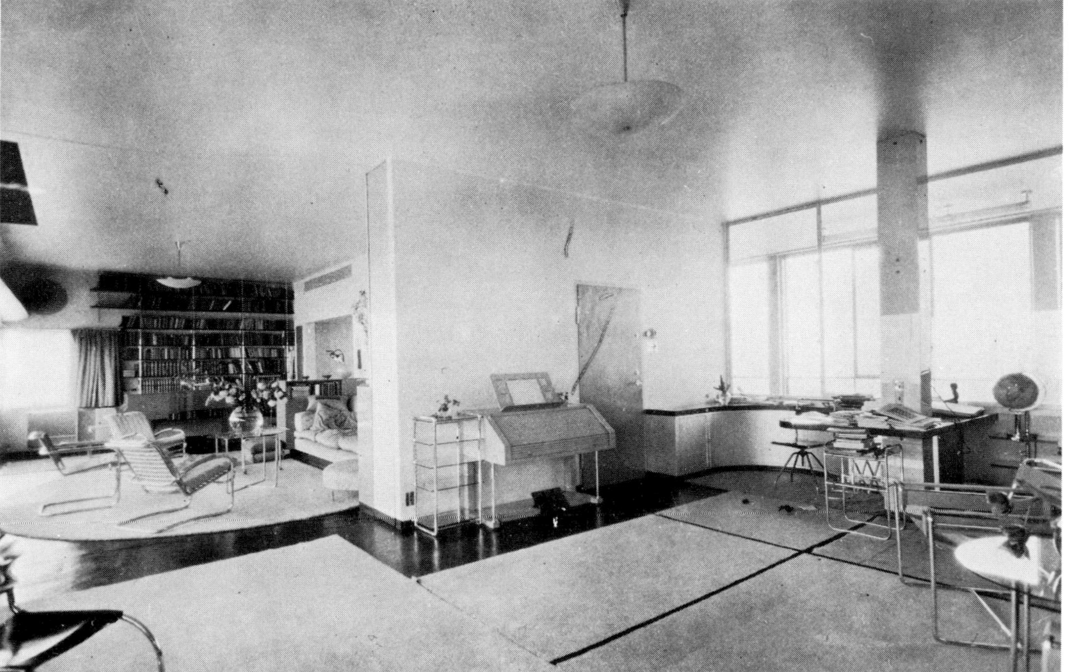

c b

d

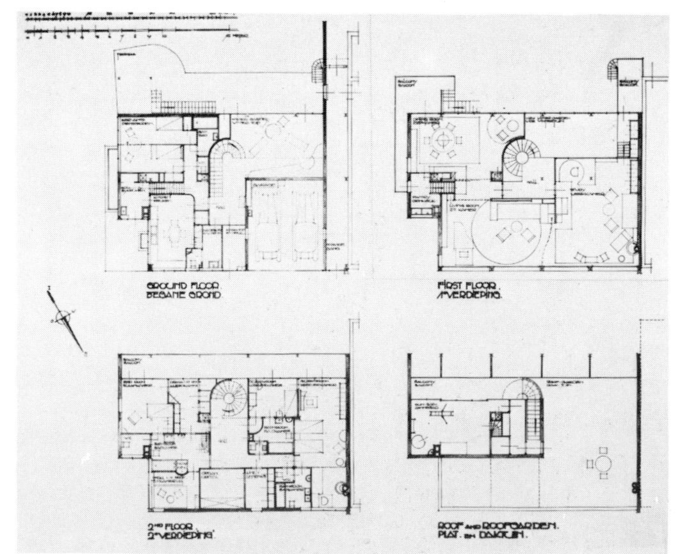

11
J.A. Brinkman, L.C. van der Vlugt, Woonhuis C.H. van der Leeuw, Kralingse Plaslaan 38, 1927-1929.
a. exterieur straatkant
b. exterieur tuinzijde
c. interieur woon-werkkamer
d. plattegronden.
House for C.H. van der Leeuw, Kralingse Plaslaan 38, 1927-1929.
a. exterior on street side
b. exterior on garden side
c. interior of living-room/study
d. ground plans.

12
Plan Dijkzicht, J.A. Brinkman, L.C. van der Vlugt.
a. woonhuis J. Sonneveld, Jongkindstraat 12, 1928-32, exterieur straatkant
b. exterieur tuinzijde
c. woonhuis dr. Boevé, Mathenesserlaan 9, 1931- 34.

Dijkzicht Plan, J.A. Brinkman, L.C. van der Vlugt.
a. house for J. Sonneveld, Jongkindstraat 12, 1928-32, exterior on street side
b. exterior on garden side
c. house for Dr. Boevé, Mathenesserlaan 9, 1931-34.

b

13
W. van Tijen, Dubbel woonhuis, Essenlaan 77-79, ca. 1936.
Pair of semi-detached houses, Essenlaan 77-79, c. 1936.

14
W. van Tijen, Woningbouw De Pol, Zutphen, 1932-1933.
Housing at De Pol, Zutphen, 1932-1933.

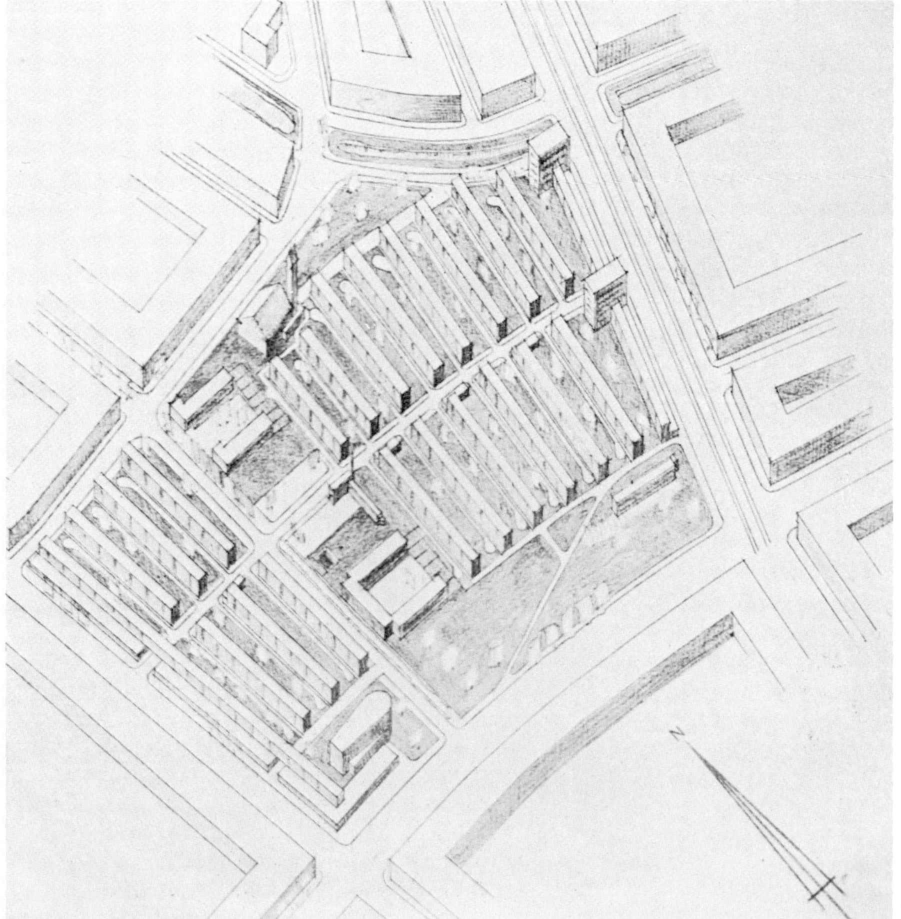

15
W. van Tijen, L.C. van der Vlugt, Herverkavelingsvoorstel deelplan Zuid, Rotterdam, 1930.
Land-organization proposal for part of Rotterdam South, Rotterdam, 1930.

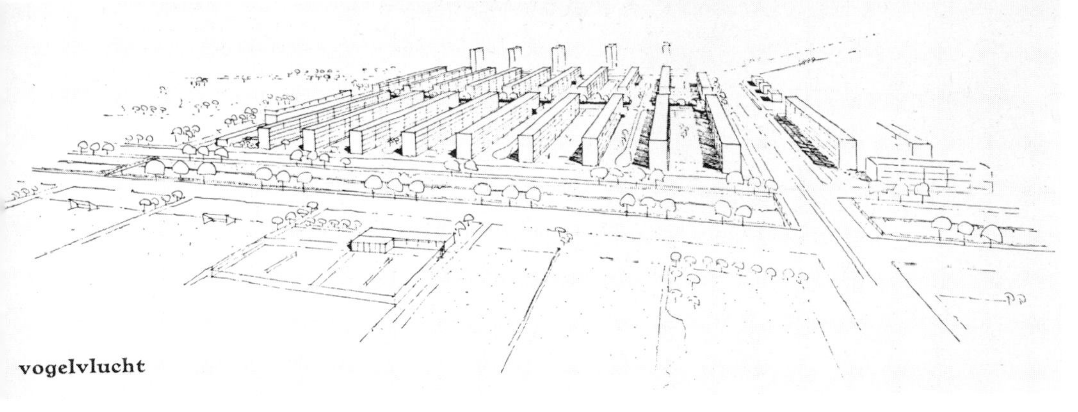

16
W. van Tijen, Motto f 4,75, Prijsvraag Gem. Amsterdam voor Goedkoope Arbeiderswoningen, 1934.
a. vogelvlucht perspectief
b. woningtypen en inrichting
c. schema gebruik arbeiderswoning, M. Stam, 1935.

Motto fl. 4.75, entry for Competition held by City of Amsterdam for Inexpensive Workers' Dwellings, 1934.
a. bird's-eye view
b. types of dwelling and furnishing
c. scheme for use of worker's dwelling, M. Stam, 1935.

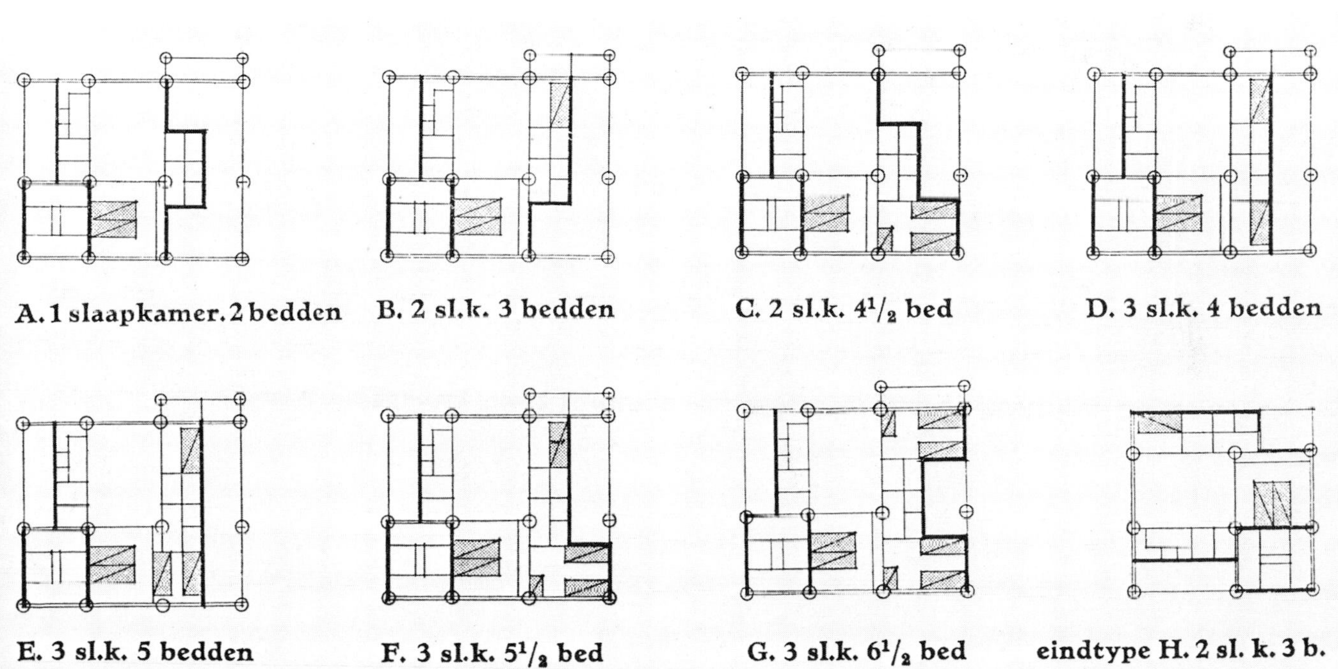

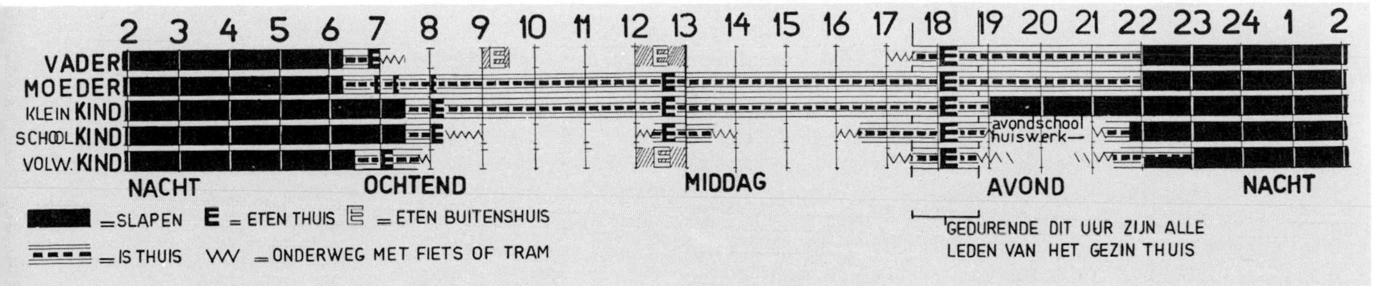

a

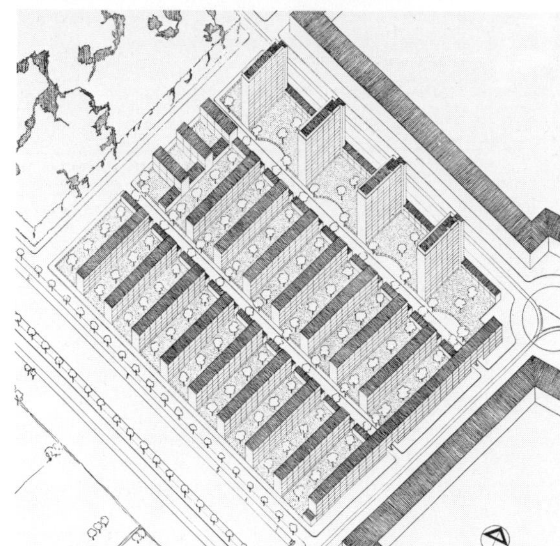

17
J.H. van den Broek, Motto Optimum, prijsvraag Gem. Amsterdam voor Goedkoope arbeiderswoningen, 1934.
a. isometrie overzicht
b. isometrie woningtype a voor woonblokken van 4 etages, dag- en nachtgebruik.
Motto Optimum, entry for Competition held by City of Amsterdam for Inexpensive Workers' Dwellings, 1934.
a. isometric view
b. isometric view of dwelling type a for blocks of four storeys, day and night use.

b

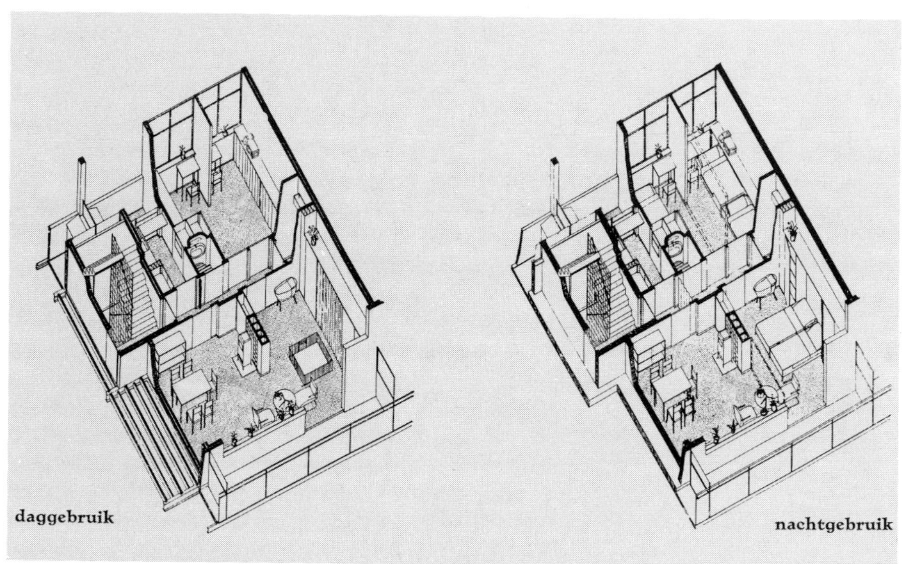

18
W. van Tijen, Volkswoningbouw Frans Bekkerstraat, 1934
a. inrichting modelwoning A. Verbeek
b. achtergevel; verzinkte platen als gevelbekleding, zonwerende luifels van draadglas.
Housing on Frans Bekkerstraat, 1934
a. model dwelling furnished by A. Verbeek
b. back façade; zinc-coated plates used as cladding, awnings of wired glass against sunlight.

a

b

Op initiatief van de Woningbouwvereniging „EENDRACHT" stichtte de N.V. de Centrale Arbeiders Verzekerings- en Deposito Bank volgens de plannen en onder leiding van Ir. Van den Broek een complex eenvoudige, goede moderne woningen aan het Blijdorp-park tussen Statenweg en Vroesenlaan.
Ze zijn gegroepeerd in 3 vleugels rondom een ruime zonnige binnenhof, die het mogelijk maakt dat alle woningen, ook langs de zijstraten profiteren van

deze ligging aan groen en park.
Er zijn geen hoekwoningen met zonloze achtergevels.

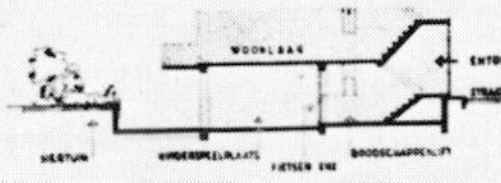

De woningen liggen aan ruime
ENTREE'S, die ook toegang geven tot de
BOODSCHAPPENLIFT en de
BERGPLAATSEN voor fietsen, kinderwagens en wasgerei.
KINDERSPEELPLAATS, afgesloten en gedeeltelijk overdekt rondom de
SIERTUIN.
Zij zijn gebouwd in betonskelet: BRANDVRIJ, met stalen binnendeurkozijnen en geheel vlakke deuren, met kurk-estrich en kurklinoleum op de vloeren: VEILIG voor ongedierte en stofnesten, met stalen ramen: KRIMP- en TOCHTVRIJ, met geïsoleerde plafonds en muren: VRIJ van gehorigheid.
met ingebouwde antenne,
met ingebouwde klapbedden.

De huurprijs bedraagt voor de woningen van 7.50 M. breed aan de Navander- en van der Horststraat: Fl. 36.— per maand, voor die van 8 M. breed aan de Statenweg Fl. 39.— per maand

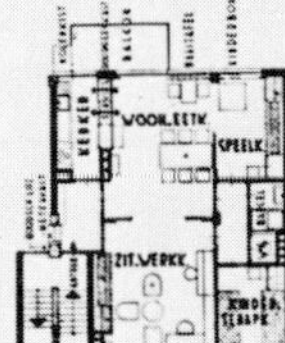

Daarvoor geeft de normale woning
OVERDAG

4 kamers, keuken, badcel, alle gelijkvloers gelegen.
Twee slaapkamers kunnen ook als zitkamer gebruikt worden, daar zij van ingebouwde klapbedden zijn voorzien.
Door dit dubbele gebruik beschikt men over een driedelige woonruimte, bestaande uit:
WOON-EETKAMER met ingebouwde servieskast naar de keuken.
SPEELKAMER voor de kleinere kinderen,
WERK-ZITKAMER voor de grotere kinderen,
Afgesloten SLAAPKAMER voor de kleine kinderen.
Achter woonkamer en keuken ligt een BALKON, ruim genoeg om op te zitten.

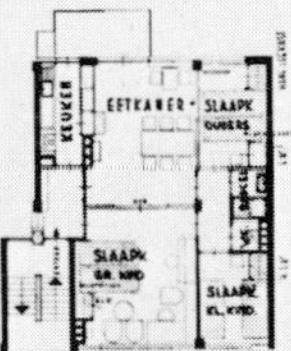

Door het sluiten der glazen schuifwanden heeft men
'S NACHTS

de beschikking over:
SLAAPKAMER OUDERS met garderobekasten.
SLAAPKAMER grote kinderen.
SLAAPKAMER kleine kinderen.
Vanuit elk dezer kamers kan W.C., toilet en badcel geheel vrij worden bereikt.

Van de woonruimte wordt des morgens alleen de eetkamer gebruikt voor het ontbijt, daarna kunnen de bedden worden opgemaakt en opgeklapt en is weer de gehele drie-delige woonruimte beschikbaar.

Teneinde voor dit maximale gebruik enige aanwijzingen te geven, zijn een tweetal normaal-woningen geheel ingericht, waarvan één op de bescheidenste manier met eenvoudige houten meubelen, zoals die in elke goede meubelhandel verkrijgbaar zijn en één op meer verfijnde wijze, waarvoor in het algemeen stalen meubelen zijn gebruikt.
Het spreekt vanzelf, dat vooral het kleinere gezin naar eigen inzicht voor een juist gebruik der ruimte ook nog andere mogelijkheden zal kunnen vinden.
In elk geval moge er uit blijken, wat door deze wijze van wonen met een minimum aan middelen en maximum aan comfort kan worden bereikt.

N.V. DE CENTRALE ARBEIDERS VERZEKERINGS- EN DEPOSITO BANK

Woningbouwvereniging „EENDRACHT"

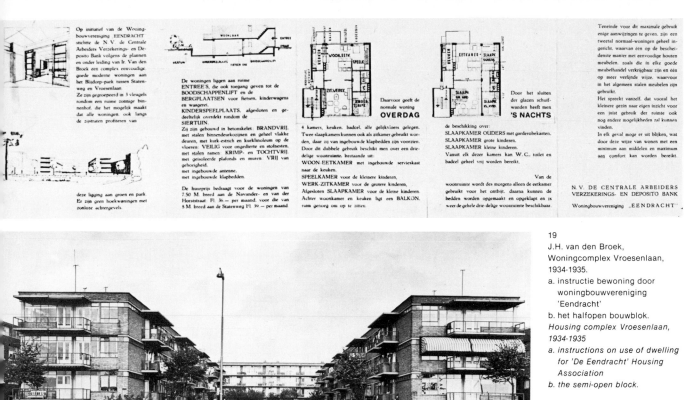

19
J.H. van den Broek,
Woningcomplex Vroesenlaan,
1934-1935.
a. instructie bewoning door woningbouwvereniging 'Eendracht'
b. het halfopen bouwblok.
Housing complex Vroesenlaan, 1934-1935
a. instructions on use of dwelling for 'De Eendracht' Housing Association
b. the semi-open block.

a

20
W. van Tijen, (J.A. Brinkman), L.C. van der Vlugt,
a. Bergpolderflat, 1933-34
b. kelderplan en situatieschets.
a. Bergpolder Flats, 1933-34
b. plan of basement and sketch of situation.

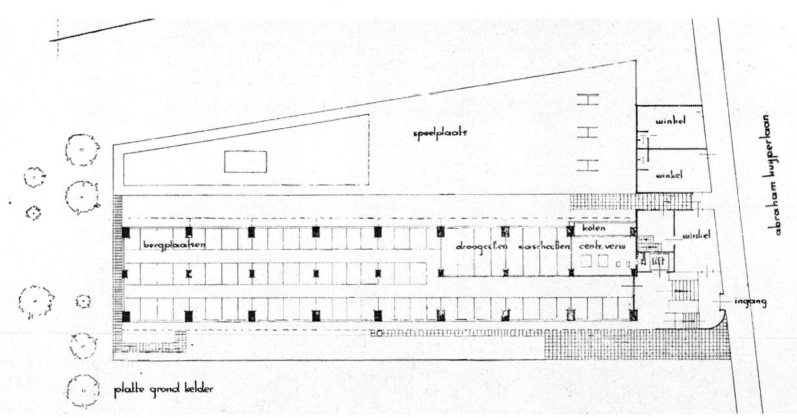

b

a

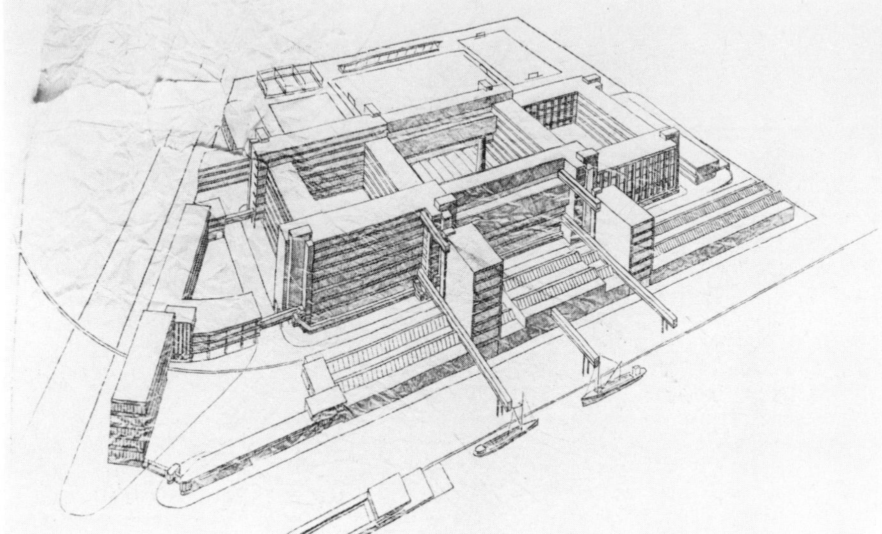

b

c

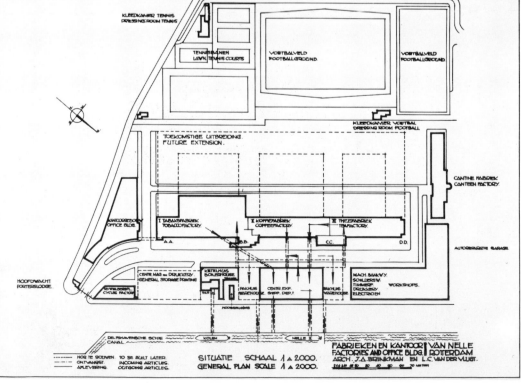

21
J.A. Brinkman, L.C. van der Vlugt,
(C.H. van der Leeuw),
Van Nellefabriek, 1926-1929.
a. voorontwerp met maximale uitbreiding en sportvoorzieningen (ca. 1926)
b. perspectief ontwerpfase (ca. 1927), niet gesigneerd (M. Stam?)
c. plattegrond uitgevoerd complex met voorziene uitbreidingen (ca. 1930)
d. aanzicht vanaf de Schie
e. traversen
f. lopende band koffiefabriek
g. kantoor.

Van Nelle factory, 1926-1929.
a. preliminary design with maximal extension and sports facilities (c. 1926)
b. perspective drawing of design phase (c. 1927), unsigned (M. Stam?)
c. ground plan of complex as executed with projected extensions (c. 1930)
d. view from the Schie
e. traverses
f. conveyor-belt in coffee factory
g. general office.

e

d

g

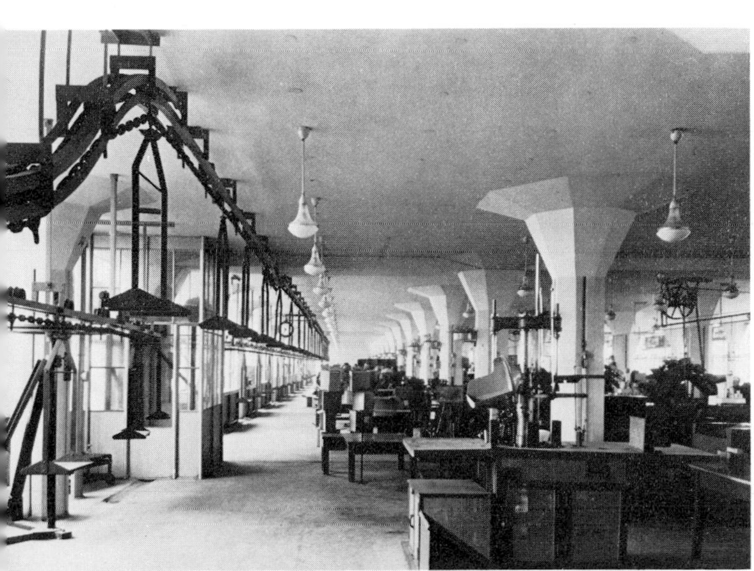

22
W. van Tijen, H.A. Maaskant,
a. Plaslaanflat, 1934-38
b. woning Van Tijen in de Plaslaanflat.
a. Plaslaan Flats, 1934-38
b. Van Tijen's flat in the block.

a

b

23
Vereniging 'Opbouw', Groenplan Rotterdam, 1935-1938, ontwerp voor een stadspark voor Rotterdam-Zuid.
Green Plan, Rotterdam, 1935-1938, design for a city park for Rotterdam South.

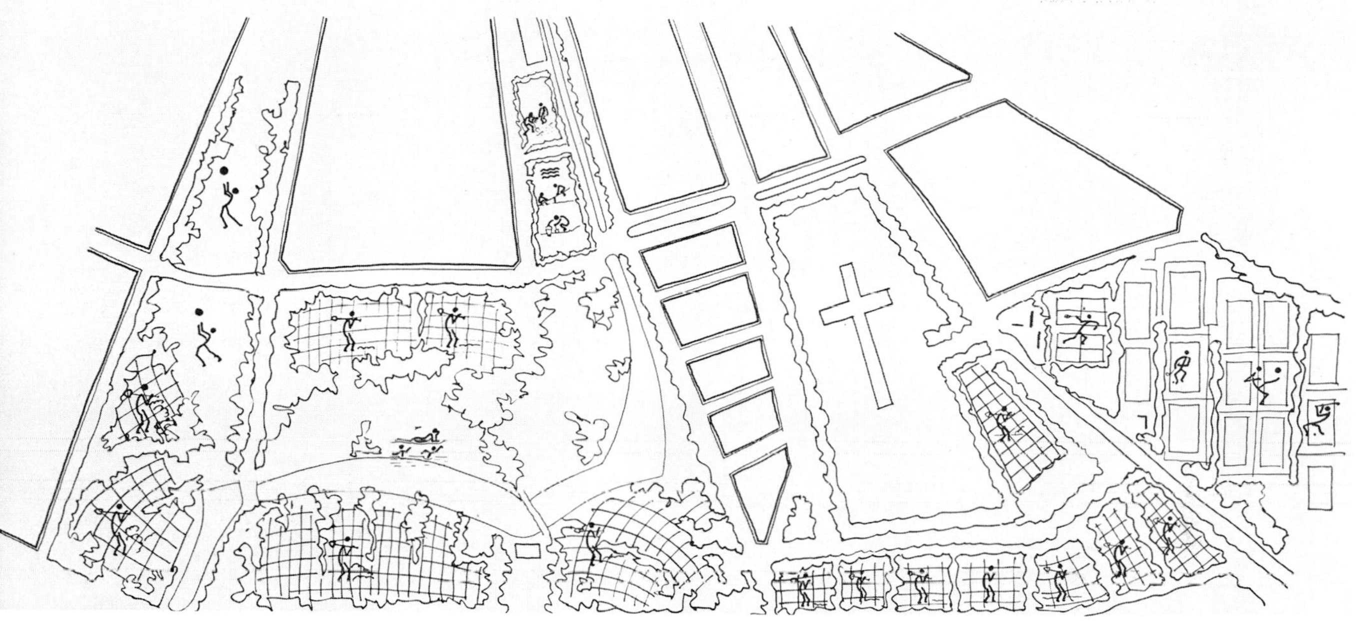

24
W. van Tijen, Manege Kralingerhout, 1937.
Kralingerhout riding-stables, 1937.

a

25
J.A. Brinkman, L.C. van der Vlugt,
Stadion Feyenoord, 1934-1936.
a. ontwerp perspectief (ca. 1934)
b. exterieur één van de 22 trappen
c. belastingproef met werklozen.

Feyenoord Stadium, 1934-1936.
a. perspective design (c. 1934)
b. exterior of one of the 22 staircases
c. testing with aid of unemployed.

b

c

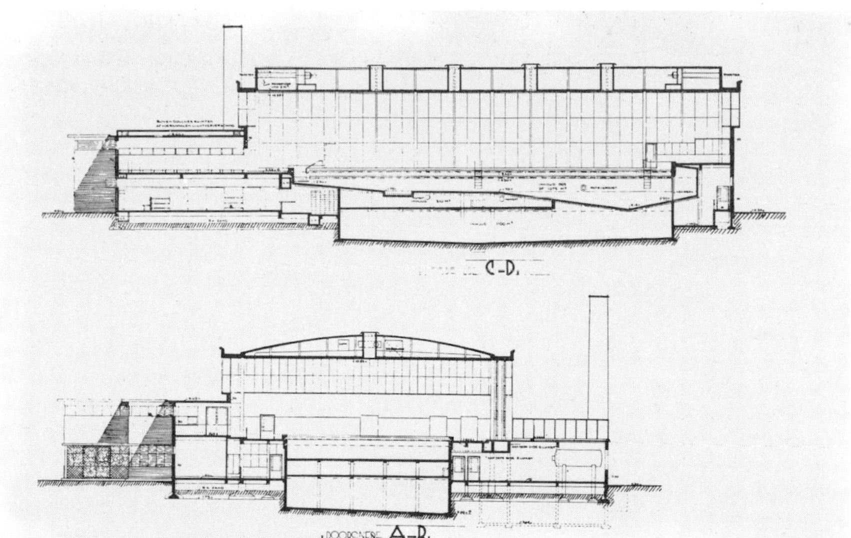

a

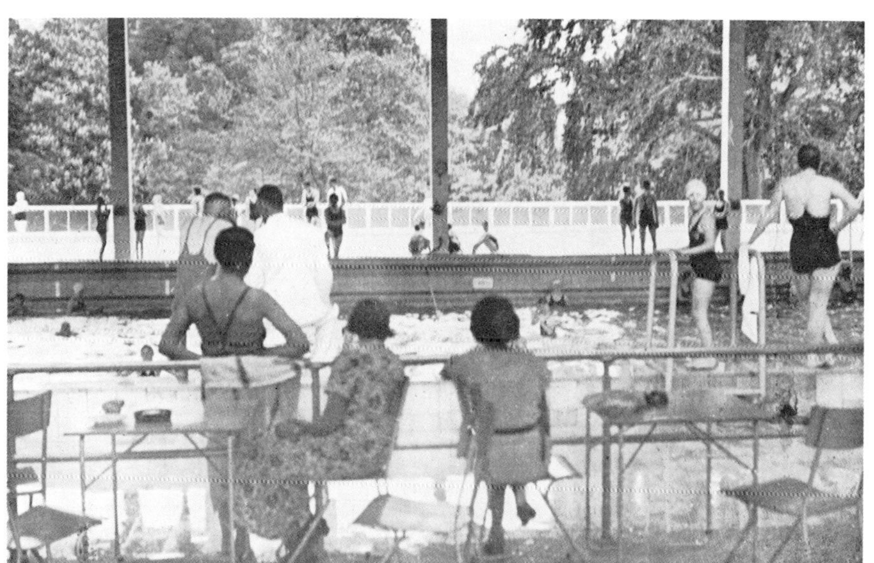

b

26
J.B. van Loghem (Verspoor & Muylaert), Sportfondsenbad, Haarlem 1933-34.
a. doorsneden, 1933
b. interieur, zomer 1935.
Sports Funds Swimming-Bath, Haarlem, 1933-34.
a. cross sections, 1933
b. interior, summer 1935.

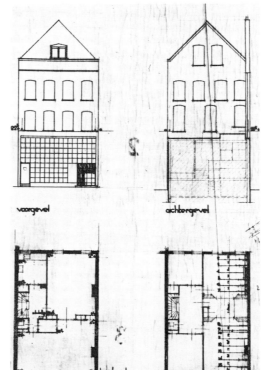

27
J.A. Brinkman, L.C. van der Vlugt, Verbouwing gebouw Kunstkring, Witte de Withstraat, Rotterdam 1932.
Alteration of Art Society building, Witte de Withstraat, Rotterdam, 1932.

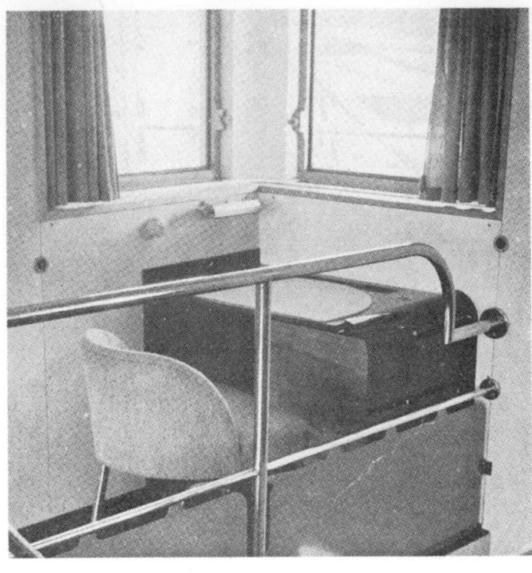

a

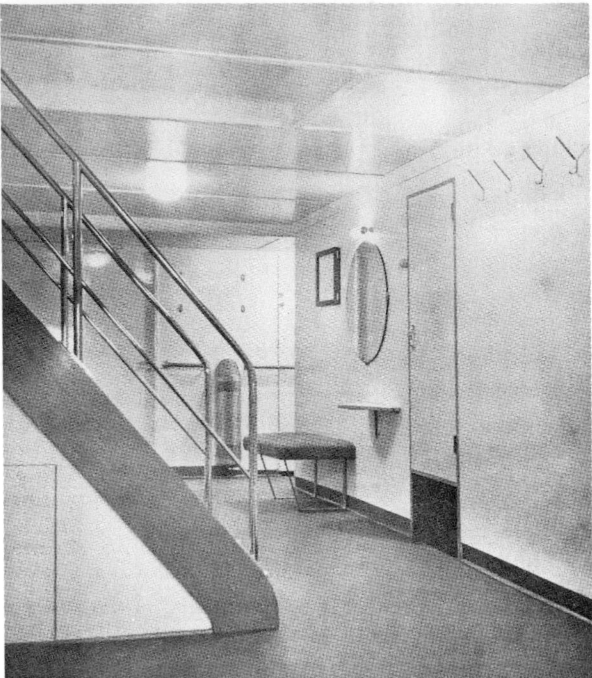

b

28
W. van Gelderen, J. Gidding,
Interieur M.S. Weltevreden, 1937.
a. rooksalon, schrijfbureau
b. vestibule.
Interior of M.S. Weltevreden, 1937.
a. smoking-room, writing desk
b. vestibule.

29
J.W.C. Boks, Kinderbewaarplaats Beatrix, Rotterdam 1938. Speelruimten met geopende schuiframen.
Beatrix Day Nursery, Rotterdam 1938. Play area with sliding windows open.

30
J. Emmen, Hangbrug over de Nieuwe Maas bij Rotterdam met schroefvormige opritten, 1934-35.
Suspension bridge over the Nieuwe Maas at Rotterdam with spiral access ways, 1934-35.

a

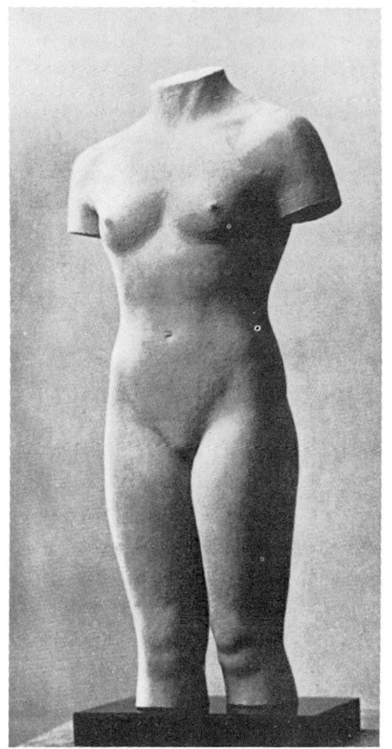

b

a

31
a. Hannah Höch, fotocollage, 1935
b. H. Wenzelaar, tors, terracotta, 1934.
a. Hannah Höch, photocollage, 1935
b. H. Wenzelaar, torso, terracotta, 1934.

32
J.A. Brinkman, L.C. van der Vlugt, J.H. van den Broek, uitbreiding Diaconessen-inrichting, 1931-38.
a. trappenhuis
b. ziekenkamer
c. ziekenkamer.
Extension of Diaconessen Hospital, 1931-38.
a. staircase
b. patient's room
c. patient's room.

b

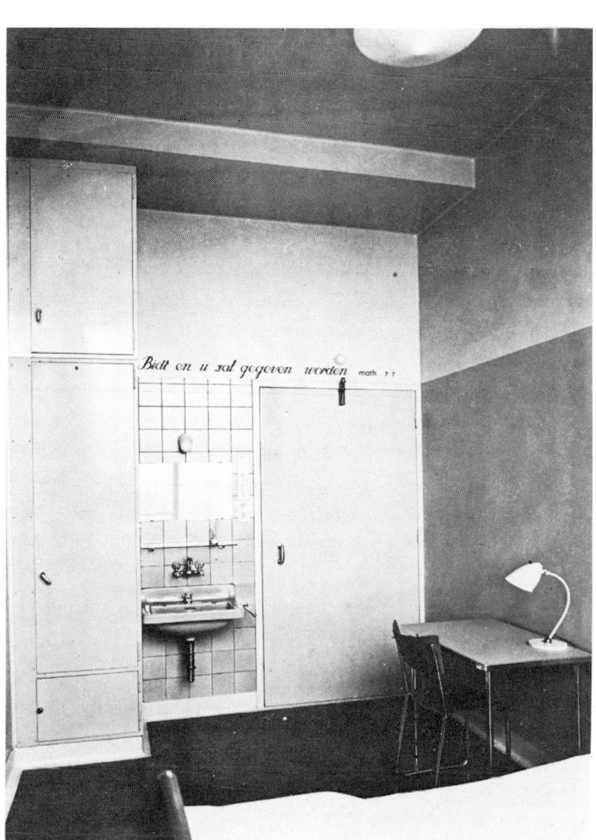

c

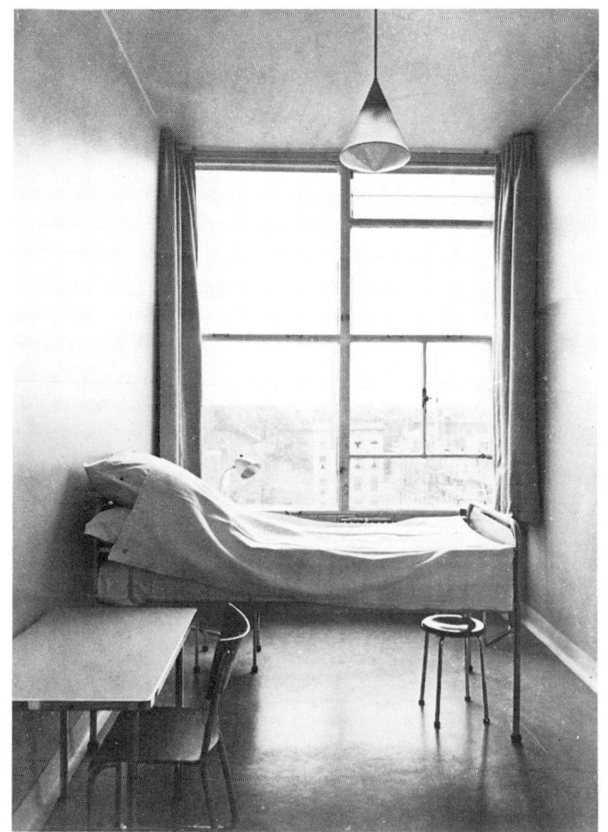

Noten

1 *Het Rotterdamsch Jaarboekje.* J. de Vries, *De Nederlandse Economie tijdens de 20ste eeuw, een verkenning van het meest kenmerkende,* Haarlem 1973, pp. 80-102.
2 Discussies en verslagen van de gemeentelijke gezondheidscommissie (GAR) en H. Roland Holst-van der Schalk, *Kapitaal en arbeid in Nederland,* Rotterdam (4 ed.) 1932, dl 2, pp. 150-157.
3 Ibid., pp. 227-260 en 265-289.
4 J. de Vries, op. cit. noot 1, p. 103.
5 J.G. Wattjes, W.Th.H. ten Bosch, *Rotterdam en hoe het bouwde.* Leiden (2 ed.) 1941, p. 55.
6 W. van Tijen, 'Rotterdam en het bouwen', *de 8 en Opbouw* 1936, nr. 9, pp. 97-99.
7 *Verz.R.,* 1905, 25 november, nr. 78.
8 Zie o.a. L.J.C.J. van Ravesteyn, *Rotterdam in de negentiende eeuw,* Rotterdam 1924, en J. Nieuwenhuis, *Mensen maken een stad, 1855-1955, uit de geschiedenis van de dienst gemeentewerken te Rotterdam,* Rotterdam 1955.
9 Zie L.J.C.J. van Ravesteyn, *Rotterdam in de twintigste eeuw, de ontwikkeling van de stad voor 1940,* Rotterdam 1948, pp. 259-360.
10 J. Nieuwenhuis, *Van poort tot poort,* Rotterdam 1961.
11 Al in 1908 en 1916 dringt de gezondheidscommissie aan op een industrieterrein op die plaats, omdat dan schadelijke bedrijven en bedrijfjes in de binnenstad kunnen worden verboden. Pas in 1927 wordt het terrein opgespoten vanuit de Merwedehaven. Dat het niet om loze idealistische plannen ging blijkt uit de grondaankopen in dit gebied die de firma Van Nelle al in 1916 deed.
12 *Handelingen R.,* 11-12-1913, pp. 638-639.
13 Catalogus *De Nieuwe Beelding in de architectuur. De Stijl,* Den Haag, Haags Gemeentemuseum 1983 en H. Engel 'Van huis tot woning, een typologische analyse van enkele woningbouwontwerpen van J.J.P. Oud', *Plan* 1981, nr. 9 pp. 34-39.
14 Zie behalve de bekende voorbeelden van het Nieuwe Bouwen ook typologische modificaties die niet alleen J.H. van den Broek, maar ook b.v. W.Th. ten Bosch, A. Otten en F.L. Lourijssen samen met de introductie van het (Haags) portiektype in Rotterdam, vooral in de particuliere bouw hebben toegepast. Zie ook J. Meeuwissen, 'Elementen van het betoog van J.H. van den Broek', in: R. Stroink (ed.), *ir. J.H. van den Broek, projecten uit de periode 1928-1948,* Delft 1981, pp. 17-28.
15 R. Stroink, 'Bebouwing aan het Mathenesserplein', op. cit. noot 14, pp. 41-46.
16 Overigens verwijst Stroink, op. cit. noot 15, p. 42, wel naar het systeem van 'Bauberatung' maar vermeldt niet de waarschijnlijk grote rol van Witteveen in de beginfase van dit voor Rotterdam nieuw gebruik van architecten en stedebouwers. Dit verklaart de relatief erg volwassen manier waarop Van den Broek dit eerste stedebouwkundige plan in de trant van Berlage aanpakte.
17 Zie in: E.J. Hoogenberk, *Het idee van de hollandse stad, stedebouw in Nederland 1900-1930 met de internationale voorgeschiedenis,* Delft 1980, pp. 129-130.
18 Zie een concepttekst die in beknopter vorm is gepubliceerd in het *Rotterdams Jaarboekje* 1980 als 'In Memoriam: Ir. W.G. Witteveen (1891-1979); zijn tijd; zijn werk', van G.S. Bos, één van zijn naaste medewerkers.
19 J. Nieuwenhuis, op. cit. noot 8.
20 W.G. Witteveen, *Het uitbreidingsplan voor het land van Hoboken,* uitgave Nederlandsch Instituut voor Volkhuisvesting en Stedebouw & Vereeniging voor stadsverbetering 'Nieuw Rotterdam', Haarlem 1927.
21 Zie het artikel van F. Kauffmann in deze catalogus.
22 G. Hansen, B. Jacobson, S. Meester, *De uitleg van Rotterdam-Zuid, 1880-1980,* doctoraalscriptie Kunsthistorisch Instituut, Utrecht 1980, en G. Hansen, B. Jacobson, S. Meester, 'Linker Maasoever, stiefkind van Rotterdam', *Wonen TA/BK* 1980, nr. 23, pp. 6-21.
23 (Ir. Angenot) Dienst Stadsontwikkeling, *Rapport over den toekomstigen loop der bevolking in Nederland en in het havengebied van Rotterdam,* s.l.,s.a., (Rotterdam 1934), Uitgave Ver. Nieuw Rotterdam, was als start van een vergelijkbaar survey bedoeld en vormt de basis voor het Algemeen Uitbreidingsplan Amsterdam van de Amsterdamse Dienst Stadsontwikkeling.
24 Zie *Wonen TA/BK,* op. cit. noot 24, pp. 12-16.
25 'Werkgroep Rotterdam', *Coolsingel,* Kunsthistorisch Instituut Utrecht 1980, en catalogus, *Coolsingel van veste tot boulevard,* Rotterdam Archiefwinkel 1980.
26 J.B. van Loghem, 'De stad zonder kunst, straatprofielen, open en gesloten woonblokken in Rotterdam', *de 8 en Opbouw* 1936, nr. 9, p. 105.
27 A. Siebers, *De oogen open, wordt Rotterdam een goed gebouwde stad?,* Rotterdam 1926, p. 10.
28 A. Siebers, *Groeiend Rotterdam,* s.l. (Rotterdam) 1929, pp. 13-14.
29 A. Siebers, 'De architectuur der Nieuwe Wereld, een geest van groote mogelijkheden, Bouwkunst in Nederland', Bijvoegsel *Algemeen Handelsblad* 17-4-1929, pp. 11-12.

Notes

1 Het Rotterdamsch Jaarboekje. *J. de Vries,* De Nederlandse Economie tijdens de 20e eeuw, een verkenning van het meest kenmerkende, *Haarlem 1973, pp. 80-102.*
2 *Discussions and reports of the Public Health Committee. H. Roland Holst-van der Schalk,* Kapitaal en arbeid in Nederland, *Rotterdam (4th ed.) 1932, vol. 2, pp. 150-157.*
3 Ibid., *pp. 227-260 and 265-289.*
4 *J. de Vries, op. cit. (see note 1), p. 103.*
5 *J.G. Wattjes, W.T.H. ten Bosch,* Rotterdam en hoe het bouwde, *Leiden (2nd ed.) 1941, p. 55.*
6 *W. van Tijen, 'Rotterdam en het bouwen',* de 8 en Opbouw *1936, no. 9, pp. 97-99.*
7 Verz. R., *1905, 25 November, no. 78.*
8 *See, among other things, L.J.C.J. van Ravesteyn,* Rotterdam in de negentiende eeuw, *Rotterdam 1924, and J. Nieuwenhuis,* Mensen maken een stad, 1855-1955, uit de geschiedenis van de dienst gemeentewerken te Rotterdam, *Rotterdam 1955.*
9 *See L.J.C.J. van Ravesteyn,* Rotterdam in de twintigste eeuw, de ontwikkeling van de stad voor 1940, *Rotterdam 1948, pp. 259-360.*
10 *J. Nieuwenhuis,* Van poort tot poort, *Rotterdam 1961.*
11 *In the years 1908 and 1916 the Public Health Committee was already pressing for an industrial estate on this site, because it would then be possible to ban injurious trades and industries in the inner city, but not until 1927 was earth pumped into the site from the Merwedehaven. That it was not purely idealistic plans that were in question is clear from the purchases of land in this area by the Van Nelle firm, which were already made in 1916.*
12 Hand. R., *11-12-1913, pp. 638-639.*
13 *Exhib. cat.* De Nieuwe Beelding in de architectuur. De Stijl, *The Hague, Gemeente Museum 1983. See also H. Engel, 'Van huis tot woning, een typologische analyse van enkele woningbouwontwerpen van J.J.P. Oud',* Plan *1981, no. 9, pp. 34-39.*
14 *Apart from the well-known examples by 'Nieuwe Bouwen' one may think here of typological modifications that were applied not only by J.H. van den Broek, but also by, for example, W. T. ten Bosch, A. Otten and F.L. Lourijssen along with the introduction of the (Hague) portico type of flat in Rotterdam, especially in the private building sector. See J. Meeuwissen, 'Elementen van het betoog van J.H. van den Broek', in R. Stroink (ed.),* ir. J.H. van den Broek, projecten uit de periode 1928-1948, *Delft 1981, pp. 17-28.*
15 *R. Stroink, 'Bebouwing aan het Mathenesserplein', op. cit. (see note 14), pp. 41-46.*
16 *R. Stroink (op. cit., see note 15, p. 42) does refer to the system of 'Bauberatung', but he does not mention the big part that Witteveen probably played in the early stage of this use of architects and town planners, which was new for Rotterdam. It may perhaps account for the relatively very mature way in which Van den Broek approached this first town-planning concept in a manner reminiscent of Berlage.*
17 *See E.J. Hoogenberk,* Het idee van de hollandse stad, stedebouw in Nederland 1900-1930 met de internationale voorgeschiedenis, *Delft 1980, pp. 129-130.*
18 *See the draft of a text that was published in a more concise form in the* Rotterdam Jaarboekje *1980 as 'In Memoriam: Ir. W.G. Witteveen (1891-1979); zijn tijd; zijn werk', by G.S. Bos, one of his closest associates.*
19 *J. Nieuwenhuis, op. cit. (see note 8).*
20 *W.G. Witteveen,* Het uitbreidingsplan voor het land van Hoboken, *published by the Netherlands Institute for Housing and Town Planning and the 'Nieuw Rotterdam' Association for Urban Improvement, Haarlem 1927.*
21 *See the article by F. Kauffmann in this catalogue.*
22 *G. Hansen, B. Jacobson, S. Meester,* De uitleg van Rotterdam-Zuid, 1880-1980, *degree essay, Art Historical Institute, Utrecht 1980, and idem, 'Linker Maasoever, stiefkind van Rotterdam',* Wonen TA/BK *1980, no. 23, pp. 6-21.*
23 *(Angenot), Urban Development Department,* Rapport over den toekomstigen loop der bevolking in Nederland en in het havengebied van Rotterdam, *n.p., n.d. (Rotterdam 1934), published by the 'Nieuw Rotterdam' Association. This was explicitly meant as the start of a survey comparable to that which formed the basis for the Amsterdam General Expansion Plan of the Amsterdam Urban Development Department.*
24 *See* Wonen TA/BK, *op. cit. (see note 24), pp. 12-16.*
25 *'Rotterdam study group',* Coolsingel, *Art Historical Institute, Utrecht 1980, and exhib. cat.* Coolsingel van veste tot boulevard, *Rotterdam 1980, Archives Shop.*
26 *J.B. van Loghem, 'De stad zonder kunst, straatprofielen, open en gesloten woonblokken in Rotterdam',* de 8 en Opbouw *1936, no. 9, p. 105.*
27 *A. Siebers,* De oogen open, wordt Rotterdam een goed gebouwde stad?, *Rotterdam 1926, p. 10.*
28 *A. Siebers,* Groeiend Rotterdam, *n.p. (Rotterdam) 1929, pp. 13-14.*

30 Voor veel gegevens en meningen dank ik drs F. Bool, conservator van het Haags Gemeentemuseum. Helaas kon geen gebruik gemaakt worden van het Archief Van Eesteren.

31 *Vereeniging 'Opbouw' Rotterdam, statuten en huishoudelijk reglement,* 31-1-1920 en 18-2-1920, ondertekend door bestuur, W. Kromhout Cnz., voorzitter, M.J. Granpré Molière, vice-voorzitter, L.C. van der Vlugt, secretaris, N.P. de Koo, penningmeester, W.H. Gispen, lokaal-commissaris.

32 *Statuten en huishoudelijk reglement der Vereeniging 'Opbouw' te Rotterdam, opgericht 31 jan. 1920,* wijzigingsgoedkeuring, 25-6-1929, bestuur, C. van Eesteren, voorzitter, ir. J.B. van Loghem, 2e voorzitter, P. Schuitema, secretaris, G. Kiljan, 2e secretaris, I. Liefrinck, penningmeesteresse.

33 Oud neemt op 25-6-1933 niet alleen wegens oververmoeidheid zoals hij zelf beweerde maar ook wegens twijfel aan de doelstellingen, definitief afscheid. Toch blijft zijn aanzien bij de Nieuwe Bouwers in binnen- en buitenland groot zoals blijkt uit zijn uitgebreide correspondentie. Archief Oud (NBD), CIAM Archief (ETH) en Archief Giedion (ETH). Met dank aan B. Colenbrander.

34 Het blad zou oorspronkelijk *Bouw en Techniek* genaamd worden (Archief Schuitema). Bij de eerste besprekingen waren J. Duiker, C. van Eesteren en J.B. van Loghem betrokken en mogelijk ook Groenewegen. Wat betreft de inhoud werd nadrukkelijk afgezien van direkte propaganda. Van Loghem schrijft bij een evaluatie van de eerste twee nummers: *Daar het tijdschrift een uiting is van nieuwe menschen voor nieuwe menschen, zal het levende, het vernieuwende element hoofdzaak zijn.* Het tijdschrift verscheen met de ondertitel '14-daagsch tijdschrift van de Ver. Architectenkern 'de 8' Amsterdam en 'Opbouw' Rotterdam' opgenomen in *Bouw en Techniek* op 7 januari 1932. Het laatste nummer is gedateerd januari 1943. Toen was de vereniging 'Opbouw' al opgeheven.

35 Witteveen komt in 1921 twee keer op de presentielijsten voor en in 1935 op de ledenlijst.
Van Traa staat op de lijsten uit 1936 en 1937, maar niet meer op een lijst van vlak voor de oorlog ('39?) (NDB).

36 Briefwisseling tussen Van Eesteren en Giedion in Archief Giedion (ETH) periode 1930-1932.

37 Copie notitie van Van Eesteren (archief Giedion, ETH).

38 Ongedateerde en gecodeerde lijst in doos onuitgezocht materiaal CIAM Archief ETH.

39 *Annales Techniques, organe officiel de la chambre technique de Grèce,* Année B IV, 15-1 & 15-10-1933, nrs. 44, 45, 46, 'Le IVe Congrès International d'Architecture Moderne à Athènes, 'La ville fonctionelle': Rotterdam p. 1174.

40 M. Casciato, F. Panzini, S. Polano (ed.), *Architectuur en volkshuisvesting, Nederland 1870-1940,* Sunschrift 173, Nijmegen 1980.

41 Het Rapport, van den directeur der Gemeentewerken, *Vraagstuk der Volkshuisvesting,* Rotterdam 1912, ondertekend A.C. Burgdorffer, in eerste instantie behandeld 1913, zie *Verz.R.* 1913, nr. 107; *Hand.R.* 18-4-1918, pp. 292-305.

42 A.F. Bakhoven Jr., 'De huisvesting van ontoelaatbare gezinnen', *TVS* 1928, nr. 2, pp. 25-41. De ruime meerderheid van leden van 'de 8' en 'Opbouw' hebben zich hiermee niet willen inlaten, omdat zij hoopten dat de woningen op zich een disciplinerende werking zouden hebben, hoewel in de jaren dertig wel enige twijfel in de discussies doordringt.

43 *Verz.R.*, nr. 114; *Hand.R.* 1920, 15-4-1920, nr. 741.

44 M. Tafuri, F. Dal Co, *Modern Architecture,* serie: *World Architecture,* New York 1978, pp. 200-201.

45 Zie *Verz.R.*, 1920, p. 1187.

46 B. Fooy, 'Volkswoningbouw in Rotterdam 1918-1940, voorbeeldige projecten in een tijdperk van behoudzucht en alkovenstrijd', en H. Abelman, 'Spangen, Justus van Effenstraat: iedereen heeft z'n eigen ingang, je bent niemand tot last', *Wonen TA/BK* 1978, nr. 4, pp. 4-10 en pp. 19, 20.

47 Zie *Jaarboekje Rotterdam,* 1920-1925.

48 M.J.I. de Jonge van Ellemeet, 'Woningbouw in Oud Mathenesse', *TVS* 1925, p. 64.

49 *Verz.R.* 1922, nr. 137.

50 Een rechtstreeks verband tussen de huisvesting van deze crepeergevallen en de betoging van daklozen in 1923, zoals B. Fooy, op. cit. noot 46, p. 9, aangeeft is echter niet (meer) aantoonbaar.

51 T. Gerdes van Oosterbeek, *Beter Wonen, 1913-'38,* (1939?).

52 J.J.P. Oud, *De toekomstige bouwkunst en haar architectonische mogelijkheden,* lezing 'Opbouw' 1921 (typescript Archief Oud, NDB).

53 Op.cit. noot 52, p. 65.

54 Op.cit. noot 13.

55 J.J.P. Oud, 'Bouwkunst en normalisatie bij den massabouw', *De Stijl* 1918, I, nr. 7, pp. 79-81, is in feite al als een voorbereiding op dit programma te lezen.

56 *Verz.R.* 1926, nr. 318; 1927, nr. 68-69; *Hand.R.*, 17-3-1927.

57 Zie J.B. van Loghem, 'De Kiefhoek te Rotterdam', *De Groene Amsterdammer,* 5-3-1930.

58 A.J. van der Steur, 'Over den architect en het experiment, een overdenking naar aanleiding van de Kiefhoek', *Bouwkundig Weekblad Architectura* 1930, nr. 46, pp. 379-381.

59 J.J.P. Oud, *Nieuwe Bouwkunst in Holland en Europa,* Amsterdam 1935, p. 11.

29 *A. Siebers, 'De architectuur der Nieuwe Wereld, een geest van groote mogelijkheden, Bouwkunst in Nederland', supplement to* Algemeen Handelsblad *17-4-1929, pp. 11-12.*

30 *I am indebted to F. Bool, curator at the Gemeente Museum, The Hague, for numerous details and opinions. Unfortunately, no use could be made of the Van Eesteren Records.*

31 Vereeniging 'Opbouw', Rotterdam, statuten en huishoudelijk reglement, *31-1-1920 and 18-2-1920, signed by the committee: W. Kromhout Cnz., chairman, M.J. Granpré Molière, vice-chairman, L.C. van der Vlugt, secretary, N.P. de Koo, treasurer, W.H. Gispen, districtcommissioner.*

32 Statuten en huishoudelijk reglement der Vereeniging 'Opbouw' te Rotterdam, opgericht 31 januari 1920, *alterations approved, 25-6-1929, committee: C. van Eesteren, chairman, J.B. van Loghem, second vice-chairman, P. Schuitema, secretary, G. Kiljan, second secretary, I. Liefrinck, treasurer.*

33 *J.J.P. Oud left the 'Opbouw' Association for good on 25 June 1933 not only because of the overtiredness which he himself gave as the reason, but also because of his doubts about the objectives. Yet his standing remained high among the Functionalists and there survives extensive correspondence. Oud Records (NDB), CIAM Records (ETH) and Giedion Records (ETH). With thanks to B. Colenbrander.*

34 *It appears that the journal was originally to be called* Bouw en Techniek *(Schuitema Archives). J. Duiker, C. van Eesteren and J.B. van Loghem were involved in the first discussions, and possibly Groenewegen as well. As regards the content, direct propaganda was emphatically rejected. Van Loghem wrote in an evaluation of the first two numbers,* Since the periodical is an expression by new men for new men, the lively renewal element will be its main concern. *The journal appeared with the subtitle, 'Fortnightly journal of the Architects' Associations 'de 8', Amsterdam, and 'Opbouw', Rotterdam', absorbed in* Bouw en Techniek, *on 7 January 1932 and the last number is dated January 1943. The 'Opbouw' Association had already been given up by then.*

35 *Witteveen appears twice in the attendance lists of 1921 and also in the list of members of 1935. Van Traa appears in the lists of 1936 and 1937, but has disappeared from one of just before the war (1939?) (NBD).*

36 *Correspondence between Van Eesteren and Giedion in Giedion Records (ETH) for the period 1930-32.*

37 *Copy of a note from Van Eesteren (Giedion Records, ETH).*

38 *Undated and codified list in box of unsorted material, CIAM Records, ETH.*

39 Annales Techniques, organe officiel de la chambre technique de Grèce, *B IV, 15-1 and 15-10-1933. nos. 44, 45, 46, 'Le IVe Congrès International d'Architecture Moderne à Athènes, 'La ville fonctionelle': Rotterdam p. 1174.*

40 *M. Casciato, F. Panzini, S. Polano (ed.),* Architectuur en volkshuisvesting, Nederland 1870-1940, *Sunschrift 173, Nijmegen 1980.*

41 *The Report of the director of Public Works,* Vraagstuk der Volkshuisvesting, *Rotterdam 1912, signed A.C. Burgdorffer, discussed in the first instance in 1913, see* Verz. R., *1913, no. 107;* Hand. R. *18-4-1918, pp. 292-305.*

42 *A.F. Bakhoven Jr., 'De huisvesting van ontoelaatbare gezinnen',* TVS *1928, no. 2, pp. 25-41. The vast majority of members of 'de 8' en 'Opbouw' were unwilling to associate themselves with this, because they hoped that the dwellings in themselves would have a disciplinary effect, although a certain doubt does appear in the discussion in the thirties.*

43 Verz. R., *no. 114 and* Hand. R. *1920, 15-4-1920, no. 741.*

44 *M. Tafuri, F. Dal Co,* Modern Architecture, World Architecture *Series, New York 1978, pp. 200-201.*

45 *See* Verz. R., *1920, p. 1187.*

46 *B. Fooy, 'Volkswoningbouw in Rotterdam 1918-1940, voorbeeldige projecten in een tijdperk van behoudzucht en alkovenstrijd', and H. Abelman, 'Spangen, Justus van Effenstraat: iedereen heeft z'n eigen ingang, je bent niemand tot last',* Wonen TA/BK *1978, no. 4, pp. 4-10 and 19, 20.*

47 *See* Jaarboekje Rotterdam, *1920-1925.*

48 *M.J.I. de Jonge van Ellemeet, 'Woningbouw in Oud Mathenesse',* TVS *1925, p. 64.*

49 Verz. R., *1922, no. 137.*

50 *It is, however, no longer possible to prove that there was a direct link between the housing of these neglected cases and the demonstration staged by the homeless in 1923, as B. Fooy (op. cit., see note 46, p. 9) indicates.*

51 *T. Gerdes van Oosterbeek,* Beter Wonen, 1913-38, *(1939?).*

52 *J.J.P. Oud,* De toekomstige bouwkunst en haar architectonische mogelijkheden, *lecture to 'Opbouw', 1921, typescript in Oud Records, NDB.*

53 *Op. cit. (see note 52), p. 65.*

54 *Op. cit. (see note 13).*

55 *Oud's article 'Bouwkunst en normalisatie bij den massabouw',* De Stijl *1918, I, no. 7, pp. 79-81, can in fact already be seen as a preparation of this programme.*

56 Verz. R. *1926, no. 318; 1927, nos. 68-69;* Hand. R. *17-3-1927.*

57 *J.B. van Loghem, 'De Kiefhoek te Rotterdam',* De Groene Amsterdammer, *5-3-1930.*

58 *A.J. van der Steur, 'Over den architect en het experiment, een*

60 B. Merkelbach, 'Twee woonhuizen te Rotterdam van de arch. Brinkman en v.d. Vlugt', *de 8 en Opbouw* 1934, pp. 77-81.
61 De vijf punten waren: 1. pilotis, door staal of betonconstructie kan de wand zich openen en de bodem vrij in en onder het huis doordringen; 2. daktuin, door afdekking met vlak dak onstaat mogelijkheid voor gebruik dak; 3. vrije plattegrond door nietdragende muren; 4. bandvensters; 5. vrije compositie van de wanden.
62 Op.cit. noot 60, p. 81.
63 Ibid., pp. 77 en 81.
64 Tent.cat., *Bouwen voor een Open Samenleving, Brinkman, Brinkman, Van der Vlugt, Van den Broek, Bakema,* Rotterdam, Museum Boymans-van Beuningen 1962.
65 J.B. Bakema, L.C. van der Vlugt, serie *Beeldende kunst en bouwkunst in Nederland,* Amsterdam 1968, pp. 20-21 en ill. 16-19. Zie ook op.cit. noot 64.
66 Zie *de 8 en Opbouw* 1936, nr. 10, het verschil in binnen- en buitenlandse evaluaties, pp. 109-125.
67 Zie H.P. Berlage e.a., *Het groote landhuis en het groote stadshuis,* serie: *Moderne Bouwkunst in Nederland,* dl. 6, Rotterdam 1932; A. Eibink, W.J. Gerretsen, J.P.L. Hendriks, J.P. Mieras, *Hedendaagsche architectuur in Nederland, Architecture hollandaise d'aujourd'hui, Holländische Baukunst von heute, Dutch Architecture of today,* onder auspiciën van de BNA, Amsterdam 1937.
J.G. Wattjes, *Moderne Nederlandsche villa's en landhuizen,* Amsterdam 1931.
68 J.B. van Loghem, 'Rotterdamsch werk van Van Tijen', *de 8 en Opbouw* 1937, pp. 241-242; *Plan* 1970, nr. 9, p. 575.
69 *Plan* 1970, p. 567.
70 W. van Tijen, 'Woningbouw 'De Pol' te Zutphen', *de 8 en Opbouw* 1933, p. 63.
71 Ibid., p. 65.
72 *Organische woonwijk in open bebouwing,* nr. XXXV Prae-advies uitgebracht door de Ver. Arch. Kern 'de 8' te Amsterdam en de Ver. 'Opbouw' te Rotterdam, Nederlandsch Instituut voor Volkshuisvesting en Stedebouw, Amsterdam 1932 en *TVS* 1932, p. 170.
73 Archief Architectengemeenschap Van den Broek en Bakema, archief nr. 5868.
74 Op.cit. noot 14, p. 33. Het is wel de vraag of er zo'n nadrukkelijk onderscheid, dat verder gaat dan de schaal van de transformaties, tussen bijvoorbeeld Van den Broek en Van Tijen en Van der Vlugt gemaakt moet worden.
75 Zie F. Ottenhof (ed.), *Goedkoope arbeiderswoningen,* Rotterdam 1936, pp. 105-111, 31-37.
76 *Hand. Amsterdam,* 7-4-1933.
77 Op.cit. noot 14, pp. 65-68.
78 An., 'De ontvolking van het Stadscentrum van Rotterdam', *Maastunnel 1937,* p. 66; *A(ngenot), ibid., pp. 117-118.*
79 Zie W. Benjamin, 'Analytische beschrijving van Duitschland's ondergang', *i-10* 1927, nr. 2, p. 54.
80 Zie video *Keukens,* tent. *Berlijn-Amsterdam 1920-1940 Duits Nederlandse Wisselwerkingen,* Den Haag, Haags Gemeentemuseum 1982. Er is waarschijnlijk eerder sprake van een indirecte beïnvloeding via Van der Vlugt dan van een verwerking van het systeem van Rietveld (P. Singelenberg, 'Rietveld en woningtypologie 1927-1936', *Kunstwerk* 1980, nr. 5, pp. 3-19).
81 Zie F. Hartog, 'Een oordeel van huisvrouwen over het nieuwe bouwen', *de 8 en Opbouw* 1936, nr. 23, pp. 254-256; J.P. Smits, 'Over klapbedden' (ingezonden), *de 8 en Opbouw* 1936, nr. 8, pp. 94-95.
82 J.B. van Loghem, 'Antwoord' (op klapbedden van J.P. Smits, R.D.), *de 8 en Opbouw* 1936, nr. 8, pp. 95-96. M. Greve, 'Een modelinrichting van een volkswoning', *de 8 en Opbouw* 1935, nr. 12, pp. 127-128.
83 O.a. de woningserie voor de 'Voornsche Vliet', Rotterdam-Zuid 1933; zie artikel van T. Idsinga in deze catalogus.
84 Zie op.cit. noot 14, pp. 51-58.
85 J.H. van den Broek, 'Een complex woningen voor de N.V. De centrale arbeiders verzekerings- en depositobank en de woningbouwvereeniging 'Eendracht' te Rotterdam', *TVS* 1935, p. 127.
86 Zie met name, 'Remmen en krachten', Van Tijen & Maaskant en Brinkman & Van den Broek, *Woonmogelijkheden in het nieuwe Rotterdam,* Rotterdam 1941, pp. 13-16.
87 Op.cit. noot 75, pp. 26-30.
88 Ibid., p. 29.
89 J.B. van Loghem, 'Stedenbouw in Sowjet-Rusland', *de 8 en Opbouw* 1934, pp. 74-76, en J.L. Sert, *Can our cities Survive?, an ABC of urban problems, their analyses, their solutions, based on the proposals formulated by CIAM,* Cambridge 1944, p. 225.
90 B. Merkelbach, 'Amsterdam - Rotterdam', *de 8 en Opbouw* 1933, p. 139.
91 Citaat *Plan* 1970, nr. 9, p. 568.
92 Op.cit. noot 14, pp. 41-44, 59-64, 69-74.
93 Archief van Plate (GAR) 1927-'38. Medio 1983 zal een studie over de N.V. Volkswoningbouw verschijnen.
94 W. van Tijen, 'Het woongebouw 'Bergpolder' te Rotterdam in aanbouw, architecten ir. J. Brinkman, L.C. van der Vlugt en ir. W. van Tijen', *de 8 en Opbouw* 1934, pp. 45-49.
95 W. van Tijen, 'Twee hooge woongebouwen in Rotterdam', *de 8 en overdenking naar aanleiding van de Kiefhoek',* Bouwkundig Weekblad Architectura *1930, no. 46, pp. 379-381.*
59 *J.J.P. Oud,* Nieuwe Bouwkunst in Holland en Europa, *Amsterdam 1935, p. 11.*
60 *B. Merkelbach, 'Twee woonhuizen te Rotterdam van de arch. Brinkman en v.d. Vlugt',* de 8 en Opbouw *1934, pp. 77-81.*
61 *The five points were: 1. pilotis: by the use of steel or concrete construction on freestanding columns the wall can be opened up and the ground freely penetrate into and under the house; 2. roof garden, a flat roof makes it possible to use the roof; 3. a free ground plan made possible by non-loadbearing walls; 4. ribbon windows; 5. a free composition of the walls.*
62 *B. Merkelbach, op. cit. (see note 60), p. 81.*
63 *Ibid., pp. 77 and 81.*
64 *Exhib. cat.* Bouwen voor een Open Samenleving, Brinkman, Brinkman, Van der Vlugt, Van den Broek, Bakema, *Rotterdam, Boymans-van Beuningen Museum, 1962.*
65 *J.B. Bakema, L.C. van der Vlugt,* Beeldende Kunst en Bouwkunst in Nederland *Series, Amsterdam 1968, pp. 20-21 and figs. 16-19. See also op. cit. (see note 64).*
66 *See* de 8 en Opbouw *1936, no. 10, the difference between evaluations at home and abroad, pp. 109-125.*
67 *H.P. Berlage et al.,* Het groote landhuis en het groote stadshuis, Moderne Bouwkunst in Nederland *Series, vol. 6, Rotterdam 1932; A. Eibink, W.J. Gerretsen, J.P.L. Hendriks, J.P. Mieras,* Hedendaagsche architectuur in Nederland, Architecture hollandaise d'aujourd'hui, Holländische Baukunst von heute, Dutch Architecture of today, *published under the auspices of the Union of Dutch Architects, Amsterdam 1937, and J.G. Wattjes,* Moderne Nederlandsche villa's en landhuizen, *Amsterdam 1931.*
68 *J.B. van Loghem, 'Rotterdamsch werk van Van Tijen',* de 8 en Opbouw *1937, pp. 241-242;* Plan *1970, no. 9, p. 575.*
69 Plan *1970, p. 567.*
70 *W. van Tijen, 'Woningbouw 'De Pol' te Zutphen',* de 8 en Opbouw *1933, p. 63.*
71 *Ibid., p. 65.*
72 Organische woonwijk in open bebouwing, *nr. XXXV Prae-advies uitgebracht door de Ver. Arch. Kern 'de 8' te Amsterdam en de Ver. 'Opbouw' te Rotterdam, Netherlands Institute of Housing and Town Planning, Amsterdam 1932, and* TVS *1932, p. 170.*
73 *Van den Broek and Bakema Partnership Records, record working number 5868.*
74 *R. Stroink, op. cit. (see note 14), p. 33. It is certainly questionable whether such an emphatic distinction, which goes further than the scale of the transformations, ought to be made between, for example, Van den Broek and Van Tijen and Van der Vlugt.*
75 *See F. Ottenhof (ed.),* Goedkoope arbeiderswoningen, *Rotterdam 1936, pp. 105-111 and 31-37.*
76 Hand. Amsterdam, *7-4-1933.*
77 *R. Stroink, op. cit. (see note 14), pp. 65-68.*
78 *'De ontvolking van het stadscentrum van Rotterdam',* Maastunnel *1937, p. 66; A(ngenot), ibid., pp. 117-118.*
79 *See W. Benjamin, 'Analytische beschrijving van Duitschland's ondergang',* I-10 *1927, no. 2, p. 54.*
80 *See the exhibition* Berlijn-Amsterdam 1920-1940 Duits Nederlandse Wisselwerkingen, *video-tape on kitchens, The Hague, Gemeente Museum 1982. Instead of an adaptation of Rietveld's system, as P. Singelenberg suggests ('Rietveld en woningtypologie 1927-1936',* Kunstwerk *1980, no. 5, pp. 3-19) it seems more likely that there was an indirect influence via Van der Vlugt.*
81 *See F. Hartog, 'Een oordeel van huisvrouwen over het nieuwe bouwen',* de 8 en Opbouw *1936, no. 23, pp. 254-256; J.P. Smits, 'Over klapbedden',* de 8 en Opbouw *1936, no. 8, pp. 94-95.*
82 *J.B. van Loghem, answer to letter on recess beds from J.P. Smits,* de 8 en Opbouw *1936, no. 8, pp. 95-96. M. Greve, 'Een modelinrichting van een volkswoning',* de 8 en Opbouw *1935, no. 12, pp. 127-128.*
83 *For example the series of dwellings for the Voornsche Vliet, Rotterdam South, 1933; see article by T. Idsinga in this catalogue.*
84 *See R. Stroink, op. cit. (see note 14), pp. 51-58.*
85 *J.H. van den Broek, 'Een complex woningen voor de N.V. De centrale arbeiders verzekerings- en deposito bank en de woningbouwvereeniging 'Eendracht' te Rotterdam,* TVS *1935, p. 127.*
86 *See in particular 'Remmen en krachten', in Van Tijen & Maaskant and Brinkman & Van den Broek,* Woonmogelijkheden in het nieuwe Rotterdam, *Rotterdam 1941, pp. 13-16.*
87 Op. cit. *(see note 75), pp. 26-30.*
88 *Ibid., p. 29.*
89 *J.B. van Loghem, 'Stedenbouw in Sowjet-Rusland',* de 8 en Opbouw *1934, pp. 74-76 and J.L. Sert,* Can our cities Survive?, an ABC of urban problems, their analyses, their solutions, based on the proposals formulated by CIAM, *Cambridge 1944, p. 225.*
90 *B. Merkelbach, 'Amsterdam - Rotterdam',* de 8 en Opbouw *1933, p. 139.*
91 *Quotation in* Plan *1970, no. 9, p. 568.*
92 *R. Stroink, op. cit. (see note 14), pp. 41-44, 59-64, 69-74.*
93 *Plate Records (GAR) 1927-38. A study on the N.V. Volkswoningbouw*

Opbouw 1938, pp. 99-105.
96 Van den Broek neemt in zijn plan Optimum de duurdere woningen volgens het model van Bergpolder op. Van Tijen tekent deze variatie wel, maar laat ze om op de betaalbare huren uit te komen buiten zijn plan.
97 Zie artikel F. Kauffmann in deze catalogus.
98 Van Tijen en Maaskant hebben samen met Brinkman en Van den Broek, weliswaar op een idealistisch niveau, het naoorlogse gebruik van de galerijflat door de zogenaamde 'startgezinnen' voorzien. Op.cit. noot 86, p. 23.
99 Zie S.L. Sert, op.cit. noot 89, p. 151.
100 T. Llorens, 'Neo-Avant-Garde and History', *Architectural Design* 1981, nr. 51, pp. 83-95.
101 J. van Beek, G. Smienk, 'Ir. J.B. van Loghem b.i. architrect', *Plan* 1971, nr. 12, p. 33.
102 Via de manifesten en gepubliceerde ontwerpen van Stam en mogelijk zelfs rechtstreeks door Lissitzky, waar Stam nauw mee samenwerkte en intensief mee correspondeerde. Aan rechtstreeks ontwerpen van zelfs onderdelen kan niet gedacht worden (N. Luning Prak, 'De Van Nelle-fabriek te Rotterdam', *Bulletin K.N.O.B.* 1970, pp. 130-133). Bovendien kan niemand zich tijdens de bouw uitlatingen in die richting herinneren. Stam is hoogstwaarschijnlijk wel de uitvoerder en/of tekenaar van een aantal perspectieven en isometrieën. J. Geurts (TH-Delft) vond in het archief van de Architectengemeenschap Van den Broek en Bakema enkele onbekende. Zeker de hierbij afgebeelde kan als een 'konstruktivistisch manifest' gelezen worden.
103 *Kursbuch* (Berlijn) 1976, nr. 43.
104 Stam in brief aan J.B. Bakema, geciteerd in op.cit. noot 65, p. 16.
105 Bijvoorbeeld het door Van der Vlugt ontworpen Vliegveld Ypenburg, 1935, zie cat. nr. 358, op.cit. noot 64.
106 Zie M. Steinmann (ed.), *CIAM, Dokumente 1928-1939,* Basel Stuttgart 1979.
107 *de 8 en Opbouw* 1939, pp. 161-174. Dit plan is een uitwerking van het door Nederland ingediende collectieve werk voor het 5e Congres, 'Logir et Loisir' in Parijs. (Archieven Merkelbach, P. Zwart, Rietveld (NDB), Schuitema (Gemeentemuseum Den Haag)).
108 W. van Gelderen, 'Tentoonstelling 'Ontdek uw stad' te Rotterdam', *de 8 en Opbouw* 1938, pp. 203-205.
109 Ontwerptekening exterieur in Archief Architectengemeenschap Van den Broek en Bakema.
110 A.J. Brinkman, 'Het Stadion Feyenoord te Rotterdam', *Bouwkundig Weekblad Architectura* 1936, pp. 481-484.
111 N. Luning Prak, 'De bouw van het Stadion Feyenoord te Rotterdam, *Bulletin K.N.O.B.* 1970, pp. 138-141.
112 J.B. van Loghem, *Bouwen bauen bâtir building-Holland,* Nijmegen 1980, p. 7.
113 Zie G. Fanelli, *Moderne architectuur in Nederland, 1900-1940,* Den Haag 1978, pp. 290-291.
114 B. Merkelbach, 'Schrijven en Bouwen', *de 8 en Opbouw* 1935, pp. 39-44 en 'Sportfondsenbad te Haarlem, Architect ontwerper ir. J.B. van Loghem in samenwerking met de architect, Verspoor en Muylaert', *de 8 en Opbouw* 1935, nr. 20, p. 217.
115 Op.cit. noot 114, p. 44.
116 W. La Croix, 'Stoop's openluchtzwembad te Bloemendaal bij Haarlem, Arch. G. Holt', *de 8 en Opbouw* 1935, nr. 18, pp. 185-187, vergelijk M.S., 'Das Bad als Kulturmasz', *de 8 en Opbouw* 1935, pp. 165-167.
117 Op.cit. noot 64, cat.nr. 226 (1932).
118 W. van Gelderen, 'Scholenbouw, school voor Vrouwenarbeid, Koningsveldstraat te Rotterdam, Architect: ir. J.B. van Lochem', *de 8 en Opbouw* 1935, nr. 8.
119 K. Limperg, 'Passagiersaccommodatie van het M.S. Weltevreden der Rotterdamsche Lloyd', en W. van Gelderen, 'Architectuur en schepen', *de 8 en Opbouw* 1937, pp. 135-137, 142-144. Zie voor de school: P. Kluyver, 'Kinderbewaarplaats te Rotterdam, ir. J.C. Boks, Arch. B.N.A.', *de 8 en Opbouw* 1939, pp. 139-142.
120 Zie o.a. Van Loghem, op.cit. noot 112, p. 49.
121 Zie *Bouwkundig Weekblad Architectura* 1928, pp. 81-84.
122 Brugnummer, *de 8 en Opbouw* 1935, nr. 19.
123 J.B. van Loghem, 'De Maastunnel te Rotterdam', *de 8 en Opbouw* 1936, nr. 11, p. 128.
124 Manifest 'de 8': *i-10, internationale revue,* 1927, nr. 3, p. 126; M-kunst: Mart Stam, 'M-kunst', ibid., pp. 41-43.
125 J.B. van Loghem, 'Fotomontage van Hannah Höch', en K.L. Sijmons, 'Het surrealisme en de jongere generatie', *de 8 en Opbouw* 1935, nr. 24, pp. 267-269 en 269, 270.
126 J.J.P. Oud, 'Saenredam en Le Corbusier', *de 8 en Opbouw* 1938, pp. 217, 218, 226, 227. Zie ook 'Centraal Station te Utrecht in brand', *de 8 en Opbouw* 1938, p. 259 en E. de Jong, 'De waardering voor het werk van Van Ravesteyn binnen de 8 en 0 1935-1941', Cat. *S. van Ravesteyn, Nederlandse Architectuur,* Stichting Architectuur Museum Amsterdam, 1977 en Centraal Museum Utrecht, 1978.
127 Bijvoorbeeld Fanelli, op.cit. noot 113, besteedt in zijn bibliografie geen aandacht aan de soms heftige discussies in dag- en weekbladen.
128 Radio 31-1-1936 van zeven tot half acht 's avonds, *Volkswoningbouw causerie,* script archief P. Zwart NDB.
129 O.a. *'Die Wohnung'/Internationale architectuurtentoonstelling* over

will appear in mid-1983.
94 *W. van Tijen, 'Het woongebouw "Bergpolder" te Rotterdam in aanbouw, architecten ir. J. Brinkman, L.C. van der Vlugt en ir. W. van Tijen',* de 8 en Opbouw *1934, pp. 45-49.*
95 *W. van Tijen, 'Twee hooge woongebouwen in Rotterdam',* de 8 en Opbouw *1938, pp. 99-105.*
96 *Van den Broek included the more expensive flat on the Bergpolder model in his Optimum plan. Van Tijen certainly drew the possible variants, but he left them out of his plan in order to achieve payable rents.*
97 *See article by F. Kauffmann in this catalogue.*
98 *Van Tijen & Maaskant, along with Brinkman & Van den Broek had foreseen, admittedly on an idealistic level, the postwar use of the gallery flat as the type of dwelling for what were called 'beginning families': Op. cit. (see note 86), p. 23.*
99 *See S.L. Sert, op. cit. (see note 89), p. 151.*
100 *T. Llorens, 'Neo-Avant-Garde and History',* Architectural Design *1981, no. 51, pp. 83-95.*
101 *J. van Beek and G. Smienk, 'Ir. J.B. van Loghem b.i. architect',* Plan *1971, no. 12, p. 33.*
102 *Via Stam's manifestos and published designs and possibly even directly through Lissitzky, with whom Stam collaborated closely and corresponded intensively. There is, however, no question of direct design on Stam's part, even of details (N. Luning Prak, 'De Van Nelle-fabriek te Rotterdam',* Bulletin K.N.O.B. *1970, pp. 130-133). Nor can anyone remember anything being said to this effect during the building. Stam did in all probability execute and/or draw a number of perspective and isometric views. J. Geurts (Technological University, Delft) found several unknown examples in the Van den Broek & Bakema Records. The one illustrated here can certainly be read as a 'Constructivist manifesto'.*
103 Kursbuch *(Berlin) 1976, no. 43.*
104 *Comment by Stam in a letter to J.B. Bakema, cited in J.B. Bakema, op cit. (see note 65), p. 16.*
105 *Cf. the Ypenburg Airfield designed by Van der Vlugt in 1935, see cat. no. 358 in op. cit. (see note 64).*
106 *See M. Steinmann (ed.),* CIAM, Dokumente 1928-1939, *Basle/Stuttgart 1979.*
107 de 8 en Opbouw *1939, pp. 161-174. This plan is a further elaboration of the collective work submitted by the Netherlands to the 5th Congress, 'Logir et Loisir', in Paris. (Records of Merkelbach, P. Zwart, Rietveld (NDB), Schuitema (Gemeente Museum, The Hague).*
108 *W. van Gelderen, 'Tentoonstelling "Ontdek uw stad" te Rotterdam',* de 8 en Opbouw *1938, pp. 203-205.*
109 *Drawing of exterior in records of Van den Broek and Bakema partnership.*
110 *A.J. Brinkman, 'Het Stadion Feyenoord te Rotterdam',* Bouwkundig Weekblad Architectura *1936, pp. 481-484.*
111 *N. Luning Prak, 'De bouw van het Stadion Feyenoord',* Bulletin K.N.O.B. *1970, pp. 138-141.*
112 *J.B. van Loghem,* Bouwen bauen bâtir building-Holland, *Nijmegen 1980, p. 7.*
113 *See G. Fanelli,* Moderne architectuur in Nederland, 1900-1940, *The Hague 1978, pp. 290-291.*
114 *B. Merkelbach, 'Schrijven en Bouwen',* de 8 en Opbouw *1935, pp. 39-44; 'Sportfondsenbad te Haarlem, Architect ontwerper ir. J.B. van Loghem in samenwerking met de architect, Verspoor en Muylaert',* de 8 en Opbouw *1935, no. 20, p. 217.*
115 *B. Merkelbach, op. cit. (see note 114), p. 44.*
116 *W. La Croix, 'Stoop's openluchtzwembad te Bloemendaal bij Haarlem, Arch. G. Holt',* de 8 en Opbouw *1935, no. 18, pp. 185-187, cf. M.S., 'Das Bad als Kulturmasz',* de 8 en Opbouw *1935, pp. 165-167.*
117 *Op. cit. (see note 64), cat. no. 226 (1932).*
118 *W. van Gelderen, 'Scholenbouw, school voor Vrouwenarbeid, Koningsveldstraat te Rotterdam, Architect: ir. J.B. van Loghem',* de 8 en Opbouw *1935, no. 8.*
119 *K. Limperg, 'Passagiersaccommodatie van het M.S. Weltevreden der Rotterdamsche Lloyd', and W. van Gelderen, 'Architectuur en schepen',* de 8 en Opbouw *1937, pp. 135-137, 142-144. For the school see P. Kluyver, 'Kinderbewaarplaats te Rotterdam, ir. J.C. Boks, Arch. B.N.A.',* de 8 en Opbouw *1939, pp. 139-142.*
120 *See for example, Van Loghem, op. cit. (see note 112), p. 49.*
121 *See* Bouwkundig Weekblad Architectura *1928, pp. 81-84.*
122 *Bridge number,* de 8 en Opbouw *1935, no. 19.*
123 *J.B. van Loghem, 'De Maastunnel te Rotterdam',* de 8 en Opbouw *1936, no. 11, p. 128.*
124 *Manifesto of 'de 8':* i-10, international revue *1927, no. 3, p. 126; M-kunst: Mart Stam, 'M-kunst', ibid., pp. 41-43.*
125 *J.B. van Loghem, 'Fotomontage van Hannah Höch', and K.L. Sijmons, 'Het surrealisme en de jongere generatie',* de 8 en Opbouw *1935, no. 24, pp. 267-269 and pp. 269-270.*
126 *J.J.P. Oud, 'Saenredam en Le Corbusier',* de 8 en Opbouw *1938, pp. 217-218 and 226-227. See 'Centraal Station te Utrecht in brand',* de 8 en Opbouw *1938, p. 259 and E. de Jong, 'De waardering voor het werk van Van Ravesteyn binnen de 8 en 0 1935-1941', exhib. cat.* S. van Ravesteyn, Nederlandse Architectuur, *Netherlands Museum of Modern Architecture, Amsterdam, 1977 and Centraal Museum, Utrecht, 1978.*

o.a. de Weissenhofsiedlung, april 1928; Expositie *Opbouw,* 5-31 mei in Studio 32.

130 Op.cit. noot 108, pp. 204-205.

131 Het plan is nooit gepubliceerd, zodat het lijkt alsof het zelfs voor *de 8 en Opbouw* te provocatief van vorm was.

132 J.P. Kloos, 'Na den Oorlog en hoe wij er nu tegenover staan', *de 8 en Opbouw* 1942, nr. 7/8, pp. 88-97; W. van Tijen, 'Na 'na den oorlog', ibid., nr. 9, p. (2).

133 J.B. van Loghem, 'De uitbreiding van de Diaconessen-inrichting te Rotterdam, architecten Brinkman & Van den Broek', *de 8 en Opbouw* 1939, p. 282.

127 *It is characteristic, for example, that Fanelli, op. cit. (see note 113), pays no heed to the sometimes violent discussions in dailies and weeklies.*

128 *VARA broadcast of 31 January 1936 from seven to seventhirty in the evening,* Volkswoningbouw causerie, *typescript in P. Zwart's records, NDB.*

129 *For example, the exhibition* 'Die Wohnung'/Internationale architectuurtentoonstelling *on, among other things, the Weissenhof estate in April 1928; the* Opbouw *Exhibition, 5-31 May, in Studio 32.*

130 *W. van Gelderen, op. cit. (see note 108), pp. 204-205.*

131 *The plan was never published, so that one must also draw the conclusion that it was too provocative in form even for* de 8 en Opbouw.

132 *J.P. Kloos, 'Na den Oorlog en hoe wij er nu tegenover staan',* de 8 en Opbouw *1942, no. 7/8, pp. 88-97; W. van Tijen, 'Na "na den oorlog" ', ibid., no. 9, p. (2).*

133 *J.B. van Loghem, 'De uitbreiding van de Diaconessen-inrichting te Rotterdam, architecten Brinkman & Van den Broek',* de 8 en Opbouw *1939, p. 282.*

Naar een 'modern' stadscentrum

Achtergronden

Verwoesting, Wegenplan

Op 14 mei 1940[1] verwoestte het Duitse bombardement op Rotterdam de historische stadskern en een gedeelte van de woonwijk Kralingen, 258 ha groot, waarvan 158 ha bebouwd met 11.000 panden (afb. 1).

Een dergelijke ramp stelde volkomen nieuwe problemen aan overheden, planologen en stedebouwers.

Op zijn eigen aandringen werd meteen na de capitulatie op 18 mei aan de directeur van de Gemeentelijke Technische Dienst, ir.W.G. Witteveen (1891–1979) opgedragen als eerste van de te nemen maatregelen een nieuw wegenplan voor het verwoeste gebied te maken (afb. 2). Dit plan, dat verwant moest zijn aan dat van de historisch gegroeide stad, zou dan gereed zijn voordat de bezetter daar invloed op kon uitoefenen. Bovendien was het daardoor mogelijk, toen na 8 weken organiseren het ruimen van het puin begon, al rekening te houden met het nieuwe plan.

De Rotterdamse Schie, de Blaak, de Kolk en de Schiedamsesingel, die niet meer als water in het plan terugkeerden, werden o.a. met dit puin gedempt.

Nadelen van deze snelle werkwijze waren, dat vooraf geen overleg met de getroffenen plaatsvond en dat door de vernietiging van bijna alle onderzoeksgegevens, het nieuwe plan vrijwel uitsluitend berustte op de 16 jaar ervaring van Witteveen met de Rotterdamse stedebouwkundige problematiek. Vrijgemaakt uit zijn functie bij de Gemeentelijke Technische Dienst ontwierp de 'Stadsbouwmeester' een schetsplan, dat al na 3 weken op 9 juni werd goedgekeurd als basis voor het nieuwe stadsplan.

De organisatie van de wederopbouw

De Nederlandse opperbevelhebber generaal Winkelman, die na de vlucht van koningin en ministers de leiding over het regeringsapparaat kreeg, stelde op 17 mei dr.ir. J.A. Ringers (1885-1965) aan als Regeringscommissaris[2] van de Wederopbouw. De keuze[3] van deze ex-topman van de Zuiderzeewerken en Rijkswaterstaat maakt duidelijk dat de wederopbouw in eerste instantie als een civieltechnische aangelegenheid werd gezien. Door de gecentraliseerde bevoegdheden die Ringers op 17 mei van Winkelman kreeg, was het mogelijk om al op 24 mei 1940 alle ruïnes in het verwoeste gebied te onteigenen en aan de organisatie van de puinruiming te beginnen, die omstreeks december 1940 voltooid werd. Als uitvoerend orgaan voor de wederopbouw werd toen de (rijks) *Dienst Wederopbouw Rotterdam* (DIWERO), opgericht om de civiel technische aspecten van het nieuwe plan te verwezenlijken. In die tijd begon ook de bouw van noodwinkelvoorzieningen (afb. 19).

Voor de uitwerking van het Wegenplan, contact met de getroffenen en het vaststellen van de definitieve verkaveling werd op 1 januari 1941 het *Adviesbureau Stadplan Rotterdam* (ASRO) opgericht. Zowel van deze rijksinstelling, als van de gemeentelijke Dienst Stadsontwikkeling werd Witteveen directeur, omdat de veranderingen van bestemmingen en het nieuwe wegencircuit van grote invloed op de stad als geheel waren.

De schade van inboedels en panden en de waarde van de grond werd getaxeerd door de op initiatief van de Rotterdamse notarissen opgerichte *Schade-enquête Commissie*, en ingeschreven in het zogenaamde *Grootboek van de Wederopbouw*.

Om een zekere dwang tot herbouw uit te oefenen, werd geen directe vergoeding voor de onteigende grond

Towards a 'modern' city centre

Background

Destruction, Road plan

On 14 May 1940[1] the German bombardment of Rotterdam destroyed the historic heart of the city and a part of the residential area of Kralingen, 258 hectares in size, 158 hectares of which were built over with 11,000 premises (fig. 1). A disaster of such magnitude presented the authorities, planners and town planners with completely new problems.

On his own insistence W.G. Witteveen (1891-1979), the director of the City's Technical Services Department, was commissioned immediately after the capitulation on 18 May to make a new road plan for the devastated area, as the first of the measures to be taken (fig. 2). This plan, which was intended to be related to that of the city as it had grown up historically, would thus be ready before the occupying power could exert any influence on it. Moreover, it also made it possible for account already to be taken of the new plan when a start was made on the organization of the clearance of the rubble eight weeks later. The Rotterdam Schie, the Blaak, the Kolk and the Schiedamsesingel, which no longer appeared as waterways in the plan, were partly filled in with this rubble.

Disadvantages of this rapid action were that no consultation took place beforehand with those involved and that, owing to the destruction of nearly all the research data, the new plan was based virtually exclusively on Witteveen's sixteen years of experience with the city's town-planning problems.

Released from his post in the Technical Services Department, the 'city architect' made a sketch plan that was already approved after only three weeks, on 9 June, as the basis for the new town plan.

The organization of the reconstruction

General Winkelman, the Dutch commander-in-chief, to whom control of the government apparatus passed after the flight of the queen and her ministers, appointed Dr. J.A. Ringers (1885-1965) Government Commissioner[2] for the Reconstruction on 17 May. The choice[3] of this former leading light of the Zuiderzee Works and State Water Service makes it clear that the reconstruction was seen in the first instance as a civil-engineering project. Thanks to the centralized powers Ringer was given by Winkelman on 17 May, it was already possible to expropriate all the ruins in the devastated area on 24 May 1940 and make a start on the organization of the clearance of the rubble, which was completed around December that year. The (government) Rotterdam Reconstruction Department *(DIWERO) was set up at that time to realize the civil-engineering aspects of the new plan as the executive body for the reconstruction. A start was also made then on the building of emergency shopping facilities (fig. 19).*

On 1 January 1941 the Advisory Bureau on the Rotterdam Town Plan *(ASRO) was set up to work out the road plan in detail, to contact the people involved and to establish the definitive land-organization. Witteveen was made the director of this government institution as well as of the city's Urban Development Department, because the changes of designation and the new road system had a great influence on the city as a whole.*

The damages for effects, premises and the value of the land were assessed by the Damages Enquiry Commission *set up on the initiative of the Rotterdam notaries and registered in what was known as the* Reconstruction Ledger. *In order to exert a certain pressure to rebuild, compensation for the*

uitbetaald, maar volgde die pas als men in het nieuwe plan zou bouwen. Intussen werd over de waarde van de grond in mei 1940 rente uitbetaald. Na de oorlog bleef de grond echter gemeentebezit en werd het systeem van erfpacht ingevoerd.
Op 4 december 1941 werd het gedetailleerde, door Witteveen ontworpen, Wederopbouwplan met zijn definitieve rooilijnen vastgesteld door Ringers (afb. 3). Voor de uitgifte van de grond werden daarna ca. 350 'blokkaarten' schaal 1:500 uitgewerkt, waarop o.a. bouwhoogte, voor- en achterrooilijnen en de bestemmingen waren aangegeven.
Een precaire taak waar het bureau van Ringers voor kwam te staan was het opstellen van de 'Regeling van het Architectonische gedeelte van de Wederopbouw van Rotterdam'. Deze verscheen in zijn definitieve vorm in februari 1942 en werd gepubliceerd in alle architectuurtijdschriften[4] en kwam in het kort hier op neer: Witteveen als hoofd van het ASRO gaf algemene richtlijnen voor de bebouwing van de verschillende stadsdelen. Deze richtlijnen werden uitgewerkt door *supervisoren*, die de verantwoordelijkheid droegen voor een 'goede architectuur' in de hun toegewezen wijk. Om een zekere kwaliteit te waarborgen, werd de keuze van architecten van te voren beoordeeld door een *Architectencommissie*.
Vanaf het begin veroorzaakte deze regeling tal van conflicten. In de eerste plaats omdat Witteveen, die een meer traditionele architectuur voorstond, de keuze van supervisoren en architecten geheel in eigen hand probeerde te houden om het beeld van zijn stad te kunnen verwezenlijken.[5] De architecten van het Nieuwe Bouwen werden daarbij geweerd.[6] In de tweede plaats bestond er onenigheid over de relatie supervisor-architect.[7]
In 1941 werden de volgende supervisoren benoemd: G.C. Bremer, Corn. Elffers, F.A. Eschauzier, G. Friedhof, H.M. Kraaijvanger, J.A. van der Laan, M.F. Mertens, J.J.P. Oud, P. Verhagen, S. van Ravensteyn, A. van der Steur. In 1942 traden J.F. Berghoef en A. Komter toe.
Als richtlijn voor de architecten-commissie maakte Witteveen een indeling van de stad in vijf categorieën van plaatsen van afnemende importantie. In overeenstemming hiermee werden de architecten naar hun zogenaamde vermogens eveneens in vijf categorieën verdeeld. In praktijk kon Witteveen ook hiermee de hem onwelgevallige architecten weren. Van den Broek en Van Tijen kwamen dan ook slechts in de tweede en derde categorie terecht.[8]

Tentoonstelling en prijsvraag
In de zomer van 1941 vond in museum Boymans de tentoonstelling 'Nederland bouwt in baksteen' plaats. Tot ergernis van de progressieven propageerde 'het culturele centrum van Rotterdam bij uitstek' de meer traditionele architectuur.[9] Bovendien werd in oktober op deze tentoonstelling naast de maquettes van de traditionalistische wederopbouwplannen van Middelburg, Rhenen en Zevenbergen voor het eerst de maquette van het plan Witteveen onthuld (afb. 4).
Vanaf dit ogenblik kwam er bij een steeds breder publiek kritiek op het traditionalistische karakter van het plan. Op verzoek van Seyss Inquart schreef Ringers op 5 september 1941 een prijsvraag uit voor het stedebouwkundig architectonisch ontwerp van het Hofplein en de Blaak met de eis een bebouwing van een 'zoo zuiver mogelijk hollandsch karakter' te ontwerpen. Van te voren stond eigenlijk al vast dat, gezien de korte ontwerptijd (eerst 2 later 4 maanden) en de vage omschrijving van de

expropriated land was not paid immediately, but only when building was to be done in the new plan, interest being paid meanwhile on the value of the land in May 1940. After the war, however, the land remained the property of the city and the leasehold system was introduced.
On 4 December 1941 the detailed Reconstruction Plan designed by Witteveen, with its definitive building-lines, was given final affirmation by Ringers (fig. 3). After that around 350 'block plans' were worked out on a scale of 1:500 for the allocation of the land, on which were indicated the building height, building-lines at front and back, designations, etc.
A delicate task confronting Ringers' office was the drawing up of the 'Arrangement for the Architectural Part of the Reconstruction of Rotterdam'. This appeared in its final form in February 1942 and was published in all the architectural periodicals.[4] In brief, this is what it amounted to: Witteveen, as head of ASRO, gave the general guidelines for the building of the various parts of the city. These guidelines were worked out by supervisors, *who bore the responsibility for ensuring 'good architecture' in the district assigned to them. In order to guarantee a certain standard the choice of architects was vetted in advance by an* Architects' Commission.
This arrangement gave rise to numerous conflicts right from the start, in the first place because Witteveen, who was in favour of a more traditional type of architecture, tried to keep the choice of supervisors and architects entirely in his own hands, so as to be able to realize his image of the city,[5] the architects of 'Nieuwe Bouwen' being debarred in this.[6] In the second place there was disagreement over the relationship between supervisor and architect.[7]
In 1941 the following supervisors were appointed: G.C. Bremer, C. Elffers, F.A. Eschauzier, G. Friedhof, H.M. Kraaijvanger, J.A. van der Laan, M.F. Mertens, J.J.P. Oud, P. Verhagen, S. van Ravensteyn, A. van der Steur. In 1942 these were joined by J.F. Berghoef and A. Komter.
As a guideline for the architects' commission Witteveen divided the city into five categories of places of diminishing importance and in conformity with this the architects were also divided into five categories according to what where considered to be their capabilities. In practice this also enabled Witteveen to exclude the architects he did not like. Thus Van den Broek and Van Tijen only made the second and third categories.[8]

Exhibition and competition
In the summer of 1941 the exhibition 'The Netherlands builds in brick' took place in the Boymans Museum. To the annoyance of the progressives 'the pre-eminent cultural centre of Rotterdam' propagated the more traditional type of architecture.[9] Moreover, in October the maquette of Witteveen's plan (fig. 4) was unveiled for the first time at this exhibition alongside the traditionalist reconstruction plans for Middelburg, Rhenen and Zevenbergen. From this point onwards criticism of the traditionalist character of the Rotterdam plan began to come from an ever wider audience.
On 5 September 1941, at Seyss Inquart's request, Ringers instituted a competition for a plan and architectural design for Hofplein and Blaak, with the stipulation that the building should be 'as purely Dutch as possible' in design. Actually, in view of the short period allowed for making the design (first two and later four months) and the vague definition of the objective, the competition was obviously doomed to failure in advance. The jury consisted of J.A. Ringers, F.A. Eschauzier, J. Gratama, H.M. Kraaijvanger, A.J. Kropholler, L.S.P. Scheffer, A. van der Steur, P. Verhagen and W.G. Witteveen. Three of the nine designs, which also received prizes, came from 'group 32', which had split off from 'de 8' in 1938 to follow a more monumental architectural path (M. Duintjer; Zanstra, Giesen & Syman; S. van Woerden).

bedoeling, deze prijsvraag tot mislukken gedoemd was. De jury bestond uit: J.A. Ringers, F.A. Eschauzier, J. Gratama, H.M. Kraaijvanger, A.J. Kropholler, L.S.P. Scheffer, A. van der Steur, P. Verhagen en W.G. Witteveen. Drie van de 9 ontwerpen, die nog een premie kregen, waren van 'groep 32' afkomstig, die zich in 1938 van 'de 8' had afgesplitst en een meer monumentale architectuurrichting was ingeslagen (M. Duintjer; Zanstra, Giesen en Symons; S. van Woerden). De ontwerpen van de architecten van 'de 8' en 'Opbouw' voor deze prijsvraag werden niet gehonoreerd.

Vacuüm, activiteiten bedrijfsleven

Op 1 juni 1942 werd een bouwverbod van kracht. De gronduitgifte en de produktie van bouwplannen gingen echter door, zodat in 1945 bijna alle grond was gereserveerd en een soort papieren stad van onuitgevoerde plannen was ontstaan. De twijfels over de uitvoerbaarheid van deze plannen, die veelal van een traditioneel karakter en een lage kwaliteit waren, werden gaandeweg groter. Bovendien raakte het ASRO in een steeds meer geïsoleerde positie. Het gemeentebestuur, sinds 29 oktober onder leiding van N.S.B.-burgemeester Müller, had nauwelijks werkelijke invloed meer. Ringers zat vanaf 1 april 1943 gevangen, terwijl zijn taak werd waargenomen door zijn Algemeen Secretaris ir. H.W. Mouton.[10]

Wel kwamen uit het bedrijfsleven belangrijke initiatieven. Vele stichtingen, fondsen en commissies werden –soms clandestien– opgericht vanuit de Kamer van Koophandel. De Industrie Stichting nam zo het initiatief tot de exploitatie van de door Van Tijen en Maaskant ontworpen Industrieflats. Groepen winkeliers vormden combinaties met als doel collectieve herbouw. De concentratie onder invloed van deze stichtingen, combinaties, etc. veranderde de vooroorlogse structuur van het bedrijfsleven in sterke mate. Omdat de resultaten van de in 1941 door het ASRO bij de getroffen bedrijven gehouden enquête uitbleven, stelde de Stichting Centrale Voorziening zelf een nieuw onderzoek in. Het resultaat was een kritische Nota, die in maart 1944 werd gepubliceerd.[11] Het plan Witteveen met zijn losse en te ruime kavels werd daarin voor de kleine bedrijven als onaanvaardbaar beschouwd.

Hoewel Witteveen per 1 janauari 1945 pas officieel zijn ontslag nam, was hij sinds april 1944 niet meer actief. Gedurende deze periode werd zijn taak waargenomen door ir. C. van Traa (1899–1970), die hem na de bevrijding als directeur van het ASRO en naderhand ook van Stadsontwikkeling opvolgde.

Club Rotterdam

Een zeer intrigerende rol werd achter de schermen gespeeld door de Club Rotterdam, een in 1928 opgerichte besloten vereniging van de Rotterdamse haute-finance en de kopstukken van industrie, handel en haven.[12]

Een speciale commissie kwam gedurende de bezetting wekelijks bijeen in de fabriek van Van Nelle om het nieuwe gezicht van de stad te bespreken. Het plan Witteveen ondervond daarbij veel kritiek. Verschillende leden van deze commissie, zoals dr. C.H. van der Leeuw en dr. J.Ph. Backx, waren voorstanders van de architectuur van de Nieuwe Zakelijkheid.[13]

Al in juli 1942 adresseerde Club Rotterdam een nota aan ir. Mouton, waarin gedetailleerde kritiek op het plan Witteveen geuit werd.[14] Zij propageerden een zakelijkere opzet vooral ook in de architectuur, meer contact met de rivier, een duidelijkere rol van de oeververbindingen, en meer aandacht voor de culturele voorzieningen. Waarschijnlijk is uit het contact dat Club Rotterdam in de

The designs submitted by the architects of 'de 8' and 'Opbouw' for this competition received no awards.

Vacuum, trade and industry activities

On 1 June 1942 a ban on building came into force, but the allocation of land and the production of building plans continued, so that in 1945 nearly all the land was reserved and a sort of paper city consisting of unexecuted plans had come into being. The doubts about the feasibility of these plans, most of which were of a traditional character and a low standard, had gradually increased. Moreover, ASRO had become more and more isolated, while the city council, which had been under the leadership of the National Socialist Burgomaster Müller since 29 October, scarcely had any real influence any longer. Ringers had been imprisoned on 1 April 1943 and his task taken over by his General Secretary H.W. Mouton.[10]

Important initiatives did, however, come from trade and industry, numerous foundations, funds and commissions being set up – sometimes clandestinely – via the Chamber of Commerce. Thus the Industry Foundation took the initiative towards the exploitation of the blocks of industrial premises designed by Van Tijen & Maaskant, while groups of retailers formed combines with the aim of collective rebuilding.

The concentration under the influence of these foundations, combines, etc. changed the prewar structure of trade and industry to a marked degree.

Since the results of the enquiry conducted by ASRO in 1941 among the firms concerned were not forthcoming, the Central Provision Foundation itself set a new enquiry in train.

The result was a critical Note, which was published in March 1944.[11] *In this Witteveen's plan, with its separate and too large parcels of land, was stated to be unacceptable for small firms.*

Although Witteveen did not resign officially until 1 January 1945, he had no longer been active since April 1944.

During that period his task was taken over by C. van Traa (1899-1970), who succeeded him after the liberation as director of ASRO and later also of the Urban Development Department.

The Rotterdam Club

A highly intriguing role was played behind the scenes by the Rotterdam Club, a closed association of high finance and the leaders of industry, trade and the port in Rotterdam,[12] *which had been set up in 1928. During the occupation a special committee met every week in the Van Nelle factory to discuss the new aspect of the city and here Witteveen's plan met with much criticism, various members of the committee, such as Dr. C.H. van der Leeuw and Dr. J.Ph. Backx, being adherents of 'Nieuwe Zakelijkheid' architecture.*[13]

As early as June 1942 the Rotterdam Club addressed a memorandum to Mouton, in which Witteveen's plan was criticized in detail.[14] *The Club advocated a more functional approach, especially in the architecture, more contact with the river, a clearer role for the links between the riverbanks and more attention to cultural provisions. It was probably as a result of this contact that the Rotterdam Club continued to seek with Mouton during the course of 1943 and thanks to Ringers' advice to 'let business Rotterdam have a say in the matter as well', that Van der Leeuw was finally appointed as delegate in ASRO. In February he had a discussion with Witteveen, for which Van Tijen and Van den Broek drew up the critical questions.*[15] *This developed into an 'Architects Working Party', in which the traditionalist architects H.M. Kraaijvanger and P. Verhagen were included for democratic reasons.*[16] *After the departure of Witteveen, close contacts came into being between these architects, Van Traa and several members of the Rotterdam Club. In July 1944 the*

loop van 1943 met Mouton bleef zoeken en dankzij de raad van Ringers om 'zakelijk Rotterdam een woordje mee te laten spreken', uiteindelijk de benoeming van Van der Leeuw tot gedelegeerde bij het ASRO voortgekomen. In februari had deze een bespreking met Witteveen, waarvoor Van Tijen en Van den Broek, de kritische vragen opstelden.[15] Dit groeide uit tot een 'Architecten-werkgroep', waarbij uit democratische overwegingen ook de traditionalistische architecten H.M. Kraaijvanger en P. Verhagen werden betrokken.[16] Na het verdwijnen van Witteveen ontstond er een nauw contact tussen deze architecten, Van Traa en enkele leden van Club Rotterdam. In juli 1944 kreeg de Architecten-werkgroep de naam commissie Opbouw Rotterdam (OPRO), die wekelijks bij elkaar kwam en waarvan Van den Broek secretaris was.
In het najaar van 1944 vroeg Club Rotterdam aan C. van Eesteren om een geheel nieuw plan te maken. Hij wees deze opdracht echter van de hand en zocht samen met B. Merkelbach contact met de OPRO om de visie van 'de 8' over de wederopbouw van Rotterdam te bespreken.[17] Hoewel Van der Leeuw bleef aandringen op de medewerking van Van Eesteren, heeft deze verder geen aandeel in de planvorming geleverd.

OPRO

Pas na februari 1945 werden de OPRO-architecten (Van Tijen, Van den Broek, Verhagen, Kraaijvanger en later Maaskant) officieel als adviseurs aan het ASRO verbonden. Tot op dat moment droegen de bijdragen en suggesties van de OPRO een vrijblijvend en fragmentarisch karakter. Zoals Van den Broek, die de voornaamste studies voor de binnenstad verrichtte, in een 'Beschouwing over een Rotterdamse Metro' (23-6-'44) toelichtte: *Er wordt aan herinnerd, dat de leden van de werkgroep zich het recht hebben voorbehouden, ook de meest fantastische en dwaze ideeën met volkomen openhartigheid te mogen opperen.*[18] Van Tijen hield zich ook binnen de OPRO voornamelijk met Rotterdam-Zuid en de Wijkvorming bezig tijdens de bezetting (Zie artikel Ton Idsinga).
Tot 'kernachtige moderne' stedebouwkundige suggesties, zoals men misschien van Van Eesteren of Stam had kunnen verwachten (zie hun prijsvraagontwerp voor Hofplein en Blaak hierna) kwamen Van den Broek en Van Tijen niet. Zij concentreerden zich meer op thema's als 'stad en rivier', de oeververbindingen, en de oplossingen voor de belangrijkste verkeersknooppunten.
Na februari 1945 kreeg de OPRO als voornaamse taak de sociaal-geografische onderzoekgegevens, die tot dan toe nog niet verwerkt waren, te interpreteren.
H.J.A. Hovens Greve, de latere secretaris van de 'Opbouw', die op het bureau Van Tijen en Maaskant het planologische werk voor Zuidwijk had gedaan, kreeg hierbij een belangrijke taak toebedeeld. Het zou uiteindelijk in september 1945 vorm krijgen in de'Nota betreffende de bedrijfsvoorzieningen in de binnenstad van Rotterdam'[19], die als een 'survey' van het Basisplan heeft gediend.

De Rotterdamse Gemeenschap

Officieel in juli 1944 werd, ook voortkomend uit de kringen van de Club Rotterdam, de stichting 'De Rotterdamse Gemeenschap' opgericht. Voorzitter en in het begin de belangrijkste exponent was dr. J.Ph. Backx. Als directeur van Thomsen's Havenbedrijf, één van Rotterdams grootste stukgoedoverslagbedrijven, had hij een belangrijk aandeel in de naoorlogse herstructurering van de haven.
Onder invloed van Amerikaanse modellen om de arbeidsverhoudingen te beheersen, zoals door de econoom Taylor beschreven en door de industrieel Henry Ford in praktijk

Architects' Working Party was named the Committee for the Building of Rotterdam (OPRO). It met weekly and Van den Broek acted as its secretary.
In the autumn of 1944 the Rotterdam Club asked C. van Eesteren to make an entirely new plan. However, he refused the commission and, together with B. Merkelbach, got in touch with OPRO in order to discuss the ideas of 'de 8' regarding the reconstruction of Rotterdam.[17] *Although Van der Leeuw continued to press for Van Eesteren's assistance, the latter took no further part in the planning operation.*

OPRO

Not until after February 1945 were the OPRO architects (Van Tijen, Van den Broek, Verhagen, Kraaijvanger and later Maaskant) officially linked with ASRO as advisers. Up to that point OPRO's contributions and suggestions had been unconstrained and fragmentary in character. Van den Broek, who carried out the most important studies for the inner city, put it as follows in a 'Discussion of a Rotterdam Metro' (23.6.'44): It may be remembered that the members of the working party reserved to themselves the right to be allowed to put forward the most fantastic and foolish ideas in a completely open way.[18] *Van Tijen too concerned himself within OPRO primarily with Rotterdam South and the design of unified districts during the occupation (see article by Ton Idsinga) and neither he nor Van den Broek came up with 'concise modern' town-planning suggestions, such as could perhaps have been expected from Van Eesteren or Stam (see their competition designs for Hofplein and Blaak below). They concentrated more on themes like 'city and river', the links between the riverbanks and the solutions for the most important road junctions.*
After February 1945 OPRO acquired the interpretation of the social and geographical research data, which had not been processed up to then, as its most important task.
H.J.A. Hovens Greve, the later secretary of 'Opbouw', who had done the planning work for Zuidwijk in Van Tijen & Maaskant's office, was allotted an important job here. The results were ultimately to be formulated in September 1945 in the 'Note regarding business and industrial facilities in the inner city of Rotterdam',[19] *which served as a 'survey' of the Basic Plan.*

The 'Rotterdam Community'

In July 1944 the foundation known as 'The Rotterdam Community' was officially set up, this again being a product of the Rotterdam Club circles. The president and the most important exponent at first was Dr. J.P. Backx who, as director of Thomsen's Havenbedrijf, one of the largest general cargo transhipment firms in Rotterdam, played an important part in the postwar restructuring of the port. Under the influence of American models for controlling labour relations, such as those described by the economist Taylor and put into practice by the industrialist Henry Ford, he set up numerous institutions for the training and guidance of workers.[20]
Obviously he was also an admirer of 'Nieuwe Zakelijkheid'. He had a Service Centre built for dockworkers by Brinkman, Van den Broek and Bakema and as early as 1944 he circulated a pamphlet which was to be brought out in 1945 as the first volume in the series 'How shall we build Rotterdam?', published by the 'Rotterdam Community'. This series, to which H.M. Kraaijvanger and Van Tijen contributed 'How will Rotterdam build?' (fig. 5) and 'Rotterdam anno 2000, a city to live and work in', was intended to start a public discussion after the war on the new town plan and the Neighbourhood Unit idea. The 'Rotterdam Community' also organized lectures by ASRO members and OPRO architects and discussions of the Basic Plan in the community centres.
As regards the structure of the city as a physical whole, the influence of the Neighbourhood Unit idea (another American

gebracht, richtte hij tal van instituties op ter vorming en begeleiding van de arbeiders.[20]
Vanzelfsprekend was hij daarbij een bewonderaar van de Nieuwe Zakelijkheid en liet door Brinkman, Van den Broek en Bakema een Service Centrum voor dokwerkers bouwen. Al in 1944 liet hij een pamflet circuleren, dat in 1945 als het eerste deeltje van de serie 'Hoe bouwen wij Rotterdam?' van de Rotterdamse Gemeenschap zou uitkomen.
Deze serie, waaraan H.M. Kraaijvanger en Van Tijen bijdroegen met de boekjes 'Hoe zal Rotterdam Bouwen?' (afb. 5) en 'Rotterdam anno 2000, Werk- en Woonstad', moest na de oorlog de openbare discussie over het nieuwe stadsplan en de wijkgedachte op gang brengen.
De Rotterdamse Gemeenschap organiseerde in de wijkcentra ook voordrachten door ASRO-medewerkers, OPRO-architecten en discussies over het Basisplan.
Voor de structuur van het stadslichaam als geheel is de invloed van de wijkgedachte (ook een Amerikaans beheersingsmodel) evident. Door groengordels of andere begrenzingen moesten de wijken resp. buurten als leefgemeenschap voor de bewoners én voor Stadsontwikkeling overzichtelijk worden. Wijk voor wijk kon er zo door het aanbrengen van voorzieningen gewerkt worden aan verbetering van de stad, terwijl nieuwe wijken als tamelijk losse elementen werden aangekoppeld.
Volgens het nieuwe plan zou het stadsconglomeraat beperkt moeten blijven tot een inwonertal van 600.000, de overigen zouden in satellietsteden ondergebracht kunnen worden. De city bleef door de decentralisatie van de voorzieningen beperkt en door het organische verband kwam de nadruk op het verkeerssysteem en de groene begrenzingen te liggen.

Van Traa en het Basisplan
Van Traa (afb. 6) studeerde bouwkunde in Delft. Stedebouwkundige ervaring deed hij op als secretaris van het door K.P. van der Mandele opgerichte Instituut Stad en Landschap van Zuid-Holland (1930–1940). In januari 1940 trad hij in dienst bij Stadsontwikkeling, waar hij –ironisch genoeg– de sanering van de oude stadsdriehoek kreeg toebedeeld.
Na het bombardement werd hij onder Witteveen de belangrijkste medewerker op het ASRO, en verdedigde tot 1944 als zodanig het plan Witteveen tegen de toenemende kritiek. Vanaf het moment dat hij de taak van Witteveen overnam, bleek hij steeds meer vatbaar voor de progressieve ideeën, zoals die door het boven omschreven milieu (Club Rotterdam, OPRO, de Rotterdamse Gemeenschap) werden aangedragen. Buiten de officiële overheden om begon hij volgens deze ideeën eind 1944 het plan Witteveen te veranderen (plan B, januari 1945 en plan C, juni 1945). De nadruk kwam te liggen op een duidelijkere structuur van het verkeerssysteem en op de ordening van functies en bestemmingen.
Om mogelijkheden voor de toekomst open te laten, gaf het plan weinig architectonische suggesties.
Geconfronteerd met het nieuwe plan van Van Traa, vroeg Ringers, die na de oorlog minister van Openbare Werken en Wederopbouw was geworden, een aantal van de bekendste stedebouwkundigen en architecten om het te beoordelen.[21] Afgezien van Oud en Van der Steur, die de voorkeur gaven aan de 'grote visie' van het plan-Witteveen, bleken deze in te stemmen met de meer analytische (planologische) grondslag van het plan-Van Traa. Maar wel werd geconstateerd door Van den Broek en Van Eesteren dat het in wezen tweedimensionaal was gedacht en dat de 'bouwvormen'[22] nog bestudeerd moesten worden. In 1946 werd vanwege de flexibele invulmogelijkheden door het ministerie het

management model) is clearly apparent. The neighbourhoods or districts were intended to be rendered surveyable as living communities by both the inhabitants and the Urban Development Department by means of green belts or other boundaries. In this way it would be possible to work on the improvement of the city district by district by the provision of facilities, while new districts would be added on as relatively separate elements. According to the new plan, the city conglomerate ought to remain limited to 600,000 inhabitants, it being possible to accommodate the remainder in satellite towns. As a result of the decentralization of the facilities, the city proper would be kept within bounds, while as a result of the organic linkage the emphasis came to lie on the traffic system and the green belts.

Van Traa and the Basic Plan
Van Traa (fig. 6) studied architecture at Delft. He acquired town-planning experience as the secretary of 'City and Landscape in South Holland' (1930-40), an institute set up by K.P. van der Mandele.In January 1940 he entered the service of the Rotterdam Urban Development Department where – ironically enough – he was put in charge of slum clearance in the old inner city. After the bombardment he became the most important member of ASRO under Witteveen and as such he defended Witteveen's plan against the growing criticism up to 1944. From the moment he took over Witteveen's task, he proved increasingly open to progressive ideas such as those being put forward by the milieu described above (the Rotterdam Club, OPRO and the 'Rotterdam Community') Without consulting the official authorities, he began at the end of 1944 to alter Witteveens' plan in accordance with those ideas (plan B, January 1945, plan C, June 1945).
The emphasis came to lie on a clearer structure for the traffic system and on the ordering of functions and designations. In order to leave possibilities open for the future, the plan offered few architectural suggestions.
On being confronted with Van Traa's new plan, Ringers, who had become Minister of Works and Reconstruction after the war, asked a number of the best-known town planners and architects to assess it.[21] With the exception of Oud and Van der Steur, who gave their preference to the 'great vision' of Witteveen's plan, these proved to be in agreement with the more analytical (planning) basis of Van Traa's plan. Van den Broek and Van Eesteren did say, however, that it had in fact been conceived two-dimensionally and that the 'building forms'[22] still required study.
In 1946, on account of the flexible possibilities it offered for implementation, the concept of the 'basic plan for the reconstruction' was introduced by the ministry for all Dutch reconstruction plans.[23] On 28 May that year the Rotterdam Basic Plan was accepted by the emergency city council and on 15 June it was confirmed by the minister (fig. 7). 'The New Heart of Rotterdam', published as an elucidation of the Basic Plan, was the first in a long series of explanatory and propaganda media which were intended not least to get the building activities going (fig. 8).

Working Committee of Supervisors
In order to achieve the greatest possible unity in the architecture of the inner city of Rotterdam, even within a strictly democratic framework, the old system of allocating districts to supervisors was kept to, under the overall working committee of supervisors which had been set up in 1947. Since the conflict between the 'traditionalists' and the 'moderns' had flared up again all over the country at that time, this quadrumvirate consisted of two traditionalist and two progressive architects. Moreover, two of them came from Rotterdam and two from elsewhere. The first committee consisted of J.H. van den Broek, H.M. Kraaijvanger,

begrip 'basisplan voor den wederopbouw' voor alle Nederlandse wederopbouwplannen ingevoerd.[23]
Op 28 mei 1946 werd het Rotterdamse Basisplan door de noodgemeenteraad aangenomen en 15 juni door de minister vastgesteld (afb. 7). Het *Nieuwe Hart van Rotterdam* dat als toelichting op het Basisplan verscheen, was het eerste in een lange reeks van voorlichtings- en propaganda-middelen, die niet in de laatste plaats de bouwactiviteit op gang moest brengen (afb. 8).

Werkcommissie Supervisoren
Om binnen een strikt democratisch kader toch een zo groot mogelijke eenheid in de architectuur van de Rotterdamse binnenstad te verkrijgen, werd het oude systeem van aan supervisoren toegewezen wijken overkoepeld door de in 1947 ingestelde werkcommissie van supervisoren.
Omdat in die tijd landelijk het conflict tussen 'traditionelen' en 'modernen' weer was opgelaaid, bestond dit viermanschap uit twee traditionalisten en twee progressieve architecten. Bovendien kwamen er twee uit Rotterdam en twee van elders. Achtereenvolgens waren het de groepen J.H. van den Broek, H.M. Kraaijvanger, B. Merkelbach en J.J.M. Vegter en na 1950 M. Duintjer, S.J. van Embden, J.P. Kloos en Th. Nix. Er werd binnen deze groepen vooral geprobeerd om een consensus over het gebruik van materialen en de kleur van de stad te bereiken.

Kernplan 1951
Door zijn rekbaarheid heeft het Basisplan als juridische grondslag een bijzonder lange levensduur gekregen. Afgezien van een paar belangrijke wijzigingen, zoals de eerste in 1947 van de Coolsingel en Westersingel en het er tussen gelegen Lijnbaangebied, is het zelfs nu nog geldig. Omdat de herbouw van de binnenstad in de jaren veertig bijzonder stagneerde, heeft men toen besloten voor de herbouw van een gedeelte van de stad een extra rijkssubsidie te verstrekken om zo snel mogelijk een bruikbaar centrum te creëren, en opdat ook in visueel opzicht de stad zo snel mogelijk haar geschonden aanzien zou verliezen. Bewust werd daarom de planvorming voor belangrijke onderdelen van het Basisplan, zoals voor het Weena, het gebied ten Zuiden van het Groenendaal en de tunnel- of brugverbindingen uitgesteld.
Omdat het Kernplan in de jaren vijftig Rotterdam van een redelijk compleet centrum heeft voorzien, is men pas sinds de jaren zeventig serieus gaan denken over de invulling van de vaak problematische overgebleven gebieden.
De extravagantie van deze plannen staat vaak lijnrecht tegenover de nuchtere ideeën achter het Basisplan.

Stedebouw
Het plan-Witteveen
Het Wederopbouwplan van Witteveen (afb. 3) was gericht op het behoud van de grondelementen van de historische stadsdriehoek.[24] Maar vooral is het plan op te vatten als een versneld afdraaien van het vooroorlogse scenario voor stadsverbetering en vernieuwing, dat door Witteveen altijd al werd gezien in het brede perspectief van Groot-Rotterdam.
Zo werden de bestemmingen van het stadscentrum herzien: 60% van de woonfunctie en de overlastgevende industrieën moesten verdwijnen. Om nieuw woon- en werkgebied binnen de administratieve grenzen van de gemeente te krijgen, kreeg daarom de hangende annexatie van de gemeenten Hillegersberg, Overschie, Schiebroek en IJsselmonde haar beslag al in 1941.
Allereerst voorzag het plan in oplossingen voor een aantal langspelende problemen van infrastructurele aard.

B. Merkelbach and J.J.M. Vegter and that after 1950 of M. Duintjer, S.J. van Embden, J.P. Kloos and T. Nix. Within these groups the primary aim was to arrive at a concensus regarding the use of materials and the colour of the city.

The Core Plan of 1951
Thanks to its flexibility, the Basic Plan enjoyed an exceptionally long life as a juridical foundation and it is even still valid today, apart from a few important alterations such as the first in 1947 of Coolsingel and Westersingel and the Lijnbaan area between them. Since the rebuilding of the inner city stagnated to an exceptional degree in the forties, it was decided to provide an additional government subsidy at that time for the rebuilding of a section of the city, in order to create a usable centre as quickly as possible and because, in the visual respect, that would also cause the city to lose its damaged aspect as quickly as possible. Thus the detailed planning of important parts of the Basic Plan, such as Weena, the area south of Groenendaal and the tunnel or bridge links, was deliberately postponed. Only since the Core Plan of the fifties has provided Rotterdam with a reasonably complete centre, has serious thought been given, since the seventies, to the filling-in of the remaining, often problematical areas. The extravagance of these plans is often diametrically opposed to the sober ideas behind the Basic Plan.

Town planning
Witteveen's plan
Witteveen's Reconstruction Plan (fig. 3) was aimed at the preservation of the basic elements of the historic triangle of the old city centre,[24] but it is to be regarded above all as a speeded up run-through of the prewar scenario for urban improvement and renewal, which Witteveen had already seen in the broad perspective of Greater Rotterdam. Thus the designations of the city were revised, 60% of the housing and the industries that constituted a nuisance being scheduled to disappear. In order to acquire new areas for housing and industry within the administrative boundaries of the municipality, the pending annexation of the communes of Hillegersberg, Overschie, Schiebroek and IJsselmonde was already settled in 1941.
First and foremost the plan provided solutions for a number of longstanding problems of an infrastructural nature.
The railway line from Grouda was linked directly to the centrally situated Delftse Poort Station, which meant that the Maas Station and the Ceintuurbaan which constituted a very considerable hindrance to the city's development on the east, could be done away with. This left room for a 'grand waterfront boulevard', which would at the same time constitute the new dam. As a result of this the old harbours would come to lie inside the dyke, which would solve the problem of the regular flooding of the part of the city outside the dyke.
On the lines of the prewar breakthrough plans, a solution was sought for the traffic problem in a circuit with wide boulevards around the old inner city, where the traditional shopping area was intended to rise again. The most important element in this circuit was the new, greatly enlarged Hofplein with seven roads linked to it. This was also intended to be the 'heart of Greater Rotterdam' in the sense of a meeting-place and centre of entertainment, with cafés, cinemas, cabarets, etc. The 'New Blaak', where 'the life-giving stream of traffic' from Rotterdam South would come out into it, via a new road bridge over the old harbours, was thought of as 'the portal' of the city centre.
A highly characteristic feature of Witteveen's plan are the linear parks or parkways. In his prewar expansion plans he had already worked programmatically on a system of green spaces that was intended to bring 'contact with nature' from

De spoorlijn uit Gouda kreeg een directe aansluiting op het centraalgelegen Station Delftse Poort. Station Maas en de Ceintuurbaan, die in hoge mate de ontwikkeling van de stad naar het oosten belemmerden, konden daardoor verdwijnen. Ter plekke ontstond ruimte voor een 'grootse oeverboulevard', die tegelijkertijd de nieuwe waterkering vormde. De oude havens kwamen daardoor binnendijks te liggen, wat het probleem van de regelmatige overstromingen van de buitendijkse stad oploste.
In de lijn van de vooroorlogse doorbraakplannen werd de oplossing voor het verkeer gezocht in een circuit met brede boulevards rond de oude binnenstad, waar het traditionele winkelgebied moest herrijzen. Het belangrijkste element in dit circuit was het nieuwe, sterk vergrote Hofplein met zeven aansluitende wegen. Ook in de zin van ontmoetingsplaats en centrum van vermaak met cafés, bioscopen, cabarets, etc. moest dit het 'hart van Groot-Rotterdam' worden. De 'Nieuwe Blaak', waar 'de levenbrengende stroom van het verkeer' uit Zuid op uit kwam via een nieuwe verkeersbrug over de oude havens, was gedacht als 'het voorportaal' van de city.
Heel typerend in het plan Witteveen zijn de lengteparken of 'parkways'. Al in zijn vooroorlogse uitbreidingsplannen had Witteveen programmatisch aan een groensysteem gewerkt, dat 'het contact met de natuur' vanuit de periferie en de grotere recreatie-gebieden via onderling verbonden 'parkways' (afkomstig uit het Amerikaanse tuinstadideaal) tot in het stadshart moest brengen.
Dit groensysteem, waarvan de groene wig uit het uitbreidingsplan Dijkzicht (1927) (zie artikel Rob Dettingmeyer) en de monumentale groene entree van de stad bij Station Delftse Poort (uit het net voor het uitbreken van de oorlog bekend gemaakte bebouwingsplan voor het oude Diergaarde-terrein door Jan Wils (afb. 9, 10) deel uitmaakte, werd op verschillende plaatsen uitgebreid.
Het belangrijkste is wel de aaneengesloten reeks parken, die van het Hofplein door de arbeiderswijk ten noorden van de Goudsesingel loopt en via het park Rozenburg in het 'Bos- en Parkplan' rond de Kralingse plas uitkomt (afb. 11). De architectonische betekenis, die deze 'parkway' heeft in het monumentale Hofpleinconcept van Witteveen, is evident.
Ook het oostelijk deel van de Maasboulevard werd ontworpen als een parkuitloper van de Kralingerzoom en de Oude- en Nieuweplantage. Dit terrein van het vervallen station Maas werd gedacht als een woonbuurt voor welgestelden 'temidden van het groen en met fraai uitzicht op de bocht van de rivier'.
Een derde 'parkweg' werd ontworpen, tussen Coolsingel en Westersingel. Deze wijk Cool, het tegenwoordige Lijnbaangebied, was in het plan Witteveen nog geen onderdeel van het stadscentrum (de city). Zij kreeg een bijzonder verbrokkeld stratenpatroon door de straten die schuin aanliepen op de belangrijkste winkelstraten in het centrum ten oosten van de Coolsingel.

Het Nieuwe Bouwen en Witteveen

Witteveens houding ten aanzien van het Nieuwe Bouwen is typisch te beschouwen als dat van een eclecticist.
Zijn werk getuigt zoals J.G. Wattjes het subtiel uitdrukte *van een behoedzaam telkens bij wijze van proef aanvaarden van de nieuwste inzichten omtrent woning en stedebouw.*[25] Vooral als dat esthetisch te pas kwam.
Hij onderhield losse contacten met de 'Opbouw' en was evenals Van Traa, waarschijnlijk samenhangend met het Groenplan, zelfs korte tijd lid in 1936. Incidenteel paste hij eind jaren dertig strokenbouw toe. De galerijflat zag hij vooral als stedebouwkundige accentuering zoals in centrum Zuid en het Diergaardeplan. Het laatste plan werd

the periphery and the larger recreation areas right into the heart of the city via interlinked parkways (derived from the American garden city ideal). This system of green spaces, of which the green wedge in the Dijkzicht expansion plan (1927, see article by Rob Dettingmeyer) and the monumental green gateway to the city by the Delftse Poort Station (to be found in the building plan by Jan Wils for the former Zoo site, which was made known just before the war broke out, figs. 9, 10) formed part, was now extended at various points. The most important of these is undoubtedly the linked series of parks which runs from Hofplein through the working-class district north of Goudsesingel and comes out via the Rozenburg Park in the 'Wood and Park Plan' around the Kralingse Lake (fig. 11). The architectural significance that this parkway has in Witteveen's monumental Hofplein concept is clearly apparent.
The eastern part of the Maas Boulevard was also designed as a park offshoot of the Kralingerzoom and the Oude- and Nieuweplantage. This site of the ruined Maas Station was conceived of as a residential neighbourhood for the well-to-do 'in the midst of greenery and with a fine view of the bend in the river'.
A third parkway was designed between Coolsingel and Westersingel. This Cool area, the present-day Lijnbaan area, was not yet a part of the city centre (the city) in Witteveen's plan. It acquired an unusually fragmented street pattern there, because of the streets which ran obliquely into the most important shopping streets in the centre to the east of Coolsingel.

Witteveen and 'Nieuwe Bouwen'

Witteveen's attitude towards 'Nieuwe Bouwen' can be regarded as typical of that of an eclectic. As J.G. Wattjes subtly expressed it: His work evinces a cautious acceptance, always by way of experiment, of the newest ideas regarding housing and town-planning[25] *and this was particularly true where aesthetics were the prime factor.*
He maintained rather distant contacts with 'Opbouw', of which, like Van Traa and probably in connection with the Green Plan, he was even a member for a short time in 1936. He used ribbon building incidentally at the end of the thirties and he saw the gallery block of flats mainly as a planning accent, as in the centre of Rotterdam South and the Diergaarde Plan. This last plan was applauded by the press as late as April 1940 as a modern urban whole such as is to be found in no other city in Europe.[26] *'De 8' and 'Opbouw', however, saw the principles they had fought so hard for misused here in a 'straining after the effect' of modernity (figs. 9, 10).*[27]
During the first period of the occupation very little was known about Witteveen's plan, because publication was forbidden by the Germans. De 8 en Opbouw *refrained from commenting on it, being characterized during the years when it was still able to appear under the occupation by its avoidance of controversial language. An exception to this was made by J.P. Kloos and above all by Mart Stam:* Our generation will not reconstruct, not what was there before again, and also not a new city of which the form is based on the task that Rotterdam *had* to perform during the last decades.
The town-planning problem of Rotterdam must also be posed *anew* – as will have to be the case with all the places in Central and Western Europe[28].
The two most important progressive architects' offices, Van Tijen & Maaskant and Brinkman & Van den Broek, held more aloof from Witteveen's plan. They were concentrating on housing and also inclined to compromise. It is characteristic that their comments on the plan were limited to the parts relating to housing technicalities. As a starting-point for their study 'Housing Possibilities in the New Rotterdam' they took

door de pers in april 1940 nog toegejuicht als 'een modern stadsgeheel, zoals in geen tweede stad in Europa wordt gevonden'.[26] 'De 8' en 'Opbouw' zagen echter in dit plan hun moeizaam bevochten principes misbruikt voor modern 'effectbejag' (afb. 9, 10).[27]
Gedurende de eerste periode van de bezetting was er zeer weinig bekend over het plan Witteveen, omdat publicatie door de Duitsers verboden was.
De 8 en Opbouw onthield zich van commentaar en werd in de jaren van de bezetting dat het nog kon verschijnen, gekenmerkt door het uit de weg gaan van polemiserende taal. Uitzondering hierop maakte J.P. Kloos en vooral Mart Stam: *Onze generatie zal niet* herbouwen, *niet het vroegere opnieuw, en ook niet een nieuwe stad, waarvan de vorm gebaseerd is op de taak, die Rotterdam gedurende de laatste decennia* had *te vervullen. Ook het stedebouwkundige probleem van Rotterdam zal* nieuw *gesteld moeten worden –zoals dit met alle plaatsen in Midden- en West-Europa het geval zal moeten zijn.*[29]
De twee belangrijkste Rotterdamse progressieve architectenbureaus Van Tijen & Maaskant en Brinkman & Van den Broek, hielden zich meer afzijdig van het plan Witteveen. Zij waren geconcentreerd op woningbouw en bovendien geneigd tot compromissen. Het is typerend dat zij hun commentaar op het plan Witteveen beperkten tot het woontechnische gedeelte: Als uitgangspunt voor hun studie 'Woonmogelijkheden in het nieuwe Rotterdam' namen zij het ontwerp en de verkaveling van de wijk ten noorden van de Goudsesingel van Witteveen, dat zij waarschijnlijk via de directeur van Volkshuisvesting ir. A. Bos in handen hadden gekregen. Witteveen was woedend en daarom werd het plan om het een objectief karakter te geven gespiegeld. Witteveen had in het bewuste gebied een trapsgewijs aflopende strokenbouw ontworpen ter weerszijde van de op het Hofplein georiënteerde 'parkway' (afb. 11). Het gebruik van strokenbouw was hier niet zo zeer ingegeven door de eis van een goede bezonning (afb. 12), maar had de bedoeling als een soort coulissen een extra perspectivisch effect aan de 'parkway' te geven. Zoals uit latere opmerkingen van Van Tijen in OPRO-verband blijkt[29], ontstond 'Woonmogelijkheden' niet in de laatste plaats uit kritiek op deze 'ingebouwde groenstrook' (afb. 13).
Maar 'Woonmogelijkheden' was vooral vanuit de woning gedacht. Uit de inleiding en het eerste hoofdstuk van de studie komt naar voren dat hun houding ten aanzien van andere architectuurrichtingen is veranderd. Zij verlegden hun aandacht naar de nieuwe na de oorlog op te bouwen sociale structuur.
Problemen als gezinssamenstelling, bejaardenhuisvesting en het samenwonen van verschillende sociale groepen werden de nieuwe ontwerp-uitgangspunten. (zie artikel Ton Idsinga)
De reacties op de door A. Plate in de Beurs georganiseerde tentoonstelling 'Woonmogelijkheden in het nieuwe Rotterdam' en het gelijknamige boek waren jubelend, alleen Mart Stam zag al onheil:
Hier en daar kunnen we in enkele in de genoemde uitgave ontvouwen plannen een architectonische angst voor de moderne constructies tot uiting zien komen en een vreugde over de onregelmatigheid en de toevalligheid, die door de gemengde woninggrootte ontstaat. Deze kant is architectonisch niet verheugend – zij stuwt niet vooruit doch leidt terug naar een romantische, esthetische werkwijze; zij leidt weg van het echte 'bouwen'.[30]
De prijsvraaginzendingen voor Hofplein en Blaak van de leden van 'de 8' en 'Opbouw' zijn kenmerkend voor de positie van de beide verenigingen. Het ontwerp van 'de 8' motto P.R. (afb. 14, 15) is een totaalplan voor een nieuwe

Witteveen's design and land-organization of the district north of Goudsesingel, which they had probably got hold of via A. Bos, the director of the Housing Department. Witteveen was furious about this, so the plan was reversed in order to give it an objective character. In the area in question Witteveen had designed stepped ribbon building on either side of the parkway oriented on Hofplein (fig. 11). The use of ribbon building was not so much dictated by the requirement of a generous amount of sunlight (fig. 12), but was rather intended to give an additional perspective effect to the parkway as a kind of series of coulisses. As is clear from remarks made later by Van Tijen in an OPRO context,[29] *'Housing Possibilities' was occasioned not least by criticism of this 'green belt hemmed in by building' (fig. 13). But 'Housing Possibilities' was mainly conceived on the basis of the dwelling. It emerges from the introduction and the first chapter of the study that the authors' attitude to other architectural movements had changed. They had shifted their attention to the new social structure to be built up after the war.*
Problems like the composition of families, the housing of old people and the cohabitation of various social groups were the new starting-points of the design (see article by T. Idsinga).
The reactions to the exhibition 'Housing Possibilities in the New Rotterdam', organized in the Stock Exchange by A. Plate, and the book of the same name were jubilant. Only Mart Stam already foresaw trouble: Here and there we can see an architectural fear of modern constructions finding expression in some of the plans unfolded in the publication in question and a delight in the irregularity and fortuity created by the mixed size of the dwellings. This aspect is not something to be pleased about architecturally – it does not propel us forward, but leads back to a romantic, aesthetic method; it leads away from real 'building'.[30]
The entries of the members of 'de 8' and 'Opbouw' for the Hofplein and Blaak competition are characteristic of the positions of the two associations. 'De 8's' design, motto P.R. (figs. 14, 15), is a total plan for a new inner city, which argues against Witteveen. In the designs that were sent in by Van den Broek, 'Promenade' (Hofplein) and B.I.Z.G. (Blaak), the town-planning aspect is confined to the problems of the location (figs. 16, 17) and the intervention in Witteveen's plan is minimal. What the designs do have in common, however, is the total rejection of the demand for typically Dutch architecture. The P.R. plan, officially by Merkelbach, Karsten and Stam, but with an important share by Van Eesteren as regards planning, adopted Witteveen's traffic circuit in principle, but the east-west links are much more pronounced, so that the system as a whole has clearly become rectangular and the square form of Hofplein is eliminated. Coolsingel, by contrast, has been made twice as wide on account of the importance of the buildings that had been left standing there, the Town Hall, Post Office and Stock Exchange. These architects' view of the land-organization is also important: The existing plan is characterized by numerous blocks of building with irregular sites and impractical dimensions. It will be very difficult, if not impossible, to erect well-ordered buildings on these and the aspect of the city will be similarly influenced by this disadvantageous land-organization. Thus the designers have suggested a straightforward rectangular organization in its place.[31] *This applied to the Cool district, the later Lijnbaan area. The difficulty of reintroducing the grid of streets designed by W.N. Rose in the previous century lay in the fact that this had never been carried further than Westersingel, although it had been the intention of his still imposing plan of 1858 to implement it completely.*
'De 8's' solution of a shopping street parallel to Coolsingel, in connection with which they referred to the situation of Kalverstraat vis-à-vis Rokin in Amsterdam, took the opposite position, as the concept of the Lijnbaan was to do later,

binnenstad, dat polemiseert tegen Witteveen. In de ontwerpen, die door Van den Broek werden ingezonden, 'Promenade' (Hofplein) en B.I.Z.G. (Blaak) is het stedebouwkundig aspect beperkt gebleven tot de problemen van de locatie (afb. 16, 17). De ingreep in het plan Witteveen was miniem. De ontwerpen hebben echter gemeen dat de eis van een typisch Hollandse architectuur volkomen genegeerd werd.
Het plan P.R., officieel van Merkelbach, Karsten en Stam, maar stedebouwkundig met een belangrijk aandeel van Van Eesteren, nam in principe de verkeersring van Witteveen over. De oost-west verbindingen zijn echter veel sterker geprononceerd, waardoor het systeem in zijn geheel duidelijk rechthoekig is geworden en de pleinvorm van het Hofplein is geëlimineerd. De Coolsingel, daarentegen heeft vanwege de representativiteit van de daar aan gelegen gespaarde gebouwen, stadhuis, postkantoor en beurs, een tweemaal zo grote breedte gekregen. Belangrijk is ook hun visie op de verkaveling: *Het bestaande plan kenmerkt zich door vele bouwblokken met onregelmatige grondvormen en onpractische maten. Het zal zeer moeilijk, zoo niet onmogelijk zijn hierop gebouwen met een goede indeeling te stichten. De stadsbeelden zullen door deze ongunstige verkaveling overeenkomstig worden beïnvloed. Ontwerpers hebben daarom een eenvoudige rechthoekige verkaveling hiervoor in de plaats gesteld.*[31]
Het gaat hier om de wijk Cool, het latere Lijnbaangebied. Het problematische van een herinvoering van het in de vorige eeuw door W.N. Rose ontworpen straten-grid was gelegen in het feit dat dit nooit verder was ontwikkeld dan de Westersingel, hoewel dit de bedoeling was volgens zijn nog steeds imponerende plan uit 1858.
De oplossing van 'de 8', een winkelstraat parallel aan de Coolsingel, waarbij zij refereerden aan de situatie van de Kalverstraat ten opzichte van het Rokin, stelde zich, evenals later in het concept van de Lijnbaan gebeurde, tegenover het standpunt van Witteveen dat winkelstraten per se verbindingen tot stand moeten brengen. Verder is frappant dat het beeld van lage winkels met kops daarop hoge flats eveneens later bij de Lijnbaan is terug te vinden. Als enige durfde en kon 'de 8' de methoden van het Nieuwe Bouwen om de traditionele straatwand te doorbreken toepassen op de binnenstad. De ontwerpen, die door Van den Broek zijn ingezonden, misten deze totaalaanpak.

Oud en het Hofplein
Na het mislukken van de prijsvraag wendde Witteveen zich in augustus 1942 tot J.J.P. Oud om het 1100 meter lange Hofplein vorm te geven, dat hoewel het schuin doorsneden werd door het spoorwegviaduct en ongeveer alle stedelijke activiteiten bevatte, als één ruimte moest worden opgevat. Het is opvallend dat Oud de opdracht met enthousiasme aanvaardde, maar Witteveens opzet, zo deze überhaupt uitvoerbaar was, totaal negeerde. Hij verdeelde het gedeelte voor het viaduct in een achthoekig rotatie-plein en een ovaal ontspanningsplein, terwijl hij het viaduct zelf als een beëindiging opvatte (afb. 18). Dat hij geen begrip had voor de groene horizon en contact met de natuur in het oosten van Witteveens plein, blijkt wel uit het feit dat hij nooit is toegekomen aan de vormgeving van het afgesneden deel achter het viaduct. Het conflict hierover dat in 1944 tot een climax kwam, heeft vooral te maken met de positie van de stedebouwkundige discipline die op zulke ingewikkelde plaatsen onlosmakelijk verbonden was met de architectuur. Zowel Witteveen als Oud wilden eigenlijk beide disciplines voor hun rekening nemen. Zoals juist uit dit conflict blijkt, stonden Oud en Witteveen in hun visie op de stedebouw aan dezelfde kant. Voor hun stond de duidelijke vormgeving van ruimtelijke architectonische

from Witteveen's view that shopping streets ought per se to constitute links. It is also striking that the image of low-built shops with high-rise blocks of flats end on to them is likewise to be found later in the Lijnbaan. 'De 8' were the only ones who dared and were able to apply the methods of 'Nieuwe Bouwen' for breaking up the traditional 'street wall' to the inner city. This total approach was nowhere to be found in the designs submitted by Van den Broek.

Oud and Hofplein
After the failure of the competition, Witteveen approached J.J.P. Oud in August 1942 and asked him to design Hofplein, which was 1100 metres in length and which, although it was cut through obliquely by the railway viaduct and encompassed virtually all urban activities, he wanted to be conceived as a single space. It is striking that Oud accepted the commission with enthusiasm, but completely rejected Witteveen's conception, even supposing it would have been feasible anyway. He divided the part in front of the viaduct into an octagonal square round which traffic could circulate and an oval square for recreation and relaxation, treating the viaduct itself as a boundary (fig. 18). That he had no understanding of the green horizon and contact with nature in the eastern part of Witteveen's square is abundantly clear from the fact that he never got as far as designing the part behind the viaduct. The conflict over this, which reached a climax in 1944, was mainly to do with the position of the discipline of town planning, which was inextricably bound up with architecture in such complex places. Both Witteveen and Oud, in fact, wanted to keep both disciplines in their own hands. As precisely this conflict makes clear, they were on the same side in their conception of town planning. To both of them the clear design of spatial architectural relationships took pride of place. Thus Oud was to be one of the few who contested the later Basic Plan with its more purely planning character.

Supervision and enlargement of scale
Another problem was the relationship between supervisor and architect. This cropped up in, among other places, Blaak, where a group of retailers wanted to set up collectively on the north side, while a number of large banks were to be built on the south. Even before the outcome of the competition the supervisor, Eschauzier, was engaged with the question of whether a row of small individual façades could be placed opposite these large buildings, which would obviously come to bear the personal stamp of their architects. Since the retailers did, after all, want to set up as the 'North Blaak Combine', he decided to make the individual shops into an architecturally unified whole by a fixed arrangement of the windows and a fixed height. Van Traa, who was himself later to take enlargement of scale as one of the starting-points in his Basic Plan, commented on this point when Eschauzier presented his sketch: Thus one actually gets a large building with a frontage 130 m wide opposite the other large buildings. Does this not give rise to fears of a complex of very large buildings in which scale will suffer?[32] *Berghoef likewise waxed critical in a lecture given to the supervisors in 1943:* Would not the supervisor then become the leader of a monster office with architects acting only as assistants for the detailing? *This had, in his view, brought about on Blaak* an enormous difference between the building on the north and south sides: the one with a onesided and immoderate representation of the capitalist order, the other the expression of a complete state absolutism *(figs. 20, 21).*[33]
The 'capitalist buildings' were to rise rapidly after the war, while for the retailers of the North Blaak Combine a completely new town-planning concept was evolved, namely the Lijnbaan.
The allocation of land for premises to be built separately had

betrekkingen op de eerste plaats. Daarom zou het latere Basisplan, met zijn meer planologische karakter, door Oud als één van de weinigen bestreden worden.

Supervisie en schaalvergroting

Een ander probleem was de verhouding tussen supervisor en architect. Het deed zich onder andere voor aan de Blaak, waar een groep winkeliers zich collectief wilde gaan vestigen aan de noordzijde, terwijl aan de zuidzijde een aantal grote banken zou verrijzen. Al voor de uitslag van de prijsvraag hield de supervisor Eschauzier zich bezig met de vraag of er tegenover deze grootschalige gebouwen, die duidelijk het persoonlijke stempel van de architect zouden gaan dragen een rij kleine individuele geveltjes geplaatst kon worden. Omdat de winkeliers zich toch als de 'Noord-Blaak-combinatie' wilden gaan vestigen, besloot hij door een vaste raamverdeling en een vaste hoogte de afzonderlijke winkels tot een architectonische eenheid om te werken. Van Traa, die later zelf in zijn Basisplan de schaalvergroting als een van de uitgangspunten zou nemen, merkte hier bij de presentatie van de schets van Eschauzier op: *Men krijgt dus eigenlijk één groot gebouw van 130 m gevelbreedte tegenover de andere grote gebouwen. Valt daaruit niet te vreezen een complex van zeer grote gebouwen waardoor de schaal in het gedrang komt?*[32]
In een lezing in 1943 voor de supervisoren uitte Berghoef eveneens kritiek: *Zou de supervisor dan niet de leider van een monsterbureau worden met slechts medewerkende architecten voor het detailleren?* Op de Blaak ontstond daardoor zo stelde hij *een enorm verschil tussen de bebouwing aan de zuid- en noordkant: de ene met een eenzijdige en onmatige representatie van de kapitalistische orde, de andere de uiting van een volstrekt staatsabsolutisme*[33] (afb. 20, 21).
De 'kapitalistische gebouwen' zouden snel na de oorlog verrijzen, terwijl er voor de winkeliers van de 'Noord-Blaak-combinatie' een geheel nieuw stedebouwkundig concept werd ontwikkeld, n.l. de Lijnbaan.
Al tijdens de bezetting werd door het ASRO de uitgifte van grond voor losgebouwde panden zoveel mogelijk vermeden om tot een straatsgewijze planning over te kunnen gaan. Het kleinsteeds aandoende oostelijk deel van de Hoogstraat is bijvoorbeeld op die wijze tot stand gekomen (afb. 22). Maar ook deze vorm van bebouwing (winkels met woningen) was onvoldoende rendabel voor het bedrijfsleven en verleende niet de allure aan de stad die het graag zag. Naar aanleiding van de door Van Tijen en Maaskant in opdracht van de Industriestichting ontworpen industrieflats werd aangedrongen op meer grote corporatieve gebouwen. Ook het 'Centre Maritime' (of Zeemanshuis) dat Van den Broek in juli 1943 ontwierp in opdracht van Van der Leeuw aan de Zalmhaven, was een pleidooi voor een moderne grootschalige stad (afb. 23, 24).

Basisplan

In november 1944, na de plotselinge opdracht van Club Rotterdam aan Van Eesteren, begrepen Van Traa en de OPRO-architecten, *dat er niet om een verbeterd plan Witteveen werd gevraagd, maar om een nieuw plan.*[34]
VanTraa bleef echter voorzichtig, mede omdat hij zich gebonden voelde aan de toezeggingen op grond van het oude plan aan toekomstige bouwers. De voorstudies van het Basisplan (afb. 25, 26) laten zien hoe het oude plan stap voor stap werd losgelaten. De lijst van kritiek op Witteveen van Club Rotterdam (de brugverbinding, het contact met de rivier, de culturele voorzieningen, de breedte van de verkeersstraten, de pleinen, de binnenhavens, de vorm van de 'ingebouwde' groenstroken,

already been avoided by ASRO as far as possible during the occupation, so that it would be possible to go over to planning street by street. The eastern side of Hoogstraat, for example, with its small-town aspect, came into being in this way (fig. 22). But this form of building too (shops with dwellings) was not remunerative enough for trade and industry and it did not give the city that air that they wished it to have. More large cooperative buildings were pressed for on the lines of the block of industrial premises designed by Van Tijen & Maaskant to the commission of the Industry Foundation. The Maritime Centre (or Seaman's Home) that Van den Broek designed on Zalmhaven in July 1943 to a commision from Van der Leeuw also constituted an argument for a modern, large-scale city (figs. 23, 24).

The Basic Plan

In November 1944, after the Rotterdam Club's snap commission to Van Eesteren, Van Traa and the OPRO architects understood that what was being asked for was not an improved Witteveen plan, but a new plan.[34] *Van Traa remained cautious, however, partly because he felt he was bound by the undertaking given to future builders on the basis of the old plan. The preliminary studies for the Basic Plan (figs. 25, 26) show how the old plan was abandoned step by step. In this the Rotterdam Club's list of criticisms of Witteveen (the bridge link, the contact with the river, the cultural provisions, the width of the main roads, the squares, the inner harbours, the form of the 'hemmed in' green belts, etc.)*[35] *and OPRO's notes and proposals regarding various subsidiary subjects served as the guideline. After the simplification of Hofplein to a rectangular crossing point, the grid-like pattern of traffic arteries emerged and this was finally followed by the impressive linkage of the new Willemsbrug to one of the traffic junctions and the daring West Blaak breakthrough, for which the remaining part of the old Bijenkorf had to be sacrificed (fig. 27). The bridge link was realized at the expense of the Oude Haven.*
Since investigation had shown that the existing centre was too small for the shopping frontage needed, the area to the west of Coolsingel was included in the city centre, so that Coolsingel acquired the status of principal artery. A solution also had to be found for the aesthetic or perhaps actually ideological idea of the visual integration of the river in the overall picture of the city. Dr. Backx brought this subject up in his memoranda City and port *and* Contact between water and city. *The first proposals concerned a Maasplein on Veerhaven, but at a later stage Van Traa conceived the 'window on the river', the terrace on Churchillplein, which was intended to make both the lively regular inland waterway traffic in the newly designed Leuvehaven Basin and the river perceptible in the city (fig. 28). In order to intensify the contact still further, the traffic from Churchillplein was carried to the Maas along Leuvehaven. Although few pronouncements were made about building in the Basic Plan, the scale of the open spaces and the dominating pattern of big traffic arteries already anticipated the enlargement of scale (figs. 29, 30).*

The Lijnbaan

The Lijnbaan complex is still renowned all over the world as the highlight of the reconstruction of Rotterdam. The most remarkable thing about it is that the fusion, after a long genesis, of ideas from interested parties, the Urban Development Department and the architects should have led to a new concept of such unity, a concept that now looks so self-evident. The area enclosed by a rectangle of four large boulevards was designated as part of the inner city shopping centre for the first time in the Basic Plan of 1946, an attempt being made to break through the conventional type of shopping street by five so-called inner city courts (fig. 31).

etc.)[35] en de nota's en adviezen van de OPRO over diverse deelonderwerpen, dienden daarbij als leidraad.
Na de vereenvoudiging van het Hofplein tot een rechthoekige kruising, kwam het rastervormige patroon van verkeersaderen naar voren. Dit werd tenslotte voltooid door de indrukwekkende aansluiting van de nieuwe Willemsbrug op één van de verkeersknooppunten en de gedurfde West-Blaak doorbraak.
Voor deze laatste ingreep moest o.a. het resterende deel van de oude Bijenkorf opgeofferd worden (afb. 27).
De brugaansluiting ging ten koste van de Oude Haven.
Omdat het onderzoek uitwees dat het bestaande centrum te klein was voor het benodigde winkelfront, werd het gedeelte ten westen van de Coolsingel bij de city getrokken, zodat de Coolsingel de status van 'hartader' kreeg.
Ook voor het esthetische, misschien wel ideologische idee van de visuele integratie van de rivier in het stadsbeeld, moest een oplossing gevonden worden. In de nota's *Stad en haven* en *Contact tussen water en stad* bracht dr. Backx dit onderwerp onder de aandacht. De eerste voorstellen betroffen een Maasplein aan de Veerhaven. In een later stadium bedacht Van Traa het 'venster op de rivier', het terras aan het Churchillplein, dat zowel het levendige binnenvaart-gebeuren in het nieuw ontworpen Leuvehavenbekken, als de rivier in de stad voelbaar moest maken (afb. 28). Om het contact nog te intensiveren, werd het verkeer van het Churchillplein naar de Maas langs de Leuvehaven gevoerd.
Hoewel het Basisplan weinig uitspraken over de bebouwing deed, anticipeerden de schaal van de open ruimten en het overheersende patroon van grote verkeersaderen al op de schaalvergroting (afb. 29, 30).

De Lijnbaan

Het Lijnbaan-complex wordt terecht nog steeds wereldwijd geroemd als het hoogtepunt van de wederopbouw van Rotterdam. Het meest opmerkelijke is, dat na een lange wordingsgeschiedenis het samenkomen van ideeën van gegadigden, Stadsontwikkeling en de architecten tot een nieuw concept van zo'n eenheid heeft geleid. Een concept, dat nu zo voor de handliggend aandoet.
In het Basisplan 1946 werd het door een rechthoek van vier grote boulevards ingesloten gebied voor het eerst bestemd als een onderdeel van de winkelcity. Er werd een poging gedaan om het conventionele type winkelstraat te doorbreken met vijf zogenaamde binnenstadshoven (afb. 31). Deze blokken met voor het verkeer bereikbare binnenterreinen (50 x 80 meter) hadden op de begane grond aan de buitenzijde winkels en op de verdiepingen kantoren en woningen. De hoven zelf hadden een gemengde en flexibele bestemming (plantsoen en naargelang de behoefte parkeerplaats).
Architectonisch bestond er tegen deze binnenhoven het bezwaar van de moeilijke hoekoplossingen en de eis van een even representatieve binnen- als buitenkant.
Van doorslaggevende betekenis was echter het bezwaar van de winkeliers om ook in de kantoren en woningen boven de winkels te moeten investeren. Het overleg leidde in 1947 tot het idee om winkels en woningen te scheiden en tegelijkertijd door de toepassing van expeditiestraten achter de winkels de winkelstraat zelf verkeersvrij te maken. Van Traa: *Het roer is daarom helemaal gewend en, mede aangemoedigd door de mogelijkheden die toch blijkbaar schuilen in de zogenaamde noodwinkel-complexen, heeft men thans aanvaard een poging om een geheel nieuw type winkelstraat tot ontwikkeling te brengen, waarbij het autoverkeer in de winkelstraat zelf niet meer zal zijn toegelaten, waarbij meer waarde zal worden*

These blocks with inner terrains accessible to traffic (50 x 80 metres) had shops on the ground floor on the outside, with offices and dwellings on the floors above. The inner terrains themselves had mixed and flexible designations (public gardens or parking-places, according to the need). The architectural objections to these inner city courts were the difficulty of achieving corner solutions and the requirement that both the inside and outside should be equally imposing. What was decisive, however, was the objection of the shopkeepers to being obliged to invest in the offices and dwellings above the shops as well.
Consultation led in 1947 to the idea of separating shops and dwellings and at the same time making the shopping street itself traffic free by the use of service streets behind the shops. Van Traa: Thus we have completely changed direction and, partly encouraged by the possibilities evidently inherent, after all, in the so-called emergency shopping complexes, we have now embarked on an attempt to develop an entirely new kind of shopping street, in which vehicular traffic will no longer be admitted into the street itself, so that more value will be placed on the installation of and provisions (including the paving) in the shopping boulevard itself, where the character will not be determined by the traditional tall, narrow type, but the low, wide and sunny will be the starting-point.[36] *As ASRO's maquette of August 1947 makes plain (fig. 32), the zoning typical of the Lijnbaan was already present at that stage, albeit an important difference from the later concept is the closedness and flatness of the tall apartment blocks around the inner courts.*
In March 1948 the Van den Broek & Bakema office was commissioned to design the street and the first blocks of shops. From the preliminary studies that they made (fig. 33) it is clear that they went further than their actual commission, scrutinizing the entire planning entourage. Thus the counter-balancing and composition of high and low building elements which characterizes the complex as a whole should perhaps be placed, as a 'visual group', in a line with the series of studies for Pendrecht and Alexanderpolder, which were undertaken by 'Opbouw' from 1949 onwards. The emphasis in the Lijnbaan falls on the street, which has become a real interior. The means by which this is achieved are the awnings running through from side to side and the grid in the paving, on which the street furniture, from the flower containers, kiosks, display cases, etc. to the lamps, is composed and designed. The shops themselves are of a simple character, the design of which still threatened to be rejected even just before the building itself began. The flexible possibilities for arrangement within the concrete frameworks are, however, exceptionally subtle (fig. 35).
While the Lijnbaan rather unexpectedly became the acme of the shopping circuits in the city centre, the scale of the street itself is attuned to human proportions, so well even that Lewis Mumford did not notice the surrounding large-scale elements.[37] *With this was achieved the quality of 'Core'*[38] *(fig. 37), which was played off by the young architects in the discussions within CIAM against the harder functional objectives of prewar 'Nieuwe Bouwen'.*

Architecture

Collective buildings

14 May 1940 also saw the destruction of many buildings that had already become undesirable before the war from the point of view of hygiene. Not only were there a large number of slums among the dwellings, but the bad accommodation of many small industries and wholesale firms also constituted a big problem. By chance the Van Tijen & Maaskant office had, precisely in 1939, worked out a plan for an industrial building with numerous provisions that were advanced for that time, in

toegekend aan de inrichting en verzorging (ook in het plaveisel) van de winkelboulevard zelf, waar niet het van ouds bekende, nauwe, hoge type het karakter zal bepalen doch het brede, lage en zonnige het uitgangspunt zal zijn.[36]

Zoals de maquette van de ASRO uit augustus 1947 laat zien (afb. 32), was de voor de Lijnbaan typerende zonering toen al aanwezig. Een belangrijk verschil met het latere concept is de geslotenheid en vlakheid van de hoge woonblokken rond de binnenhoven. In maart 1948 kreeg het bureau Van den Broek & Bakema opdracht om de straat en de eerste winkelblokken te ontwerpen. Uit de voorstudies die zij maakten (afb. 33) blijkt dat zij verder gingen dan hun feitelijke opdracht en de gehele stedebouwkundige entourage onder de loep namen.

De afweging en compositie van hoog- en laagbouwelementen, die het complex in zijn geheel kenmerkt, is dan ook wellicht te plaatsen als 'visual group' in de reeks studies voor Pendrecht en Alexanderpolder, die door de 'Opbouw' sinds 1949 werd ondernomen.

De nadruk in de Lijnbaan valt op de straat die tot een waar interieur is geworden. De middelen daartoe zijn de doorlopende luifels en het grid in de bestrating, waarop de bloembakken, kiosken, vitrines, etc. tot aan de lantarens toe zijn gecomponeerd en ontworpen. De winkels zelf hebben een eenvoudig karakter, waarop het ontwerp zelfs vlak voor de bouw nog dreigde afgekeurd te worden.

De flexibele indelingsmogelijkheid binnen de betonnen raamwerken is echter bijzonder geraffineerd (afb. 35).

Terwijl de Lijnbaan tamelijk onverwachts het hoogtepunt van de winkelcircuits van het centrum werd, is de schaal van de straat zelf op de menselijke maat afgestemd. Zelfs zo goed dat Lewis Mumford de omliggende grootschalige elementen niet opmerkte.[37] Hierdoor werd een kwaliteit bereikt, 'Core'[38] (afb. 37) die door de jongeren in de discussies binnen de CIAM werd uitgespeeld tegen de hardere zakelijke doelstellingen van het Nieuwe Bouwen van voor de oorlog.

Architectuur

Verzamelgebouwen

Op 14 mei 1940 is ook veel bebouwing verwoest, die al voor de oorlog uit hygiënisch oogpunt ongewenst was.

Niet alleen was er een groot aantal krotten onder de woningen, ook de slechte huisvesting van kleine industrieën en grossierderijen vormde een groot probleem. Toevallig had het bureau Van Tijen & Maaskant juist in 1939 als alternatief voor de kleine bedrijven in de te saneren krottenwijk tussen Goudsesingel en Kipstraat een plan uitgewerkt voor een industriegebouw met vele voor die tijd geavanceerde voorzieningen, waarin ruim 130 werkplaatsen tegen een betaalbare huur geëxploiteerd zouden kunnen worden (afb. 38).

Dergelijke collectieve gebouwen kwamen in Duitsland, Engeland en Amerika al veel voor. Het directe voorbeeld schijnt echter het goeddoordachte zakelijke 'Werkplaatsengebouw' geweest te zijn dat Koen Limperg (lid van 'de 8' en 'groep 32') als oplossing voor de slechte huisvesting van de confectie-industrie in Amsterdam ontwierp, maar waar hij geen exploitant voor kon vinden[39] (afb. 39).

Hoewel Witteveen in 1938 zelf het idee van Limperg naar Rotterdam haalde[40], was zijn plan toch ingesteld op de herbouw van de kleinschalige, traditionele grossiers- en industriewijken in het westelijk deel van de oude stadsdriehoek.

De Industrie Stichting gaf echter al in 1941 opdracht aan Van Tijen en Maaskant om een Industriecomplex aan de Oostzeedijk te ontwerpen. Door de schaarste aan de benodigde materialen was het niet mogelijk om een

which 130 workplaces could be made available at reasonable rents, as an alternative for the small firms in the slum area scheduled for clearance between Goudsesingel and Kipstraat (fig. 38). Many collective buildings of this kind had already appeared in Germany, England and the United States, but the direct model seems to have been the well thought out and functional 'Workplace Building' that Koen Limperg (a member of 'de 8' and 'group 32') had designed as a solution for the bad accommodation of the clothing industry in Amsterdam, but which he could not find anyone to take on (fig. 39).[39]

Although Witteveen himself had brought Limperg's idea to Rotterdam,[40] *his plan was nonetheless geared to the rebuilding of the small-scale traditional wholesale and industrial areas in the western part of the old innercity.*

However, as early as 1941 the Industry Foundation commissioned Van Tijen & Maaskant to design an industrial complex on Oostzeedijk. Owing to the scarcity of the materials needed, it was not possible to use the concrete skeleton, which is almost indispensable for giving a building an open character and allowing freedom in its arrangement (fig. 40). The building is articulated in five separate double premises, each of which has its own entrance, staircase and hoist shaft. Within the possibilities of the load-bearing brick walls every possible effort was made to provide a flexible arrangement for the workplaces. As in Van Tijen & Maaskant's first design (and that of Limperg), a very great deal of attention was paid to the communal facilities, such as the canteen on the roof. Only the western section was completed during the occupation, but during those years work was already being done on a much bigger building yet (fig. 24), in which the aim was to optimalize and perfect the provisions, lifts, meeting-rooms, a medical centre, showers, etc., at the lowest possible running costs. An important improvement was the use of galleries, which meant that the number of lifts and hoists could be limited (figs. 41, 42, 43).

A great deal of this plan, which was not carried out, was realized in the block of industrial premises on Goudsesingel (1947-49).

Meanwhile the plans of the Industry Foundation had not gone unnoticed. The concept of collective building, with its emphasis on collectivity and largeness of scale, began to dominate the plans of almost all kinds of firms.

Whereas before the war the collective building had mainly been a weapon in the fight against bad and unhealthy industrial premises, during the reconstruction various other advantages came to the fore. From the town-planning point of view such buildings had the advantage of being able to lift a given environment on to a higher plane, while their imposing aspect was regarded as an asset from the point of view of advertizing. But it was the form of financing above all that proved decisive, owing to the greater credit that the foundations were able to obtain from the occupying power and the government.

The biggest and most imposing collective building turned out to be that of the wholesalers. The idea and the first design sketch (fig. 44) originated with the wholesaler F. Pot,[41] *who put them before the Chamber of Commerce at the end of 1944. Although the financial advantages over individual rebuilding proved on closer study not to be so big as he had hoped, this project, which grew to unequalled proportions, came to be seen as the pre-eminent gesture that would reflect the new spirit of Rotterdam.* The Wholesale Building has become the symbol of collective strength and the indestructible confidence in Rotterdam's vitality *(fig. 45).*[42]

Via Van der Leeuw the van Tijen & Maaskant partnership was called in in February 1945 to lead a study group of young architects. The one who remained in the end was Maaskant, who had also had the most important share in the previous collective buildings. It was he who coined the name Wholesale

betonskelet toe te passen, dat bijna onontbeerlijk is om een gebouw een open karakter en een vrije indeling te geven (afb. 40). Het is geleed in vijf losse dubbele panden, die ieder een eigen ingang, trappenhuis en hijsschacht hebben. Binnen de mogelijkheden van de gemetselde dragende muren is zoveel mogelijk geprobeerd de indeling van de werkplaatsen flexibel te maken.
Evenals in hun eerste ontwerp (en dat van Limperg) is zeer veel aandacht besteed aan de gemeenschappelijke voorzieningen, zoals de kantine op het dak. Tijdens de bezetting kwam alleen het westelijke pand klaar. Niettemin werd er in die jaren al gewerkt aan een nog veel groter gebouw (afb. 24) waarbij er naar gestreefd werd door de omvang van het gebouw het gebruik van de voorzieningen, liften, vergaderzalen, een medisch centrum, doucheruimtes, etc. te optimaliseren en te perfectioneren bij zo laag mogelijke exploitatiekosten. Een belangrijke verbetering was de toepassing van galerijen, waardoor het aantal liften en hijsinstallaties beperkt kon worden (afb. 41, 42, 43). Veel van dit onuitgevoerde plan is verwezenlijkt in de Industrieflat aan de Goudsesingel (1947–'49).

De plannen van de Industrie Stichting bleven intussen niet onopgemerkt. Het begrip verzamelgebouw, de nadruk op het collectieve en grootschalige begon de plannen van bijna alle soorten bedrijven te beheersen. Terwijl voor de oorlog het verzamelgebouw vooral een middel was in de strijd tegen slechte en ongezonde bedrijfshuisvesting, kwamen er tijdens de wederopbouw verschillende andere voordelen naar voren. Stedebouwkundig hadden ze het voordeel dat ze een bepaalde omgeving op een hoger plan konden brengen. Hun representativiteit werd bovendien uit reclame-oogpunt gunstig geoordeeld. Maar vooral de financieringsvorm gaf de doorslag door het grotere crediet dat de stichtingen konden krijgen bij beleggers en overheid. Het grootste en meest representatieve verzamelgebouw is dat van de grossiers geworden. Het idee en de eerste ontwerpschets (afb. 44) is van de grossier F. Pot[41] afkomstig en werd door hem eind 1944 aan de Kamer van Koophandel voorgelegd. Hoewel de financiële voordelen boven individuele herbouw bij nader inzien minder groot bleken te zijn dan hij hoopte, werd in dit project, dat tot ongeëvenaarde proporties uitgroeide, bij uitstek het gebaar gezien dat de nieuwe Rotterdamse geest zou weerspiegelen. *Het Groothandelsgebouw is het symbool geworden van gebundelde kracht en van het onverwoestbare vertrouwen in de groeikracht van Rotterdam*[42] (afb. 45).
Via Van der Leeuw werd in februari 1945 het bureau Van Tijen & Maaskant ingeschakeld om een studiegroep van jonge architecten te leiden. Tenslotte bleef Maaskant, die ook in de vorige verzamelgebouwen het belangrijkste aandeel had over.
Van hem is de naam Groothandelsgebouw. Met een lengte van 220 meter en een breedte van 85 meter werd het gebouw het grootste van Nederland. Om de problemen en mogelijkheden van dit onnederlandse verschijnsel te bestuderen maakte hij met Pot en G.J. Thurmer een studiereis naar Amerika[43] (afb. 46).
Het gebouw heeft ondanks de utilitaire doelstellingen als verschijningsvorm weinig met de zakelijkheid uitstaande. Toch had Maaskant het gebouw meer openheid willen geven door de galerij naar de buitenkant te brengen, zoals dat later in het verzamelgebouw aan het Zuidplein wel is gebeurd.[44] Opzettelijk kreeg het gebouw een knik in de zijgevel om het visueel te breken. De speciale functies, de trappenhuizen en liften, de kantines en de bioscoop op het dak als bekroning zorgden voor de levendigheid (afb. 47). Het indrukwekkendste aspect van het gebouw is

Building (Groothandelsgebouw). *With a length of 220 metres and a width of 85 metres, the building became the largest in the Netherlands and Maaskant made a trip to America with Pot and G.J. Thurmer (fig. 46)*[43] *in order to study the problems and possibilities of this un-Dutch phenomenon. Despite its utilitarian objective, the building as such has little to do with functionalism. Yet Maaskant had wanted to give it more openness by putting the gallery on the outside, as did happen later in the collective building on Zuidplein.*[44] *The building was deliberately given a kink in the side façade in order to break it up visually, while the special functions, the staircases and lifts, the canteen and the cinema crowning the roof, afforded liveliness (fig. 47). The most impressive aspect of the building is the traffic system inside it, whereby vans can get up to the first floor by means of a viaduct at the back (fig. 48).*
The collective building was ultimately no more than a stage in the process of enlargement of scale. After 1960 it was no longer necessary to posit social motives and a feeling of community in order to put up a large building. Numerous plans for collective buildings, such as that for the retailers of the North Blaak Combine, remained unexecuted. The influence of the collective building idea is perhaps also to be detected in the concept of the block of dwellings and workplaces for artists,[45] *which Bakema designed in 1947 in the service of the Housing Department, but which was never built (fig. 49). Bakema spoke of an organic architecture here on account of the integration of the workplaces and the dwellings of the artists' families, the fruitful combination that was sought for by housing writers on the top floor, the restaurant and the exhibition area.*

Traditionalism and modernism

The transition from Witteveen's plan to the Basic Plan also brought to an end the production of traditionalist architectural designs. Although the arrangement was strictly democratic, an image was created around the modern 'young industrial city' that persuaded the traditional architects too to make use of more modern materials.[46] *Only in the forties was some Delft School architecture realized in Kralingen and at a few places in the inner city (Botersloot, Pannekoekstraat, Wijnhaven and some banks, fig. 20). Thus the (life and death) conflict that flared up again between the architectural movements in 1946 passed Rotterdam by*[47] *and the so-called 'shake-hands' style*[48] *created a furore in various places. The Wholesale Building (Maaskant) and the Building Centre (Boks) are splendid examples of how architects tried around 1950 to give buildings a modern, yet not too rigidly functional air (fig. 50).*

Open and closed

At the beginning of the fifties, however, there developed a style that was much more closely related to prewar 'Nieuwe Zakelijkheid'. The architecture of the fruitful architectural partnership of Van den Broek & Bakema provided a very important stimulus here. This office was eminently successful in giving expression to the word 'modern' in the formal language of 'Nieuwe Bouwen' without making concessions to traditionalism, classicism or Americanism. The great success of the building for Wassen, Ter Meulen and Van Vorst (1948-51), with its dramatic composition, ushered in both the enormous production of the office itself and the reconstruction boom (fig. 51). The presence of three independent firms proved a fine starting-point for using openness and closedness to give the building an impressive articulation, in which the ground floor and the dividing walls remained open and entirely transparent. The shift of the concrete flangings on the south-east corner of the building, where the restaurant was situated, constituted an expressive answer to the town-planning situation. Through its open window displays carried outwards and its island showcases the interior of the shop

het verkeerssysteem binnen het gebouw, dat de vrachtwagens tot de eerste verdieping kan brengen, waartoe aan de achterzijde een viaduct is aangebracht (afb. 48).
Uiteindelijk is het verzamelgebouw niet meer dan een fase in het proces van schaalvergroting geweest.
Sociale motieven en gemeenschapsgevoel waren na 1960 niet meer noodzakelijk voor het stichten van een groot gebouw. Vele plannen voor verzamelgebouwen, zoals die voor de winkeliers van de Noord-Blaak-combinatie zijn onuitgevoerd gebleven.
De uitstraling van het idee verzamelgebouw is wellicht ook te constateren in het concept van het nooit gebouwde 'Woon- en Werkgebouw voor kunstenaars'[45], dat Bakema in 1947 ontwierp in dienst van Volkshuisvesting (afb. 49). Vanwege de integratie van de werkplaatsen en de woningen van de kunstenaarsgezinnen, de vruchtbare combinatie die gezocht is door de huisvesting van 'literatoren' op de bovenste verdieping, het restaurant en de expositieruimte, sprak Bakema hier van een organische architectuur.

Traditionalisme en modernisme
De overgang van het plan Witteveen naar het Basisplan maakte tevens een eind aan de produktie van traditionalistische architectuur-plannen. Hoewel de regeling strikt democratisch was, werd er een beeld rond de moderne 'jonge werkstad' gecreëerd, dat ook de traditionelen overreedde modernere materialen toe te passen.[46] Alleen in de jaren veertig werd in Kralingen en op enkele plaatsen in de binnenstad (Botersloot, Pannekoekstraat, Wijnhaven en sommige bankgebouwen) (afb. 20) Delftseschool-architectuur gerealiseerd. De in 1946 weer opgelaaide (brood-)strijd tussen de architectuurrichtingen ging dan ook aan Rotterdam voorbij[47], en de zogenaamde 'shakehands'-stijl[48] maakte op verschillende plaatsen furore. Het Groothandelsgebouw (Maaskant) en het Bouwcentrum (Boks) zijn prachtige voorbeelden hoe men omstreeks 1950 een moderne, maar toch niet strak zakelijke, allure probeerde te geven aan de gebouwen (afb. 50).

Open en gesloten
In het begin van de vijftiger jaren ontwikkelde zich echter een stijl, die een veel nauwere verwantschap had met de vooroorlogse Nieuwe Zakelijkheid. De architectuur van de vruchtbare architectencombinatie Van den Broek en Bakema was daarbij als stimulans van grote betekenis. Het bureau wist bij uitstek het woord 'modern' tot expressie te brengen in de vormentaal van het Nieuwe Bouwen zonder traditionalistische, klassicistische of Amerikanistische concessies.
Het dramatisch gecomponeerde gebouw van Wassen, Ter Meulen en Van Vorst (1948-1951) was door zijn grote succes zowel de inleiding tot de enorme produktie van het bureau, als tot de 'boom' van de wederopbouw (afb. 51).
De aanwezigheid van drie zelfstandige bedrijven bleek een mooi uitgangspunt om door middel van open- en geslotenheid een indrukwekkende geleding aan het gebouw te geven, waarbij de begane grond en de scheidende wanden open en geheel doorzichtig bleven.
De verschuiving van de betonnen uitkragingen aan de zuidoosthoek van het gebouw, waar zich het restaurant bevond, vormde het expressieve antwoord op de stedebouwkundige situatie. Het winkelinterieur kreeg door naar buitengebrachte open etalages en eilandvitrines een voortzetting in het 'straat-interieur', een vorm van integratie die bij het latere Lijnbaancentrum het hoofdthema zou worden (afb. 52).

acquired a continuation out into the 'street interior', a form of integration that was to become the main theme of the later Lijnbaan Centre (fig. 52).
This open shop architecture, such as was also demonstrated at that time by, among others, Van Tijen & Maaskant in Magazijn Nederland, was diametrically opposed to American conceptions. These argued for a shop-machine totally cut off from the outside world, where a constant and optimal level of purchasing could be guaranteed by means of artifical lighting, temperature and sound equipment. A. Elzas still felt able to write in 1953, After the war numerous books and magazines dealing with department stores and shops were forthcoming to us from the United States, in which we could read that it was good to replace daylight by artificial light and that the glass buildings in which retailing had hitherto taken place had now become out of date, and this elucidated by all sorts of completely rational sounding motives.
However, we felt exceptionally comfortable in the open buildings of Wassen-Ter Meulen and Magazijn Nederland. Both works are permeated by one and the same spirit: they evince an openness that attracts the public and lends them a certain festive air.[49]
A few years later, however, Elzas was, with Marcel Breuer, to put the American principles of the closed box into practice to the uttermost in the new building for De Bijenkorf (1955-57) on Coolsingel. Both the construction and arrangement and the shopping taking place inside are concealed from view by the thin, subtly handled skin with its allusion to the name of the firm (the 'beehive'). Above the display windows the only gaps in it are the loggias beside the restaurant and lunchroom, while for the rest tiny rectangular openings were added at the management's insistence for the lighting of the fitting cubicles, etc. (fig. 54). This elegant box in fact also posed another problem from the town-planning point of view for, in accordance with the 1947 alteration of the Basic Plan, Coolsingel had acquired a double building-line on the west side, which harmonized with the stepping of the buildings on the opposite side. This was ultimately solved by the 25 metre high sculpture by Naum Gabo.

From exception to commonplace
Finally, a highly significant incident was the warning given by Van Tijen to the Van den Broek & Bakema office in Forum *on the completion of the Galleries Modernes in 1957. He pointed out that the office had wandered off too far in the direction of a rhetorical style which* certainly maintains close relations with functionalism, but nonetheless mainly in order to use it rather than to serve it. *He ended his discussion with the wish that the office would get rid of* the intoxication of over-indulgence. And this is necessary, for at the present moment modern architecture needs nothing less than quantity. That is, after all, supplied by the kilometre, and not at all badly either, by all the traditionalists of yesteryear and the fellow-travellers of today, who make such easy use of all the attributes arrived at by others with such difficulty – the big window, the flat roof, the tall building, the primary colour, the dynamic surface treatment – in such a way that the results belong in what Bakema has called 'the warehouse called aesthetics'. What we need now are contemporary works of unimpeachable clarity, for it is impossible for the younger generation in particular to live off Van Nelle, Duiker's open-air school and Rietveld's house on Prins Hendriklaan any longer.
Modern architecture is essentially faced with the same tasks as in 1930, but with infinitely greater possibilities and experience.[50]

Conclusion
The reconstruction of the inner city of Rotterdam has long

Deze open winkel-architectuur, zoals toen ook onder andere door Van Tijen en Maaskant in Magazijn Nederland werd gedemonstreerd, stond lijnrecht tegenover de Amerikaanse opvattingen. Deze pleitten voor een totaal van de buitenwereld afgesloten winkelmachine, waar door middel van kunstmatige belichting, temperatuur en geluidsvoorzieningen een constant en optimaal koopgedrag gewaarborgd zou kunnen worden.
A. Elzas schreef in 1953 nog: *Uit de Verenigde Staten werden ons na de oorlog vele boeken en tijdschriften toegevoerd, handelende over warenhuizen en winkels, waarin wij konden lezen, dat het goed was het daglicht te vervangen door kunstlicht en dat de glazen gebouwen, waarin de verkoophandeling zich tot nu toe had afgespeeld, out of date geraakt waren. Dit toegelicht met allemaal volkomen rationeel klinkende motieven. Wij gevoelen ons echter bijzonder behagelijk in de open gebouwen van Wassen-Ter Meulen en Magazijn Nederland. Beide werken zijn van één zelfde geest doortrokken: zij vertonen een openheid die het publiek aantrekt en die ze een zekere feestelijkheid verleent.*[49]
Enkele jaren later zou Elzas echter met Marcel Breuer de Amerikaanse principes van de gesloten doos bij uitstek in praktijk brengen in het nieuwe gebouw van de Bijenkorf (1955–1957) aan de Coolsingel. Door de dunne geraffineerd behandelde huid die toespeling maakt op de naam van het bedrijf worden zowel constructie en indeling als het inwendige winkelgebeuren aan het zicht onttrokken. Boven de etalages zijn hierin slechts bij restaurant en lunchroom loggia's uitgespaard, terwijl voor het overige na aandringen van de directie zeer kleine rechthoekige openingen werden aangebracht voor belichting van paskamers e.d. (afb. 54).
Stedebouwkundig leverde deze elegante doos overigens ook nog een probleem op. De Coolsingel had namelijk volgens de wijziging van het Basisplan van 1947 een dubbele rooilijn aan de westzijde gekregen, die afgestemd was op de verspringingen van de bebouwing aan de overzijde. De 25 meter hoge plastiek van Naum Gabo bood hier tenslotte uitkomst.

Van uitzondering naar gemeenplaats
Een veelbetekenend incident tenslotte was de waarschuwing van Van Tijen aan het bureau Van den Broek & Bakema in *Forum* bij het gereedkomen van de Galeries Modernes in 1957. Hij constateerde dat het bureau te veel was afgezwaaid naar een retorische vormentaal, die *wel hechte relaties met zakelijkheid onderhoudt, maar toch vooral om deze te gebruiken, minder om deze te dienen.*
Hij besloot zijn bespreking met de wens dat het bureau *zich uit de roes van het te veel* zou bevrijden. *En dit is nodig, want de moderne architectuur heeft op dit ogenblik aan niets minder behoefte dan aan kwantiteit. Deze wordt ons immers bij de kilometer, en niet eens zo heel slecht, geleverd door alle traditionelen van gisteren en de meelopers van vandaag, die zo gemakkelijk alle door anderen moeizaam gevonden attributen – de grote ruit, het platte dak, het hoge gebouw, de primaire kleur, de dynamische vlakverdeling – hanteren, zodanig, dat de resultaten thuis horen in wat Bakema 'het pakhuis, genaamd esthetiek' heeft genoemd.*
Wat nu nodig is, zijn actuele werken van onverdachte helderheid, want speciaal de jongere generatie kan onmogelijk langer teren op Van Nelle, de openluchtschool van Duiker en het huis aan de Prins Hendriklaan van Rietveld.
De moderne architectuur staat in wezen voor dezelfde opgaven als in 1930, maar met ongekend grotere mogelijkheden en ervaringen.[50]

been a highly praised example of a modern city centre throughout the world, the Lijnbaan invariably and rightly being given the most attention. The democratic decision-making also ensured that the centre of Rotterdam did not become a museum piece. Thanks to the admixture of trends, even in the individual architecture, the share of 'Nieuwe Bouwen' is only implicitly present.
The history of 'Nieuwe Bouwen' shows how after the war this movement, which even before the war was already not always recognizable, despite its exceptional radical position, often emerged in a clouded and pluriform guise. Yet despite the compromises, it did prove possible to realize numerous prewar ideals, such as collective building, good housing, standardized production and scientific town-planning. Only in a few cases could new objectives, such as 'Core' (the central binding element) be united with old ones such as clarity and functionality, the Lijnbaan reaching a new height here.
The history of the reconstruction reveals how the prewar patterns and economic scale were adhered to at first, but how at the end of the years of occupation trade and industry and the architects of 'Nieuwe Bouwen' found each other in their expectations of a new future. In this the most important points of contact were the organic city and the cooperative form of building, which in 'Nieuwe Bouwen's's case were rooted mainly in idealism and in the eyes of trade and industry represented convenience, control and public image.
The Basic Plan of 1946 gave form to this by a readily comprehensible grouping of separated functions and a flexibility and openness that anticipated the enlargement of scale. Architectural dimensions to be found in the more complex subordinate parts of the earlier plan by Witteveen were thus rejected or eliminated.
Although the architecture of the fifties has been accorded very little appreciation since 1960, one cannot but conclude that the building done since then has not been much better and that there are many examples of buildings and streets that are still modern today. Walking through the inner city, one is struck by the multiplicity of cheerful details in the form of little balconies and awnings that adorn the sober buildings. Compared with this the laboured architecture of the last ten years shows little mastery.

Frank Kauffmann

Conclusie

De wederopbouw van de binnenstad van Rotterdam is lange tijd over de hele wereld een veel geprezen voorbeeld van een modern stadscentrum geweest, waarbij de Lijnbaan altijd terecht de meeste aandacht kreeg.
De democratische besluitvorming heeft er óók voor gezorgd dat Rotterdams centrum geen museumstuk is geworden. Door de menging van tendensen zelfs in de individuele architectuur, is het aandeel van het Nieuwe Bouwen slechts impliciet aanwezig.
De geschiedenis van het Nieuwe Bouwen laat zien hoe deze beweging, die voor de oorlog ondanks zijn radicale uitzonderingspositie al niet altijd herkenbaar was, na de oorlog vaak troebel en in pluriforme gedaante te voorschijn komt. Ondanks de compromissen, kunnen er echter veel utopieën van voor de oorlog, zoals de collectieve bouw, de goede woning, de gestandaardiseerde produktie en de wetenschappelijke stedeplanning verwezenlijkt worden. Slechts in enkele gevallen kunnen nieuwe doelstellingen, als 'Core' (centraal bindend element) verenigd worden met oude, als helderheid en functionaliteit. De Lijnbaan bereikte hierin een nieuw hoogtepunt.
De geschiedenis van de wederopbouw laat zien hoe aanvankelijk volgens de vooroorlogse patronen en economische schaal werd gewerkt. Aan het einde van de bezettingsjaren vonden het bedrijfsleven en de architecten van het Nieuwe Bouwen elkaar in hun verwachtingen in een nieuwe toekomst. De organische stad en de coöperatieve bouwvorm waren hierbij de belangrijkste aanknopingspunten, die bij het Nieuwe Bouwen vooral een ideële voedingsbodem hadden, en voor het bedrijfsleven overzichtelijkheid, beheersing en representativiteit betekenden.
Het Basisplan van 1946 gaf hier vorm aan door een overzichtelijke groepering van gescheiden functies en een flexibiliteit en openheid, die anticipeerden op schaalvergroting. Architectonische dimensies die aanwezig waren in de meer complexe onderdelen van het eerdere plan Witteveen werden daarom genegeerd of geëlimineerd.
Hoewel de waardering voor de architectuur van de jaren '50 na 1960 zeer gering is geweest, kan men toch niet anders concluderen dan dat er na die tijd niet veel beter gebouwd is en dat er veel voorbeelden zijn van gebouwen en straten die nog steeds modern zijn. Bij een wandeling door de binnenstad treft de veelheid aan vrolijke details in de vorm van balkonnetjes en luifels die de sobere gebouwen sieren. Hierbij vergeleken is de gezochte architectuur van de laatste 10 jaar weinig meesterlijk.

Frank Kauffmann

1
Plattegrond Rotterdam-Centrum, mei 1940.
Plan of the centre of Rotterdam, May 1940.

2
W.G. Witteveen (midden) en medewerkers van het ASRO: C. van Traa (links) en J.C.L.B. Pet, februari 1941.
W.G. Witteveen (centre) and collaborators from ASRO: C. van Traa (left) and J.C.L.B. Pet, February 1941.

3
W.G. Witteveen, Wederopbouwplan, 4 december 1941.
Reconstruction Plan, 4 December 1941.

4
Maquette van het Wederopbouwplan van W.G. Witteveen op de tentoonstelling *Nederland bouwt in baksteen*, Museum Boymans, oktober 1941.
Maquette of W.G. Witteveen's Reconstruction Plan, at the exhibition The Netherlands Builds in Brick, *Boymans Museum, October 1941.*

5
Deel 2 uit de serie *Hoe bouwen wij Rotterdam* uitgegeven door de Rotterdamse Gemeenschap, 1946.
Vol. 2 in the series How shall we build Rotterdam, *published by the 'Rotterdam Community', 1946.*

6
C. van Traa (ca. 1960).
C. van Traa (c. 1960).

7
C. van Traa, Basisplan, 1946.
Basic Plan, 1946.

1

2

De Wederopbouw!

Want wij Nederlanders zijn niet alleen zorgzaam en zorgvuldig, wij vergenoegen er ons niet mee om den chaos, waar die ons dreigt te overweldigen, zoo gauw mogelijk te fatsoeneeren en weer tot een zekere mate van ordelijkheid te herleiden, wij willen *leven*, wij willen *bouwen*, wij — en zeker wij, Rotterdammers! —, wij willen *werken*, wij willen aanpakken, dadelijk. Wij willen er weer bovenop, wij willen weer wat *maken* en wij willen wat *zeer goeds* maken, wij verlangen „kwaliteit", want met minder nemen wij geen genoegen. En daarom willen wij een *zeer goed* nieuw Rotterdam opbouwen, en dat moeten wij *gezamenlijk* doen, wij, Rotterdammers, want onze stad zal ons eigen werk zijn. Zij zal niet slechter en niet beter zijn dan waartoe onze vermogens, onze toewijding, onze goede wil kunnen reiken.

3

7

8
Bladzijde uit de toelichting op het Basisplan, 'Het nieuwe hart van Rotterdam', 1946.
Page from the explanation of the Basic Plan, 'The New Heart of Rotterdam', 1946.

9
Gemeentelijke Technische Dienst, Uitbreidingsplan Diergaarde, april 1940. Maquette ontwerpbebouwing van Jan Wils.
Gezicht vanaf de Westersingel op de nieuwe uitbreiding van station Delftse Poort.
Rotterdam Technical Services Department, Diergaarde Extension Plan, April 1940. Maquette of building plan by Jan Wils.
View of Westersingel towards the new extension of Delftse Poort Station.

10
J. Wils (medewerker R. Fledderus), Ontwerpschets Diergaarde doorbraak, gezien vanuit het westen.
J. Wils (assisted by R. Fledderus), Design for Diergaarde breakthrough, seen from the west.

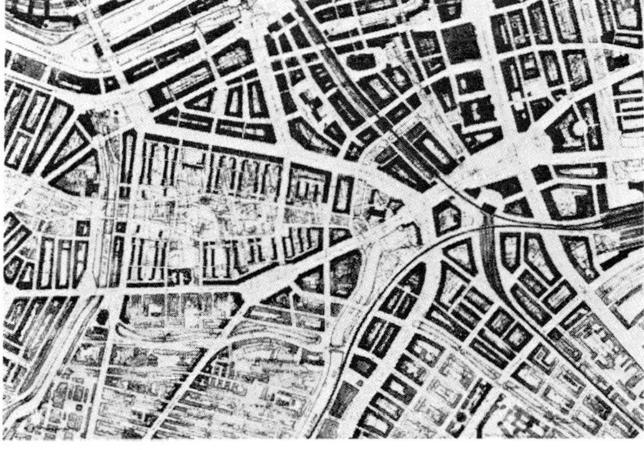

11
W.G. Witteveen, Verkavelingsplan voor het gebied ten noorden van de Goudsesingel, 4 oktober 1940.
Land-organization plan for the area north of Goudsesingel, 4 October 1940.

12
W.G. Witteveen, Plan Wereldhaven (in 1941 nog iets gewijzigd), uitvoering zuidelijk gedeelte door J. Wils, tijdens de oorlog; foto 1946.
International Port Plan (altered a little in 1941), execution of southern section by J, Wils during the war; photograph taken in 1946.

13
Van Tijen & Maaskant, Brinkman & Van den Broek, Tegenvoorstel verkaveling en opbouw woonwijk ten noorden van Goudsesingel, maquette 1940.
Counterproposal for land organization and structure of residential area north of Goudsesingel, maquette, 1940.

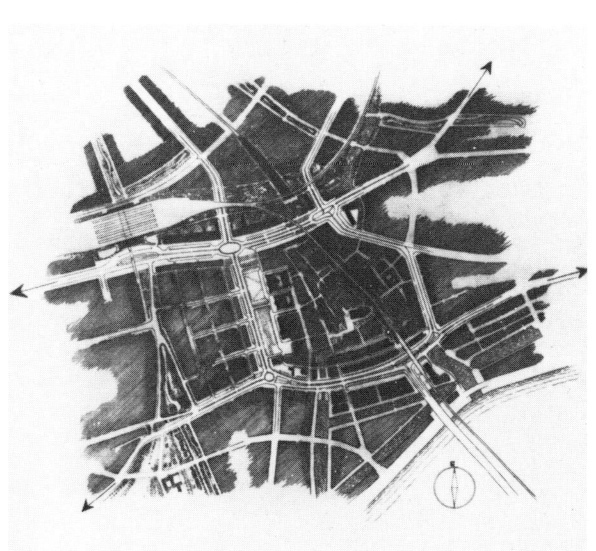

14
'de 8', Motto P.R., Hofplein-Blaak-prijsvraag, 1942. Verkeersafwikkeling Hofplein, Coolsingel, Blaak.
Motto P.R., Hofplein-Blaak competition, 1942. Traffic circulation system, Hofplein, Coolsingel, Blaak.

15
'de 8', Motto P.R., Hofplein-Blaak-prijsvraag. Blaak, noordwand.
Motto P.R., Hofplein-Blaak competition. Blaak, north side.

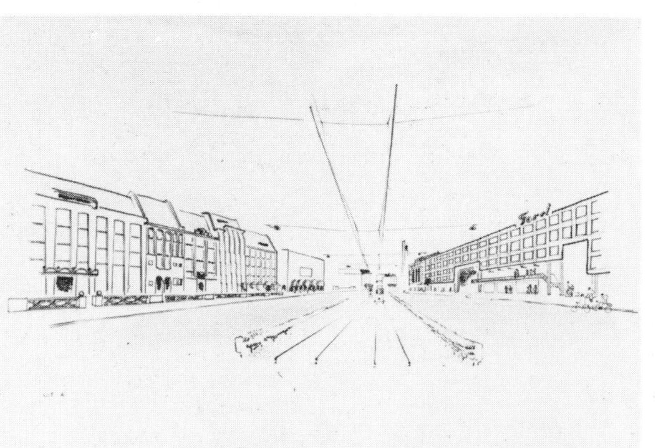

16
De 'Opbouw', Motto B.I.Z.G., Blaak-prijsvraag, 1942. Blaak, naar het westen en overzicht.
Motto B.I.Z.G., Blaak competition, 1942. Blaak, looking west and general view.

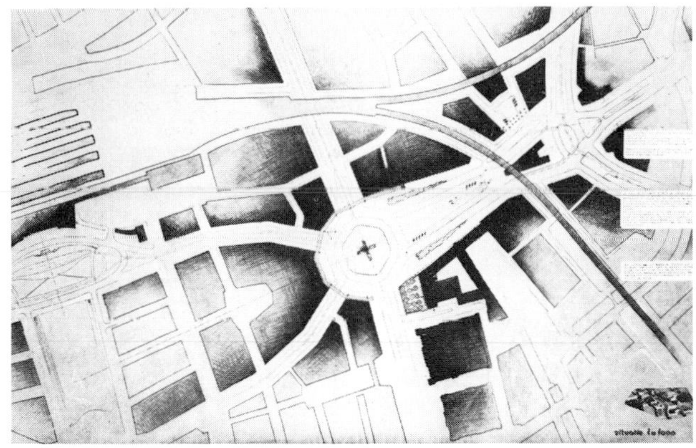

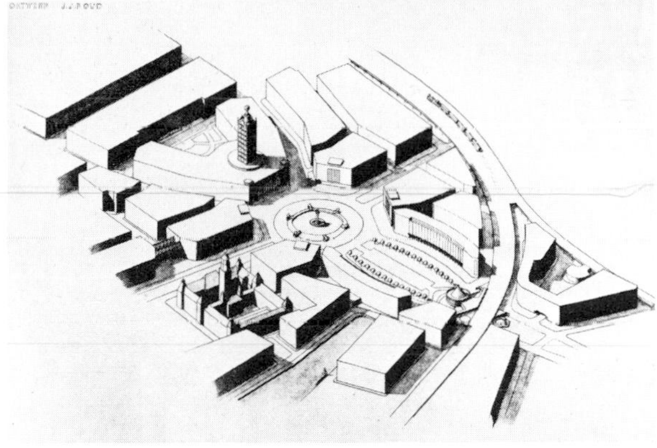

17
De 'Opbouw', Motto Promenade, Hofplein-prijsvraag. Plattegrond Hofplein.
Motto Promenade, Hofplein competition. Plan of Hofplein.

18
J.J.P. Oud, Ontwerp bebouwing Hofplein 1942-1944.
Design for building of Hofplein, 1942-44.

19
Noodwinkelcentrum Dijkzicht bij avond, ca. 1950, gebouwd 1940-1941.
Temporary shopping centre, Dijkzicht, by night, c. 1950, built 1940-41.

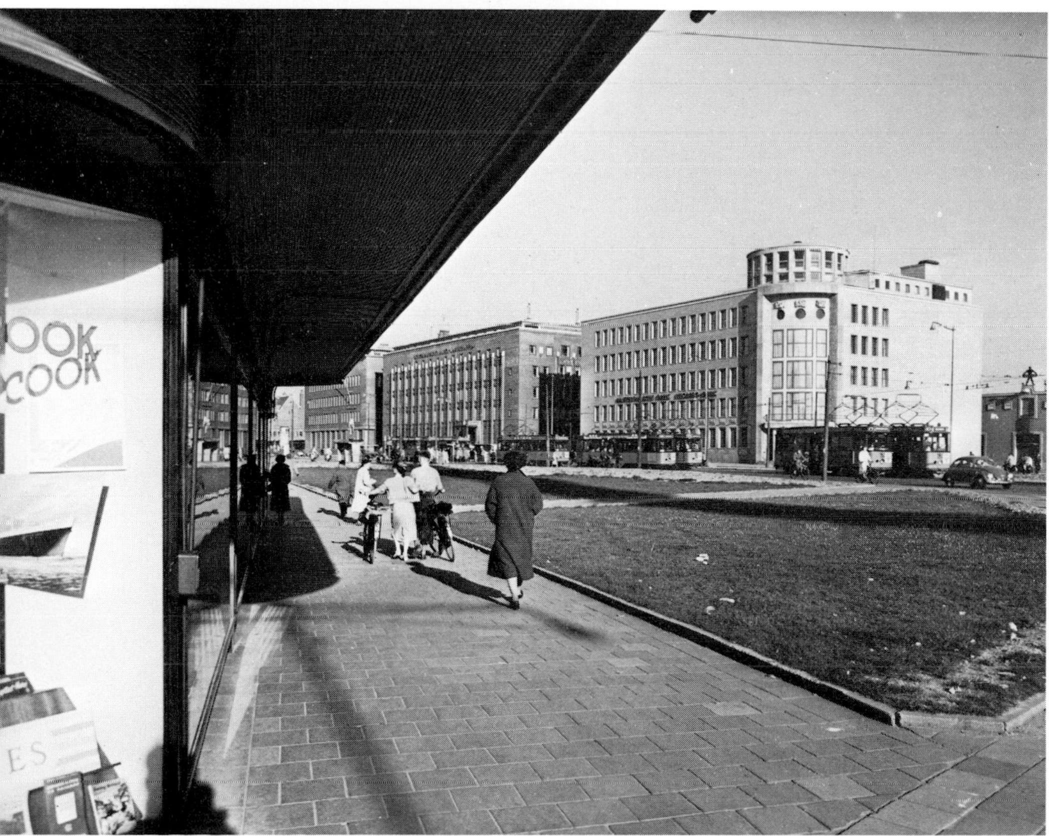

20
Bankgebouwen, zuid-Blaak, ontworpen tijdens de bezetting, v.r.n.l. E.H. en H.M. Kraaijvanger, C. Elffers en A. v.d. Steur.
Banks, zuid-Blaak, designed during the Occupation by, from left to right, E.H. and H.M. Kraaijvanger, C. Elffers and A. v.d. Steur.

21
Ontwerp voor de collectieve huisvesting van de winkeliers van de 'Noord-Blaak-combinatie', supervisor F.A. Eschauzier 1942-1945.
Design for the collective accommodation for the shop keepers of the 'Noord-Blaak Combine', supervisor F.A. Eschauzier, 1942-45.

22
Vermeer en Herwaarden, Straatsgewijze bouw Hoogstraat, 1950, gezien vanaf de Kipstraat.
Street-by-street building, Hoogstraat, 1950, seen from Kipstraat.

23
J.H. van den Broek, Ontwerpschets 'Centre Maritime' aan de Zalmhaven, alternatief project in opdracht van C.H. van der Leeuw, juli 1943.
Design for 'Maritime Centre' on Zalmhaven, alternative project commissioned by C.H. van der Leeuw, July 1943.

24
Van Tijen en Maaskant, Industrieflat aan de Twee-Leeuwenstraat (voorloper van het Industriegebouw aan de Goudsesingel) 1943-1945.
Industrial premises on Twee-Leeuwenstraat (predecessor of the Industry Building on Goudsesingel), 1943-45.

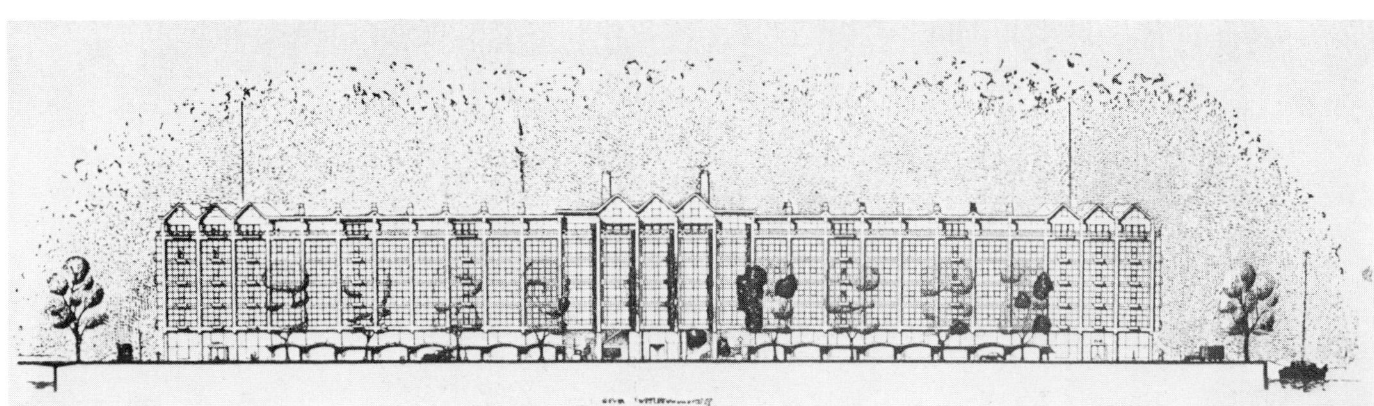

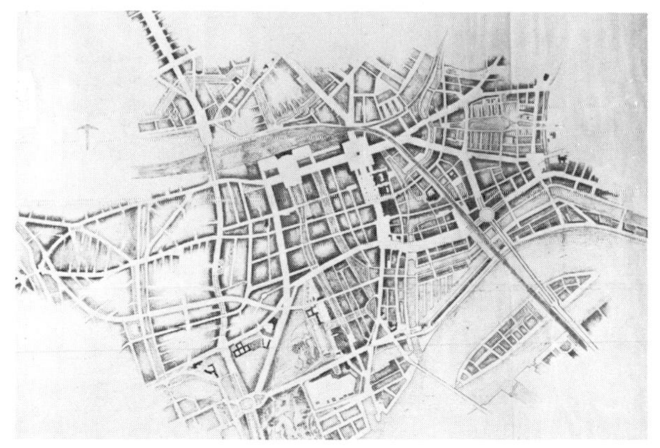

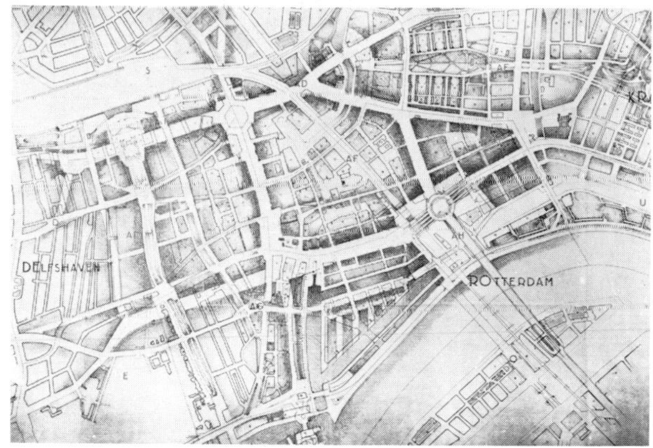

25
C. van Traa, Variant plan B, januari 1945.
Variant plan B, January 1945.

26
C. van Traa, Variant plan C, geprojecteerd over plan-Witteveen, april 1945.
Variant plan C, projected over Witteveen's plan, April 1945.

27
Situatie oude Bijenkorf (W. Dudok) aan de kruising Coolsingel, Blaak en Schiedamsesingel, ca. 1950: de Coolsingel wordt naar het oosten langs de Leuvehaven afgebogen, de Blaak naar het westen doorgebroken.
Site of Old Bijenkorf (W. Dudok) at junction of Coolsingel, Blaak and Schiedamsesingel, c. 1950; Coolsingel was diverted eastwards along Leuvehaven; Blaak was broken through on the west.

28
Maquette Leuvehavengebied, 'Het venster op de rivier', tentoonstelling *Rotterdam Straks*, Museum Boymans, 1947.
Maquette of Leuvehaven area, 'The window on the river', Rotterdam Soon *exhibition, Boymans Museum, 1947*

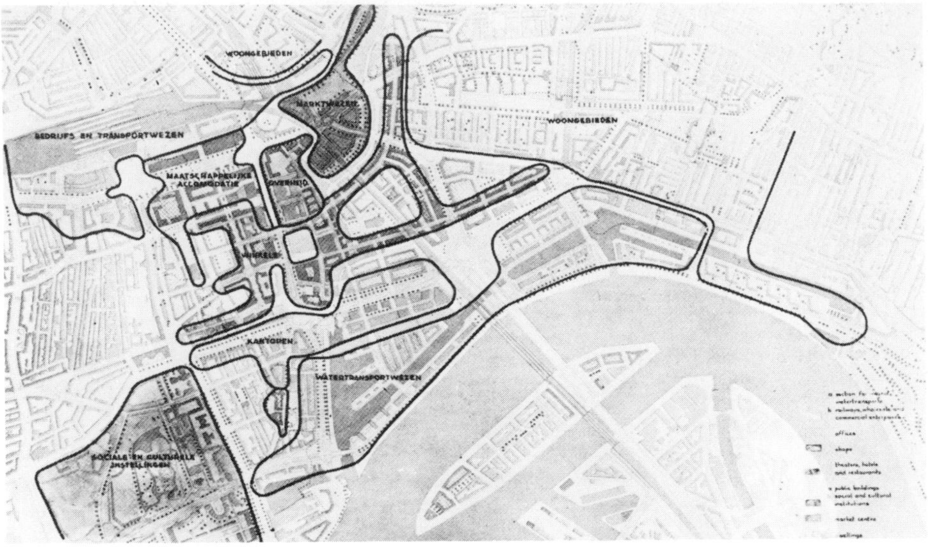

29
Bestemmingen Basisplan 1949.
Designations of Basic Plan, 1949.

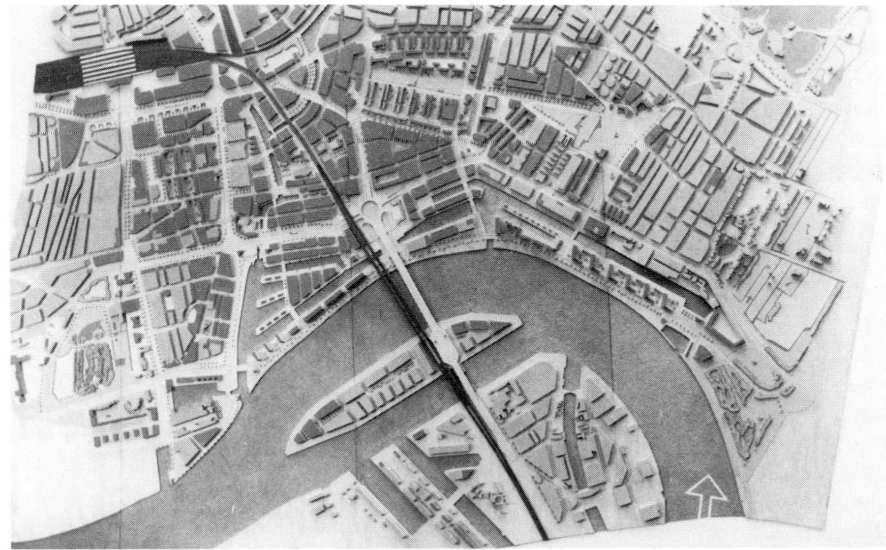

30
Maquette Basisplan, tentoonstelling *Rotterdam Straks*, 1947.
Maquette of Basic Plan, Rotterdam Soon *exhibition, 1947.*

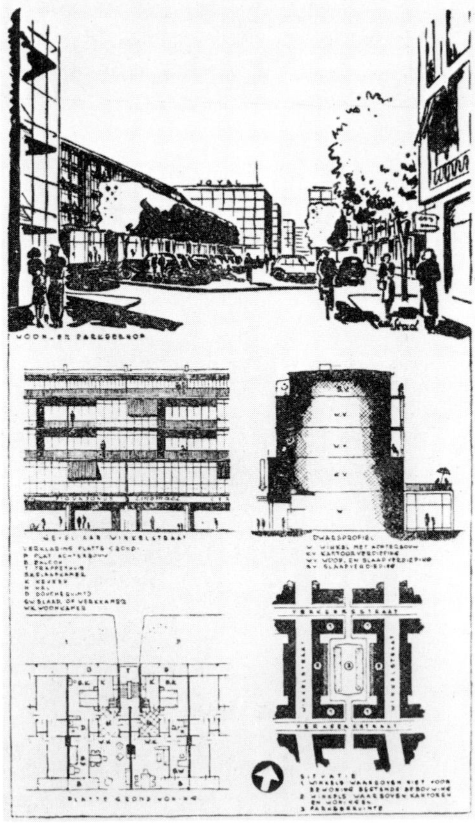

31
C. van Traa, Binnenstadshof, schets v.d. Stad, 'Het nieuwe hart van Rotterdam', 1946.
Inner City Court, sketch by v.d. Stad, 'The Ncw Heart of Rotterdam', 1946.

32
ASRO, Maquette Lijnbaangebied, augustus 1947.
Maquette of Lijnbaan area, August 1947.

33
Van den Broek en Bakema, Eén van de variantstudies op het door het ASRO aangegeven thema van het Lijnbaangebied, 1952.
One of the variant studies of the theme of the Lijnbaan area posited by ASRO, 1952.

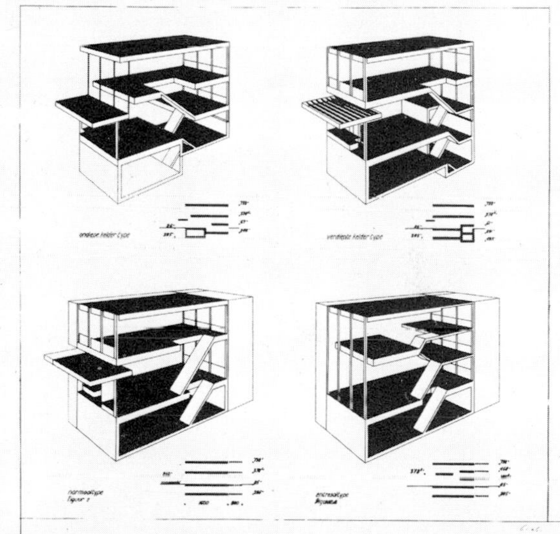

34
Maquette Lijnbaan, 1952.
Maquette of Lijnbaan, 1952.

35
Type winkels, Lijnbaan.
Type of shop, Lijnbaan.

36
Lijnbaan in aanbouw, 1953.
Lijnbaan under construction, 1953.

37
Lijnbaan, ca. 1958.
Lijnbaan, c. 1958.

38
Verkrotte huisvesting van grossierderijen en werkplaatsen aan de Goudsesingel, ca. 1925. Hier ontwierpen Van Tijen en Maaskant hun eerste industrie-flat in 1939.
Slum premises of wholesale firms and workplaces on Goudsesingel, c. 1925. Here Van Tijen & Maaskant designed their first block of industrial premises in 1939.

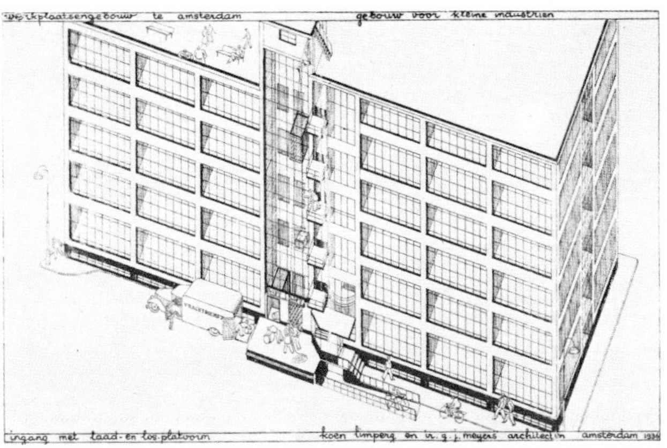

39
K. Limperg, Schetsontwerp Werkplaatsengebouw, 1936.
Design for Workplace Building, 1936.

40
Van Tijen en Maaskant, Industrieflat Oostzeedijk in aanbouw met dragende muren, 1941-1947.
Block of industrial premises, Oostzeedijk, under contruction with load-bearing walls, 1941-47.

41
Van Tijen en Maaskant, Maquette industrieflat Goudsesingel, 1947.
Maquette of industrial block, Goudsesingel, 1947.

42
Betonskelet industrieflat Goudsesingel vanaf de Hoogstraat, 1948.
Reinforced concrete skeleton of industrial block, Goudsesingel, seen from Hoogstraat, 1948.

43
Industrieflat Goudsesingel, expeditiestraat, galerijen, hijsinstallaties.
Industrial block, Goudsesingel, service street, galleries, hoists.

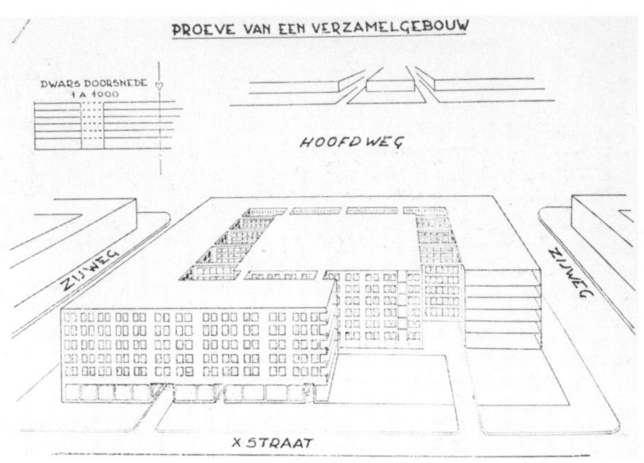

44
F. Pot, Ontwerp Grossierscentrum, 1944.
Design for Wholesale Centre, 1944.

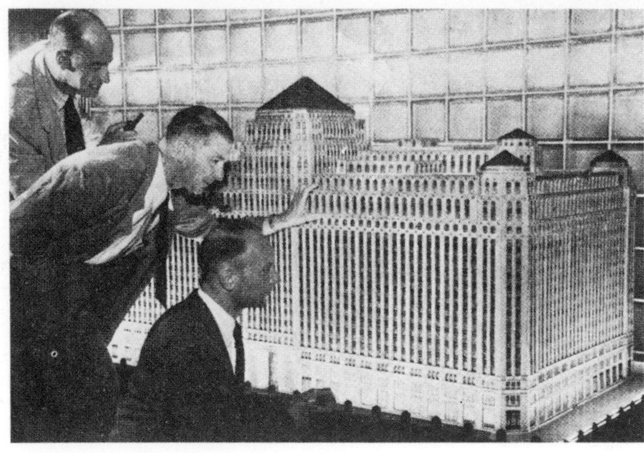

46
H. Maaskant en F. Pot (v.l.n.r.) bij de maquette van het grootste grossierscentrum ter wereld, Chicago, 1948.
H. Maaskant (left) and F. Pot (right) with maquette of the largest wholesale centre in the world, Chicago, 1948.

45
Groothandelsgebouw in aanbouw vanuit het Oude Westen, 1950.
Wholesale Centre under construction, seen from Oude Westen, 1950.

47
'Het doek gaat open'; bioscoop op het dak van het Groothandelsgebouw.
'The curtains part'; cinema on the roof of the Wholesale Building.

48
Instructie-tekening Groothandelsgebouw (tentoonstelling *Rotterdam Straks*, 1947).
*Annotated drawing of Wholesale Building (*Rotterdam Soon *exhibition, 1947).*

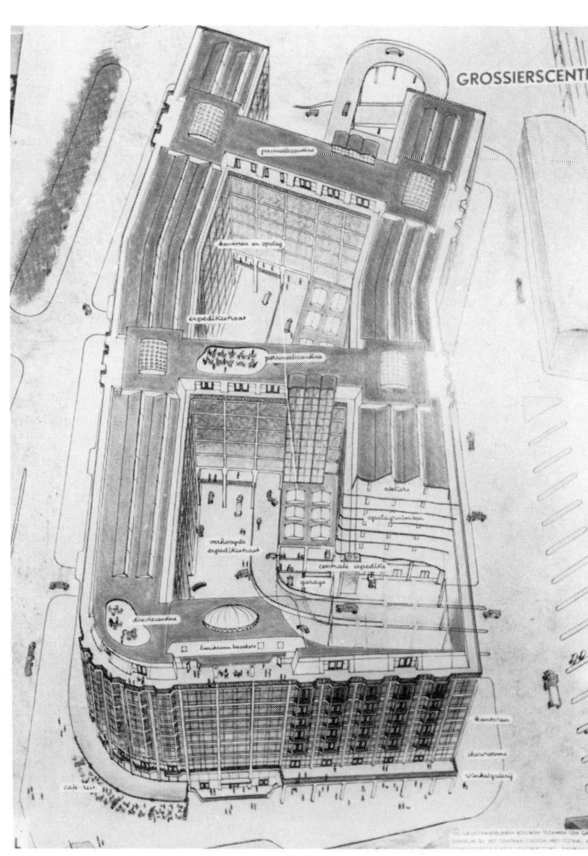

49
J.B. Bakema, Maquette Woon- en Werkgebouw voor kunstenaars, 1947, gezien vanuit het noorden.
Maquette of blocks of flats and workplaces for artists, 1947, seen from the north.

50
H. Maaskant, Groothandelsgebouw en J.W.C. Boks, Bouwcentrum, foto 1954.
Wholesale Building and Building Centre, photograph taken in 1954.

51
Van den Broek en Bakema, Winkelgebouw Ter Meulen, Wassen en Van Vorst 1948-1951, vanuit het westen.
Shop premises for Ter Meulen, Wassen and Van Vorst, 1948-51, seen from the west.

53
Ter Meulen, Wassen, Van Vorst, interieur lunchroom.
Interior of lunchroom.

52
Ter Meulen, open etalages.
Ter Meulen, open window display.

54
M. Breuer en A. Elzas, De Bijenkorf, aquarel 1955 zonder de sculptuur van Naum Gabo.
De Bijenkorf, watercolour of 1955, without the sculpture by Naum Gabo.

Noten

1 Zie o.a. L. de Jong, *Het Koninkrijk der Nederlanden in de Tweede Wereldoorlog,* deel 3, Den Haag 1970, p. 348.
2 In december 1940 werd deze titel om verwarring met de titel Rijkscommissaris (Seiss Inquart) te vermijden veranderd in Algemeen Gemachtigde.
3 Tijdens de mobilisatie, waarin Ringers een belangrijke rol speelde bij ingewikkelde inundatie-kwesties (Hollandse Waterlinie) had Winkelman *in prettige samenwerking . . . zijn buitengewone activiteit leren kennen en waarderen.* op.cit. noot 1, deel 4, 1972, p. 37.
4 O.a. in *de 8 en Opbouw* 1942, pp. 127-8.
5 In januari 1941 leidde W.G. Witteveens keuze van de supervisoren (P. Vorkink en H. van der Kloot Meyburg) tot een conflict met de eerder ingestelde architectencommissie, waarin deze klacht tegenover Ringers werd geuit. (brief 13 jan. 1941) Archief ASRO (GAR).
6 Het opmerkelijkste is een brief door ir. H.W. Mouton aan de architectencommissie, die op verzoek van W.G. Witteveen eindigt met: *In de gevallen Van Tijen en Maaskant en Brinkman en Van den Broek en Dudok moet mijns inziens de supervisor niet aarzelen een ontwerp af te keuren, wanneer hij van mening is, dat de uitvoering van dat ontwerp de harmonie verstoort.* (4 april 1943) Archief ASRO (GAR).
7 Sommige Supervisoren gaven van te voren richtlijnen voor de architectuur, die de inbreng van de architecten in meer of mindere mate beperkten. Andere keurden het werk achteraf.
8 Speciaal de plaats van J.H. van den Broek en W. van Tijen leidde tot discussie. Tot de eerste categorie hoorden: C. Elffers, M.J. Granpré Molière, H.M. Kraaijvanger, J.J.P. Oud, S. van Ravensteyn, A. van der Steur en P. Verhagen. (notulen supervisorencommissie 13 augustus 1941), Archief ASRO (GAR).
9 Binnen 'de 8' en 'Opbouw' circuleerde bijvoorbeeld een briefje van B. Merkelbach om tijdens de voorbereiding *de tentoonstellingscommissie uit hun tent te lokken door het aanbieden van werk* (23 mei 1941), Archief Merkelbach, NDB. In *de 8 en Opbouw* verscheen een felle reactie door A. Plate 'Over Baksteen en Bouwen', 1942, pp. 71-83.
10 In 1942 werd Ringers betrokken bij de inrichting van het illegale 'Grootburger Comité' en later bij het 'Nationaal Comité' (zie op.cit. noot 1, deel 5, 1974, pp. 858-9 en deel 6, 1975, pp. 202-3). Op 1 april 1943 werd hij gearresteerd en gevangen gezet. Het lukte hem echter zich voor de wederopbouw van Rotterdam in te zetten via zijn Algemeen Secretaris ir. H.W. Mouton.
11 G.J. Schras, *Nota betreffende enige aspecten van den herbouw van bedrijfspanden van Rotterdam,* 23 feb. 1944 (Schras was directeur van de Ned. Middenstandsbank). Deze nota vormde de directe aanleiding tot het Opro-rapport *Bedrijfsvoorzieningen binnenstad.* (zie noot 20).
12 Zie A.J. Teychiné Stakenburg, *Beeld en Beeldenaar Rotterdam en mr. K.P. van der Mandele,* Rotterdam 1979, pp. 97-100.
13 De leden van deze commissie waren dr. J.Ph. Backx; ir. F.W.C. Blom; mr. H.C. Hintzen, opdrachtgever tot de industrieflat van Van Tijen en Maaskant; dr. C.H. van der Leeuw; mr. K.P. van der Mandele, voorzitter van de Kamer van Koophandel, financier en initiatiefnemer van talrijke projecten; L.W.E. Rauwenhoff; W.B.K. Verster; W.H. de Monchy (Holland-Amerika Lijn, tevens voorzitter van de architectencommissie) en W.B. Willebeek Lemair.
14 *Nota betreffende den Wederopbouw van Rotterdam,* Rotterdam juli 1942, geschreven door W.B. Verster, ondertekend door de genoemde leden van de commissie. (Archief Mouton, Ministerie van Volkshuisvesting, Den Haag).
15 Brief van W. van Tijen aan C.H. van der Leeuw (22 feb. 1944): vragen over uitbreidingsplan, urgentie, plaats station, oeververbindingen, culturele gebouwen, Maasboulevard, grootte winkelcentrum (Archief Van den Broek, Architecten gemeenschap Van den Broek en Bakema).
16 Zie *Plan* 1970 nr. 9, W. van Tijen: *Wij voelden ons vanuit de Doornse discussie verplicht om er ook architecten van andere opvattingen bij te betrekken.*
17 C. van Eesteren en B. Merkelbach brachten naar voren dat de basis van het plan *die van een socialistische, of liever coöperatieve* samenleving zou moeten zijn. Verder vestigden zij de aandacht op *het ordenend beginsel in de organisatie van bouwblokken, collectieve bouwcomplexen, stad aan de rivier, flexibiliteit, inspraak, samenwerking etc.*. Notulen Opro (4 nov. 1944) (Archief Van den Broek).
18 Archief Van den Broek.
19 H.M. Kraaijvanger, J.H. v.d. Broek, W. van Tijen, H.J.A. Hovens Greve, *Nota betreffende de bedrijfsvoorzieningen in de binnenstad van Rotterdam,* 10 sept. 1945 (Archief S.O. Rotterdam).
20 Zie ook: H. Meyer, R. Kouprie, J. Sikkens, *De beheerste stad,* Rotterdam 1980, pp. 64-7.
21 Sommige architecten gaven schriftelijk commentaar. Een bijeenkomst vond plaats op 13 juli 1945, zie R. Blijstra *Rotterdam Stad in Beweging,* Rotterdam 1965, pp. 72-3.
22 'Bouwvormen', een term van Van den Broek. In december 1946 schreef Van den Broek een nota in Opro-verband *Bouwvormen in de*

Notes

1 *See, among other things, L. de Jong,* Het Koninkrijk der Nederlanden in de Tweede Wereldoorlog, *vol. 3, The Hague 1970, p. 348.*
2 *In order to avoid confusion with the title Government Commissioner (Seiss Inquart), this title was changed in December 1940 to General Deputy.*
3 *During the mobilization, in which Ringers played an important part in connection with complicated inundation problems (the Dutch Water Defence Line), Winkelman* had got to know and value his exceptional activities. . . in pleasant collaboration op. cit. (see note 1), *vol. 4, 1972, p. 37.*
4 *Among others in* de 8 en Opbouw *1942, pp. 127-8.*
5 *In January 1941 Witteveen's choice of supervisors (P. Vorkink and H. van der Kloot Meyburg) led to a conflict with the earlier instituted architects' commission, in which this complaint was put forward to Ringers (letter of 13 Jan. 1941, ASRO Records, GAR).*
6 *The most notable instance of this is a letter from H.W. Mouton to the architects' commission, which, at Witteveen's request, ends as follows:* In the cases of Van Tijen and Maaskant and Brinkman and Van den Broek and Dudok, the supervisor must not hesitate, in my view, to reject a design if he is of the opinion that its execution would disturb the harmony *(4 April 1943, ASRO Records, GAR).*
7 *Some supervisors gave guidelines in advance for the architecture, which limited the architects' own contribution to a greater or lesser degree. Others assessed the work afterwards.*
8 *Their places in particular gave rise to discussion. The first category included C. Elffers, M.J. Granpré Molière, H.M. Kraaijvanger, J.J.P. Oud, S. van Ravensteyn, A. van der Steur and P. Verhagen (minutes of supervisors' committee, 13 Aug. 1941, ASRO Records, GAR).*
9 *Within 'de 8' and 'Opbouw' there circulated, for example, a note from B. Merkelbach urging that during the preparations for the exhibition* the exhibition committee should be lured out of its tent by the offering of work *(23 May 1941, Merkelbach Records, NDB). In* de 8 en Opbouw *appeared a fierce reaction by A. Plate, 'Over Baksteen en Bouwen' (1942, pp. 71-83).*
10 *In 1942 Ringers was involved in the setting up of the illegal 'Grootburger Committee' and later in the 'National Committee' op. cit. (see note 1), vol. 5, 1974, pp. 858-9, and vol. 6, 1975, pp. 202-3). He was arrested and imprisoned on 1 April 1943, but he nonetheless succeeded in continuing to work for the reconstruction of Rotterdam via his general secretary H.W. Mouton.*
11 *G.J. Schras,* Nota betreffende enige aspecten van den herbouw van bedrijfspanden van Rotterdam, *23 Feb. 1944 (Schras was director of the Ned. Middenstandsbank). This note led directly to the Opro report,* Bedrijfsvoorzieningen binnenstad *(see note 20).*
12 *See A.J. Teychiné Stakenburg,* Beeld en Beeldenaar Rotterdam en Mr. K.P. van der Mandele, *Rotterdam 1979, pp. 97-100.*
13 *The members of this committee were Dr. J.P. Backx, F.W.C. Blom, H.C. Hintzen (who commissioned the block of industrial premises from Van Tijen & Maaskant), Dr. C.H. van der Leeuw, K.P. van der Mandele (president of the Chamber of Commerce, financier and initiator of numerous projects), L.W.E. Rauwenhoff, W.B.K. Verster, W.H. de Monchy (Holland-America Line and also chairman of the architects' commission) and W.B. Willebeek Lemair.*
14 Nota betreffende den Wederopbouw van Rotterdam, *Rotterdam, July 1942, written by W.B. Verster, signed by the committee members as listed above (Mouton Records, Ministry of Housing, The Hague).*
15 *Letter from Van Tijen to Van der Leeuw (22 Feb. 1944) (questions regarding the expansion plan, urgency, the site of the station, links between the riverbanks, cultural buildings, Maas boulevard, large shopping centre) (Van den Broek Records, Van den Broek & Bakema Partnership).*
16 *See* Plan *1970, no. 9, Van Tijen:* On the basis of the Doorn discussion, we felt obliged to involve architects of other persuasions as well.
17 *Van Eesteren and Merkelbach put forward the idea that the basis of the plan ought to be that of* a socialist, or rather cooperative society. *The further drew attention to* the ordening principle in the organization of blocks of building, collective building complexes, city on the river, flexibility, consultation, cooperation, etc. *Minutes of Opro, 4 Nov. 1944 (Van den Broek Records).*
18 *Van den Broek Records.*
19 *H.M. Kraaijvanger, J.H. van den Broek, W. van Tijen, H.J.A. Hovens Greve,* Nota betreffende de bedrijfsvoorzieningen in de binnenstad van Rotterdam, *10 Sept. 1945 (S.O. Records, Rotterdam).*
20 *See also H. Meyer, R. Kouprie, J. Sikkens,* De beheerste stad, *Rotterdam 1980, pp. 64-7.*
21 *Some architects provided written comments. A meeting took place on 13 July 1945, see R. Blijstra,* Rotterdam Stad in Beweging, *Rotterdam 1965, pp. 72-3.*
22 *'Building forms' was a term of Van den Broek's. In December 1946 he*

binnenstad, waarin hij verschillende mogelijkheden geeft om winkels van hun traditionele opbouw van woningen en kantoren te ontdoen. Hij kwam hier dicht bij de Lijnbaan. (Archief Van den Broek).

23 In een rondschrijven aan de Gemeentelijke Technische Diensten geeft het ministerie van Volkshuisvesting een toelichting op het begrip Basis-plan. Anders dan bij 'uitbreidingsplannen in hoofdzaken' moet een basisplan wel gedetailleerd worden. Maar deze detaillering is niet, zoals de Woningwet voorschrijft voor 'uitbreidingsplannen in onderdelen', bindend volgens de wet.
(Betreft: vaststelling Basisplannen voor den Wederopbouw, 6 jan. 1947, archief S.O. Rotterdam).

24 Toelichtingen op het wederopbouwplan door Witteveen werden gepubliceerd in: *Bouwkundig Weekblad* 1941 nov., pp. 365-8, en *De Ingenieur* 1941 24 jan., p. A32 e.v.

25 J.G. Wattjes en W.Th. ten Bosch, *Rotterdam en hoe het bouwde,* Leiden 1940, p. 175.

26 Kop *Maasbode* (10 april 1940), zie voor uitgebreide toelichting: *Extra nummer bebouwingsplan Diergaarde,* de Maastunnel 1940 maart.

27 H. Elte, 'De weg terug', *de 8 en Opbouw* 1940, p. 108.

28 M. Stam, 'Nieuwe taken in de lage landen', *de 8 en Opbouw* 1940, p. 193.

29 *Aan het idee van een groen-arm tot bij de city moet worden vastgehouden, maar het thans geprojecteerde beloop en beëindigng daarvan zijn wel zeer voor verbetering vatbaar.* Brief Van Tijen (7 nov. 1944) aan Opro, Archief Van den Broek.

30 M. Stam, 'De oorlog sloeg een gat. . .', *De 8 en Opbouw 1941,* pp. 127-133.

31 Toelichting prijsvraag Hofplein en Blaak, motto P.R. Archief Blijstra, NDB.

32 Notulen, vergadering supervisoren (15 dec. 1941) Archief ASRO (GAR).

33 J.F. Berghoef, *Inleiding over de bebouwing langs breede straten,* supervisievergadering (10 feb. 1943), Archief ASRO (GAR).

34 Brief W. van Tijen (7 nov. 1944) aan Opro (Archief Van den Broek).

35 Concept nota door J.Ph. Backx (juni 1944) (Archief Van den Broek).

36 C. van Traa, 'Rotterdams nieuwe binnenstad', *Bouw* 1948, pp. 206-9.

37 Lewis Mumford, *The skyline of the city,* 'A walk through Rotterdam', vertaald in *Bouw* 1957 30 nov., zie ook op.cit. noot 21, pp. 132 6.

38 Het begrip 'Core', hart, centraal bindend element, was een van de belangrijkste thema's op het 8ste CIAM-congres te Hoddesdon (The heart of the city) in 1951. Zie ook het artikel van Jeroen Schilt in de catalogus.

39 Zie J. Roding, 'Koen Limperg's functionalisme', *Wonen TA/BK* 1981, 13, pp. 9-29.

40 Witteveen nodigde naar aanleiding van de publicatie van het Werkplaatsengebouw in een blad van de confectie-industrie in 1938 Limperg uit voor een gesprek. *Wonen TA/BK* 1981, nr. 13, p. 40.

41 Zie: L. Ott, *Van luchtkasteel tot koopmansburcht,* Rotterdam 1969.

42 Van Traa e.a., *Rotterdam tien jaar wederopbouw,* Rotterdam 1955, p. 110.

43 H.A. Maaskant, 'Vluchtige reisindrukken', *Bouw* 1948, pp. 256-8.

44 'Interview met Maaskant', *Bouw* 1971, p. 18-9.

45 'Woon- en werkgebouw voor kunstenaars', *Forum* 1949, pp. 74-6.

46 Kenmerkend zijn bijvoorbeeld de opmerkingen van R. Fledderus in 'De nieuwe maecenas en Rotterdam. Zin en doel van de wederopbouwtentoonstelling 'Rotterdam straks' ', *Bouw* 1947 18 mei, pp. 26-8 (Monografie De wederopbouw van Rotterdam).

47 In de discussie in *Bouw* over de 'Dictatuur van de Delftse school' wordt Rotterdam als gunstige uitzondering genoemd (*Bouw* 1946, p. 613).

48 De term 'Shake-handsstijl' is van J.B. Bakema en slaat op het compromis tussen traditioneel en modern.

49 A. Elzas, 'Winkelpanden', *Forum* 1953, p. 139.

50 W. van Tijen, 'Het bureau van Van den Broek en Bakema', *Forum* 1957, p. 180. Bakema geeft hier een zeer goede repliek op, waarna Van Tijen concludeerde dat de stand één - één was.

wrote a memorandum in the context of Opro, Building forms in the Inner city, *in which he gave various possibilities for getting shops away from the traditional structure of dwellings and offices. In this he came close to the Lijnbaan (Van den Broek Records).*

23 *The Ministry of Housing provided an elucidation of the basic plan concept in a circular addressed to local government Technical Services Departments. Unlike 'broad overall expansion plans', a basic plan did need to be detailed, but this detailing was not legally binding, as in the case of the Housing Act prescription for 'detailed expansion plans'.* (Betreft: vaststelling Basisplannen voor den Wederopbouw, *6 Jan. 1947, S.O. Records, Rotterdam).*

24 *Explanations of Witteveen's Reconstruction Plan were published in* Bouwkundig Weekblad *1941 Nov., pp. 365-8 and* De Ingenieur *1941, 24 jan., pp. A 32 ff.*

25 *J.G. Wattjes and W.T. ten Bosch,* Rotterdam en hoe het bouwde, *Leiden 1940, p. 175.*

26 *Headline in* Maasbode *(10 April 1940). For a detailed account see* Extra nummer bebouwingsplan Diergaarde, de Maastunnel *1940 March.*

27 *H. Elte, 'De weg terug',* de 8 en Opbouw *1940, p. 108.*

28 *M. Stam, 'Nieuwe taken in de lage landen',* de 8 en Opbouw *1940, p. 193.*

29 The idea of a green arm up to the city centre must be adhered to, but the course projected at present and the ending of it could centainly be very much improved, *letter from Van Tijen to Opro (7 Nov. 1944), Van den Broek Records.*

30 *M. Stam, 'De oorlog sloeg een gat. . .',* de 8 en Opbouw *1941, pp. 127-33.*

31 *Explanatiom of Hofplein and Blaak competition entry, motto P.R., Blijstra Records, NDB.*

32 *Minutes of meeting of supervisors (15 Dec. 1941), ASRO Records (GAR).*

33 *J.F. Berghoef,* Inleiding over de bebouwing langs breede straten, *meeting of supervisors (10 Feb. 1943), ASRO Records (GAR).*

34 *Letter from Van Tijen to Opro (7 Nov. 1944), Van den Broek Records.*

35 *Draft memorandum by J.P. Backx (June 1944, Van den Broek Records).*

36 *C. van Traa, 'Rotterdams nieuwe binnenstad',* Bouw *1948, pp. 206-9.*

37 *Lewis Mumford,* The skyline of the city, *'A walk through Rotterdam', translated in* Bouw *1957, 30 Nov., op. cit. (see note 21), pp. 132-6. 21), pp. 132-6.*

38 *The concept of 'Core', heart, central binding element, was one of the most important themes at the 8th CIAM Congress at Hoddesdon in 1951 (The heart of the city). See also the article by Jeroen Schilt in this catalogue.*

39 *See J. Roding, 'Koen Limperg's functionalisme'* Wonen TA/BK *1981, no. 13, pp. 9-29.*

40 *After the Workplace Building had been published in a clothing industry journal in 1938, Witteveen invited Limperg for a discussion. See* Wonen TA/BK *1981, no. 13, p. 40.*

41 *See L. Ott,* Van luchtkasteel tot koopmansburcht, *Rotterdam 1969.*

42 *Van Traa et. al.,* Rotterdam tien jaar wederopbouw, *Rotterdam 1955, p. 110.*

43 *H.A. Maaskant, 'Vluchtige reisindrukken',* Bouw *1948, pp. 256-8.*

44 *'Interview met Maaskant',* Bouw *1971, pp. 18-9.*

45 *'Woon- en werkgebouw voor kunstenaars',* Forum *1949, pp. 74-6.*

46 *Characteristic comments, for example, are those made by R. Fledderus in 'De nieuwe maecenas en Rotterdam. Zin en doel van de wederopbouwtentoonstelling 'Rotterdam Straks' ',* Bouw *1947, May 18, pp.26-8 (Reconstruction of Rotterdam number).*

47 *In the discussion in* Bouw *on the 'Dictatorship of the Delft School' Rotterdam is mentioned as an auspicious exception (*Bouw *1946, p. 613).*

48 *The term 'shake-hands' style was coined by Bakema. It relates to the compromise between traditional and modern.*

49 *A. Elzas, 'Winkelpanden',* Forum *1953, p. 139.*

50 *W. van Tijen, 'Het bureau van Van den Broek en Bakema',* Forum *1957, p. 180. Bakema gave a very good answer to this, after which Van Tijen concluded that the score was one all.*

Het Nieuwe Bouwen in Rotterdam 1940-1960: wat is stedelijk wonen in een open stad?

De woonwijk, proeftuin van het Nieuwe Bouwen in Rotterdam

Inleiding

De twee grootste Nieuwe Bouwen architectenbureaus in Rotterdam, n.l. Van Tijen & Maaskant en Brinkman & Van den Broek reageerden in hun boek *Woonmogelijkheden in het Nieuwe Rotterdam* op de vernietiging van het centrum van hun stad, met het maken van een woonwijkstudie voor 'een stukje van de stad'.[1]

Over de wederopbouw van de stad Rotterdam 'als geheel', deden zij, in de eerste jaren van de oorlog althans, geen uitspraken. Toch was hun studie een reactie op de plannen van de stadsarchitect Witteveen die al zo snel aan de wederopbouw van het centrum begonnen was.

Maar op het gebied van de woonwijkstudies, gedacht vanuit de verbetering van de woonomstandigheden in de door hun beoogde zin, voelden zij zich thuis.

Van het eind van de jaren twintig af waren, meestal in de vorm van tegenvoorstellen voor invullingen in bestaande staduitbreidingsplannen, talloze suggesties gedaan voor de totstandkoming van een 'organische woonwijk in open bebouwing' (afb. 1).[2]

Ideeën over 'de Nieuwe Cultuur',[3] kon men daarin kwijt, zonder gehinderd te worden door lastige obstakels als historische kernen van steden. Daarbij komt dat het denken over de *stad als geheel* binnen CIAM in de jaren dertig niet geëvolueerd was. Via de opeenvolgende trits onderwerpen van de werkcongressen, n.l. 'de woning' (1929), 'de wijk' (1930) en 'de analyse van de stad' (1933) was het logische vervolg, en waarschijnlijk ook de wens van de voorzitter van CIAM, Van Eesteren[4] om voorstellen tot verbetering van de steden te doen, op basis van de analyse van de bestaande stad: de 95 thesen van het Charter van Athene, het resultaat van het IVe congres.[5]

In 1935 kwam de Nederlandse Groep van CIAM dan ook met het voorstel de sanering van oude wijken als onderwerp te nemen.[6]

Toch werd, waarschijnlijk op instigatie van Le Corbusier, het volgende item dat behandeld werd: de relatie wonen-ontspanning, (Parijs 1937), weer de analyse van een deelonderwerp, en dit kan dus als een stap terug beschouwd worden.

Ook het niveau van de stedebouwkundige kennis speelde een rol bij het reageren op plannen die ir. Witteveen al zo snel voor de wederopbouw van het centrum klaar had. Men moet zich daarbij realiseren, dat er voor de Tweede Wereldoorlog in Nederland geen stedebouwkundige opleiding bestond. Stedebouwers waren autodidactische architecten, van wie sommigen een opleiding in het buitenland gevolgd hadden. Zo ook Van Eesteren, die in Parijs en Berlijn zijn licht had opgestoken. Mede daardoor kon het ontwikkelingsplan dat hij samen met o.a. de van oorsprong civiel-ingenieur Van Lohuizen voor Amsterdam maakte (het Algemeen Uitbreidings Plan 1935) zo'n unieke plaats veroveren binnen de Nederlandse verhoudingen. Rotterdam heeft zo'n plan nooit gehad, alhoewel tijdens de oorlog daartoe wel een poging is gedaan.

Woonmogelijkheden in het Nieuwe Rotterdam

Het verkavelingsplan dat de stadsarchitect ir. Witteveen op 8 juni 1940 voor het gebied ten noorden van de Goudsche Singel gereed had, vertoonde sterke verwantschap met het oostelijk deel van het plan Diergaarde dat vlak voor het uitbreken van de oorlog gepresenteerd werd.[7] Deze

'Nieuwe Bouwen' in Rotterdam 1940-1960: what is urban living in an open city?

The residential area, 'Nieuwe Bouwen's' trial ground in Rotterdam

Introduction

The two biggest 'Nieuwe Bouwen' architects 'offices in Rotterdam, Van Tijen & Maaskant and Brinkman & Van den Broek, reacted to the destruction of the centre of their city in their book Housing Possibilities in the New Rotterdam *by making a study of a residential area for 'a bit of the city'.*[1]
About the restoration of the city of Rotterdam 'as a whole' they had nothing to say, in the first years of the war at least.
Yet their study was actually a reaction to the plans by Witteveen, the city architect, who had so quickly begun on the reconstruction of the centre. The fact was that they felt at home in the field of residential area studies, which were conceived of on the basis of the improvement of living conditions in the sense they aimed at. Since the end of the twenties numerous suggestions had been made for the creation of an 'organic residential area with open site-planning', mostly in the form of counterproposals for parts of existing urban extension plans (fig. 1).[2] *In these it was possible to give vent to ideas about the 'New Culture'*[3] *without being impeded by troublesome obstacles like the historic cores of cities.*
Another factor in all this was that CIAM had not got as far as thinking about the city as a whole *in the thirties. The logical consequence of the trilogy of subjects chosen in succession for the working congresses, namely 'the dwelling' (1929), 'the district' (1930) and 'the analysis of the city' (1933), and possibly also the wish of the president of CIAM, Van Eesteren,*[4] *was to put forward proposals for the betterment of cities on the basis of an analysis of the existing city: the 95 theses of the Charter of Athens, the result of the 4th Congress.*[5] *Thus in 1935 the Dutch group in CIAM suggested taking the reorganization of old districts as the subject.*[6]
But despite that, probably at Le Corbusier's instigation, the next item that was discussed was the relationship between housing and recreation (Paris, 1937), i.e. yet another analysis of a subsidiary subject, and this can, therefore, be regarded as a step backwards.
The level of town-planning knowledge also played a part in the reaction to the plans that Witteveen had so speedily prepared for the reconstruction of the centre of Rotterdam. It must be realized in this connection that no course of training in town planning existed in the Netherlands before the Second World War. Town planners were self-taught architects, some of whom had had a training abroad. Van Eesteren, for example, had studied in Paris and Berlin and it was partly because of that that the development plan he made for Amsterdam (the General Expansion Plan, 1935) in collaboration with, among others, Van Lohuizen, a civil-engineer in origin, won such a unique place within the Dutch relationships. Rotterdam never had such a plan, although an attempt was certainly made at one during the war.

Housing Possibilities in the New Rotterdam

The land organization plan for the area north of Goudsche Singel, which the city architect Witteveen had completed by 8 June 1940, showed a strong similarity to the eastern part of the Diergaarde Plan, which had been presented just before the war broke out.[7] *This residential area in the centre of the city had been fiercely criticized in the periodical* de 8 en Opbouw[8] *as a hotchpotch of town planning and architectural ideas with much straining after the effect of modernity but no content. The same could be said of the area that had already*

woonwijk in het centrum van de stad was in het tijdschrift *de 8 en Opbouw* fel bekritiseerd[8] als een samenraapsel van stedebouwkundige en architectonische ideeën met modern, inhoudsloos effectbejag.
Datzelfde zou men over de wijk die in het wegenplan van juni 1940 al zo verrassend was ingetekend, kunnen zeggen: noord-zuid georiënteerde strokenbouw rond een monumentaal 'Berlagiaans park' met een hoge randbebouwing (6 woonlagen boven winkels). De bezonning van de woningen vlak achter deze oost-west-georiënteerde randbebouwing werd opgeofferd aan het 'kom-effect', dat het hele plan moest krijgen: rond een parkje zou de bebouwingshoogte trapsgewijs als een soort arena van 2 tot 7 verdiepingen toenemen. Dit aspect, plus het ontbreken van een 'organische wijkopbouw' zullen de drijfveren zijn geweest om, geheel in de praktijk-traditie van de jaren dertig, te laten zien hoe zij (voornamelijk Van Tijen, Van den Broek en Bakema) zich de bebouwing hadden gedacht (afb. 2).
De mogelijkheden hiertoe werden geboden door de N.V. Volkswoningbouw, een vennootschap van 'verlichte industriëlen', die onder andere ook de bouw van de Bergpolderflat mogelijk had gemaakt. Het resultaat was het boek *Woonmogelijkheden in het Nieuwe Rotterdam* en een tentoonstelling in het Beursgebouw, april 1941.
Ondanks een zekere mate van voorzichtigheid die betracht werd, door het plan als een soort suggestie te presenteren en de stedebouwkundige situatie spiegelbeeldig te projecteren en zo met het plan een zekere objectiviteit te beogen, was de stadsarchitect ir. Witteveen woedend over dit initiatief. Dat het meer was dan een *studie* van stedelijke woonvormen onderkende ook Merkelbach in het tijdschrift *de 8 en Opbouw: de grondslagen die Van Tijen & Maaskant en Brinkman & Van den Broek als uitgangspunt van hun studie namen, zijn niet utopisch, ze zijn zo reëel, dat zij bijvoorbeeld niet veel verschillen met de bebouwings-voorschriften, welke behoren bij het uitbreidingsplan Slotermeer van de gemeente Amsterdam.*[9]
De opbouw van de voorgestelde woonwijk toont verwantschap met de ideeën van de Neighbourhood-Unit, zoals voorgesteld door de Amerikaan C. Perry (in 1929)[10]: in het groene hart van de wijk/buurt worden de openbare gebouwen, waaronder scholen gesitueerd. Daaromheen komen de woonbuurten te liggen, die begrensd worden door verkeerswegen met winkelvoorzieningen.
De mogelijke bebouwingen aan de hoofdverkeersweg/-winkelstraat laten zien dat de samenstellers van het boek worstelden met de vraag welk type stedelijke randbebouwing te prefereren viel.
Achtereenvolgens situeerden ze langs de winkelstraat (afb. 3):

- het conventionele, typisch stedelijke winkelstraattype, de zgn. rue-corridor, 3 woonlagen boven winkels (waarschijnlijk de voorkeur van Van Tijen), zoals later toegepast bij de wederopbouw van b.v. de Meent.
- een 'brutalistisch' wooncentrum, waarin men al overduidelijk de hand van Bakema herkent.
- en de zgn. espace-corridor, die uit het oogpunt van het wonen boven de rue-corridor werd verkozen. Haaks op de winkelstraat staan hoogbouwflats (hier 6 verdiepingen) met elkaar verbonden door een lage winkelbebouwing. (Vergelijk de Lijnbaan aan de Karel Doormanstraat).

De beeldvorming van de stad leidde dus niet tot gelijkluidende oplossingen.
Een ander opvallend aspect van de woonwijkstudie is de afwijzing van de strokenbouw in de 'volksbuurt', terwijl dit toch het bekendste produkt van de 'abstracte en deductieve periode' van het Nieuwe Bouwen in de jaren '20

been so surprisingly drawn in on the street plan of June 1940: north-south oriented ribbon building around a monumental 'Berlagesque park' with high-rise building around it (six storeys of dwellings above shops). The admission of sunlight to the dwellings just behind this east-west oriented building round the park was sacrificed to the 'bowl-effect' that the plan was intended to acquire as a whole: the building round the park would be stepped upwards in height from two to seven storeys like a sort of arena. This aspect, plus the lack of an 'organic district structure', will have been the motif which led the 'Nieuwe Bouwen' architects (mainly Van Tijen, Van den Broek and Bakema) to show, entirely in the practice tradition of the thirties, how they had conceived of the site-planning (fig. 2).
The possibilities for this were offered by the N.V. 'Volkswoningbouw', an association of 'enlightened industrialists', which had, among other things, made it possible to build the Bergpolder block of flats. The result was the book Housing Possibilities in the New Rotterdam *and an exhibition held in the Stock Exchange building in April 1941.*
Despite the attempt at a certain amount of caution by the presentation of the plan as a sort of suggestion and the projection of the town planning situation in reverse with the aim of obtaining a certain objectivity, Witteveen was furious at this initiative. That it really was more than a study of forms of urban housing was also recognized by Merkelbach in de 8 en Opbouw: The bases that Van Tijen & Maaskant and Brinkman & Van den Broek have taken as the starting-point of their study are not utopian; they are so realistic that, for example, they do not differ much from the building prescriptions inherent in the Slotermeer extension plan of the City of Amsterdam.[9]
The structure of the proposed residential area shows a relationship to the ideas of the Neighbourhood Unit as put forward by the American C. Perry (in 1929)[10]: the public buildings, including schools, were sited in the green heart of the district/neighbourhood, around which lay the residential neighbourhoods which were bounded by main roads with shopping facilities. The possibilities offered for building on the main road/shopping street show the compilers of the book wrestling with the question of what type of urban peripheral building was preferable. The following were sited along the shopping street in succession (fig. 3):

- *the conventional, characteristic type of urban shopping street, known as the 'rue-corridor', with three residential storeys over shops (probably Van Tijen's choice), as was later used in the reconstruction of, for example, the Meent.*
- *a 'brutalist' residential centre, in which Bakema's hand is very clearly recognizable.*
- *the so-called 'espace-corridor', which was chosen with a view to providing dwellings above the 'rue-corridor'. At right-angles to the shopping street stand high-rise blocks of flats (six storeys in this case), which are linked together by a line of low shops (cf. the Lijnbaan at Karel Doormanstraat).*

Thus the designing of the urban image did not lead to identical solutions.
Another striking aspect of this study is the rejection of ribbon building in the 'working-class neighbourhood', although this had, after all, been the best-known product of 'Nieuwe Bouwen's 'abstract and deductive period' in the twenties and thirties. Probably shocked by the results of the partially realized Bosch and Lommer Plan in Amsterdam, which was entirely carried out in ribbon building, the compilers wrote: No-one who walks through the newest streets in Amsterdam and Rotterdam with their eyes open will be able to deny this (the lack of genuine human values in the housing). On the contrary, the deadly uniformity and mediocrity of the majority of these streets is (. . .) in a

en '30 was geweest. Waarschijnlijk geschrokken van de resultaten van het gedeeltelijk gerealiseerde plan Bosch en Lommer in Amsterdam, dat geheel in strokenbouw was uitgevoerd, schreven de samenstellers: *Niemand die met een open oog door de nieuwste straten van Amsterdam en Rotterdam loopt, zal dit (het ontbreken van echte menselijke woonwaarden) kunnen ontkennen. Integendeel, de dodelijke eenvormigheid en middelmatigheid van het merendeel dezer straten is (. . .) in zekere zin erger dan de vroegere foutieve oplossing, waarin het leven toch nog tot uitdrukking kon komen.*[11]
Als alternatief werd een gevarieerd samengesteld bouwblok ('de grondstof voor de stedelijke woonwijk')[12] geboden waarin verschillende woningtypen, buurtwinkels en werk- en speelplaatsjes, een nieuwe, eventueel herhaalbare, eenheid vormden: dat wat later een 'stempel' zou gaan heten (afb. 4-6).
Door vermenging binnen dit blok van woningsoorten voor kleine en grote gezinnen, bejaarden en alleenstaanden probeerde men een grote sociale heterogeniteit te bewerkstelligen en een 'zo levendig mogelijk geheel' te creëren. Aan de vermenging van klassen waagde men zich echter niet. Er werd een duidelijke scheiding gemaakt tussen de eigenlijke volkswoningbouw en die voor de middenstand.[13]
De organisatie van dit bouwblok, met als 'gedeeltelijke afsluitingen', bejaardenwoningen op het zuiden en winkels aan de noordkant was op zich niet nieuw. Reeds in het voorbeeldplan van Merkelbach, Karsten en Van Tijen in de Indische buurt in Amsterdam (1930) komt dit als stedebouwkundig basiselement voor. Dit plan was een van de bijdragen van de Nederlandse groep van het Nieuwe Bouwen aan het congres in Brussel (1930) dat als thema *Rationelle Bebauungsweisen* had.[14]
De hoogbouw werd in de studie aanvaard als een incidentele voorziening in de stedebouw. Als *systeem* in de woningvoorziening wezen de auteurs haar af, in tegenstelling tot Le Corbusier en Duiker.[15]
Als prototype ontwierpen Van Tijen en Bakema (later met Groosman) in opdracht van de Technische Dienst van Rotterdam een hoogbouwflat met een zeer grote woningdifferentiatie (van alleenstaanden tot gezinnen met vijf kinderen) van twaalf verdiepingen.[16] (afb. 7). Dit ontwerp was oorspronkelijk bedoeld om als uitgewerkt plan te dienen voor invulling in een hoogbouwproject, voorzien aan de zuidkant van het Zuidplein, in het uitbreidingsplan voor Rotterdam-Zuid van ir. Witteveen (1938). Hier zien wij dus dat de 'normale' ontwerpactiviteit van het bureau Van Tijen en Maaskant in de studie geïntegreerd werd.
Na vele wijzigingen, o.a. de grote woningen voor kinderrijke gezinnen verdwenen, werd het in 1949 aan de noordzijde van dit plein gerealiseerd (afb. 8). Het veroverde een unieke plaats in de geschiedenis van de Nederlandse hoge woongebouwen. In tegenstelling tot de produkten van de 'hoogbouwexplosie' in de jaren zestig heeft dit gebouw uitgebreide collectieve voorzieningen, zoals ruimten voor crèches, was- en droogplaatsen, een gemeenschappelijke tuin en in de onderbouw verder garages, winkels en een café. In het studiemodel waren als experiment ook maisonettes opgenomen. De uitvoering, betonskelet met gemetselde gevels, is een illustratie van de 'weifeling in de architectuurontwikkeling' zoals die reeds aan het eind van de jaren dertig te bespeuren valt.[17] Dit 'huwelijk tussen baksteen en beton' was ook al aanwezig in het Nationaal Luchtvaartlaboratorium in Amsterdam (1939) dat eveneens door het architectenbureau Van Tijen en Maaskant is ontworpen.[18]
Later zou Van Tijen over het woongebouw verzuchten: *Het beton is duidelijk expressionistisch gebruikt. Men denke*

certain sense worse than the earlier mistaken solution, in which life was nonetheless still be able to find expression.[11]
As an alternative was offered a block of varied composition ('the raw material for the urban residential area'),[12] in which different types of dwelling, local shops, workplaces and play areas constituted a new entity that could be repeated and that was later to come to be called a 'stamp' (figs. 4-6).
By mixing up types of houses for large and small families, old and single people in this block the planners were trying to bring about a great social heterogenity and to create the 'liveliest possible whole'. The mixing-up of classes was not ventured on, however, a clear distinction being made between the actual workers' housing and that for the middle classes.[13]
The organization of this block, which was 'closed off in part' by old people's dwellings on the south side and shops on the north, was in itself nothing new. It already appears as a basic town-planning element in the plan put forward by Merkelbach, Karsten and Van Tijen for the Indische neighbourhood in Amsterdam (1930), which was one of the contributions of the Dutch group of 'Nieuwe Bouwen' architects to the congress in Brussels in 1930, which had Rationelle Bebauungsweisen *as its theme.*[14]
High-rise building was accepted in the study as an incidental provision in town planning, the authors rejecting it as a system *for housing provision, in contrast to Le Corbusier and Duiker.*[15]
As a prototype Van Tijen and Bakema (later with Groosman) designed a twelve-storey high-rise block of flats with a very big differentiation between the dwellings (from single people to families with five children) to the commission of the Rotterdam Technical Services Department (fig. 7).[16]
This design was originally intended to serve as a detailed plan for the execution of a high-rise project proposed in Witteveen's extension plan for Rotterdam South for the south side of Zuidplein (1938). Thus we see here that the 'normal' design activities of the Van Tijen & Maaskant partnership were integrated in the study.
After numerous alterations, including the removal of the large dwellings for big families, the block was realized on the north side of this square in 1949 (fig. 8). It won a unique place in the history of Dutch high-rise housing. In contrast to the products of the 'high-rise explosion' in the sixties, this building has extensive communal facilities, such as rooms for crèches, washing and drying places, a communal garden and also at ground floor level garages, shops and a café. In the study model maisonettes were also included as an experiment.
The execution, a reinforced concrete skeleton with brickwork façades, is an illustration of the 'vacillation in the development of architecture' that can already be detected at the end of the thirties.[17] *This 'marriage between brick and concrete' was also already present in the National Aeronautical Laboratory in Amsterdam (1939), which was likewise designed by Van Tijen and Maaskant.*[18]
Van Tijen was later to write regretfully of the block of flats:
The concrete is obviously used expressionistically. You can think what you like of it. Here and there I made a few small decorative elements which I would now like to remove.[19]

The garden suburb study

At the beginning of 1943 there appeared a sequel to Housing Possibilities in the New Rotterdam, *again commissioned by the N.V. 'Volkswoningbouw'. However the inner city of Rotterdam might be rebuilt, one thing was certain: after the liberation there would be an enormous housing shortage. For former inhabitants of the inner city in particular extensions of the city would be urgently needed. Building had, moreover, come to a standstill in 1943. Thus the director of the N.V. 'Volkswoningbouw', A. Plate, sounded the director of*

ervan wat men wil. Hier en daar maakte ik enkele kleine decoratieve elementen, die ik er nu graag af zou halen.[19]

De stedelijke tuinwijk studie

Begin 1943 kwam er, opnieuw in opdracht van de N.V. 'Volkswoningbouw', een vervolg op *Woonmogelijkheden in het Nieuwe Rotterdam.* Hoe de binnenstad van Rotterdam ook herbouwd zou worden, één ding was zeker: na de bevrijding zou de woningnood enorm zijn. Vooral voor de ex-bewoners van de binnenstad zouden stadsuitbreidingen dringend noodzakelijk zijn. Bovendien was in 1943 de bouw stil komen te liggen. Daarom polste de directeur van de N.V. 'Volkswoningbouw', ir. A. Plate de directeur van de Gemeentelijke Technische Dienst over de bereidheid van de Gemeente een woonwijk door particuliere architecten te laten ontwikkelen als 'ontlasting' van de Dienst Stadsontwikkeling die uiteraard zijn handen vol had aan de binnenstad. Na een positief antwoord kreeg het architectenbureau Van Tijen en Maaskant de opdracht, met de N.V. 'Volkswoningbouw' als intermediair, voor het ontwerpen van een stedelijke tuinwijk.[20] Eén van de voorbeelden, hoe de 'vooruitstrevende' industriëlen in Rotterdam een voet tussen de deur probeerden te krijgen bij de gemeentelijke diensten, om zo de ontwikkeling van Rotterdam na de oorlog te beïnvloeden.

De genoemde ir. A. Plate, telg uit een bekende Rotterdamse zakenfamilie, had in de geschiedenis van Rotterdam al een belangrijke rol gespeeld. Onder andere als directeur van de Gemeentelijke Woningdienst, van 1918 tot 1923, had hij de bekende woningbouwprojecten Tusschendijken, Spangen en Oud-Mathenesse (het Witte Dorp) van J.J.P. Oud en het Spangencomplex van Brinkman mede mogelijk gemaakt. Later was hij tot 1939 directeur van de invloedrijke Scheepvaart Vereniging Zuid en gemeenteraadslid voor de Vrijzinnnig Democratische Bond en na de 'doorbraak' in 1946 zou hij voor de PvdA in de gemeenteraad zitting gaan nemen.[21]

De opdracht aan het bureau Van Tijen en Maaskant (met als belangrijkste medewerkers Groosman, Hovens Greve en Bakema) bestond hieruit, dat dit bureau een 'basisontwerp' voor een woonwijk van 9.000 inwoners zou maken met een oppervlakte van 56,5 ha. Bakema en de 'gastarchitecten' Oomen, Bakker, Romke de Vries en Rietveld, die ook al een bijdrage aan *Woonmogelijkheden* had geleverd, zouden stukken uit dit plan detailleren en daarvoor de bebouwing ontwerpen.

Als plaats voor deze imaginaire woonwijk werd de plek direct ten zuiden van Charlois gekozen, waar nu Wielewaal en het meest westelijke deel van het Zuiderpark ligt.

Het stedebouwkundig plan had de vorm van een vierkante wijk (± 750 x 750 m), die weer uit vier vierkante buurten bestond, met tussen deze buurten groenstroken en openbare voorzieningen (afb. 9b). Het principe van de 'geleding van de stad', via een hiërarchische opvolging van buurt, wijk, stadsdeel, stad, het voornaamste stedebouwkundige kenmerk van de 'wijkgedachte' heeft hier zijn intrede al gedaan. De grootte van de buurt is zó gekozen, dat alles binnen 'Kinderwagenentfernung' ligt.[22]

De buurten zijn via een grid (een raster) opgedeeld in vier vierkante 'blokken'; het grid was als principe bekend, het blok betrekkelijk nieuw van samenstelling. Van Tijen in 1944: *Als kleinste eenheid van de wijkopbouw is niet genomen het gebruikelijke bouwblok, gevormd door het terrein tussen twee langs- en twee dwarsstraten (. . .).*
In de gegeven opzet is getracht deze gebruikelijke blokken samen te voegen tot eenheden van iets grotere schaal, bestaande uit twee of drie van de gebruikelijke blokken, maar die door een omranding met elementen van andere aard, door nauwe toegangen der woonstraten en door een dwars op deze

the Technical Services Department as to the council's willingness to allow a residential area to be developed by private architects, as a way of 'relieving' the Urban Development Department, which naturally had its hands full with the inner city. An affirmative answer being forthcoming, the Van Tijen & Maaskant office was commissioned to design a garden suburb with the N.V. 'Volkswoningbouw' as intermediary.[20] *This was one of the examples of how the 'progressive' industrialists in Rotterdam tried to get a foot in the door of the municipal departments in order to influence the development of the city after the war.*
The above-mentioned A. Plate, scion of a well-known family of businessmen in Rotterdam, had already played an important role in the city's history. Among other things he had helped between 1918 and 1923, as director of the Municipal Housing Department, to make possible the realization of the well-known housing projects in Tusschendijken, Spangen and Oud-Mathenesse (the 'White Village') by J.J.P. Oud and the Spangen complex by Brinkman. Later on he was director of the influential Rotterdam South Shipping Association and Liberal Democratic Union councillor up to 1939 and after the 'breakthrough' in 1946 he was to take a seat on the council as a member of the Labour Party.[21]
The commission to the Van Tijen and Maaskant partnership (with Groosman, Hovens Greve and Bakema as their most important assistants) required them to make a 'basic design' for a residential area for 9,000 inhabitants on a site comprising 56.5 hectares. Bakema and the 'guest architects' Oomen, Bakker, Romke de Vries and Rietveld, who had already contributed to Housing Possibilities, *were to work out parts of the plan in detail and design the building for them.*
As the site for this imaginary garden suburb was chosen the spot immediately to the south of Charlois where Wielewaal and the westernmost part of Zuiderpark now stand. The plan took the form of a square district (approximately 750 x 750 m), which again consisted of four square neighbourhoods with green belts and public facilities between them (fig. 9b). Here the principle of the 'articulation of the city' via a hierarchical succession of neighbourhood, district, quarter and city, the primary town-planning characteristic of the Neighbourhood Unit idea, had already made its entrance. The size of the neighbourhood was worked out so that everything lay within 'Kinderwagenentfernung'.[22]
The neighbourhoods were divided up by means of a grid into four square 'blocks', the grid being already known as a principle, the block relatively new in its composition. Van Tijen wrote in 1944: The normal block formed by the terrain between two long and two cross streets has not been taken as the smallest unit in the neighbourhood structure . . .
In the given plan we have tried to combine these normal blocks into units on a somewhat larger scale consisting of two or three such blocks, which are, however, bound together as far as possible by being surrounded by elements of a different nature, by narrow entrances to the residential streets and by an element of green space lying at right angles to these streets.[23]
While in Housing Possibilities in the New Rotterdam *the block had still been 'the raw material of the urban residential area', here it had developed into a different kind of block or, as it was later to be called, a 'housing unit'. (These 'housing units' could, for the rest, be varied within the total plan).*
Despite the difficult wartime conditions (Bakema later went into hiding in Groningen and Rietveld was still living in Utrecht), the (guest) architects still managed to make their contributions to the plan. Thus Bakema and Romke de Vries designed the schools and the centre for the district (fig. 9d), Bakker shops with dwellings above and Rietveld created a neighbourhood centre (fig. 9c).
The plan shows quite a big difference from the subsidiary plan

straten gelegen element van groen en ruimte zoveel mogelijk zijn gebonden.[23]

Was in *Woonmogelijkheden in het Nieuwe Rotterdam* het bouwblok nog de 'grondstof voor de stedelijke woonwijk', hier is het een 'blok' of zoals later genoemd zou worden, een 'wooneenheid'. (Overigens konden deze 'wooneenheden' binnen het totale plan gevarieerd worden).

Onder moeilijke oorlogsomstandigheden (Bakema was later ondergedoken in Groningen en Rietveld woonde nog in Utrecht) leverden de (gast-)architecten toch hun bijdrage aan het plan. Zo ontwierpen Bakema en Romke de Vries de scholen en het wijkcentrum (afb. 9d), Bakker bedrijfswoningen en creëerde Rietveld een buurtcentrum (afb. 9c).

Met het uitbreidingsplan-in-onderdelen voor Slotermeer uit 1939 in Amsterdam, de eerste invulling van het Algemeen Uitbreidingsplan uit 1935, bestaat een redelijk groot verschil.[24] Alhoewel het Amsterdamse Uitbreidingsplan zeker de inspiratie voor het woonwijkontwerp in Rotterdam vormde, was de ontwerpmethodiek compleet anders.

In tegenstelling tot de 'stadsontwikkelingsaanpak' in Amsterdam ging men in Rotterdam voornamelijk van de woningbouw uit: *Men bezag de wijk vanuit de architectuur en de volkshuisvesting.*[25] Dit verschil in optiek, de kwaliteit van het wonen tegenover de kwaliteit van de stad, zal na de oorlog vooral in Amsterdam, maar toch ook in Rotterdam, tot spanningen tussen de Woningdienst en de Dienst Stadsontwikkeling leiden.[26]

Een ander verschil is de lage bebouwingsdichtheid, die voornamelijk veroorzaakt werd door het grote aantal eengezinshuizen, wat overigens uit de opdracht voortvloeide en ook in overeenstemming was met het plan in hoofdzaak voor de linker Maasoever uit 1938 van ir. Witteveen. Verder was de Rotterdamse tuinwijk kleiner en 'geslotener van karakter'. Van Tijen hierover: *Slotermeer is een volledig open plan, wat (. . .) iets onbepaalds heeft. Hier is nu gestreefd naar meer vastheid door randbebouwingen (immers zo belangrijk voor alle verkavelingen). Deze omrandingen bestaan uit gesloten bebouwingen, terwijl men meer naar het midden de openheid vindt, (strokenbouw), zodat men ook in het hart van de wijk niet het gevoel van benauwdheid zal hebben, dat zo kenmerkend is voor de bestaande woonwijken.*[27] Duidelijk is hier geworsteld met het begrip 'stedelijkheid'. Werd het eengezinshuis als de meest 'natuurlijke en ideale' woonvorm gezien, de stad verlangde in Van Tijens optiek daarentegen een forsere schaal: *Hoewel een eengezinshuis t.a.v. het wonen zèlf ideaal moet worden geacht, vindt hij* (Van Tijen, T.I.) *het als woonvorm voor de grote stad niettemin onbevredigend. De entree tot Rotterdam vanuit het zuiden via Tuindorp Vreewijk is niet die tot een grote havenstad.*[28] Daar komt nog bij dat het eengezinshuis in de ideologisch gekleurde visie van veel architecten van het Nieuw Bouwen hèt symbool was van het burgerlijke individualisme, waartegenover zij het 'gemeenschappelijke' bouwblok of woongebouw stelden. Vloeiend gaan hier argumenten van zowel sociale als esthetische aard in elkaar over.

De hier gevonden oplossing, hoge randbebouwing langs de wegen met daarachter laagbouwbuurten, heeft echter iets weg van een 'coulissen-stad'. Ook door middel van het plaatsen van een hoog woongebouw, vooral voor alleenstaanden en intellectuelen, bij de wijk-entree probeerden de ontwerpers een 'typisch stedelijk element' aan te brengen.[29] Al met al heeft het iets van het wedden op twee paarden.

Dat deze ontwerpactiviteit tijdens de oorlog evenals bij *Woonmogelijkheden* meer was dan een abstracte studie blijkt ook uit het feit dat men voor de woningdifferentiatie de

of 1939 for Slotermeer in Amsterdam, the first part of the General Expansion Plan of 1935 to be filled in.[24] *Although the Amsterdam Expansion Plan certainly constituted the inspiration for the Rotterdam design, the design method was completely different. In contrast to the 'urban development approach' of Amsterdam, in Rotterdam housing constituted the main starting-point:* The district was seen from the point of view of architecture and housing.[25] *This difference in viewpoint, the quality of the housing as opposed to the quality of the city, was to lead after the war to tension between the Housing and Urban Development Departments especially in Amsterdam, but even in Rotterdam as well.*[26]

Another difference was the low building density which was mainly occasioned by the large number of single-family houses, which in fact resulted from the commission and also tallied with Witteveen's plan of 1938 mainly for the left bank of the Maas. The Rotterdam garden suburb was further smaller and 'more closed in character'. Van Tijen said on this point: Slotermeer is a completely open plan, which (. . .) has something indeterminate about it. Here we have aimed for more definition by means of peripheral building (which is, after all, so important for all land organization). These peripheries consist of closed building, while the openness is found more towards the centre, (ribbon building), so that one will also not have that feeling of claustrophobia in the centre that is so characteristic of the existing suburbs.[27] *There is obviously a struggle with the concept of 'urbanness' going on here. If the single-family house is seen as the most 'natural and ideal' form of dwelling, Van Tijen nonetheless felt that the city demanded a more robust scale:* Although a single-family house must be regarded as the ideal as far as living itself is concerned, *Van Tijen felt that it was* nonetheless unsatisfactory as a type of dwelling for the big city. The entrance into Rotterdam from the south via the Vreewijk Garden Suburb is not that of a great port.[28] *Added to this, in the ideologically-tinted vision of many 'Nieuwe Bouwen' architects the single-family house was* the *symbol of bourgeois individualism, over against which they posited the 'communal' block or apartment block. Here arguments of both a social and aesthetic nature merge into each other.*

The solution arrived at here, high-rise peripheral building along the roads with low-built neighbourhoods behind it, does, however, have something of the character of a 'coulisses-city'. The designers also tried to introduce a 'typical urban element' by means of the siting of a high-rise block of flats, mainly for single people and intellectuals, beside the entrance to the district.[29] *All in all there is certainly an aura of the hedging of bets here.*

That these design activities during the war, like Housing Possibilities, *were more than an abstract study is also evident from the facts that the demographical data provided by the census in Rotterdam in 1930 were used as a basis for the differentiation of the dwellings and that Bos, the director of the Housing Department,* had to be able to give his consent to them from the point of view of the housing to be realized immediately after the war.[30] *The architect Eschauzier, who was also the supervisor of the new Blaak building operations, was also asked to approve the designs architecturally.*

Thus the possibility of implementation was kept closely in view right from the start. This pragmatism is illustrative of the changed position of the 'Nieuwe Bouwen' architects in the Netherlands. The pioneers of the twenties and thirties, with the declaration of principles of La Sarraz (1928) as their plan of campaign, had now often become the owners of sizable architects' offices, while the circumstances of the day also caused them to formulate their aspirations more modestly.

demografische gegevens van de gezinstelling van Rotterdam van 1930 aanhield en dat ir. Bos, de directeur van de Dienst Volkshuisvesting er *zijn instemming aan moest kunnen geven uit het oogpunt van de direct na de oorlog te verwezenlijken volkshuisvesting.*[30] Ook moest de architect Eschauzier, die ook de supervisor was van de nieuwe Blaak-bebouwing, de ontwerpen architectonisch goedkeuren.
De mogelijkheid tot verwezenlijking werd dus van het begin af aan nauwlettend in het oog gehouden. Een pragmatisme dat illustratief is voor de veranderde positie van de architect van het Nieuwe Bouwen in Nederland. De pioniers van de jaren twintig en dertig, met de beginselverklaring van La Sarraz (1928) als actieprogramma, waren nu vaak eigenaars van aanzienlijke architectenbureaus geworden en ook de tijdsomstandigheden maakten dat zij hun aspiraties bescheidener formuleerden.

Grondslagen en normen

Leergangen en studiekringen

Het door de oorlog veroorzaakte groeiende eenheidsbesef van het Nederlandse volk had ook bij de architecten zijn neerslag, namelijk in de vorm van een soort 'wapenstilstand' tussen de vertegenwoordigers van diverse architectuurrichtingen.[31]
De organisatie van de Doornse Leergangen (1941) op instigatie van de Delftse hoogleraar Granpré Molière, met als eerste onderwerp *De kenmerken der Nederlandsche Bouwkunst,* was hier een resultaat van.
Nadat de derde leergang, die als thema *Handwerk en Techniek* zou hebben gehad, door de Duitsers via de Cultuurkamer verboden werd, werd de dialoog tussen de architecten van de zgn. moderne en traditionele richting binnen een *Studiegroep Woningarchitectuur* voortgezet.
Van Tijen, die overigens ook één van de leiders was van de nu illegale Bond van Nederlandse Architecten, had daartoe in 1942 het initiatief genomen en er zouden zeker 600 architecten aan mee gaan doen.
Deze studiegroep bestond uit een coördinerend en leidinggevend centrum, de Kerngroep, en talloze studiegroepen door het hele land. In deze groepen, waarvan de leden elkaar vaak voor de oorlog volstrekt genegeerd hadden, werden de door de Kerngroep opgestelde vragen over het interieur en exterieur van de woning, het bouwblok, de normalisatie e.d. besproken en beantwoord. Uit deze antwoorden probeerde de Kerngroep grondslagen voor de woningbouw te destilleren, die als richtlijnen zouden kunnen gaan dienen voor de naoorlogse woningbouw.
Deze kerngroep bestond uit twee 'modernen', Van Tijen en Merkelbach en twee 'traditionelen', Van Embden en Berghoef, beiden epigonen van de Delftse School.
Als nestor van deze groep fungeerde de éminence grise van de Nederlandse stedebouw, P. Verhagen.
Deze samenwerking wordt wel eens als een knieval van de modernen t.o.v. de Delftse School beschouwd maar toch valt dit 'vergelijk' behalve door de tijdsomstandigheden, ook wel te verklaren door hun gemeenschappelijke anti-individualisme.
De individuele vrijheid had in de gedachtengang van de katholieke 'broze aristocraat van de geest' Granpré Molière, de absolute leider van de Delftse School, namelijk slechts een geringe betekenis.[32] Hij probeerde, aan de hand van de theorieën van de middeleeuwse scholasticus Thomas van Aquino, het altijd geldende 'goede, ware en schone' op het spoor te komen. Voor hem was *de architectuur een belangrijk middel om uitdrukking te geven aan een hemelse werkelijkheid, terwijl voor het Nieuwe Bouwen het maatschappelijk verband maatgevend was, hoe zeer men ook onderling verdeeld was over de strekking*

Bases and norms

Courses and study groups

The growing feeling of unity occasioned by the war among the people of the Netherlands also effected architects inasmuch as it brought about a sort of 'truce' between the representatives of various architectural movements.[31]
One of the results of this was the organization of the Doorn Courses (1941) at the instigation of the Delft professor Granpré Molière, with the characteristics of Dutch Architecture *as the first subject.*
After the third course, which was to have had Hand Work and Technology *as its theme, was banned by the Germans via the Chamber of Culture, the dialogue between the architects of the so-called modern and traditional movements was continued in* a Study Group on Domestic Architecture.
Van Tijen, who, for the rest, was also one of the leaders of the now illegal Union of Dutch Architects, had taken the initiative for this in 1942 and at least 600 architects were to take part in it.
It consisted of a co-ordinating and guiding centre, the Core Group, and countless study groups throughout the country. In these groups, the members of which had often absolutely refused to have anything to do with each other before the war, the questions posed by the Core Group about the interior and exterior of the dwelling, the apartment block, normalization and suchlike, were discussed and answered. Out of these answers the Core Group tried to distil principles for housing that could serve as guidelines after the war. This Core Group consisted of two 'moderns', Van Tijen and Merkelbach, and two 'traditionalists', Van Embden and Berghoef, both epigones of the Delft School. The nestor of the group was P. Verhagen, the 'éminence grise' of Dutch town planning.
This co-operation is sometimes regarded as a capitulation of the moderns to the Delft School, but this 'compromise' can also be explained by, apart from the circumstances of the time, their common anti-individualism.
Individual freedom had in fact only minor significance in the thought of the Catholic 'brittle aristrocat of the spirit', Grandpré Molière.[32] *He tried, on the basis of the theories of the Medieval scholastic St.Thomas Aquinus, always to get on to the track of the eternal verities 'goodness, truth and beauty'. To him architecture was* an important means of giving expression to a heavenly reality, whereas for the 'Nieuwe Bouwen' architects it was the social context that set the standard, however much they may have disagreed among themselves over its purport.[33] *Thus the study of the needs in respect of provisions for transportation, recreation, housing and work, which was perhaps the most important aspect of 'Nieuwe Bouwen', was operating on a totally different plane from the ethical and philosophical considerations of the Delft professor. That the dialogue between the 'moderns' and the 'traditionalists' did not lead to harmony is certainly evident from a furious letter that Van Tijen wrote to Berghoef:*
I believe that Merkelbach and I have exhibited that willingness *(to co-operate T.I.)* to a very important extent. We have, in my view, shown a warm and constructive interest in nearly everything that is dear to 'Delft', such as the significance of the family, the fundamental worth of hand work, the value of the elementary as against (technical) perfection, the fundamental significance of the single family house, the significance of the concept of hierarchy for the symbolic value of the form and of the 'dimension', for the significance of volume and enclosedness, etc. etc. . . . We certainly haven't suffered as a result, on the contrary, and I personally feel I have been enriched and enlarged by all this. On the other hand, I have already waited for a long time for a similar active interest in the sides of the question that concerns us the most. How, in

daarvan.[33] Het behoefte-onderzoek op het gebied van voorzieningen voor verkeer, recreatie, wonen en werk, misschien wel het belangrijkste aspect van het Nieuwe Bouwen, bewoog zich dus op een totaal ander terrein dan de ethisch-filosofische beschouwingen van de Delftse hoogleraar. Dat de dialoog tussen de 'modernen' en de 'traditionelen' niet tot harmonie leidde blijkt wel uit een woedende brief die Van Tijen aan Berghoef schreef:
Ik geloof, dat Merkelbach en ik in zeer belangrijke mate die bereidheid (tot samenwerking T.I.) *hebben getoond.*
Wij toonden m.i. een warme en constructieve belangstelling voor bijna alles wat 'Delft' dierbaar is, zooals de betekenis van het gezin, de principiële waarde van het handwerk, de waarde van het elementaire tegenover (technische) perfectie, de principiële beteekenis van het eengezinshuis, de beteekenis van het begrip hiërarchie, voor de symboolwaarde van de vorm en van de 'dimensies', voor de beteekenis van massa en geslotenheid enz. enz. . . Wij zijn daardoor stellig niet beroerder geworden, integendeel en ik persoonlijk voel mij door dit alles verrijkt en verruimd. Daartegenover wacht ik reeds lang op een soortgelijke actieve belangstelling voor de zijden van het vraagstuk, die ons voor alles bezighouden. Hoe bevorderen wij in een wereld, die materieel en verstandelijk geheel gedragen wordt door de moderne techniek, de harmonische levensvorm, die architectuur mogelijk maakt? Hoe vinden wij de brug tusschen de groote sociale bewustwording van onzen tijd en de concretisering daarvan in ons leven anders dan via de moderne techniek? Ik ontmoet die belangstelling echter niet of nauwelijks. Het blijven altijd de verdiensten van het dorpsche en het kleinsteedsche leven, waarop alle belangstelling zich concentreert. De groote stad, ons aller natuurlijk geestelijk milieu, blijft een noodzakelijk kwaad, evenals de aan de stad inhaerente woonvormen. (. . .) De zakelijkheid heeft in ieder geval een grootsche poging gedaan om de moderne stedebouw te brengen op een peil, in overeenstemming met ons 'grootsche technisch en organisatorisch kennen' (om met Staal te spreken).
Waar blijft een duidelijk antwoord op mijn vraag of jullie de Nederlandse stad in principe geheel in eengezinshuizen zoudt willen zien gebouwd?[34]
Tot zover de brief van Van Tijen, die een goed beeld geeft van de aard van de discussies.
De anti-stedelijke houding van de Delftenaren en hun voorkeur voor ambachtelijke bouwmethoden, vormden in de jaren veertig de basis van hun succes. Want ook bij de overheid werden deze geluiden gehoord, maar dan op veel prozaïscher gronden. In een bijeenkomst tussen Kerngroepleden en de Algemeen Gemachtigde van de Wederopbouw, ir. J. Ringers, in 1942, verklaarde de leider van de wederopbouw, dat *na de oorlog in elk geval gerekend moet worden op een zeer ruime toepassing van baksteen (. . .) omdat de daarvoor noodzakelijke grondstoffen (klei en steenkool) na den oorlog in voldoende mate voor een bestemming hier te lande gebruikt zullen kunnen worden.*
Verder wilde men, in tegenstelling tot de tijd vlak na de Eerste Wereldoorlog, juist alle aandacht richten op de 'plattelandsbouw' en een migratie naar de steden voorkomen. Als voordelen voor een blijvende vestiging van arbeiders ten plattelande zag men o.a. de 'grotere onafhankelijkheid t.o.v. conjunctuurschommelingen' ('de werkelozen in de steden komen ten laste van de gemeenschap') en het gezin zou 'gezonder blijven in haar geheel'.[35] Zowel bij de Hoofdinspectie Volkshuisvesting, op het bureau Algemeen Gemachtigde van de Wederopbouw als bij de Rijksdienst voor het Nationale Plan werd de hele oorlog koortsachtig doorgewerkt aan de voorbereidingen van de wederopbouw van Nederland.
En juist op deze autoriteiten, die in de verwachte sterker

a world entirely carried both materially and intellectually by modern technology, can we further the harmonious form of life that architecture makes possible? How can we find the bridge between the great social consciousness of our day and the concretization of it in our lives except via modern technology? I have, however, encountered little or no interest in this. It always remains the interest of village and small town life on which all interest is invariably concentrated. The big city, the natural spiritual milieu of all of us, remains a necessary evil, as do the types of dwelling pertinent to it (. . .) Functionalism has at all events made a noble attempt to bring modern town planning up to level that accords with our 'great technical and organizational knowledge' (to use Staal's words). Where is the clear answer to my question as to whether you want to see the Dutch city built entirely of single-family houses?[34]
Thus Van Tijen's letter, which gives a good idea of the nature of the discussions.
The anti-city attitude of the Delft School architects and their preference for craft building methods constituted the basis of their success in the fourties, for these ideas also found an echo among the authorities, albeit on much more prosaic grounds. At a meeting between members of the Core Group and the General Deputy for Reconstruction, J. Ringers, in 1942, the latter declared that account must in any case be taken after the war of a very wide application of brick (. . .) because the raw materials needed for it (clay and coal) will be available for use after the war to a sufficient extent for purposes in this country.
Moreover, in contrast to the period just after the First World War, it was thought desirable precisely to concentrate all attention on 'rural building', in order to prevent a migration to the cities. Among the advantages that were seen in the permanent settlement of workers in rural areas were 'the greater independence of fluctuations in trade' ('the unemployed in cities are a burden on the community') and the fact that families 'would as a whole remain healthier'.[35] *Both the offices of the Chief Inspector of Housing and the General Deputy for Reconstruction and the government's National Planning Department worked feverishly on the preparations for the reconstruction of the Netherlands throughout the war. And it was precisely to these authorities, which, in an economy that was expected to be more strictly controlled, would acquire a greater influence on housing than before the war, that the activities of the Study Group were addressed. For them was drawn up in 1944 an 'Architects' Programme',*[36] *in which qualitative standards were proposed for the postwar housing policy. After the war an 'extract' from this was presented to the government in February 1946, the* Memorandum of Dutch architects on postwar housing. *The well-known economist J. Tinbergen was called on to provide the economic basis for this.*
The Rotterdam study group, one of the local groups, consisted initially of the following architects' offices: Brinkman & Van den Broek, Jos de Jonge, H. Kammer and Van Tijen & Maaskant. 'Opbouw' had disbanded itself in December 1941, nor did the Rotterdam study group consist of (ex)'Opbouw' members (in 1943, more came later), so that like most of the other groups it was heterogeneous in composition. As its principal contribution this combination produced a programme for flat-building *in 1943 (fig. 10). In this report, which gave area dimensions for kitchen, living-room, second living-room (one of the most important requirements in connection with the development of individual family life), etc. for all types, an average increase of the floor area by 10% in respect of Van den Broek's* Algemeen Belang *housing project realized just before the war was considered necessary to guarantee a reasonable standard.*[37] *This report further stated that* blocks of flats have been the poorest form of dwelling

geleide economie, een grotere invloed zouden krijgen op de volkshuisvesting dan voor de oorlog, richtten de activiteiten van de Studiegroep zich. Daarvoor werd in 1944 een 'Architecten-programma' opgesteld[36], waarin kwaliteitsnormeringen voor het naoorlogse woningbouwbeleid voorgesteld werden. Na de oorlog werd een 'uittreksel' hieruit in februari 1946 aan de regering aangeboden: de *Nota van Nederlandse architecten over de naoorlogse woningbouw.* Voor de economische onderbouwing werd de hulp van de bekende econoom J. Tinbergen aangetrokken. Als één van de plaatselijke studiegroepen, bestond die in Rotterdam aanvankelijk uit de architectenbureaus Brinkman & Van den Broek, Jos de Jonge, H. Kammer en Van Tijen & Maaskant. De 'Opbouw' had zich in december 1941 opgeheven en de bijgroep Rotterdam (in 1943, later kwamen er meer) bestond ook uit niet (ex) 'Opbouw'-leden en had dus zoals de meeste studiegroepen een heterogene samenstelling. Als voornaamste aandeel leverde deze combinatie in 1943 een *programma voor étagebouw* (afb. 10). In dit rapport, dat voor alle typen de oppervlaktematen voor keuken, woonkamer, tweede woonkamer (één van de belangrijkste eisen, i.v.m. de ontwikkeling van de individuele gezinsleden) etc. gaf, werd t.o.v. het vlak voor de oorlog gerealiseerde woningbouwproject *Algemeen Belang* van Van den Broek, gemiddeld een vergroting van het vloeroppervlak van 10% nodig geacht, om een redelijk woningpeil te garanderen.[37] Verder stelde dit rapport, dat *de étagebouw tot nu toe de armste woonvorm is, maar een noodzakelijk bestanddeel van onze tegenwoordige grotere steden, aangezien zij de schaal bezit, die nodig is voor de uitbeelding van de grote bevolkingsconcentraties, die de brandpunten voor ons maatschappelijk, economisch en geestelijk leven zijn* en *het feit, dat het grootste deel van de bewoners onzer grote steden hun woning in een 'étagehuis' vinden, maakt de sociale en architectonische ontwikkeling van de étagewoning tot een der grote taken van de volkshuisvesting* [38]

Het woningpeil en de herbouw van Kralingen

Als resultaat van één van de vele studies over de eisen die aan de woningbouw gesteld diende te worden, heeft het *Rapport étagebouw Rotterdam* in 1943 bijgedragen tot een voor Nederland unieke actie tot verbetering van het woonpeil van de in Kralingen te herbouwen woningen.[39] Want behalve de binnenstad was bij de bombardementen op Rotterdam ook een groot gedeelte van de oostelijke woonwijk Kralingen in vlammen opgegaan. De eerste realisatie van de herbouw in 1942, via het eerder besproken woonwijkplan van Witteveen en de architect J. Wils voor het gebied ten noorden van de Goudsche Singel, dat ook al de aanleiding was geweest voor de *Woonmogelijkheden*-studie, deed de directeur van de Dienst Volkshuisvesting, ir. A. Bos protest aantekenen bij het gemeentebestuur i.v.m. de zijns inziens bijzonder slechte resultaten. Dit vond gehoor en leidde tot de instelling van een commissie, met deelname van het bureau van de Algemeen Gemachtigde, die *richtlijnen en bebouwingsvoorschriften voor het verwoeste stadsgedeelte Kralingen en voor het 'overblijvende' stadsgedeelte ten noorden van de Goudsche Singel* moest ontwerpen.[40] Bij het opstellen van de normen voor de bebouwing maakte de commissie gebruik van het rapport étagebouw van de Bijgroep Rotterdam.
Het resultaat overtrof zelfs de minimumeisen die in Amsterdam, dat toen ook wel het 'mekka der Volkshuisvesting' werd genoemd, gehanteerd werden. Voor het eerst was met de toekomstwaarde van de woning terdege rekening gehouden. Talloze issues van het Nieuwe Bouwen, zoals het trappenhuis aan de gevel, een onder-

up to now, but are a necessary component of our bigger cities of today, since they possess the scale necessary for the representation of the large concentrations of population that are the focal points of our social, economic and intellectual life *and* the fact that the major part of the inhabitants of our big cities live in flats, makes the social and architectural development of the block of flats one of the great tasks of housing.[38]

Housing standards and the rebuilding of Kralingen

As the result of one of the numerous studies of the requirements that ought to be posited for housing, the Rotterdam Report on Flat-building *contributed in 1943 to a campaign unique in the Netherlands for the improvement of standards in the dwellings to be rebuilt in Kralingen,*[39] *the residential area in the eastern part of the city, a large part of which had gone up in flames along with the inner city during the bombardment. The first realization of the rebuilding in 1942, via the plan discussed above by Witteveen and the architect J. Wils for the area north of Goudsche Singel, which had also already given rise to the* Housing Possibilities *study, caused the director of the Housing Department, A. Bos, to register a protest with the council regarding what he considered the exceptionally bad results. This found a hearing and led to the setting up of a committee, with the participation of the office of the General Deputy, whose task was to draw up* guidelines and building prescriptions for the devastated suburb of Kralingen and for the 'remaining' part of the city north of Goudsche Singel.[40] *In drawing up the building standards this committee made use of the Rotterdam group's report on flat-building.*
The result exceeded even the minimum requirements in force in Amsterdam, which was actually described as the 'Mecca of housing' at that time. For the first time proper account was taken of the future value of the dwelling. Countless 'Nieuwe Bouwen' issues, such as the stairwell on the façade, a substructure for storage and other communal facilities, obligatory balconies, no bedrooms next to the stairwell, kitchen or lavatory (because of the noise), a number of hours of sunlight in each room in the dwelling, etc. were now made obligatory. Where the standards of the Rotterdam group differed from those of the Study Group on Domestic Architecture was that the former put a higher value on the living-room/dining-room combination than on the bedrooms. On the basis of these new guidelines a start was made in 1944 on the designing of 1,600 dwellings to replace the 5,600 that had been lost by building teams consisting of a private architect linked with a private builder.[41]
The realization, in 1947-50, produced a remarkably odd result, on the one hand unusually progressive as regards quality, on the other traditional and adaptive as regards execution. The block 'alloted' to Van Tijen & Maaskant in Dr. Zamenhofstraat is particularly illustrative of this duality (fig. 11). This spacious block, which is closed off on the north side, has in the 'social substructure' a domestic information bureau, a demonstration kitchen, a room for meetings, parties, etc. and a day nursery for the young children of working women. There are also drying basements, communal washing facilities, bicycle sheds, an inside garden, covered play areas and protected roof terraces,[42] *and all that for a single block of 90 dwellings. The whole plan is, for the rest, strongly reminiscent of Van den Broek's well-known semi-open block on Vroesenlaan, but the style of building is traditional, perhaps also as a result of the influence of the supervisor for Kralingen, P. Verhagen.*
Amongs others who contributed to the rebuilding of Kralingen were Kraayvanger, Boks, Pot & Pot-Deegstra and Krijgsman & Hamdorff.
The row of dwellings on Vreedenoordlaan, after a design by

verdieping voor berging en andere gemeenschapsvoorzieningen, verplichte balcons, geen slaapkamers grenzend aan het trappenhuis, keuken of w.c. (gehorigheid), een aantal uren zon in elke ruimte van de woning, etc. werden nu verplicht gesteld. Een verschil met de normen van de Bijgroep Rotterdam van de Studiegroep Woningarchitectuur was, dat deze Bijgroep de combinatie woonkamer/eetkamer een grotere waarde toekende dan de slaapkamers.
Aan de hand van de nieuwe richtlijnen werd in bouwteams, een particulier architect gekoppeld aan een particulier bouwer, in 1944 aan het ontwerpen van 1.600 woningen, ter vervanging van de 5.600 verloren gegane woningen, begonnen.[41]
De verwezenlijking, in 1947-1950 geeft een bijzonder vreemd resultaat te zien. Aan de ene kant bijzonder vooruitstrevend in woonkwaliteit, aan de andere kant traditioneel en aangepast wat de uitvoering betreft.
Het blok dat het architectenbureau Van Tijen en Maaskant 'aangewezen kreeg' in de Dr. Zamenhofstraat, is wel bijzonder illustratief voor deze dualiteit (afb. 11). Het ruime bouwblok, dat aan de noordkant afgesloten is, heeft in de 'sociale onderbouw' een huishoudelijk voorlichtingsbureau, een leskeuken, een zaaltje voor vergaderingen, feestjes enz. en een dagverblijf voor kleuters van werkende vrouwen. Verder zijn er droogzolders, gezamenlijke wasgelegenheden, stallingen, een binnentuin, overdekte speelplaatsen en beschutte dakterrassen.[42] En dat voor één bouwblok van 90 woningen. De hele opzet doet overigens zeer sterk aan het bekende half-open bouwblok van Van den Broek aan de Vroesenlaan denken.
De bouwwijze is echter, misschien ook door de invloed van de supervisor voor Kralingen, ir. P. Verhagen, traditioneel.
Andere bijdragen aan de herbouw van Kralingen leverden o.a. Kraayvanger, Boks, Pot en Pot-Keegstra, Krijgsman en Hamdorff.
De huizenrij aan de Vreedenoordlaan, naar een ontwerp van Van den Broek, vertoont in veel mindere mate de karaktertrekken van de synthese in de architectuur en springt er in Kralingen qua vormgeving dan ook duidelijk uit (afb. 12). Het blok grenst aan de groenstrook die van de Kralingse Plas af de binnenstad in steekt en Kralingen gedeeltelijk in tweeën deelt. Boven de drie normale woonlagen, is een zgn. 'hulpwoning', een kleine woning voor pasgetrouwden en kleine gezinnen gecreëerd.
De bedoeling was om *op economische wijze (. . .) deze grote bevolkingsgroep aan een huis te helpen.*[43] Door het terugspringen van de voorgevel ontstond een dakterras zoals ook veel woningen uit de jaren dertig in Rotterdam te zien gaven (b.v. Schiekade, Schieweg).
De woningen zijn van het nu bekende 'bajonet-type' met 2 of 3 slaapkamers en een kamer-en-suite van voor- naar achtergevel met glazen schuifdeuren.[44] Het meest opvallend aan deze woningen is de glazen raamwand in de woonkamer van vloer tot plafond.
De in 1946 opgerichte Stichting Goed Wonen was enthousiast over een dergelijke openheid (afb. 13) en richtte er een 'modelkamer' in.[45]
De latere bewoners van de eerste verdieping dachten er anders over en klaagden over de inkijk.[46]
Goed Wonen propageerde een 'eenvoudige en uitgekiende' woninginrichting, die met het karakter van de 'moderne woning' een geheel moest vormen. *Het verantwoorde meubel was eenvoudig van vorm, machinaal te produceren, duidelijk van constructie, gemakkelijk verplaatsbaar, zuinig in materiaalgebruik en goedkoop.*[47] Op vaak nogal schoolmeesterachtige toon ('zo is 't goed-zo is 't fout'), probeerde men duidelijk te maken dat de tijd van de crapeaud en het 'dikbuikige haardje'[48] voorbij was. De medewerkers van het

Van den Broek, show the characteristics of the synthesis in the architecture to a far lesser extent and thus obviously stand out in Kralingen as far as their design is concerned (fig. 12). This block borders on the green belt that runs from the Kralingse Lake into the iers on the green belt that runs from the Kralingse Lake into the inner city and cuts Kralingen partly in two. On top of the three storeys of ordinary dwellings are created what were called 'relief dwellings', small dwellings for newly-weds and small families, which aimed at helping this large group in the population to find a home (. . .) in an economic manner.[43] *The stepping-back of the façade created a roof terrace such as is also to be seen in many dwellings of the thirties in Rotterdam (e.g. Schiekade, Schieweg).*
The dwellings are of the now well-known 'bayonet-type' with two or three bedrooms and a living-room en suite from front to back with sliding glass doors.[44] *The most striking feature in them is the glass wall from floor to ceiling in the living-room. The 'Stichting Goed Wonen' set up in 1946 was enthusiastic about such openness and installed a 'model room' there (fig. 13),*[45] *but the later inhabitants of the first floor thought differently and complained about passers by being able to see in.*[46]
'Goed Wonen' propagated 'simple and well thought out' furnishing that ought to fit in completely with the character of the 'modern dwelling'. Responsible furniture was simple in form, capable of production by machinery, lucid in construction, easily movable, economical in its use of material and inexpensive.[47] *In an often rather schoolmasterly tone ('this is right – this is wrong'), 'Goed Wonen' tried to make it clear that the age of the upholstered armchair and the 'pot-bellied fireplace' was over.*[48] *Those who worked on its periodical of the same name came mainly from 'Nieuwe Bouwen' circles and/or were (ex-) pupils of Niegeman and Stam at the Institute of Applied Art in Amsterdam.*[49] *The Rotterdam branch of the national association* Ons Huis, *which worked for the development of the masses and the improvement of working-class living standards in particular, was, along with Van den Broek and others, one of those who took the initiative that led to the foundation 'Goed Wonen' in 1946.*[50]
The raising of standards in the rebuilding of Kralingen was an obvious product of the ideals posited by many of those concerned with mass housing during the war. But only a few years after the Liberation it already became clear that everything had gone back to 'normal' again. These standards were not maintained[51] *and the sobriety that was to characterize the fifties made its entrée, while the same thing happened to the communal facilities.*
Van Tijen & Maaskant 'had the luck' to see their block realized as the first in Kralingen. In later complexes the 'extras' were rigorously scrapped.[52] *Van Tijen wrote of this later:*
Immediately after the war the architect Merkelbach came up with the splendid slogan, 'The Netherlands cannot allow itself the luxury of the bad prewar housing' – How right he was! But, alas, things did not turn out like that in that field. I don't want to be unreasonable about the postwar Netherlands. A strong and successful policy was certainly implemented in many spheres – Colijn and his ilk were forgotten. Full employment, cheap money, drastic direct taxation, no strikes, industrialization, higher wages for farmworkers. A genuine co-operation in these fields in the Social and Economic Council. Consultation with experts of the calibre of Prof. Lieftink, Prof. Tinbergen and Dr. Mansholt. What a difference from the thirties. 'Restoration and Renewal' was the watchword, but, alas, restoration nonetheless got the upper hand in many respects. After the first shock the conservative Netherlands – how cross people were with 'Piet' Lieftink,

gelijkluidende tijdschrift, kwamen voornamelijk voort uit de kringen van het Nieuwe Bouwen en/of waren (ex-)leerlingen van Niegeman en Stam aan het Instituut voor Kunstnijverheidsonderwijs in Amsterdam.[49]
De Rotterdamse afdeling van de landelijke vereniging *Ons Huis,* die zich inzette voor de volksontwikkeling en de woonverbetering voor arbeiders in het bijzonder, was samen met o.a. Van den Broek één van de initiatiefneemsters voor de oprichting in 1946.[50]
De verhoging van het woonpeil bij de herbouw van Kralingen was een duidelijk uitvloeisel van de idealen die vele 'volkshuisvesters' zich in de oorlog gesteld hadden. Maar al enkele jaren na de bevrijding werd het duidelijk dat alles weer 'normaal' werd. Het peil werd niet gehandhaafd[51], de soberheid die de jaren vijftig zou gaan typeren deed zijn intrede. Ook met de collectieve voorzieningen was het gedaan.
Van Tijen en Maaskant 'hadden het geluk' dat hun blok als eerste in Kralingen gerealiseerd werd. Bij latere complexen werden de 'extra's' rigoreus geschrapt.[52]
Van Tijen schreef er later over: *Direct na de oorlog kwam architect Merkelbach met de prachtige slagzin:'Nederland kan zich de luxe van de slechte na-oorlogse volkswoning niet veroorloven'. How right he was! Maar helaas ging het op dit gebied anders. Ik wil niet onredelijk zijn tegenover naoorlogs Nederland. Er is wel degelijk op vele gebieden een krachtig en succesvol beleid gevoerd. Colijn c.s. waren vergeten. Volledige werkgelegenheid, goedkoop geld, drastische directe belastingen, geen stakingen, industrialisatie, de landbouw-lonen omhoog. Echte samenwerking op deze gebieden in de S.E.R. Deskundigen van het peil van Prof. Lieftinck, Prof. Tinbergen en Dr. Mansholt aan het woord. Welk een verschil met de jaren dertig.*
Het ging om 'Herstel en Vernieuwing', maar helaas kreeg het herstel in vele opzichten toch de overhand.
Conservatief Nederland trok zich na de eerste schrik – hoe kwaad was men niet op de verrader van zijn klasse: 'Piet' Lieftinck – weer behoedzaam in zijn zelfgenoegzaam conservatisme terug.
De Indonesische kwestie verpestte de Nederlandse politiek. De twee miljard Marshall-hulp werden in Indonesië grotendeels verschoten. O.a. daardoor was er in de woningbouw – vooral geestelijk – geen ruimte voor een verantwoord kwaliteitsbeleid. De jaren dertig wreekten zich. In de woningbouw moesten we weer 'zuinig' zijn.[53]
De lonen, dus ook de huren, werden laag gehouden om o.a. de concurrentiepositie van ons land te verbeteren. Via de koppeling van de Rijksbijdrageregeling aan de m³-inhoud van de woning (gemiddeld 260 m³) werd het maximum in de woningwetbouw bepaald. Het minimum werd bepaald door, eerst de voorlopige Wenken in 1946 en 1948, naderhand de bindend verklaarde Wenken en Voorschriften van 1951.
Het resultaat was dat het minimum tot norm verheven werd. De duplexwoning, als één van de lapmiddelen om de woningnood op te lossen, deed zijn intrede. Deze woningen zouden 'ontsplitst' worden na opheffing van de woningnood (toen werd gedacht aan ± 10 jaar) waardoor men niet met tè kleine woningen opgescheept zou blijven zitten.
In Den Haag was het aantal woningen dat per jaar geproduceerd werd hèt grote politieke issue, de kwaliteit sprak blijkbaar minder tot de verbeelding.[54]
De gemiddelde inhoud van de woning daalde van 1947 tot 1952 met ± 15% (van 281 m³ naar 240 m³).[55]
Maar *na de oorlog zijn de plattegronden van onze arbeiderswoningen doelmatiger geworden en bij dezelfde inhoud dankzij het werk van onze architecten, weten ze een groter woongerief te verschaffen* aldus de volkshuisvestingsdeskundige en PvdA-kamerlid J. Bommer in

the traitor to his class – cautiously withdrew into its self-satisfied conservatism again.
Dutch politics were plagued by the Indonesian question and the two-million Marshall Aid was largely used up in Indonesia. Because of that, and other things, there was no room – especially not intellectually – for a responsible policy in respect of the quality of housing. The thirties took their revenge. We had to be 'thrifty' again in housing.[53]
Wages, and thus rents as well, were kept low in order, among other things, to improve the country's competitive position. The maximum for housing built under the terms of the Housing Act was determined by linking the Government Subsidy Ruling with the volume of the dwelling (an average of 260 cubic metres). The minimum was determined first by the provisional guidelines of 1946 and 1948 and eventually by the compulsory Guidelines and Prescriptions of 1951.
The result was that the minimum was elevated to a norm. The duplex-dwelling made its entrée as one of the palliatives for coping with the housing shortage. The idea was that these dwellings could be 'thrown into one' after the housing shortage was over (a period of around 10 years was envisaged at that time), so that people would not be permanently saddled with homes that were to small.
In The Hague the number of dwellings produced per year was the great political issue, their quality evidently making less appeal to the imagination.[54]
Between 1947 to 1952 the average size of dwellings dwindled by around 15% (from 281 to 240 cubic metres).[55]
But after the war the ground plans of our workers' dwellings became more efficient and, thanks to the work of our architects, they succeeded in providing greater convenience in the same size, *so said the housing expert and Labour member of parliament J. Bommer in 1954.*[56]
Here, then, we find the efficiency of the ground plan, a focal point for interest of 'Nieuwe Bouwen' architects since Die Wohnung für das Existenzminimum *(1929), being used all too obviously to back up the government's housing policy. Another facet of the low quality of the housing that was remarked on was* the niggardliness with which we plan our residential areas as regards space and land use.[57]
By comparison with other countries in particular, the building density of the newest Dutch suburbs was felt to be too high, while a specious organization of the site was considered very important for the quality of the environment,[58] *certainly a very marked contrast to today's trend which is precisely towards high density building.*

A harmonious life in a well-ordered city

The Neighbourhood Unit Idea

During the Second World War and in the reconstruction period the residential area was a prime object of attention for both architect-town-planners and other interested parties. Out of aversion to the close-packed, completely built-up metropolis,[59] *the fossilized image of 19th-century thought,*[60] *in which the individual was submerged in the mass, the district or neighbourhood was seen as* the building block of a modern urban community.[61]
According to this idea, it was precisely the area that could still be experienced by the individual as surveyable and comprehensible.
It is that part of the city as a whole which can still be seen as a single entity by the inhabitant and with which he still feels himself directly linked, no longer personally, but through the character and 'standing' of the whole. *For the child the circumference of the neighbourhood probably coincides with that of the junior school age-group,*[62] *an idea that tallies with the approach to the size of the neighbourhood from the point of view of traffic of the earlier-mentioned American, Clarence Perry, the originator of the Neigbourhood*

1954.[56] De efficiency van de woningplattegrond, sinds *Die Wohnung für das Existenzminimum* (1929) in het brandpunt van de belangstelling van de Nieuwe Bouwen architecten staat hier dus overduidelijk in dienst van het woningbouwbeleid van de overheid.
Als ander facet van de lage kwaliteit van het wonen werd *de schrielheid waarmee wij onze woonwijken opzetten wat betreft ruimte en grondgebruik* aangemerkt.[57] Vooral ten opzichte van het buitenland constateerde men een tè hoge bebouwingsdichtheid van de nieuwste Nederlandse woonwijken. Een ruim terreingebruik werd als zeer belangrijk voor de kwaliteit van de woonomgeving beschouwd.[58]
Hierbij steekt de huidige tendens tot juist 'verdichtingsbouw' wel schril af.

Een harmonieus leven in een overzichtelijke stad
De wijkgedachte
De woonwijk stond tijdens de Tweede Wereldoorlog en in de periode van wederopbouw volop in de belangstelling, zowel bij architecten/stedebouwers als andere 'geïnteresseerden'. Uit weerzin tegen de *aaneengesloten, volgebouwde metropolis*[59], het steengeworden beeld van het 19e eeuwse denken[60], waarin de mens in de massa ten onder zal gaan, werd de wijk wel als *de bouwsteen van een moderne stadsgemeenschap* gezien[61].
Volgens deze wijkgedachte zou de wijk het gebied zijn, dat door het individu nog juist als overzichtelijk en begrijpelijk kan worden ervaren.
Zij is dat deel van het stadsgeheel, dat door de bewoner nog als één geheel wordt overzien en waarmee hij zich nog direct verbonden voelt, niet meer persoonlijk, maar wel door karakter en 'standing' van het geheel. Voor het kind valt de kring van de wijk ongeveer samen met die van de lagere schoolleeftijd.[62]
Dit laatste is in overeenstemming met de verkeerstechnische benadering van het formaat van de wijk van de eerder genoemde Amerikaan Clarence Perry, de 'uitvinder' van de Neighbourhood-Unit, maar het sluit ook aan bij de ideeën van de latere voorzitter van de CIAM, J.L. Sert.[63]
De wijk zou door een 'rural belt', een groenstrook, van het centrum van de stad, gescheiden worden. Ook de wijken onderling, die als een krans om dit centrum zouden komen te liggen, zouden door een groene wig 'verdeeld' worden. Het gevolg van deze concentrische ordening is, dat de steden maar een beperkte grootte zouden kunnen krijgen, omdat de 'capaciteit' van het centrum, wanneer de krans van wijken voltooid zou zijn, nauwelijks meer opgevoerd zou kunnen worden (afb. 14).
Dit schema doet overigens sterk aan het ontwerp van Ebenezer Howard voor satelliettuinsteden rond een centrale 'moeder'-stad denken (afb. 15). De schaal en ook de inhoud is echter totaal anders.
Met de tuinstadgedachte heeft de wijkgedachte wel gemeen dat men de woonomgeving wilde vrijwaren van de nadelen van de 'grote stad', en aan zo'n woongebied een zekere autonomie wilde toekennen.
Zouden de tuinsteden van Howard zelfstandige werkgelegenheid bezitten, in de wijken in de opzet van de 'wijkgedachte' is slechts plaats voor kleine ambachtelijke en verzorgende bedrijven. Door het 'grote' werk in het centrum van de stad te houden, op de zware industrie na natuurlijk, wilde men juist de eenheid van de stad garanderen, het verbeterde vervoer zou de problematiek van het woon-werk-verkeer wel oplossen.[64]
Bleken om diverse redenen de ideeën van de tuinstadgedachte ondanks de inspanningen van de directeur van de Amsterdamse Woningdienst, Keppler, in Nederland onuitvoerbaar[65], de 'wijkgedachte' was in het naoorlogse

Unit, but which also links up with the ideas of J.L. Sert, the later president of CIAM.[63]
The district or neighbourhood would be separated from the centre of the city by a 'rural belt' or green belt, while the districts themselves, which would come to lie around this centre like a wreath would be separated from each other by green wedges. The consequence of this concentric arrangement would be that cities would be able to achieve only a limited growth because it would scarcely be possible to increase the 'capacity' of the centre once the ring of neighbourhoods had been completed (fig. 14).
This scheme is actually strongly reminiscent of Ebenezer Howard's design for satellite garden cities around a central 'mother' city (fig. 15), but the scale is completely different and so is the content.
What the Neighbourhood Unit idea does have in common with the garden city concept is the wish to safeguard the residential environment from the disadvantages of the 'big city' and to give such a residential area a certain autonomy. However, whereas Howard's garden city possessed its own employment opportunities, in the districts planned according to the Neighbourhood Unit idea there was room only for small trades and service industries. It was precisely in order to guarantee the unity of the city that the main spheres of work, heavy industry excepted, of course, were kept in the centre, the idea also being that improved transportation would solve the problem of traffic between home and work.[64]
While, for various reasons, the ideas of the garden city concept proved unworkable in the Netherlands, despite the best endeavours of Keppler, the director of the Amsterdam Housing Department,[65] *the Neighbourhood Unit idea was a great success here at first in the postwar years.*
The combination of well-ordered town-planning principles (means) and social objectives (end) made this concept practically immune from criticism. It was a working model suited to a period of reconstruction and a first-rate instrument for the ordering of society that almost all the political groupings were after.
It gave the impression of offering hope for a speedy solution to numerous problems in the social and town-planning spheres. This concept was taken up in the Netherlands primarily by the Bos Committee, which was set up during the war and named after its chairman, the director of the Rotterdam Housing Department. In the opinion of its members humanity has become involved in a global crisis in which a process of general spiritual dislocation is finding ever clearer expression. *They saw the big cities as* focal points of cultural life, centres of power in which are concentrated the whole of mankind's thoughts, emotions and desires, both in the past as well as in the present and the future. *And it was for this reason that they took the big city as the subject for a study of* social and cultural life and a renewal of the structure of the big city itself.[66]
The 'renewal' movement, which took shape at the end of the Second World War in the establishment of the Netherlands Populist Movement around Schermerhorn and in the wake of which the Bos Committee also found itself,[67] *proved to have numerous leaders but no broad basis: this was a consequence of the fact that the discussions organized during the war on the organization of the Netherlands after the liberation took place in isolation and among only a limited circle.*
Nevertheless, the ideas of the Bos Committee had a big influence on the postwar extensions of Amsterdam and Rotterdam in particular.
The setting up of the 'Rotterdam Community' in September 1944 and the institution of district councils in Rotterdam in April 1947 (Rotterdam was the only municipality in the Netherlands to do this) further illustrate the exceptional part played by that city in the development of a community ideal in

Nederland aanvankelijk een groot succes.
De combinatie van overzichtelijke stedebouwkundige ontwerpprincipes (middel) en sociale doelstellingen (doel) maakte deze gedachte haast immuun voor kritiek.
De 'wijkgedachte' was een werkmodel, dat paste in een tijd van wederopbouw, en een prima instrument voor de haast door alle politieke groeperingen gewenste ordening van de maatschappij.
Het gaf de indruk perspectief te bieden voor de spoedige oplossing van talrijke problemen op maatschappelijk en stedebouwkundig gebied.
In Nederland werd deze gedachte voornamelijk geëntameerd door de in de oorlog opgerichte Commissie Bos, genoemd naar de voorzitter, de directeur van de Dienst Volkshuisvesting van Rotterdam. De commisieleden meenden dat *de mensheid betrokken was in een wereldcrisis, waarin een proces van algemene geestelijke ontworteling steeds sterker tot uiting kwam.* Zij zagen de grote steden als *brandpunten van het culturele leven, als kracht-centra waar heel het denken, voelen en willen der mensheid zich samentrekt, zowel in het verleden, als in het heden en in de toekomst.* Daarom namen ze juist de grote stad als onderwerp voor een studie van *het sociaal-culturele leven en een vernieuwing van de structuur van de grote stad zelf.*[66]
De 'vernieuwende' beweging, die aan het eind van de Tweede Wereldoorlog gestalte kreeg in de oprichting van de Nederlandse Volksbeweging rond Schermerhorn, en in wier kielzog ook de Commissie Bos zich bevond[67], bleek veel leiders te hebben maar een kleine basis: een gevolg van het zich in afzondering tijdens de oorlog binnen een slechts beperkte kring georganiseerde discussie over de organisatie van bevrijd Nederland. Desalniettemin hebben de ideeën van de Commissie Bos grote invloed gehad op de naoorlogse stadsuitbreiding in Nederland en Rotterdam in het bijzonder.
Verder is de oprichting van de Rotterdamsche Gemeenschap in september 1944 en de instelling van wijkraden in april 1947 in Rotterdam (als enige gemeente in Nederland) illustratief voor de bijzondere positie van de Maasstad in de ontwikkeling van een gemeenschapsideaal in een grote stad. Nu had Rotterdam, door de stadsuitbreidingen in (afgescheiden) polders, al meer een wijkstructuur dan andere grote gemeenten. En de annexatie van Hillegersberg, Schiebroek, Overschie en IJsselmonde in 1941 bevorderde de discussie over een bestuurlijke decentralisatie van de nu in één keer ruim $1\frac{1}{2}$ maal grotere gemeente.[68]
De gemeenschapszin moest in de maatschappij bevorderd worden. Wie kon daartegen zijn? De 'Wederopbouw' steunde de wijkgedachte krachtig[69] en de religieuze zuilen zagen de wijk al als parochie[70] of gemeente[71] georganiseerd.
Achteraf zou de beginnende ontzuiling, of de vermindering van de antithese, één van de belangrijkste aspecten van deze woelige periode blijken te zijn.
Met Van Tijen (lid van de Commissie Bos) voelden vele Nieuwe Bouwers zich tot de wijkgedachte aangetrokken. Als 'aanvulling' op de analyse van de stad in de jaren dertig, kreeg de stedebouw de nagestreefde maatschappelijke grondslag. Het haalde de 'de 8' en 'Opbouw'-groepen uit het isolement waar ze langzamerhand in dreigden te geraken.[72]
En omdat men er van uitging dat de gebouwde omgeving het gedrag van mensen kan bepalen (het zogenaamde fysiek determinisme), had de stedebouwer, behalve een vormgevende, nu ook een verondersteld maatschappelijk sturende functie. Want was de stedebouw in de CIAM-optiek niet het projecteren van de toekomst in het heden?[73]
Deze *sociaal-functionele richting in de stedebouw*[74] vond in

a big city. In fact Rotterdam already had more of a district structure than other large municipalities on account of the extensions built on (separate) polders, while the annexation of Hillegersberg, Schiebroek, Overschie and IJsselmonde in 1941 furthered the discussion regarding a decentralization of authority in a municipality that had now become $1\frac{1}{2}$ times as big at a single blow.[68]
It was essential to promote a feeling of community in society. Who could deny this? The authorities in charge of the reconstruction gave the Neighbourhood Unit idea their powerful support,[69] *while the pillars of the churches already saw the district organized as a parish*[70] *or congregation.*[71]
In retrospect the beginnings of the dismantling of those pillars or the diminishing of the antitheses proved to be one of the most important aspects of this turbulent period.
In company with Van Tijen (a member of the Bos Committee), many 'Nieuwe Bouwen' architects felt drawn to the Neighbourhood Unit idea, for as an 'amplification' of the analysis of the city in the thirties it gave town planning the social basis it was looking for and brought the de 'de 8' and 'Opbouw' groups out of their threatened isolation.[72]*And since the underlying idea was that the built environment can determine people's behaviour (the idea known as physical determinism), the town planner not only had a design function, but was now also assumed to play a part in steering society, for was not town planning in the CIAM view the projection of the future in the present?*[73]
In Rotterdam this social-functional movement in town planning[74] *had a particular appeal for the 'Nieuwe Bouwen' architects Hovens Greve, Wissing, Maaskant, Stam-Beese, Bakema and Van den Broek and the 'ambassador' of the Neighbourhood Unit idea in the Netherlands W. Geyl, who in 1949 was also secretary of the Rotterdam Community and a member of 'Opbouw'.*[75] *But the Catholic architect H. Kraayvanger too undoubtedly saw something in the idea of the* organic city.[76]

The plan of 1945 for Zuidwijk and the Zuider Park green belt

In order to provide an example of a district designed according to the principles of the Neighbourhood Unit idea, the study for a garden suburb of 1944 discussed above was recast by the Van Tijen & Maaskant partnership, the new design aiming at a much stronger formation of a unified district (fig. 16).[77] *In consultation with the municipal bodies concerned it was now decided to project the residential area on the site of present-day Zuidwijk, among other things in connection with the uncertainty about the development of the Waalhaven area.*[78] *The new design was further based on an inventarization of the characteristics of two existing districts in Rotterdam: Oude Noorden,* with its serried dwellings with little light and air and speculative building *(1880-1920), and the Vreewijk garden suburb,* with its copious greenery and water and the dull single-family houses with back gardens *(1916-40, Berlage/Granpré Molière).*[79]
An attempt was made in the design for an 'organic district' to combine the positive elements of Oude Noorden (its urban quality and liveliness, the presence of small firms, etc.) with those of Vreewijk ('living amid nature', the spaciousness, etc.). 'de 8' and 'Opbouw' had already spoken of the organic district structure *in connection with Vreewijk in their proposal* An Organic Residential Area with Open Site-planning *in 1932. What they meant by 'organic district structure was:* a given logical place in the district for the dwellings and all the buildings of general importance. A link between the green areas in the district and those of the city as a whole. The logical siting of and connections with the recreation grounds for old and young. *The definition of 'organic', however, remained extremely vague.*

Rotterdam vooral weerklank bij de Nieuwe Bouwers Hovens Greve, Wissing, Maaskant, Stam-Beese, Bakema, Van den Broek en bij de 'ambassadeur' van de wijkgedachte in Nederland W. Geyl, in 1949 ook secretaris van de Rotterdamsche Gemeenschap en lid van de 'Opbouw'.[75]
Maar ook de katholieke architect H. Kraayvanger zag wel iets in het idee van de *organische stad.*[76]

Het plan voor Zuidwijk uit 1945 en de Zuiderparkgordel
Om een voorbeeld te geven van een wijk ontworpen met de principes van de wijkgedachte, werd door het bureau Van Tijen en Maaskant de eerder besproken studie voor een stedelijke tuinwijk uit 1944 omgewerkt en in het nieuwe ontwerp werd in veel sterkere mate de wijkvorming nagestreefd (afb. 16).[77] In overleg met de gemeentelijke instanties werd besloten de woonwijk nù te projecteren op de plek van het huidige Zuidwijk, o.a. in verband met de onduidelijkheid over de ontwikkeling van het Waalhavengebied.[78] Aan de basis van het nieuwe ontwerp stond verder een inventarisatie van de eigenschappen van twee bestaande wijken in Rotterdam: Het Oude Noorden, *met zijn opeengedrongen woningen, met weinig licht en lucht en speculatiebouw* (1880-1920) en het tuindorp Vreewijk, *met zijn vele groen en water, en de saaie eengezinshuizen met achtertuintjes* (1916-1940, Berlage/Granpré Molière).[79]
Gepoogd werd om in het ontwerp voor een 'organische wijk' de positieve elementen van het Oude Noorden (het stedelijke, de levendigheid, de aanwezigheid van kleine bedrijfjes etc.) te combineren met die van Vreewijk (het 'natuurlijke wonen' de ruimte etc.). Reeds in het pre-advies *Organische woonwijk in open bebouwing* in 1932 van de groepen 'de 8' en 'Opbouw' sprak men in relatie tot Vreewijk over de 'organische wijkopbouw'. Onder 'organische wijkopbouw' werd verstaan: *Een bepaalde logische plaats in de wijk van de woningen en van alle gebouwen van algemeen belang. Verband tusschen het groen van de wijk en het groensysteem van de stad. Logische plaatsing van en verbinding met de ontspanningsterreinen voor ouderen en jongeren.* Het begrip 'organisch' is inhoudelijk echter uitermate vaag.
Het resultaat van de samenwerking tussen Bos c.s. en het architectenbureau Van Tijen en Maaskant werd nu zonder meer de woonwijk 'Zuidwijk' genoemd. Het was een wijk geworden voor ± 15.000 inwoners op een gebied van 106,5 ha.[80], bestaande uit 6 'arbeidersbuurten' en één 'middenstandsbuurt' (ontworpen door Rietveld). Bij de ontwerpen voor woningen zijn de eerder genoemde Kralingse Voorschriften aangehouden en slechts 16% is bedoeld in étagebouw.[81] De buurten, met een maximale loopafstand van 500 m, zouden het 'eigen' territorium moeten vormen van de wijkbewoners.
Zowel elementen uit de studie *Woonmogelijkheden in het Nieuwe Rotterdam* als uit de *Studie voor een Stedelijke Tuinwijk,* (b.v. de 4 wooneenheden die samen een buurt vormen) zijn er in terug te vinden. De wijkwinkels liggen aan de verzamelstraten, die het karakter hebben van een 'ouderwetse' winkelstraat. De talrijke wijkvoorzieningen, scholen, volkshuizen, een wijkhuis[82] e.d. liggen in de groenstroken die de wijk opdelen. Om de wijk heen liggen volkstuinen, schooltuinen en zgn. 'indianenterreinen' voor kinderen.
De poging om 'de stadsbewoner de natuurlijke bodem' terug te geven, zoals dat toen wel omschreven werd, moet ook gezien worden tegen de achtergrond van het opheffen van de tegenstelling stad-platteland, wat toendertijd bijzonder speelde.[83]
De plaats, waar 'Zuidwijk' na overleg met o.a. de

The result of the co-operation between Bos and his colleagues and the Van Tijen & Maaskant partnership had now come to be known as the 'Zuidwijk' residential area pure and simple. It had become an area for approximately 15,000 inhabitants on a site of 106.5 hectares,[80] *consisting of six 'working-class neigbourhoods' and a single 'middle-class neighbourhood' (designed by Rietveld). In the designing of the dwellings, the earlier-mentioned Kralingen Prescriptions were adhered to and only 16% of them were meant to be blocks of flats.*[81] *The neigbourhoods, with a maximum walking distance of 500 metres, were intended to form their inhabitants' 'own' territory.*
Elements from both the study on Housing Possibilities in the New Rotterdam *and the* Study for a Garden Suburb *(e.g. the four housing units that together form a neighbourhood) are to be found here. The neighbourhood shops were sited on the streets that defined the neighbourhood, which had the character of 'old-fashioned' shopping streets. The numerous area facilities, schools, community centres, a district centre*[82] *and suchlike lie in the green belts by which the area is divided up. Around it lie allotments, school gardens and so-called 'Indian territories' for the children.*
The attempt to restore 'to the city dweller his native soil', as it was put at the time, must also be seen against the background of the abolition of the contrast between town and country, which played a particularly important role at that time.[83]
The site singled out for the realization of 'Zuidwijk', after consultation with, among others, the directors of the Rotterdam Urban Development and Housing Departments, Van Traa and Bos, lay partly in the district park on the edge of Rotterdam South in Witteveen's 'old' extension plan of 1938. During the war the two departments had come to the conclusion that Witteveen's plan must be replaced by a new extension plan for Rotterdam South with a park belt, in the sense of a 'rural belt' as also prescribed in the Neighbourhood Unit concept and comparable with, for example, the Rembrandt Park in the Amsterdam General Expansion Plan, to close off the existing building.[84] *Zuidwijk and Westwijk (the later Pendrecht) were then to come to lie beyond this.*
In the 1945-6 design Zuidwijk is indeed, already separated from the rest of the city, but the 'radial exit roads' of Witteveen's old plan are still kept to, now forming the access roads to Zuidwijk. Zuidplein, the junction of the main roads in Rotterdam South, can be seen as a sort of 'focal point' for Zuidwijk as far as the link with the centre is concerned.
For the rest, Witteveen's 'old' extension has a great deal in common with the scheme of 1910 for a concentric and radial expansion of Greater Berlin by Eberstadt and others.
In Zuidwijk these radial roads cutting through the green belt were later also to disappear, Zuiderparkweg alone remaining as the only 'direct link'.
Zuider Park, as the green belt was now called, acquired an area of 314 hectares, running from Wielewaal in the west to the Zuider Cemetery in the east (fig. 17). It also acquired various recreational facilities such as play areas, walks, an open-air swimming-pool and leisure gardens. The obvious comparison to be made is with the plan of 1937 for an area park in Rotterdam by the 'Opbouw' group. The Zuider Park has a slightly larger area per inhabitant of Rotterdam than the park in 'Opbouw's' plan (12 square metres as against 9), but otherwise there is quite a lot of similarity between them in the relationships between the elements in the park (play areas, sports grounds, etc.), except that the 'Nieuwe Bouwen' architects projected a lot more leisure gardens in 'their' park, which in fact was thought of as lying mainly outside the city.[85]
Both plans were based on the understanding that in addition to the area park, the districts and neighbourhoods should also have parks of their own. This special attention to the provision of green open space in Rotterdam is not surprising, for

directeuren van Stadsontwikkeling en Volkshuisvesting van de gemeente Rotterdam, Van Traa en A. Bos, een kans zou moeten krijgen, lag gedeeltelijk in het stadsdeelpark aan de rand van Rotterdam-Zuid in het 'oude' uitbreidingsplan van 1938 van Witteveen.
Tijdens de oorlog waren de gemeentediensten tot de conclusie gekomen, dat het plan Witteveen vervangen moest worden door een nieuw Uitbreidingsplan-Zuid met een parkgordel in de zin van een 'rural belt', zoals de wijkgedachte ook voorstaat, vergelijkbaar met b.v. het Rembrandtpark in het A.U.P. in Amsterdam, als afsluiting van de bestaande bebouwing.[84] Daaronder zouden dan Zuidwijk en Westwijk (het latere Pendrecht) komen te liggen.
In het ontwerp van 1945/1946 ligt Zuidwijk inderdaad al 'los' van de rest van de stad, maar de 'straalsgewijze uitvalswegen' van het oude plan van Witteveen zijn nog aangehouden; zij vormen de toegangswegen van Zuidwijk. Het Zuidplein, het knooppunt van de verkeerswegen in Rotterdam-Zuid, kan als een soort 'brandpunt' voor Zuidwijk beschouwd worden wat de verbinding met het centrum betreft.
De oude 'Witteveense' stadsuitbreiding, vertoont overigens grote verwantschap met het schema voor een concentrische en radicale stadsuitbreiding voor Groot-Berlijn uit 1910 van Eberstadt c.s..
Later zouden ook deze radicale doorsnijdingen van de parkgordel verdwijnen en de Zuiderparkweg als enige 'rechtstreekse verbinding' overblijven.
Het Zuiderpark, zoals de groengordel nu genoemd werd, kreeg een oppervlakte van 314 ha en liep van Wielewaal in het westen tot de Zuiderbegraafplaats in het oosten (afb. 17). Het kreeg verschillende recreatieve voorzieningen, zoals speelvelden, wandelpaden, een openlucht bad en volkstuinen. Het ligt voor de hand dit park te vergelijken met het plan voor een stadsdeelpark in Rotterdam-Zuid van de groep de 'Opbouw' uit 1937.
Per inwoner van Rotterdam-Zuid is het Zuiderpark iets ruimer dan in de opzet van de 'Opbouw' (12 m² tegenover 9 m²). Maar verder is er in de verhouding tussen de elementen in het park (speelweiden, sportparken etc.) een vrij grote overeenkomst. Alleen projecteerden de Nieuwe Bouwers aanmerkelijk meer volkstuinen in 'hun' park, dat overigens grotendeels aan de buitenkant van de stad lag.[85]
In beide plannen ging men er van uit dat wijken en buurten naast het stadsdeelpark ook nog 'eigen' parken zouden bezitten. Die bijzondere aandacht voor de groenvoorziening van Rotterdam is niet verwonderlijk, omdat Rotterdam het minste stadsgroen van alle Europese steden had.
Zelfs Napels overtrof met zijn 1,4 m² stadsgroen per inwoner de Maasstad.[86]

De wederopbouw, herstel en vernieuwing

De realisatie van Zuidwijk

Ook de realisatie van het plan voor Zuidwijk uit 1945, dat als een soort monument voor de wijkgedachte moest gaan dienen, bleek ondanks de bevoorrechte financiële positie van Rotterdam, niet 'haalbaar'. Want alhoewel het in nauw overleg met vele architecten en stedebouwers in dienst van de Gemeente ontworpen was, stelden de Diensten Volkshuisvesting en Stadsontwikkeling in 1947 een programma met richtlijnen op, waar een nieuw plan aan zou moeten voldoen.[87]
Om het grote aantal arbeiders te kunnen huisvesten, die bij de ontwikkeling van het Waalhavengebied[88] en het industriegebied bij Hoogvliet en Pernis nodig zouden zijn, moest de bebouwingsdichtheid, o.a. door een veel grotere toepassing van étagebouw, flink opgevoerd worden. Verder moesten er meer middenstandswoningen gebouwd

Rotterdam contained the least space of this kind of any city in Europe, being worse even than Naples with its 1.4 square metres per inhabitant.[86]

The reconstruction, restoration and renewal

The realization of Zuidwijk

The realization of the plan of 1945 for Zuidwijk, which was meant to have served as a sort of monument to the Neighbourhood Unit idea, also proved unattainable, despite Rotterdam's privileged financial position, for although it had been designed in close consultation with numerous architects and town planners in the service of the municipality, the Housing and Urban Development Departments drew up a programme in 1947 with guidelines to which a new plan must conform.[87]
In order to house the large number of workers necessitated by the development of the Waalhaven area[88] *and the industrial areas at Hoogvliet and Pernis, the building density had to be greatly increased, among other things by a much more extensive use of blocks of flats. In addition more middle-class housing had to be built, while the buildings destined for social and cultural purposes in the 'old' plan were regarded as 'on the generous side'.*[89]
The idea of a 'district centre', with accommodation for police, fire brigade, administration, gas and electricity board, social services, etc. was taken over, however, while a notable requirement was that for the provision of an industrial area 'inside' the district.[90]
In 1948 in collaboration with a council 'Zuidwijk working committee', which included Verhoef, Denijs and Hovens Greve, Van Tijen's ex-assistant, the Van Tijen & Maaskant partnership (with Wissing as assistant) began on a new design, which was completed by 31 December that year.
The percentage of blocks of flats had now been stepped up from 16% to 50-75%, depending on the district,[91] *and on roughly the same site 6,300 dwellings were now planned instead of 4280 (fig. 18).*[93] *Some of the 'guest architects' involved in the earlier plans had also been called in again here.*
Gerrit Rietveld further developed the land-organization idea in the previous plan for the middle-class neighbourhood, Groosman worked out the north-east and north-west neighbourhoods in detail, Romke de Vries the south-west and Bakema the south-east. That it had cost a great struggle to arrive at this new design is quite clear from a letter of 1948 from Van Tijen to Rietveld: If we do succeed in getting and keeping Zuidwijk in our hands to a sufficient extent, there will be more than enough work for all of us (. . .). The battle continues.It has certainly not been won, but it is not lost either (. . .). A nice photograph of a given aspect of our work is so often the only more or less quiet and secure joy that we can gain from it.[94]
The 'old' idea of high-rise building (four storeys) along the main roads flanking the neigbourhoods, with lower areas (single-family houses, old people's dwellings) behind it, was put into operation here (fig. 19).
Apart from the fact that Van Tijen and Groosman wanted 'to express the urbanness' by this means, the intension was that the tall blocks and flats would also 'benefit' from the more spacious land use of the single-family houses behind them.[95]
The result was criticized by the 'Opbouw' group on the grounds that spatially one saw the single-family houses degraded to a back street here and socially too little ground of its own for the medium-high building, for children to play in and suchlike.[96]
The mixed land-organization unit or housing unit was seen as an alternative.
However, repeatable housing units had also been projecte the new design for Zuidwijk, these being of the 'small type'

worden. En men vond de in het 'oude' ontwerp geprojecteerde gebouwen voor sociale en culturele doeleinden 'aan de ruime kant'.[89]
Het idee van een 'wijkhuis' met o.a. localiteiten voor politie, brandweer, secretarie, G.E.B., sociale zaken e.d. werd wél overgenomen; opvallend is de eis tot situering van een terrein voor industrie 'binnen' de wijk.[90]
Samen met een 'werkcommissie Zuidwijk' van de gemeente, waarin o.a. Verhoef, Denijs en de ex-medewerker van Van Tijen, Hovens Greve zitting hadden, werd door het architectenbureau Van Tijen & Maaskant (met medewerker Wissing) in 1948 aan een nieuw ontwerp begonnen.
Op 31 december 1948 was het klaar. Het percentage étagebouw was van 16% op 50-75% gebracht, afhankelijk van de woonbuurt[91] en op ongeveer hetzelfde terrein waren i.p.v. 4280[92] nu 6300 woningen geprojecteerd (afb. 18).[93]
Sommige 'gastarchitecten' van de vorige plannen waren ook nu ingeschakeld geweest.
Gerrit Rietveld bouwde verder op het verkavelingsidee van het vorige plan wat de middenstandsbuurten betreft.
Groosman detailleerde de N.O.- en N.W.-buurten, Romke de Vries de Z.W. - en Bakema de Z.O.-buurten.
Dat het tot standkomen van dit nieuwe ontwerp een hele worsteling was, blijkt wel uit een brief van Van Tijen aan Rietveld uit 1948: *Wanneer het echter gelukt, om Zuidwijk in voldoende mate in handen te krijgen en te houden is er meer dan genoeg werk voor ons allen (. . .). De slag duurt voort. Gewonnen is er stellig niet maar verloren ook niet (. . .). Zo vaak is voor onszelf een mooie foto van een bepaald aspect van ons werk feitelijk de enige min of meer rustige en veilige vreugde, die wij eraan beleven.*[94]
Het 'oude' idee, van hoge randbebouwingen langs de verkeerswegen (4 woonlagen) en daarachter lagere gedeelten (eengezinswoningen, bejaardenwoningen) werd hier uitgevoerd (afb. 19).
Behalve dat Van Tijen en Groosman hiermee 'de stedelijkheid vorm wilden geven', was het de bedoeling dat de hoge étagebouw zou 'meeprofiteren' van het ruimere terreingebruik van de eengezinshuizen erachter.[95]
Het resultaat werd door de groep de 'Opbouw' bekritiseerd omdat men *hierin ruimtelijk een degradatie van de eengezinshuizen tot achterbuurtjes zag, en sociaal een tekort aan eigen 'erf' van de middelhoge bouw, t.b.v. kinderspel e.d.*[96]
De gemengde verkavelingseenheid, of wooneenheid werd als alternatief gezien.
Maar ook in het nieuwe ontwerp voor Zuidwijk waren, vooral in de zuidelijke buurten, herhaalbare wooneenheden geprojecteerd, van het 'kleine type', zoals de 'Opbouw' als studieresultaat meenam naar het VIIe CIAM-congres in Bergamo[97] (in 1949).
Deze wooneenheden in Zuidwijk vormden combinaties tussen eengezinshuizen, tweeverdiepingen huizen (duplex), bejaardenwoningen en étageblokken van 3 woonlagen.
Een hoog woongebouw, zoals in de wooneenheid van de 'Opbouw' was ontworpen voor het VIIe CIAM-congres in Hoddesdon[98], 1951 (6 étages), komt in de wooneenheden in Zuidwijk niet voor.
Hoge woongebouwen zijn in Zuidwijk 'los' als 'incidentele voorzieningen' bij de wijkentree aan de noordkant en in het centrum (à la Pendrecht) geprojecteerd.
Het niet opnemen van hoogbouw in een herhaalbare wooneenheid door Van Tijen, moet gezien worden i.v.m. zijn opmerkingen in *Woonmogelijkheden in het Nieuwe Rotterdam* over het gevaar van hoogbouw als systeem.[99]
In een terugblik in 1970 op de naoorlogse woningbouw, schreef hij geheel in deze trant: *Maar ik weet desondanks*

that 'Opbouw' took to the 7th CIAM Congress in Bergamo in 1949 as a result of its study.[97]
They constituted combinations composed of single-family houses, two-storey houses (duplex) old people's dwellings and three-storey blocks of flats. A high-rise block (6 storeys), such as was designed by 'Opbouw' in its housing unit for the 8th CIAM Congress at Hoddesdon in 1951,[98] *does not appear in the Zuidwijk housing units, where such blocks were projected separately as 'incidental provisions' at the entrance to the area on the north side and in the centre (à la Pendrecht). Van Tijen's omission of high-rise building from his repeatable housing unit must be seen in the light of his comments on the dangers of high-rise building as a system in* Housing Possibilities in the New Rotterdam.[99] *Looking back at the postwar housing in 1970, he wrote entirely in this vein:* But I nonetheless know what this type (the semi-detached single-family house) means to a great many families and if I had to choose between the stupid house-garden-street dwelling and the massification of gallery apartments, I would have no hesitation in choosing the first, mainly in the interests of the young child.[100]
The fact that many architects laid claim to a desire to meet the needs of future inhabitants, but in reality based their designs in part on 'aesthetic and ideological considerations' is the criticism levelled by numerous sociologists who addressed themselves to the built environment in the fifties.[101]
It was from these sociologists that the Bos Study Group expected so much, too much as it later turned out.[102]

As far as the recasting of the original Zuidwijk Plan was concerned, Van Tijen had officially finished this as town planner by April 1949 and the Van Tijen & Maaskant partnership entered the service of the 'Zuidwijk Foundation' as co-ordinators and designers of the details in the plan. The both, officially entitled Foundation for Housing in the Zuidwijk Garden City, *had been set up in 1947 by A. Plate's N.V. Volkswoningbouw, which has already been mentioned above and which acted as intermediary throughout. It had the official status of a housing corporation with the municipality having a majority share in it.*
That a single Zuidwijk housing association was scheduled to build the whole area instead of various 'sectional associations' was the result (one of many) of the postwar climate of political breakthrough. The five members of the foundation too were all members of the Labour Party.[103]
The right-wing fractions on the council, which constituted the minority, repeatedly fulminated against the Labour Party's alliance with the municipality and with J. Meertens, the alderman responsible for Public Works. Fierce debates took place in the council, in which the left-wing fractions were for system building, the right for traditional building, which could be carried out by private contractors and which they thought would be cheaper and of better quality. This conclusion had been drawn from bad experiences with some systems in Kleinpolder and at the beginning of the fifties the right-wing fractions proved to have been right in part. System building turned out, for various reasons, to be 100% dearer than traditional building on average and after a brief boom in building systems this market collapsed, especially after the economization that was partly occasioned by the Korea crisis. This is the reason why after the north-eastern neighbourhood in Zuidwijk had been allotted to the R.B.M. building system, the second neighbourhood to be realized (south-eastern) was built entirely by traditional methods.[104]

In fact, the north-eastern neighbourhood excepted, Zuidwijk was not built in accordance with Van Tijen & Maaskant's design.
An examination of the land in June 1950 had shown that large

wat dit type (het tweebeukige eengezinshuis) voor zeer vele gezinslevens betekent en, wanneer ik zou moeten kiezen tussen het domme huisje-tuintje-straatje wonen en de massaficatie van de galerijbouw, dan kies ik vooral in het belang van het jonge kind zonder aarzelen het eerste.[100]
Het feit dat vele architecten pretenderen aan de behoefte van toekomstige bewoners te willen voldoen, maar dat in werkelijkheid hun ontwerp mede gebaseerd is op 'esthetische en ideologische overwegingen' is de kritiek van veel sociologen, die in de loop van de jaren vijftig zich met de gebouwde omgeving gingen bezighouden.[101]
Het zijn deze sociologen waar de Studiegroep Bos veel en naar later bleek te veel van verwachtte.[102]

Wat de omwerking van het oorspronkelijke Plan Zuidwijk betreft was Van Tijen in april 1949 als stedebouwer officieel 'klaar' met het ontwerp, en trad het bureau Van Tijen & Maaskant in dienst van de 'Stichting Zuidwijk', als coördinatoren en ontwerpers voor de invulling van het plan. Deze officieel geheten *Stichting voor Volkshuisvesting Tuinstad Zuidwijk,* was in 1947 door de steeds als tussenpersoon opgetreden en reeds eerder genoemde N.V. Volkswoningbouw van ir. A. Plate, opgericht.
De Stichting had de officiële status van een woningbouw-corporatie met een meerderheidsdeelname van de gemeente.
Dat één woningbouwvereniging Zuidwijk zou 'volbouwen' en niet diverse 'verzuilde verenigingen' was (nog) een gevolg van het politieke 'doorbraak'-klimaat van na de oorlog; de vijf leden van de Stichting waren ook allemaal PvdA-leden.[103]
De rechtse fractes in de gemeenteraad, die de minderheid vormden, fulmineerden herhaaldelijk tegen het verbond van de PvdA met de gemeente, en met de wethouder van Openbare Werken, Meertens. Felle debatten werden er in de raad gehouden, waarbij de linkse fracties voor systeembouw waren en de rechtse fracties voor de traditionele bouw, die uitgevoerd kon worden door particuliere aannemers en die hun inziens goedkoper was, en beter van kwaliteit. Dit speelde vooral na de slechte ervaringen met sommige systemen in Kleinpolder.
Begin jaren '50 kregen de rechtse fracties gedeeltelijk gelijk. Om diverse redenen bleek systeembouw gemiddeld 10% duurder te zijn dan traditionele bouw en na een korte hausse van de bouwsystemen zakte deze markt, vooral na de versobering die mede veroorzaakt werd door de Korea-crisis, in.
Dit is de reden dat, na de toewijzing van de N.O.-buurt van Zuidwijk aan het bouwsysteem R.B.M., de tweede te realiseren buurt (Z.O.) geheel traditioneel gebouwd werd.[104]

Maar Zuidwijk werd niet gebouwd naar het ontwerp van het architectenbureau Van Tijen & Maaskant op de eerste N.O.-buurt na.
Een bodemonderzoek had in juni 1950 n.l. uitgewezen dat grote gedeelten van de noordelijke buurten geschikt waren voor eengezinshuizen zonder dat daarvoor geheid moest worden.[105]
En toen ook nog de overheid, op een verdere verdichting van de bebouwing aandrong, werd besloten dat Stads-ontwikkeling een nieuw plan voor Zuidwijk zou maken, met eengezinswoningen op de plaats van de 'goede grond', waar in het oude plan de middenstandsbuurt van Gerrit Rietveld lag.
Het wegenstramien, de plaats en vorm van het wijkcentrum en de ligging van de groenstroken werden wel gehandhaafd.[106]
In de loop van 1952-1953 was het nieuwe plan, gemaakt

parts of the northern neighbourhoods were suitable for single-family houses without there being any need for pile-foundations.[105]
And when the authorities pressed for a further increase in the density of the building, it was decided that the Urban Development Department should make a new plan for Zuidwijk, with single-family dwellings on the 'good land', where Rietveld's middle-class neighbourhood lay in the old plan.
The network of roads and streets, the position and form of the district centre and the situation of the green belts were, however, retained.[106]
The new plan, made under the guidance of the city architect H.C. Milius, was largely completed during the course of 1952-53.
After the first inhabitants had settled in Zuidwijk in 1951, a 'Zuidwijk Community' was speedily set up with the aim of promoting the social aspects of the Neighbourhood Unit idea.[107] *But in practice this often boiled down to a grisly social control coming into operation as a result of the 'social management' of the area.*
However, although the Neighbourhood Unit died a slow but certain death in the fifties as a community concept, partly as a result of heavy criticism of its social objectives by sociologists,[108] *the technical design principles continued to play a part in town planning, the residential precinct idea being the best-known example.*
Of the communal facilities originally planned for Zuidwijk remarkably few were realized. Not until 1956, for example, was a temporary district centre put up. The original designers of Zuidwijk still contributed to the building of certain neighbourhoods, however. Groosman, for instance, designed the main shops with dwellings above, Romke de Vries the neighbourhood shops and old people's dwellings with all the rooms facing south,[109] *Rietveld a highly individual form of duplex-dwelling, known as triplex-flats,*[110] *and Van Tijen & Maaskant various types of single-family house (fig. 19).*[111]

From prototype to standard solution
In the 'detailing' of Zuidwijk copious use was made of standard ground plans such as had been developed by a subcommittee of the Efficient Housing Study Group under Van den Broek. The setting up of this committee in 1947 is an illustration of the changing position of the architect after the war. Subjects such as the systematization of dwelling-plans were now studied in a team context in co-operation with government representatives, building institutes, the Netherlands Domestic Council, etc., the team work that the architect Oud had such a horror of. The foundation of the periodical Bouw, *a central weekly for alle branches of the building industry, is characteristic of this professionalization of the building process.*
Van den Broek, who had already been one of the stimulators of the so-called 'catalogue window' during the war,[112] *played a very important part in the rationalization of modern building in the Netherlands.*[113]
He regarded the fact that the architect would lose a great deal of his independence as a result as a logical consequence of the industrialization of society and the need to be able to meet the demand for housing on a large scale. Van Tijen too even felt compelled to resign from the Union of Dutch Architects, because it had accused his office of working too closely with a building firm. He defended himself against the charge of commercializing a design by saying that only industrial production is capable of meeting the material needs of our time in a reasonable manner and thus making a healthy development of democracy possible and with it a healthy, renewed cultural life. That our population is decently clad and shod is due not to exclusive bespoke tailors and

onder leiding van de gemeentearchitect H.C. Milius, grotendeels klaar.
Nadat de eerste bewoners zich in 1951 in Zuidwijk vestigden, werd al spoedig een 'Zuidwijkse Gemeenschap' opgericht, die het doel had de sociale aspecten van de wijkgedachte te bevorderen.[107] In de praktijk kwam het er vaak op neer dat door het 'sociale beheer' van de wijk, er een griezelige sociale controle ontstond.
Hoewel, o.a. door forse kritiek van de sociologen[108] op de maatschappelijke doelstellingen van de wijkgedachte, deze als gemeenschapsgedachte in de jaren vijftig een langzame maar zekere dood gestorven is, bleven de technische ontwerpprincipes een rol spelen in de stedebouw, met als bekendste voorbeeld het woonerf-idee.
Van de oorspronkelijk in Zuidwijk geplande collectieve voorzieningen kwam bijzonder weinig terecht, pas in 1956 b.v. kwam er een *nood*wijkgebouwtje. De oorspronkelijke ontwerpers van Zuidwijk hebben nog wel meegewerkt aan de invulling van bepaalde buurten. Zo ontwierp Groosman de wijkwinkels met woningen, Romke de Vries buurtwinkels en bejaardenwoningen met alle vertrekken op het zuiden[109], Rietveld een zeer bijzondere vorm van duplexwoningen, nl. zgn. triplex-étagewoningen[110] en het bureau Van Tijen & Maaskant diverse eengezinstypen (afb. 19).[111]

Van prototype naar standaardoplossing
Bij de 'invulling' van Zuidwijk werd veelvuldig gebruik gemaakt van standaardplattegronden, zoals die ontwikkeld waren door een sub-commissie van de Studiegroep Efficiënte Woningbouw onder leiding van Van den Broek. De oprichting, in 1947, van deze commissie is een illustratie van de veranderende positie van de architect na de oorlog. Samen met de vertegenwoordigers van de overheid, bouwtechnische instituten, de Nederlandse Huishoudraad e.d. werden onderwerpen als de systematisering van het woningplan bestudeerd in een team.
Het teamwork, waar de architect Oud zo van gruwde.
De oprichting van het tijdschrift *Bouw,* een centraal weekblad voor alle takken van het bouwbedrijf, is kenmerkend voor de professionalisering van het bouwproces.
Van den Broek, in de oorlog al één van de stimulators van het zgn. 'catalogus-raam'[112], heeft in de rationalisering van het moderne bouwen, in Nederland een zeer belangrijke rol gespeeld.[113]
Dat de architect een groot gedeelte van zijn onafhankelijkheid daarmee zou verliezen, vond hij een logisch gevolg van de industrialisering van de maatschappij en de behoefte om op grote schaal aan de woningvraag te kunnen beantwoorden.
Een naar het oordeel van de BNA te innige samenwerking van het bureau Van Tijen & Maaskant en een bouwbedrijf noopte Van Tijen zelfs om uit de architectenraad van de BNA te stappen. Hij verdedigde zich aldus tegen het verwijt dat hij een ontwerp vercommercialiseerde: *Alleen industriële produktie is in staat de stoffelijke behoeften van onze tijd op redelijke wijze te vervullen en daarmede een gezonde democratische ontwikkeling en uiteindelijk een gezond, vernieuwd cultuurleven mogelijk te maken. Dat ons volk behoorlijk gekleed en geschoeid is, dankt het niet aan luxe maatkleermakers of maatschoenmakers maar aan de moderne kleding- en schoenindustrie.*[114]
Het efficiency-streven van veel Nieuwe Bouwen architecten zou de sleutel tot hun succes blijken te zijn. Het functionalisme werd volledig aanvaard in de zin van het nuttige, en in het klimaat van de common-sense.
De traditionele architecten, die tegen de industrialisatie te

shoemakers, but to the modern clothing and shoe industries.[114]
The striving for efficiency of many 'Nieuwe Bouwen' architects was to prove the key to their success. Functionalism was fully accepted in the sense of the useful and in the climate of commonsense. The traditional architects, who had banded together against industrialization in the discussions during the war, were supple enough to go along with them in practice during the reconstruction.

Halfway through the fifties a fresh attempt was made to find 'objective norms', which would guarantee the quality of housing. The spatial requirements for these dwellings were investigated between 1953 and 1958 by a Study Group on Functional Housing Principles, *which was again a combination of various types of housing expert.*
For the first time a study was made of the dimensions necessary for all the functions within the dwelling and the objects needed for them, from the point of view of both installation and operation and use (fig. 21 d). All the measurements were determined in a systematic manner with a high degree of completeness within a framework with a module of 10 cm.[115]
The aim of this was to arrive at a programme of requirements for the dwelling which designers would be able to use.
This precise study of needs in respect of the use of the dwelling is characteristic of the deductive design methods of Functionalism, in which functional analysis is undertaken first in order to make it possible to determine general qualitative standards.
A number of 'older' 'Nieuwe Bouwen' architects, Stam,[116] *Merkelbach, Van den Broek and Van Tijen, the chairman of the Study Group, were to work together for the last time on this broadly conceived investigation of principles. The result served as a basis for the* Guidelines and Prescriptions *of 1965, which posited new minimum requirements for housing,* twenty years and a million dwellings too late, *as Van Tijen later put it, with a reference to the activities of the architects during the Second World War.*[117]

Ton Idsinga

hoop waren gelopen tijdens de discussies in de Tweede Wereldoorlog gingen in de praktijk van de wederopbouw soepel 'om'.

Halverwege de jaren vijftig werd er opnieuw een poging gedaan om 'objectieve normen' te vinden, die de kwaliteit van de woningbouw zouden moeten gaan garanderen.
De eisen waaraan deze woningen ruimtelijk zouden moeten voldoen, werden van 1953 tot 1958 onderzocht door een *'Studiegroep Functionele Grondslagen van de woning'* weer een combinatie van verschillende volkshuisvestingdeskundigen.
Voor het eerst werden van alle functies binnen de woning en de daartoe benodigde voorwerpen de noodzakelijke maten nagegaan, zowel voor opstelling als voor bediening en gebruik (afb. 21 d). *Op systematische wijze werden binnen een kooi, met een moduul van 10 cm, in drie dimensies alle maten met een grote mate van volledigheid bepaald.*[115]
Het doel was om tot een programma van eisen voor de woning te komen, waar de ontwerper gebruik van zou kunnen maken.
Dit nauwgezette behoefteonderzoek w.b. het gebruik van de woning, is karakteristiek voor de deductieve ontwerpmethodiek van het functionalisme: eerst functieanalyse om algemene en normatieve kwaliteitsbepaling mogelijk te maken.
Een aantal 'oudere' Nieuwe Bouwers, Stam[116], Merkelbach, Van den Broek en de voorzitter van de Studiegroep Van Tijen zouden hier voor het laatst aan dit breed opgezette grondslagenonderzoek samenwerken.
Het resultaat diende als basis voor de *Wenken en Voorschriften* van 1965, waarbij aan de woningbouw nieuwe minimumeisen werden gesteld. Volgens Van Tijen later, met een verwijzing naar de activiteiten van de architecten tijdens de Tweede Wereldoorlog, *20 jaar en 1 miljoen woningen te laat.*[117]

Ton Idsinga

NEDERLANDSCH INSTITUUT VOOR VOLKSHUISVESTING EN STEDEBOUW

No. XXXV. PRAEADVIES UITGEBRACHT DOOR DE VER. ARCH. KERN "DE 8" TE AMSTERDAM EN DE VER. "OPBOUW" TE ROTTERDAM OVER:

ORGANISCHE WOONWIJK IN OPEN BEBOUWING

TE BEHANDELEN OP EEN VERGADERING VAN HET NED. INSTITUUT VOOR VOLKSHUISVESTING EN STEDEBOUW OP ZATERDAG 25 JUNI 1932 IN "HET NIEUWE HUIS" TE AMSTERDAM

1
P. Schuitema, Omslag prae advies, uitgebracht door de groepen 'de 8' en 'Opbouw', 1932.
Cover of proposal published by 'de 8' and 'Opbouw', 1932.

2
Van Tijen & Maaskant en Brinkman & Van den Broek, Studieplan voor een woonwijk voor het gebied ten noorden van de Goudsche Singel, uit 'Woonmogelijkheden in het Nieuwe Rotterdam', 1940.
Study for a residential district for the area north of Goudsche Singel, from 'Housing Possibilities in the New Rotterdam', 1940.

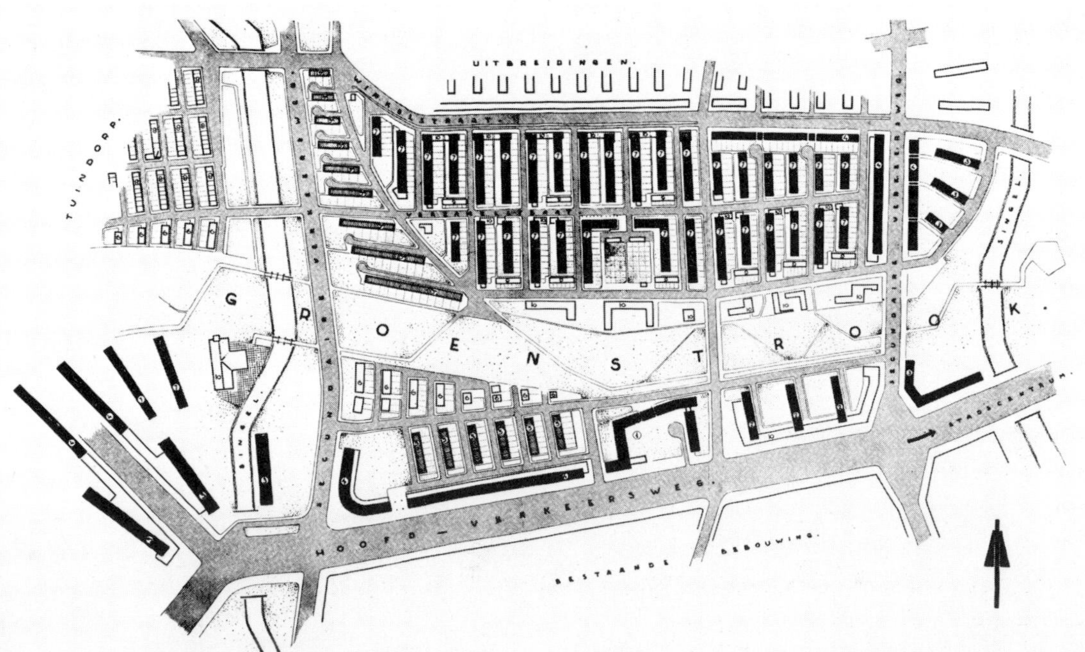

RENVOOI

1 WOONCENTRUM
2 6-ETAGE-BLOKKEN
3 HOGE WOONGEBOUWEN
4 RANDBEBOUWINGEN (WINKELS)
5 BOVEN- EN BENEDEN-HUIZEN
5A „ „ „ „ (ZUIDTYPE)
6 VRIJE MIDDENSTANDSHUIZEN
7 VOLKSWONINGBOUW (3 LAGEN)
8 VRIJE VOLKSWONINGEN (TUINDORP)
9 WONINGEN VOOR OUDEN-VAN-DAGEN
10 OPENBARE GEBOUWEN

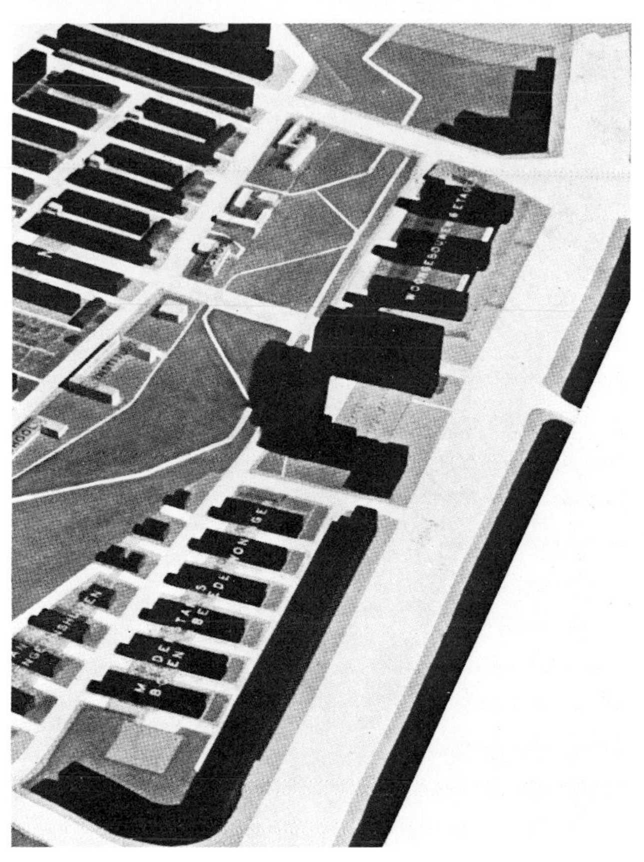

3a
Van Tijen & Maaskant en Brinkman & Van den Broek, De mogelijke bebouwingen langs de winkelstraat; close-up van de maquette plan 'Woonmogelijkheden', 1940.
The possible building along the shopping street; close-up of the maquette of the plan in 'Housing Possibilities', 1940.

3b
De zgn. 'espace corridor'.
The so-called 'espace-corridor'.

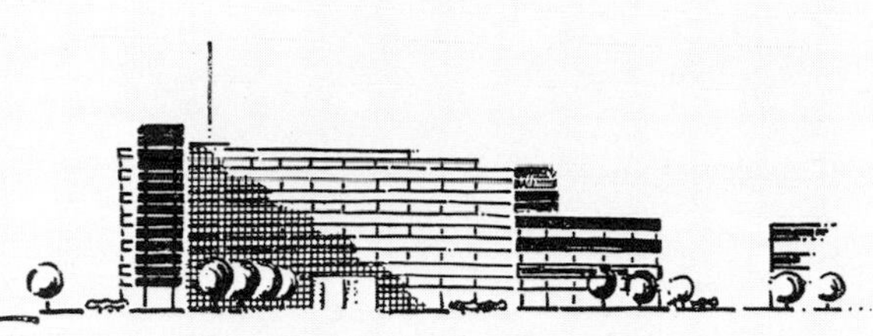

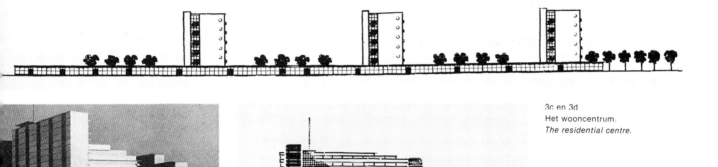

3c en 3d
Het wooncentrum.
The residential centre.

3e
De conventionele winkelstraat, de zgn. 'rue-corridor'.
The conventional shopping street, the so-called 'rue-corridor'.

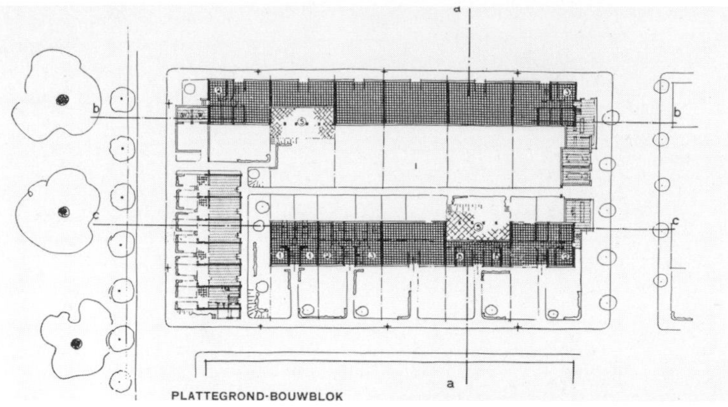

RENVOOI

1	WONING KLEIN GEZIN
2	NORMAAL TYPE 2 SL.KAMERS
3	NORMAAL TYPE 3 SL.KAMERS
4	OUDEN VAN DAGEN-WONING
5	WINKELS
6	GARAGE'S
B	BERGINGEN
S	SPEELPLAATSEN
W	WERKPLAATSJE

4a
Van Tijen & Maaskant en Brinkman & Van den Broek, Alternatief uit 'Woonmogelijkheden' voor zowel het gesloten bouwblok als de open strokenbouw, 1940.
Alternatives from 'Housing Possibilities' for both the enclosed block and open ribbon building, 1940.

4b
Maquette bouwblok; op het zuiden de bejaardenwoningen van één verdieping.
Maquette of block with old people's single-storey dwellings on the south.

5a
J. Bakema, Plan voor Oud-Mathenesse II, maquette bouwblok, 1947.
Plan for Oud-Mathenesse II, maquette of block, 1947.

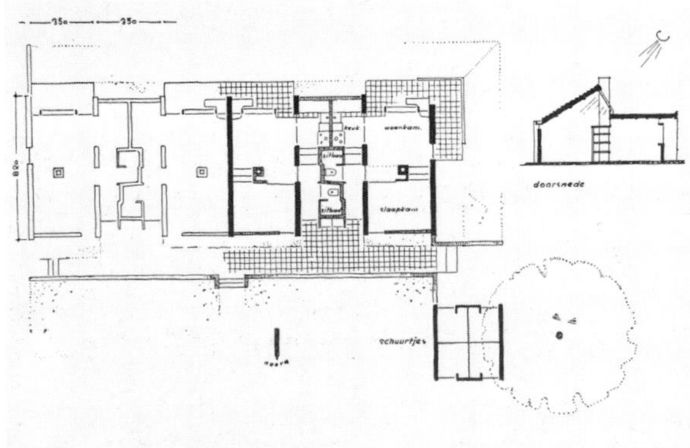

5b
Plattegrond en doorsnede van de bejaardenwoningen.
Ground plan and cross section of the old people's dwellings.

6
Dienst Volkshuisvesting R'dam, De gewijzigde realisatie, Hoeker Singel, 1950.
The altered realization, Hoeker Singel, 1950.

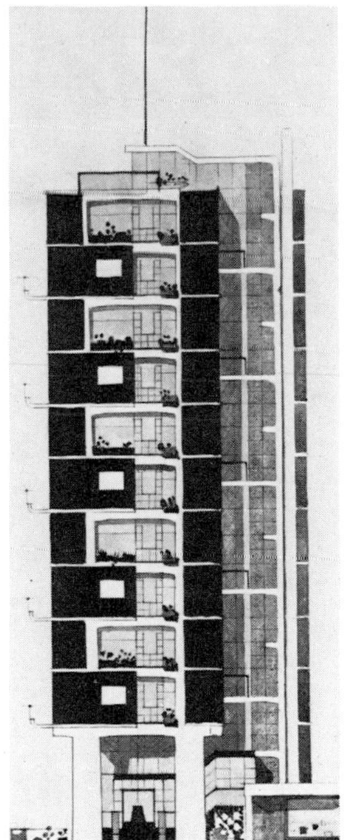

7a
W. van Tijen, J. Bakema, Maquette hoog woongebouw uit 'Woonmogelijkheden', met daarin maisonnettewoningen, 1940.
Maquette of high-rise block of maisonnettes from 'Housing Possibilities', 1940.

7b
Tekening zijaanzicht.
Drawing of side elevation.

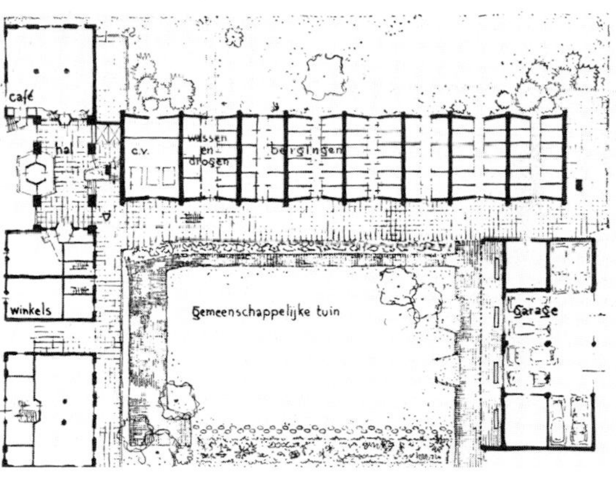

8a
W. van Tijen, E. Groosman, Zuidpleinflat, in de onderbouw centrale voorzieningen, 1945-49.
Zuidplein block of flats with communal facilities in the substructure, 1945-49.

8b
Plattegrond begane grond.
Plan of ground floor.

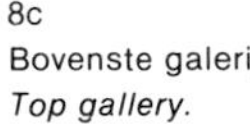

8c
Bovenste galerij.
Top gallery.

8d
De gemeenschappelijke tuin.
The communal garden.

IR W. VAN TIJEN
ROTTERDAM
ANNO
2000
WERK- EN WOONSTAD

9a
W. van Tijen, Kaft publicatie 'De Rotterdamsche Gemeenschap' 1947, met de (verdubbelde) maquette van de stedelijke tuinwijk, 1944-45.
Cover of publication 'The Rotterdam Community' (1947) with (double) maquette of garden suburb, 1944-45.

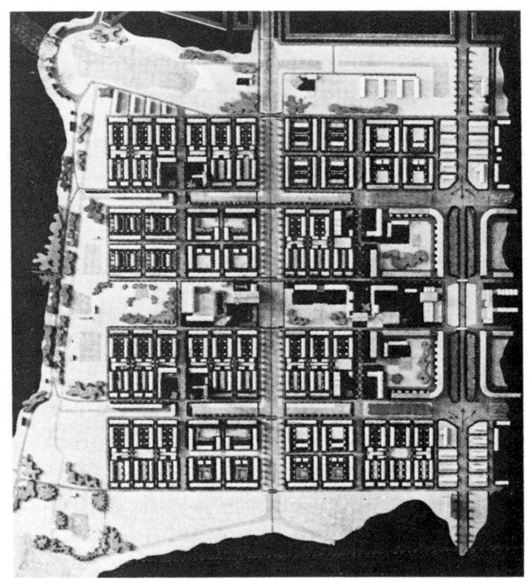

9b
Bureau van Tijen & Maaskant, Het ontwerp voor een stedelijke tuinwijk, 1944-45.
Design for a garden suburb, 1944-45.

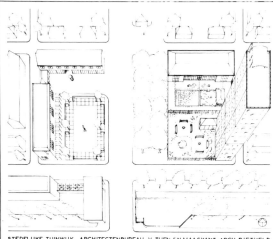

STEDELIJKE TUINWIJK ARCHITECTENBUREAU V. TIJEN EN MAASKANT ARCH RIETVELD.

9c
G. Rietveld, Ontwerp buurtpleintje.
Design for a neighbourhood square.

9d
J. Bakema, Romke de Vries, Ontwerp wijkcentrum.
Design for a district centre.

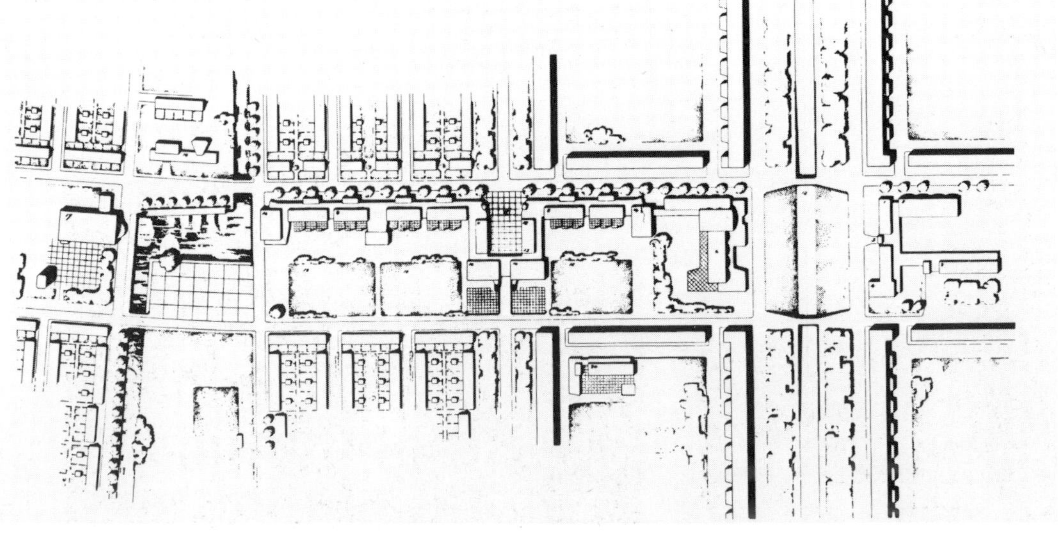

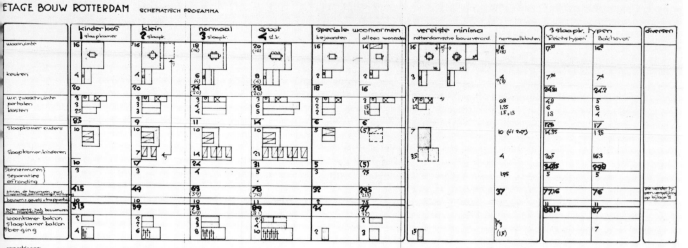

STUDIEGROEP WONINGARCHITECTUUR BIJGROEP ROTTERDAM BIJLAGE I

ETAGE BOUW ROTTERDAM SCHEMATISCH PROGAMMA

	kinderloos 1 slaapkamer	klein 2 slaapk.	normaal 3 slaapk.	groot 4 sl.k.	speciale woonvormen: bejaarden	speciale woonvormen: alleen wonenden	vereiste minima: rotterdamsche bouwverord.	vereiste minima: normaalbladen	3 slaapk. typen: "Reichstypen"	3 slaapk. typen: "Bakhoven"	diversen
woonruimte	16	16	18 (16)	20 (16)	16	14	16	16 (15)	17.55	16.8	
keuken	4	4	6 (4)	8 (4)	2	2	3	4 (3)	7.26	7.4	
	20	20	24 (20)	28 (20)	18	16			24.81	24.2	
w.c. zwaschruimte / portalen / kasten	3 / 3 / 2.5	3 / 3 / 3	3 / 4 / 4	3 / 6 / 5	2 / 2 / 2	3 / 1.5 / 1.5	1.7 / 1.2	0.8 / 1.25 / 1.5 + 1.5	4.8 / 6 / 1.8	5 / 8 / 4	
	8.5	9	11	14	6	6			12.6	17	
slaapkamer ouders	10	10	10	10	5	(5)	7	10 (of 2x7)	14.35	13.5	
slaapkamer kinderen		7	14	21			3.5	4	20.5	16.3	
	10	17	24	31	5	(5)			34.85	29.8	
binnenmuren / separaties / afronding	3	3	4	5	3	2.5		1.95	5	5	
binnen de bouwmuren incl.	41.5	49	63 (59)	78 (70)	32	29.5 (21.5)		37	77.16	76	zie verder typenvergelijking op bijlage II
bouwm. + gevels + trappenh.	10	10	10	11	2	7.5			11	11	
buitenwerks-hoh. bouwmuren incl. trappenhuis	51.5	59	73 (69)	89 (81)	34	37 (32)			88.16	87	
woonkamer balcon / slaapkamer balcon / berging	2 / 4	2 / 2 / 6	3 / 3 / 8	2 / 4 / 10	2	2 / 3	1.5	3 (1.5)		7	

opmerkingen:

1) volgens Rott. bouwverord. art. 45 sub 3, 14 m² toegestaan
2) binnenmuren dik 22 cm. gerekend.
3) 2 m² per vertrek
4) waschruimte van min. 0.9 m² niet vereist.
5) mits parterre en niet als woonkeuken gebruikt.
6) bij woonkeuken van 16 m², als spoel- en wasch gelegenheid van 3 m² toegestaan.
7) indien geen tuin beschikbaar

10
Bijgroep Rotterdam, Studiegroep Woningarchitectuur, Programma van eisen voor de naoorlogse etagebouw, 1943.
Rotterdam Subgroup of Study Group on Domestic Architecture, programme of requirements for postwar flats, 1943.

11a
Van Tijen & Maaskant, Dr. Zamenhofstraat, Gevel bouwblok met de gedeeltelijke afsluiting aan de noordkant, 1944-47.
Façade of block with partial enclosure on north side, 1944-47.

11c
Het gemeenschappelijke binnenterreln.
The communal inner courtyard.

11b
Plattegrond van het bouwblok.
Plan of block.

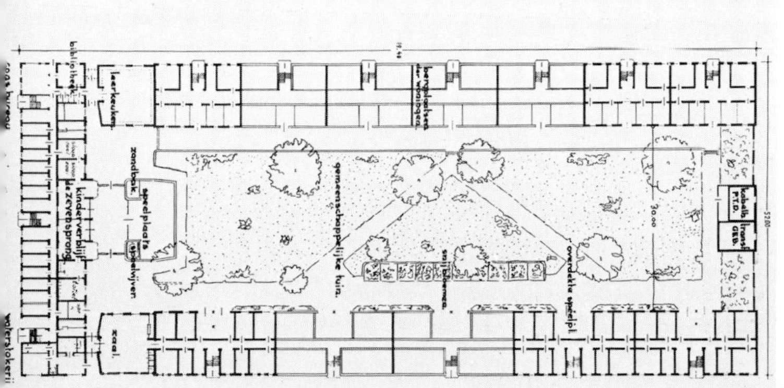

11d
De kinderspeelplaats.
The children's play area.

12a
J. van den Broek, Huizenrij Vredenoordlaan (thans Gerdesiaweg), zuidgevel, 1945-49.
Row of dwellings on Vredenoordlaan South front, 1945-49.

12b
Het woonbalcon op de bovenste verdieping.
Balcony on top floor.

12c
Interieur modelwoning 'Goed Wonen', 1949.
Interior of 'Goed Wonen' model dwelling, 1949.

12d
Plattegronden van de 3- en 4-kamerwoningen: het zgn. 'bajonettype' met de gebruikelijke glazen schuifdeur.
Ground plans of the 3 and 4 roomed dwellings, so-called 'bajonet-type' with customary sliding glass doors.

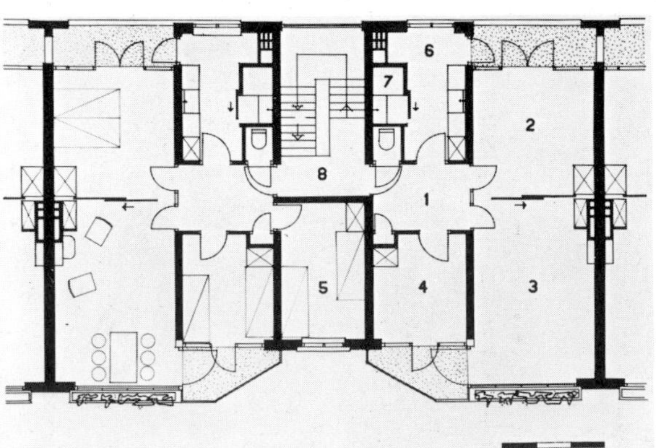

13
Illustratie uit het tijdschrift *Goed Wonen*, 1949.
Illustration from the magazine Goed Wonen, *1949.*

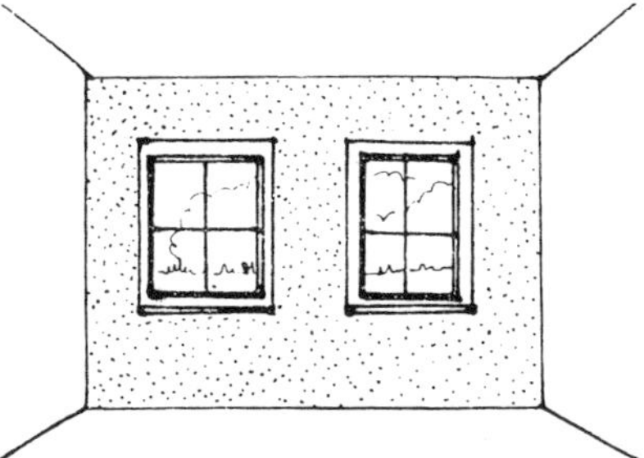

De kleine ramen die ons zoveel licht ont-houden

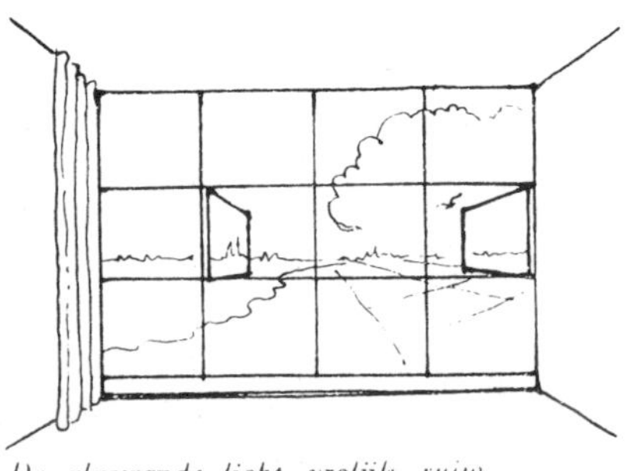

De glaswand: licht, vrolijk, ruim

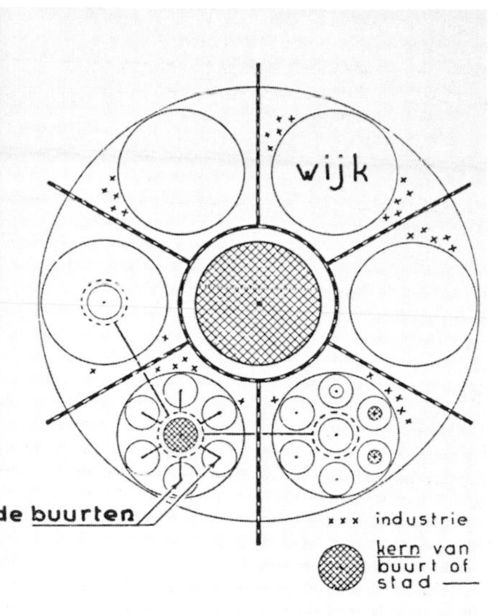

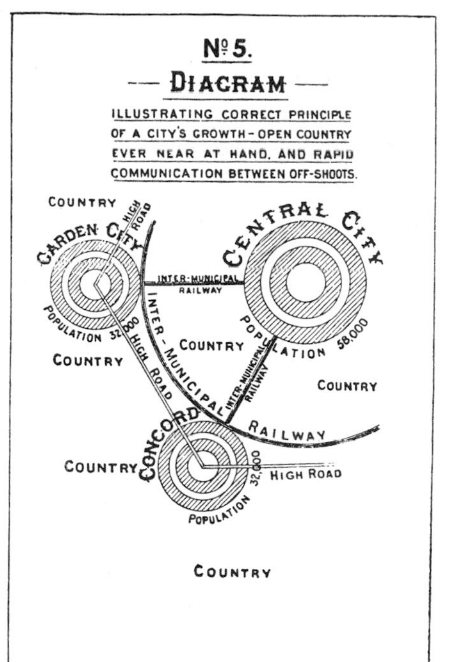

14
De 'geleding' van een grote stad volgens de wijkgedachte; illustratie uit het tijdschrift *Wending*, 1947.
The 'articulation' of a big city according to the Neighbourhood-Unit idea, illustration from the magazine Wending, *1947.*

15
Het schema voor een krans van tuinsteden rond een centrale moederstad van Ebenezer Howard, 1898.
Ebenezer Howard's scheme for a ring of garden cities around a central mother city, 1898.

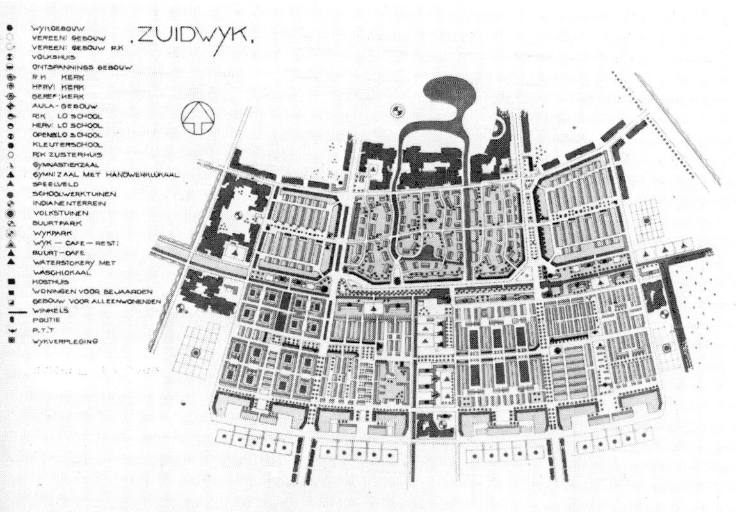

16a
Van Tijen & Maaskant, m.m.v. E. Groosman, H. Hovens Greve, J. Bakema, Romke de Vries en G. Rietveld, Plan Zuidwijk, 1945.
Zuidwijk Plan, 1945.

16b
Enkele buurten en de centrale oost-west winkelstraat met het wijkcentrum; maquette 1945-46.
Several neighbourhoods and the central east-west shopping street with district centre, maquette, 1945-46.

17
Dienst Stadsontwikkeling Rotterdam, Maquette Zuiderparkgordel, ca. 1950.
Maquette of Zuiderpark green belt, c. 1950.

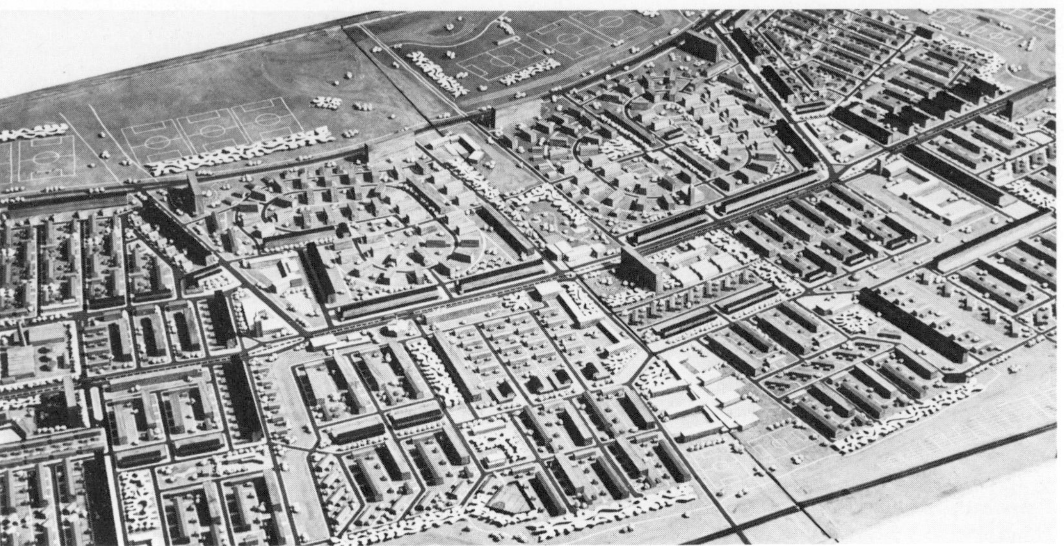

18
Van Tijen & Maaskant, i.s.m. de Dienst Stadsontwikkeling Rotterdam, Maquette van Zuidwijk, 1948-49: resultaat van de omwerking van het oorspronkelijke plan uit 1945.
Maquette of Zuidwijk, 1948-49, the result of the recasting of the original plan of 1945.

19a
W. van Tijen en E. Groosman, Zuidwijk; een gedeelte van de haast ongewijzigde gerealiseerde N.O.-buurt, 1950.
Zuidwijk, part of the north-eastern neighbourhood, which was realized almost unchanged, 1950.

19b
Een blik binnen de N.O.-buurt.
View of the north-eastern neighbourhood.

19c
Buurtpleintje in de N.O.-buurt.
Neighbourhood square in the north-eastern neighbourhood.

19d
Etagebouw in het R.B.M.-systeem.
Block of flats in the RBM system.

19e
Eengezinshuis in Zuidwijk II, 1954.
Single-family house in Zuidwijk II, 1954.

20
Interieur van de waskeuken (nr. 8).
Interior of laundry-room (no. 8).

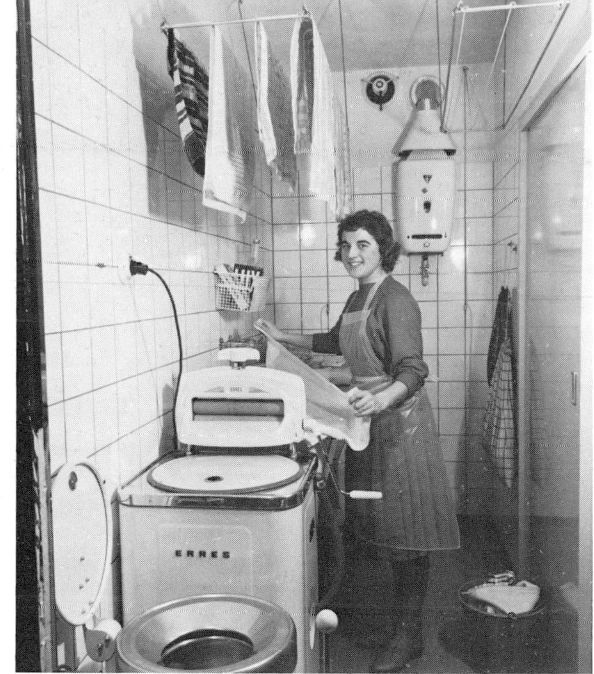

21a
W. van Tijen i.s.m. H.B.O.-studenten, Interieur van de modelwoning op de tentoonstelling 'Ieders huis straks', 1958.
Van Tijen in collaboration with students, Interior of the model flat at the exhibition 'Everyone's house soon', 1958.

21b
Plattegrond van de model-etagewoning.
Ground plan of model flat.

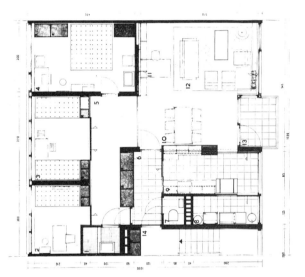

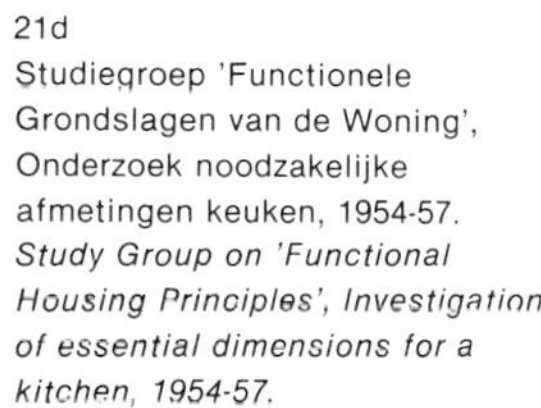

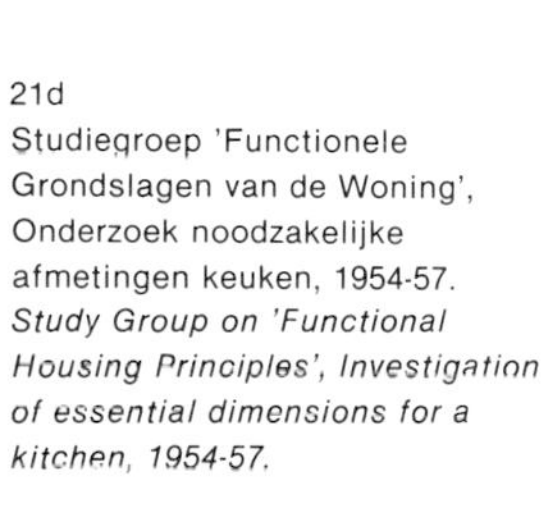

21c
Interieur van de keuken (nr. 9).
Interior of kitchen (no. 9)

21d
Studiegroep 'Functionele Grondslagen van de Woning', Onderzoek noodzakelijke afmetingen keuken, 1954-57.
Study Group on 'Functional Housing Principles', Investigation of essential dimensions for a kitchen, 1954-57.

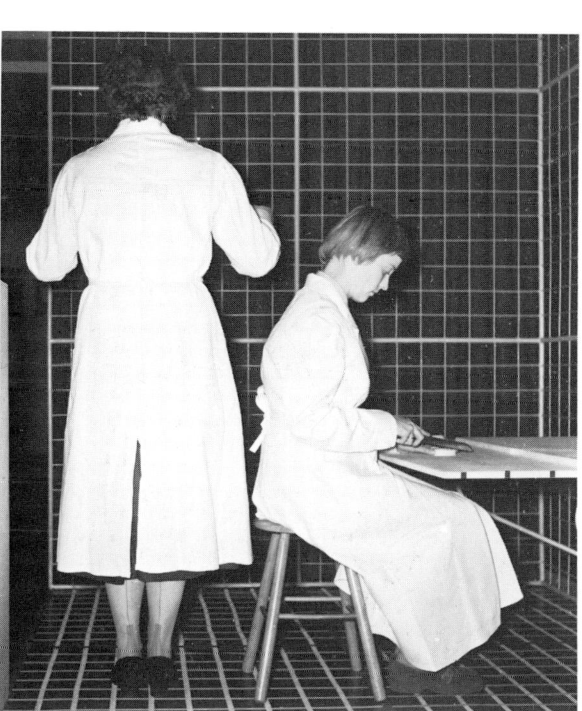

Noten

1 Van Tijen & Maaskant en Brinkman & Van den Broek, *Woonmogelijkheden in het Nieuwe Rotterdam,* Rotterdam 1941.
2 a Verkavelingsplan Indische buurt Amsterdam, Merkelbach, Karsten en Van Tijen 1931;
b Woonwijk in Rotterdam-Zuid, Van der Vlugt en Van Tijen, 1931; zie: B. Merkelbach en W. van Tijen, 'Verkaveling van woonwijken',*TVS* 1931, p. 80 en R. Stroink e.a., *Ir. J.H. van den Broek, projecten uit de periode 1928-1948,* Delft 1981, p. 33;
c Variatieplan Bergpolder Rotterdam, van J.H. van den Broek en H. Leppla in 1930/1931; zie: ibid., p. 51;
d Plan Landlust Amsterdam, Merkelbach en Karsten 1933; zie o.a. R. Blijstra, *B. Merkelbach,* serie: *Beeldende kunst en bouwkunst,* Amsterdam 1968, foto p. 7;
e Plan stadsdeelpark voor Rotterdam-Zuid, i.s.m. de Dienst Stadsontwikkeling; zie *de 8 en Opbouw* 1939, p. 161 e.v.;
f Uitbreidingsplan Blijdorp van J.J.P. Oud in Rotterdam, 1931; zie: M. Casciato (ed.), *Funzione e Senso,* Roma 1979, p. 154 e.v.;
g 'de 8' en 'Opbouw' *Praeadvies Organische woonwijk in open bebouwing,* Amsterdam 1932;
h Tegenvoorstel Stam en Merkelbach voor plan Bosch en Lommer; zie: B. Merkelbach, 'Is organische stadsopbouw mogelijk?' *de 8 en Opbouw* 1939, p. 251 e.v.
3 Op. cit. noot 2g, p. 1.
4 C. van Eesteren, 'De functionele stad', *de 8 en Opbouw* 1935, p. 105.
5 J. van Tol, *Stedebouwkundig ontwerpen, ruimtelijke elementen en structuren,* TH, Delft, z.j..
6 Archief B. Merkelbach, NDB, Amsterdam.
7 a Extra nummer: Bebouwingsplan Diergaarde, *De Maastunnel* 1940, maart, p. 99 e.v.
b E. de Maar, 'Het uitbreidingsplan voor het Diergaardeterrein te Rotterdam', *Bouwkundig Weekblad* 1940, april, p. 148.
8 H. Elte, 'De weg terug', *de 8 en Opbouw* 1940, p. 108.
9 B. Merkelbach, 'Inleiding', nummer gewijd aan 'Woonmogelijkheden in het Nieuwe Rotterdam', *de 8 en Opbouw* 1941, p. 117.
10 C. Perry, 'The neighbourhood-unit', in *Regional survey of New York and its environs,* dl. 7, New York 1929, p. 22 e.v.
11 Op. cit. noot 1, p. 56.
12 Ibid., p. 55.
13 Ibid., p. 19.
14 B. Merkelbach en W. van Tijen, op. cit. noot 2b, p. 85 en S. Giedion, *Rationelle Bebauungsweisen,* Frankfurt am Main 1931, nr. 46.
15 Op. cit. noot 1, p. 80.
16 E.J. de Maar, 'Woningbouw te Rotterdam, V', *TVS* 1941, p. 45.
17 Op. cit. noot 1, p. 15.
18 Het Nationaal Luchtvaartlaboratorium, zie: *de 8 en Opbouw* 1941, p. 131.
19 W. van Tijen, 'Ontwerpen als maatschappelijke en gezamenlijke verantwoordelijkheid', *Plan* 1970, p. 596.
20 W. van Tijen, H. Maaskant, H. Hovens Greve, E. Groosman, *Nota inzake wijkvorming, tevens toelichting bij een ontwerp voor de geprojecteerde woonwijk ten Zuiden van het Zuidplein te Rotterdam,* Rotterdam 1945, p. 1. Bespreking tussen ir. A. Bos en ir. C. van Traa, 20-5-1944, archief Dienst Ruimtelijke Ordening en Stadsontwikkeling (DROS), Rotterdam.
21 Zie b.v.: D. de Jongh, 'In memoriam ir. A. Plate', *Rotterdams jaarboekje* 1953, p. 217 e.v.
22. W. van Tijen, 'De stedelijke woonwijk', *Lezingen-cyclus over stedebouw,* gehouden voor de Poorters, Utrecht 1946, p. 32.
23 Op. cit. noot 20, pp. 5 en 6.
24 L.S.P. Scheffer, 'Het uitbreidingsplan Slotermeer', *TVS* 1939, p. 171 e.v.
25 W. van Tijen en H. Maaskant, *Toelichting studie voor een stedelijke tuinwijk,* Rotterdam 1943, p. 2.
26 E. Taverne e.a., *Het Nieuwe Bouwen en de na-oorlogse stedebouw in Nederland,* Amsterdam 1981, p. A1 e.v.
27 Op. cit. noot 22.
28 Ibid., p. 35.
29 Van Tijen en Maaskant, *Toelichting studie voor een stedelijke tuinwijk,* Rotterdam 1943, p. 14. Ook in Slotermeer is dat geprobeerd door op 'Berlage/Sitte-achtige wijze' twee torenflats de 'ingang' Burgemeester de Vlugtlaan/Haarlemmerweg te laten accentueren.
30 Op. cit. noot 25, p. 9.
31 W. van Tijen, 'De situatie van de Nederlandse architectuur en het Nederlandse Socialisme', *Socialisme en Democratie* 1951, p. 611.
32 Op. cit. noot 26, p. 164.
33 Ibid., p. 162.
34 Brief Van Tijen aan J. Berghoef, 2-4-1943, archief B. Merkelbach, NDB, Amsterdam.
35 *Kort verslag van een bijeenkomst van ingenieurs en architecten ten bureele van dr. ir. J.A. Ringers,* 6-8-1942, archief B. Merkelbach, NDB, Amsterdam.

Notes

1 *Van Tijen & Maaskant and Brinkman & Van den Broek,* Woonmogelijkheden in het Nieuwe Rotterdam, *Rotterdam 1941.*
2 *a Land organization plan, Indische Neighbourhood, Amsterdam, Merkelbach, Karsten and Van Tijen, 1931;*
b Housing estate in Rotterdam South, Van der Vlugt and Van Tijen, 1931, see B. Merkelbach and W. van Tijen, 'Verkaveling van woonwijken', TVS *1931, p. 80, and R. Stroink and others,* Ir. J.H. van den Broek, projecten uit de periode 1928-1948, *Delft 1981, p. 33;*
c Variant plan for Bergpolder, Rotterdam, by J.H. van den Broek and H. Leppla, 1930-1, see R. Stroink, ibid., p. 51;
d Plan for Landlust, Amsterdam, Merkelbach and Karsten, 1933, see, for example R. Blijstra, B. Merkelbach, Beeldende kunst en bouwkunst *series, Amsterdam 1968, photograph on p. 7;*
e Plan of district park for Rotterdam South, in collaboration with the Urban Development Department, see de 8 en Opbouw *1939, pp. 161 ff.*
f Blijdorp extension plan by J.J.P. Oud, Rotterdam, 1931, see M. Casciato (ed.), Funzione e Senso, *Rome 1979, pp. 154 ff.*
g 'de 8' and 'Opbouw', Proposal: Organische woonwijk in open bebouwing, *Amsterdam 1932;*
h Counterproposal by Stam and Merkelbach for Bosch en Lommer Plan, see B. Merkelbach, 'Is organische stadsopbouw mogelijk?', de 8 en Opbouw *1939, pp. 251 ff.*
3 *'de 8' and 'Opbouw', op cit. (see note 2g), p. 1.*
4 *C. van Eesteren, 'De functionele stad',* de 8 en Opbouw *1935, p. 105.*
5 *J. van Tol,* Stedebouwkundig ontwerpen, ruimtelijke elementen en structuren, *Technological University, Delft, n.d.*
6 *Records of B. Merkelbach, NDB, Amsterdam.*
7 *a Extra number: Bebouwingsplan Diergaarde,* De Maastunnel, *March 1940, pp. 99 ff.*
b E. de Maar, 'Het uitbreidingsplan voor het Diergaardeterrein te Rotterdam', Bouwkundig Weekblad, *April 1940, p. 148.*
8 *H. Elte, 'De weg terug',* de 8 en Opbouw *1940, p. 108.*
9 *B. Merkelbach, introduction to number devoted to 'Woonmogelijkheden in het Nieuwe Rotterdam',* de 8 en Opbouw *1941, p. 117.*
10 *C. Perry, 'The Neighbourhood-Unit', in* Regional survey of New York and its environs, *vol. 7, New York 1929, pp. 22 ff.*
11 *Van Tijen etc., op. cit. (see note 1), p. 56.*
12 *Ibid., p. 55.*
13 *Ibid., p. 19.*
14 *B. Merkelbach and W. van Tijen, op.cit. (see note 2b), p. 85, and S. Giedion, Rationelle Bebauungsweisen, Frankfurt am Main 1931, no. 46.*
15 *Van Tijen etc., op.cit. (see note 1), p. 80.*
16 *E.J. de Maar, 'Woningbouw te Rotterdam, V',* TVS *1941, p. 45.*
17 *Van Tijen etc., op.cit. (see note 1), p. 15.*
18 *For the National Aeronautics Laboratory see* de 8 en Opbouw *1941, p. 131.*
19 *W. van Tijen, 'Ontwerpen als maatschappelijke en gezamenlijke verantwoordelijkheid',* Plan *1970, p. 596.*
20 *W. van Tijen, H. Maaskant, H. Hovens Greve, E. Groosman,* Nota inzake wijkvorming, tevens toelichting bij een ontwerp voor de geprojecteerde woonwijk ten Zuiden van het Zuidplein te Rotterdam, *Rotterdam 1945, p. 1. Discussion between A. Bos and C. van Traa, 20-5-1944, records of Environmental Planning and Urban Development Department (DROS), Rotterdam.*
21 *See for example, D. de Jongh, 'In memoriam ir. A. Plate',* Rotterdams jaarboekje *1953, pp. 217 ff.*
22 *W. van Tijen, 'De stedelijke woonwijk',* Lezingen-cyclus over stedebouw *(a series of public lectures on town planning), Utrecht 1946, p. 32.*
23 *W. van Tijen etc., op.cit. (see note 20), pp. 5 and 6.*
24 *L.S.P. Scheffer, 'Het uitbreidingsplan Slotermeer',* TVS *1939, pp. 171 ff.*
25 *W. van Tijen and H. Maaskant,* Toelichting studie voor een stedelijke tuinwijk, *Rotterdam 1943, p. 2.*
26 *E. Taverne and others,* Het Nieuwe Bouwen en de na-oorlogse stedebouw in Nederland, *Amsterdam 1981, pp. A1 ff.*
27 *W. van Tijen, op. cit. (see note 22), p. 32.*
28 *Ibid., p. 35.*
29 *W. van Tijen and H. Maaskant, op.cit. (see note 25), p. 14. An attempt was made to achieve this in Slotermeer too by having two tower blocks of flats accentuate the 'entrance' at Burgemeester de Vlugtlaan/Haarlemmerweg in 'Berlage/Sitte-like style'.*
30 *W. van Tijen and H. Maaskant, op.cit. (see note 25), p. 9.*
31 *W. van Tijen, 'De situatie van de Nederlandse architectuur en het Nederlandse Socialisme',* Socialisme en Democratie *1951, p. 611.*
32 *E. Taverne etc., op.cit. (see note 26), p. 164.*
33 *Ibid., p. 162.*
34 *Letter from Van Tijen to J. Berghoef, 2-4-1943, records of B. Merkelbach, NDB, Amsterdam.*

36 Kerngroep Woningarchitectuur, *Gronden en achtergronden van woning en wijk*, Amsterdam 1955, p. 52 e.v.

37 Bijgroep Rotterdam van de Studiegroep Woningarchitectuur, *Voorloopig programma étage-bouw*, Rotterdam 10-7-1943, p. 18.

38 Ibid., p. 1.

39 Dienst Volkshuisvesting Rotterdam, 'Etagewoningen te Rotterdam', *Bouw* 1950, p. 802.

40 A. Bakhoven, 'Nieuwe normen voor den volkswoningbouw te Rotterdam', *TVS* 1944, p. 74.

41 Ibid., p. 76. R. Blijstra, *Rotterdam, stad in beweging*, Amsterdam 1965, p. 183. Red., 'Woningbouw Rotterdam', *TVS* 1947, p. 106.

42 a J. Bakema, Nieuw wonen in Rotterdam, *Bouw*, monografie Rotterdam 18-5-1947, p. 15 e.v.
b Zie ook: Centrale Directie Wederopbouw en Volkshuisvesting, *Onderzoek naar Woonstijl en Woonwensen*, nr. 1, Den Haag 1954, p. 106.

43 Op. cit. noot 42a, p. 15.

44 Op. cit. noot 42b, p. 116.

45 An., 'Het model-huisje in Rotterdam', *Goed Wonen* 1949, april, p. 33.

46 Zie noot 44.

47 E. Bergvelt e.a., 'Goed Wonen, wooncultuur tot heil van mens en samenleving', *Wonen TA/BK* 1979, februari, pp. 5, 6.

48 Op. cit. noot 45, p. 33.

49 Op. cit. noot 47, p. 20.

50 Ibid., p. 13. De directeur van Ons Huis in 1946, dr. K.F. Proost, was ook lid van de Studiegroep Bos.

51 Dienst Volkshuisvesting Rotterdam, 'Etagewoningen te Rotterdam', *Bouw* 1950, p. 803.

52 Department of housing of the municipality of Rotterdam, *Rotterdam, its dwellings during the last ninety years*, Rotterdam 1950, (Kralingen) z. p.

53 W. van Tijen, 'De kwaliteit van woning en woonomgeving', *Woningbouwvereniging* 1970, pp. 207, 208.

54 J. Nycolaas, *Volkshuisvesting*, Nijmegen 1974, p. 79 e.v.

55 J. Bommer, *De ontwikkeling van het woningpeil in Nederland*, Amsterdam, 1954, pp. 4 en 8.

56 Ibid., p. 4.

57 Ibid., p. 6.

58 Zie ook: Kerngroep Woningarchitectuur, *Nota van de Nederlandsche architecten over den na-oorlogschen woningbouw*, 1946, p. 10.

59 G. Koopmans, 'Het stedelijke in de stedebouw', *Stedebouw en Volkshuisvesting* 1980, januari, p. 32.

60 A. Bos, K.F. Proost, W. Havelaar, A. Lührs, W. van Tijen, *Voorloopig rapport inzake de organisatie van het wijkleven en de opbouw van de sociaal-culturele werkzaamheid in de grote stad*, Rotterdam 1944, p. 4.

61 A. Bos e.a., *De stad der toekomst, de toekomst der stad*, Rotterdam 1946, p. 41.

62 Ibid., pp. 40 en 41.

63 J.L. Sert, *Can our cities survive?*, Cambridge 1942, p. 68.

64 W. van Tijen, 'Eenige opmerkingen over wijkgrootte en systematiek van wijkindeeling', *TVS* 1946, p. 115.

65 Zie bijvoorbeeld: F. Smit, 'Van tuinstedebouw tot stedelijke uitwaaiering', *Wonen TA/BK* 1975, nr. 13, p. 5.

66 Op. cit. noot 61, p. 7.

67 Ibid., p. 345.

68 P. Lucas, *Overzicht van de bemoeiingen van het gemeentebestuur van Rotterdam, met: de wijkraden, de sociale opbouworganen en de binnen-gemeentelijke decentralisatie van 1945 tot 1970*, Rotterdam 1970, pp. 6 en 7.

69 P. Verhagen, 'Stedebouw in de wederopbouw', *TVS* 1947, p. 31.

70 An., 'Parochie en wijkvorming', *Katholiek Bouwblad* 1947, nr. 22, p. 253 e.v.

71 H.G. van Beusekom, *Heeft de nieuwe stadswijk een hart?*, Den Haag 1953.

72 Lotte Stam, tijdens een vergadering van de groep 'de 8', februari 1946, archief Lotte Stam, NDB.

73 Commissie hoogbouw-laagbouw, *Laag of hoog bouwen of wonen?*, Alphen a/d Rijn 1961, p. 133.

74 W.F. Geyl, 'Wat gaat de stedebouw ons aan?', *Wending* 1947, maart, p. 35.

75 Archief Rotterdamsche Gemeenschap, Gemeentearchief Rotterdam.

76 H. Kraaijvanger, *Hoe zal Rotterdam bouwen?*, Rotterdam 1946, p. 27.

77 Op. cit. noot 20, p. 1.

78 Bespreking tussen Van Tijen, Van Traa en Van Dael (Dienst Stadsontwikkeling Rotterdam), 22-5-1945 en 1-6-1945, archief Zuidwijk, archief Stadsontwikkeling, Rotterdam.

79 Op. cit. noot 61, p. 356 e.v.

80 Ibid., p. 368.

81 Op. cit. noot 20, pp. 62 en 64.

82 Op. cit. noot 61, pp. 48 en 322. Het ontwerp voor een wijkcentrum was nog een produkt van de 'Studie voor een stedelijke tuinwijk' uit 1944, voornamelijk van Romke de Vries en Bakema.

83 J. Bijhouwer, *De Wijkgedachte*, Wageningen 1947, p. 9.

84 Bespreking tussen ir. A. Bos en ir. C. van Traa, 1-9-1944, archief Zuidwijk, archief Stadsontwikkeling, Rotterdam.

85 Het Orgaan van de Raad voor de Lichamelijke Opvoeding,

35 Kort verslag van een bijeenkomst van ingenieurs en architecten ten bureele van dr. ir. J.A. Ringers, *6-8-1942, records of B. Merkelbach, NDB, Amsterdam.*

36 *Kerngroep Woningarchitectuur,* Gronden en achtergronden van woning en wijk, *Amsterdam 1955, pp. 52 ff.*

37 *Bijgroep Rotterdam van de Studiegroep Woningarchitectuur,*Voorloopig programma étage-bouw, *Rotterdam 10-7-1943, p. 18.*

38 *Ibid., p. 1.*

39 *Dienst Volkshuisvesting Rotterdam, 'Etagewoningen te Rotterdam',* Bouw *1950, p. 802.*

40 *A. Bakhoven, 'Nieuwe normen voor den volkswoningbouw te Rotterdam',* TVS *1944, p. 74.*

41 *Ibid., p. 76; R. Blijstra,* Rotterdam, stad in beweging, *Amsterdam 1965, p. 183; Editorial, 'Woningbouw Rotterdam',* TVS *1947, p. 106.*

42 *a J. Bakema, 'Nieuw wonen in Rotterdam',* Bouw, *Rotterdam number, 18-5-1947, pp. 15 ff.*
b See also Centrale Directie Wederopbouw en Volkshuisvesting, Onderzoek naar Woonstijl en Woonwensen, *no. 1, The Hague 1954, p. 106.*

43 *Bakema, op.cit. (see note 42a), p. 15.*

44 *Centrale Directie etc., op.cit. (see note 42b), p. 116.*

45 *An., 'Het model-huisje in Rotterdam',* Goed Wonen, *April 1949, p. 33.*

46 *See note 44.*

47 *E. Bergvelt and others, 'Goed Wonen, wooncultuur tot heil van mens en samenleving',* Wonen TA/BK, *February 1979, pp. 5-6.*

48 *Op. cit. (see note 45), p. 33.*

49 *E. Bergvelt etc., op.cit. (see note 47), p. 20.*

50 *Ibid., p. 13. The director of 'Ons Huis' in 1946, dr. K.F. Proost, was also a member of the Bos Study Group.*

51 *Dienst Volkshuisvesting Rotterdam, op.cit. (see note 39), p. 803.*

52 *Department of housing of the municipality of Rotterdam,* Rotterdam, its dwellings during the last ninety years, *Rotterdam 1950, (Kralingen).*

53 *W. van Tijen, 'De kwaliteit van woning en woonomgeving',* Woningbouwvereniging *1970, pp. 207, 208.*

54 *J. Nycolaas,* Volkshuisvesting, *Nijmegen 1974, pp. 79 ff.*

55 *J. Bommer,* De ontwikkeling van het woningpeil in Nederland, *Amsterdam 1954, pp. 4 and 8.*

56 *Ibid., p. 4.*

57 *Ibid., p. 6.*

58 *See also Kerngroep Woningarchitectuur, Nota van de Nederlandsche architecten over den na-oorlogschen woningbouw,* 1946, p. 10.

59 *G. Koopmans, 'Het stedelijke in de stedebouw',* Stedebouw en Volkshuisvesting, *January 1980, p. 32.*

60 *A. Bos, K.F. Proost, W. Havelaar, A. Lührs, W. van Tijen,* Voorloopig rapport inzake de organisatie van het wijkleven en de opbouw van de sociaal-culturele werkzaamheid in de grote stad, *Rotterdam 1944, p. 4.*

61 *A. Bos and others,* De stad der toekomst, de toekomst der stad, *Rotterdam 1946, p. 41.*

62 *Ibid., pp. 40 and 41.*

63 *J.L. Sert,* Can our cities survive? *Cambridge 1942, p. 68.*

64 *W. van Tijen, 'Eenige opmerkingen over wijkgrootte en systematiek van wijkindeeling',* TVS *1946, p. 115.*

65 *See, for example, F. Smit, 'Van tuinstedebouw tot stedelijke uitwaaiering',* Wonen TA/BK *1975, no. 13, p. 5.*

66 *A. Bos etc., op.cit. (see note 61), p. 7.*

67 *Ibid., p. 345.*

68 *P. Lucas,* Overzicht van de bemoeiingen van het gemeentebestuur van Rotterdam, met: de wijkraden, de sociale opbouworganen en de binnen-gemeentelijke decentralisatie van 1945 tot 1970, *Rotterdam 1970, pp. 6 and 7.*

69 *P. Verhagen, 'Stedebouw in de wederopbouw',* TVS *1947, p. 31.*

70 *'Parochie en wijkvorming',* Katholiek Bouwblad *1947, no. 22, pp. 253 ff.*

71 *H.G. van Beusekom,* Heeft de nieuwe stadswijk een hart?, *The Hague 1953.*

72 *Lotte Stam during a meeting of the 'de 8' group, February 1946, records of Lotte Stam, NDB.*

73 *Commissie hoogbouw-laagbouw,* Laag of hoog bouwen of wonen?, *Alphen a/d Rijn 1961, p. 133.*

74 *W.F. Geyl, 'Wat gaat de stedebouw ons aan?',* Wending, *March 1947, p. 35.*

75 *Records of Rotterdam Community, Municipal Archives, Rotterdam.*

76 *H. Kraaijvanger,* Hoe zal Rotterdam bouwen?, *Rotterdam 1946, p. 27.*

77 *W. van Tijen etc., op.cit. (see note 20), p. 1.*

78 *Discussion between Van Tijen, Van Traa and Van Dael (Rotterdam Housing Department), 22-5-1945 and 1-6-1945, Zuidwijk Records, Urban Development Archives, Rotterdam.*

79 *A. Bos, op.cit. (see note 61), pp. 356 ff.*

80 *Ibid., p. 368.*

81 *W. van Tijen etc., op.cit. (see note 20), pp. 62 and 64.*

82 *A. Bos, op.cit. (see note 61), pp. 48 and 322. The design for a district centre was also a product of the 'Study for a garden suburb' of 1944, mainly by Romke de Vries and Bakema.*

83 *J. Bijhouwer,* De Wijkgedachte, *Wageningen 1947, p. 9.*

84 *Discussion between A. Bos and C. van Traa, 1-9-1944, Zuidwijk*

De Zuiderparkgordel loopt van stapel, 1951, p. 5.

86 Rotterdam 1,0 m² per inwoner, zie: W. van Tijen, *Rotterdam anno 2000 werk- en woonstad,* Rotterdam 1947. Napels 1,4 m² per inwoner, zie: *Urbanistica,* 1976, nr. 65.

87 Dienst van Stadsontwikkeling en Dienst van Volkshuisvesting, *Programma voor het ontwerp van Zuidwijk,* Rotterdam 1947.

88 Zie ook: Dienst van Stadsontwikkeling en Wederopbouw, *Voorlopige beschouwingen inzake structuurplan Rotterdam en omgeving,* Rotterdam 1950, p. 59.

89 *Rapport van de besprekingen, welke door de diensten van Stadsontwikkeling en Volkshuisvesting zijn gevoerd over het ontwerp 'Zuidwijk',* 20-3-1947, archief DROS, Rotterdam.

90 Op. cit. noot 87, p. 8.

91 W. van Tijen en H. Maaskant, *Toelichting bij het ontwerp verkavelingsplan voor Zuidwijk,* Rotterdam 30-12-1948, p. 3.

92 Op. cit. noot 20, p. 62.

93 Brief van het architectenbureau Van Tijen en Maaskant aan de directeuren van de Diensten Stadsontwikkeling en Volkshuisvesting, archief Zuidwijk, archief DROS, Rotterdam 23-11-1948.

94 Brief van Van Tijen aan G. Rietveld, ongedateerd (zondagmorgen, waarschijnlijk eind 1948), archief G. Rietveld, NDB.

95 De Centrale Directie van de Volkshuisvesting stelde in 1949 de terrein-index voor 4-étagebouw op 1,1 en voor eengezinshuizen op 2,1.

$$\text{Terrein-index} = \frac{\text{opp. terrein 'dat bij een woning hoort'}}{\text{vloeroppervlak woning}}$$

Voor Zuidwijk resp. 2,2 en 1,1.

96 Centrale Directie van de Volkshuisvesting en de Bouwnijverheid, onderafdeling Stedebouwkundig onderzoek, *De naaste omgeving van de woning,* dl. 5, Den Haag 1967, p. 6.

97 'Opbouw', 'Verantwoording van 'Opbouwactiviteiten'', *Forum* 1952, p. 179 e.v.

98 Ibid., p. 182 e.v.

99 Op. cit. noot 1, p. 80.

100 W. van Tijen, 'De kwaliteit van woning en woonomgeving', *De Woningbouwvereniging* 1970, p. 210.

101 Zie bijvoorbeeld D. de Jonge, *Moderne woonidealen en woonwensen in Nederland,* Arnhem 1960.

102 Op. cit. noot 61, p. 336 e.v.

103 Dekhuyzen-Zeehuisen, Plate, Lamberts, Westra en Willemse.

104 *Gedrukte Verzamelingen Rotterdam* 1952, nr. 261, litt. a, p. 989 e.v.

105 Onderafdeling grondmechanica, afd. 5 speciale werken, *Rapport betreffende een grondonderzoek ingesteld ten behoeve van drie noordelijke buurten van het uitbreidingsplan Zuidwijk,* 20-6-1950, p. 2, archief DROS, Rotterdam.

106 *Voorlopige algemene toelichting bij het herziene ontwerp van de noordelijke middenbuurten en de N.W. buurt van Zuidwijk en de gang van zaken bij dit plan,* 21-1-1952, archief DROS, Rotterdam.

107 K. Post, 'Woonwijk: woongemeenschap?', *Bouw* 1957, p. 1240 e.v.

108 J.A.A. van Doorn, *Wijk en stad; reële integratiekaders?,* Amsterdam 1955.

109 J. Barends en F. de Pree, 'Onderzoek naar de menselijke verhoudingen in de nieuwe woningcomplexen van Rotterdam', *TVS* 1954, p. 64.

110 C. van Traa, *De geschiedenis van tien jaren wederopbouw,* Rotterdam 1955, p. 178.

111 J. Denijs, 'De standaardplattegronden en de Rotterdamse woningwetbouw', *Bouw* 1955, p. 1026 e.v.; M.L. van der Groen, 'Architectonische gestalte van het eengezinshuis in de woningwetbouw', *Bouw* 1958, p. 1158 e.v.

112 *Verslag vergadering werkgroep normalisatie,* Studiegroep Woningarchitectuur, 25-4-1944, archief Postel, NDB, Amsterdam.

113 J.H. van den Broek, 'Over de systematisering van het woningplan', *Gebouw en getal,* Rotterdam 1967, p. 100 e.v.

114 W. van Tijen, 'De architect als ontwerper voor bouwbedrijven', *Bouwkundig Weekblad* 1953, p. 30.

115 W. van Tijen, 'Ontwerpen als maatschappelijke en gezamenlijke verantwoordelijkheid', *Plan* 1970, p. 613.

116 M. Stam als directeur van het Instituut voor Kunstnijverheidsonderwijs in Amsterdam, zie *de 8 en Opbouw* 1941, p. 73.

117 W. van Tijen, 'De kwaliteit van woning en woonomgeving', *De Woningbouwvereniging* 1970, p. 213.

Records, Urban Development Archives, Rotterdam.

85 *Het Orgaan van de Raad voor de Lichamelijke Opvoeding,* De Zuiderparkgordel loopt van stapel, *1951, p. 5.*

86 *Rotterdam: 1 square metre per inhabitant, see W. van Tijen,* Rotterdam anno 2000 werk- en woonstad, *Rotterdam 1947. Naples: 1.4 square metres per inhabiant; see* Urbanistica *1976, no. 65.*

87 *Dienst van Stadsontwikkeling en Dienst van Volkshuisvesting,* Programma voor het ontwerp van Zuidwijk, *Rotterdam 1947.*

88 *See also Dienst van Stadsontwikkeling en Wederopbouw,* Voorlopige beschouwingen inzake structuurplan Rotterdam en omgeving, *Rotterdam 1950, p. 59.*

89 Rapport van de besprekingen, welke door de diensten van Stadsontwikkeling en Volkshuisvesting zijn gevoerd over het ontwerp 'Zuidwijk', *20-3-1947, DROS Records, Rotterdam.*

90 *Dienst van Stadsontwikkeling, op.cit. (see note 87), p. 8.*

91 *W. van Tijen and H. Maaskant,* Toelichting bij het ontwerp verkavelingsplan voor Zuidwijk, *Rotterdam 30-12-12948, p. 3.*

92 *W. van Tijen etc., op cit. (see note 20), p. 62.*

93 *Letter from Van Tijen & Maaskant to the directors of the Urban Development and Housing Departments, Zuidwijk Records, DROS Records, Rotterdam.*

94 *Letter from Van Tijen to Rietveld, undated (Sunday morning, probably at the end of 1948), Rietveld Records, NDB.*

95 *In 1949 the Central Housing Directive put the site-index for four-storey building at 1,1 and for single-family houses at 2,1.*

$$\textit{Site index} = \frac{\textit{site-area 'proper to a dwelling'}}{\textit{floor area of dwelling}}$$

For Zuidwijk the figures were 2,2 and 1,1 respectively.

96 *Centrale Directie van de Volkshuisvesting en de Bouwnijverheid, onderafdeling Stedebouwkundig onderzoek,* De naaste omgeving van de woning, *vol. 5, The Hague 1967, p. 6.*

97 *'Opbouw',* 'Verantwoording van "Opbouwactiviteiten" ', Forum *1952, pp. 179 ff.*

98 *Ibid., pp. 182 ff.*

99 *Van Tijen etc., op.cit. (see note 1), p. 80.*

100 *W. van Tijen, 'De kwaliteit van woning en woonomgeving',* De Woningbouwvereniging *1970, p. 210.*

101 *See, for example, D. de Jonge,* Moderne woonidealen en woonwensen in Nederland, *Arnhem 1960.*

102 *A. Bos, op.cit. (see note 61), pp. 336 ff.*

103 *Dekhuyzen-Zeehuisen, Plate, Lamberts, Westra and Willemse.*

104 Gedr. Verz. Rotterdam *1952, no. 261, litt.a., pp. 989 ff.*

105 *Onderafdeling grondmechanica, afd. 5 speciale werken,* Rapport betreffende een grondonderzoek ingesteld ten behoeve van drie noordelijke buurten van het uitbreidingsplan Zuidwijk, *20-6-1950, p. 2, DROS Records, Rotterdam.*

106 Voorlopige algemene toelichting bij het herziene ontwerp van de noorderlijke middenbuurten en de N.W. buurt van Zuidwijk en de gang van zaken bij dit plan, *21-1-1952, DROS Records, Rotterdam.*

107 *K. Post, 'Woonwijk: woongemeenschap?',* Bouw *1957, pp. 1240 ff.*

108 *J.A.A. van Doorn,* Wijk en stad; reële integratiekaders?, *Amsterdam 1955.*

109 *J. Barends and F. de Pree, 'Onderzoek naar de menselijke verhoudingen in de nieuwe woningcomplexen van Rotterdam',* TVS *1954, p. 64.*

110 *C. van Traa,* De geschiedenis van tien jaren wederopbouw, *Rotterdam 1955, p. 178.*

111 *J. Denijs, 'De standaardplattegronden en de Rotterdamse woningwetbouw',* Bouw *1955, pp. 1026 ff. M.L. van der Groen, 'Architectonische gestalte van het eengezinshuis in de woningwetbouw',* Bouw *1958, pp. 1158 ff.*

112 *Study Group on Domestic Architecture,* Report of meeting of normalization working group, *25-4-1944, Postel Records, NDB, Amsterdam.*

113 *J.H. van den Broek, 'Over de systematisering van het woningplan',* Gebouw en getal, *Rotterdam 1967, pp. 100 ff.*

114 *W. van Tijen, 'De architect als ontwerper voor bouwbedrijven',* Bouwkundig Weekblad *1953, p. 30.*

115 *W. van Tijen, 'Ontwerpen als maatschappelijke en gezamenlijke verantwoordelijkheid',* Plan *1970, p. 613.*

116 *Stam as director of the Institute of Applied Art in Amsterdam, see* de 8 en Opbouw *1941, p. 73.*

117 *W. van Tijen, 'De kwaliteit van woning en woonomgeving',* De Woningbouwvereniging *1970, p. 213.*

1947-1957: tien jaar 'Opbouw'

Periode voor 1947

Het Nieuwe Bouwen is in Rotterdam nauw verbonden met de vereniging 'Opbouw', die, tweemaal opgericht en ontbonden, heeft bestaan van 1920-1941 en van 1947-1957.
Aanvankelijk opgericht als een plaatselijke vereniging van 'beoefenaars der bouw- en aanverwante kunsten' betekent een statutenwijziging in 1929 de aansluiting van 'Opbouw' bij de in de jaren 20 internationaal op de voorgrond tredende stroming van de Nieuwe Zakelijkheid:
Slechts wezenlijke beoefenaars der bouwkunst, der stedenbouw, der verschilllende andere kunsten en hunne aanverwante gebieden kunnen lid der vereeniging worden. De candidaten moeten door hun werk en hun levenshouding tevens getoond hebben te behooren tot diegenen, die de geestelijke stroomingen helpen bevorderen, zooals deze o.a. door de nieuwe zakelijkheid en het functionalisme worden uitgedrukt.[1] Verantwoordelijk voor deze statutenwijziging is het toenmalige bestuur, bestaande uit de architecten C. van Eesteren en J.B. van Loghem, de grafische ontwerpers G. Kiljan en P. Schuitema en de binnenhuis-architecte I. Liefrinck.
De vernieuwing van 'Opbouw' vindt precies een jaar na de oprichting van de Internationale Congressen voor het Nieuwe Bouwen, CIAM, plaats, waarvan de beginsel-verklaring is medeondertekend door het 'Opbouw'-lid M. Stam.[2]
Vanaf 1929 nemen de 'Opbouw'-architecten J.B. van Loghem, W. van Tijen en L.C. van der Vlugt actief deel aan de eerste CIAM-congressen: Frankfurt 1929, Brussel 1930 en Athene 1933 (C. van Eesteren vertrekt in 1929 naar Amsterdam en M. Stam iets later naar Duitsland en Rusland). Samen met leden van de sinds 1927 in Amsterdam opererende architectenkern 'de 8' vormen zij 'de Nederlandse groep van het Internationale Congres voor het Nieuwe Bouwen'.[3] Pas in 1937 worden 'de 8' en 'Opbouw' in hun gehele samenstelling lid van CIAM als de Nederlandse vertegenwoordigers van het Nieuwe Bouwen.[4]
Beide verenigingen propageren de ideeën van het Nieuwe Bouwen in het tijdschrift *de 8 en Opbouw* (1932-1943), waarbij vooral eigen werk als illustratie van die ideeën moeten dienen.
In de periode voor de oorlog komen in Rotterdam enkele bouwwerken van 'Opbouw'-leden tot stand, die exemplarisch voor het Nieuwe Bouwen kunnen worden genoemd: o.a. de Van Nellefabriek (1925-30), de villa's 'Van der Leeuw' (1929), 'Sonneveld' (1934) en 'Boevé' (1934) en het Feyenoordstadion (1936), alle van het bureau Brinkman & Van der Vlugt, het 'woongebouw Bergpolder' (1934) van W. van Tijen in samenwerking met bovengenoemd bureau en de flat aan de Kralingseplaslaan (1938) van het bureau Van Tijen & Maaskant.
Het zijn voor een belangrijk deel deze individuele werkzaamheden van sommige leden die 'Opbouw' de faam hebben bezorgd als beweging van en voor het Nieuwe Bouwen. De vereniging leidt blijkens de jaarverslagen vanaf 1934 een 'noodlijdend' bestaan: weinig of geen activiteit, met moeite kan een gezamenlijke tentoonstelling in 1934 en af en toe het geven of bijwonen van een lezing worden genoemd; de redactie van en de bijdragen aan *de 8 en Opbouw* komen vrijwel geheel voor rekening van 'de 8'. Als uitzondering geldt de studie over de groen- en recreatie-voorzieningen in Rotterdam, het zgn. Groenplan, dat als

1947-1957: ten years of 'Opbouw'

The period before 1947

'Nieuwe Bouwen' in Rotterdam is closely bound up with the 'Opbouw' Association, which was founded and disbanded twice, its two periods of existence being 1920-41 and 1947-57. It was originally set up as a local association of 'practitioners of architecture and related arts', but with an alteration of its statutes in 1929 it allied itself to 'Nieuwe Zakelijkheid', the movement which had been coming into the forefront internationally in the twenties:
'only genuine practitioners of architecture, town planning, the various other arts and their related fields may become members of the association. The candidates must also have shown through their work and their attitude to life that they belong among those who have helped to further the intellectual movements as expressed in, for example, 'Nieuwe Zakelijkheid' and Functionalism.[1] *It was the committee of the day that was responsible for this alteration, consisting of the architects C. van Eesteren and J.B. van Loghem, the graphic designers G. Kiljan and P. Schuitema and the interior designer I. Liefrinck, and it took place precisely one year after the foundation of CIAM, the International Congresses on Modern Architecture, of whose declaration of principles the 'Opbouw' architect M. Stam was one of the signatories.*[2]
From 1929 onwards the 'Opbouw' architect J.B. van Loghem, W. van Tijen and L.C. Van der Vlugt took an active part in the first CIAM congresses: at Frankfort in 1929, Brussels in 1930 and Athens in 1933 (C. van Eesteren moved to Amsterdam in 1929 and M. Stam went to Germany and Russia a little later). Along with members of 'de 8', the group of architects which had been operating in Amsterdam since 1927, they constituted the Dutch group in CIAM.[3] *However, it was not until 1937, that 'de 8' and 'Opbouw' as a whole became members of CIAM as the Dutch representatives of 'Nieuwe Bouwen'.*[4]
The two associations propagated the ideas of 'Nieuwe Bouwen' in the periodical de 8 en Opbouw *(1932-43), in which they mainly used their own work to illustrate them.*
In the period before the war a number of building projects were realized in Rotterdam, which can be said to exemplify 'Nieuwe Bouwen'. They included: the Van Nelle factory (1925-30), the Van der Leeuw (1929), Boevé (1934) and Sonneveld (1934) houses and the Feyenoord Stadium (1936), all by the Brinkman & Van der Vlugt partnership, the Bergpolder Flats (1934) by Van Tijen in collaboration with the abovementioned partnership, and the block of flats on Kralingseplaslaan (1938) by Van Tijen & Maaskant.
It was largely these individual activities on the part of some of its members that secured 'Opbouw' its fame as a movement allied with and concerned to promote 'Nieuwe Bouwen'.
The association's annual reports from 1934 onwards reveal that it led but a meagre existence, with little or no activity, mention being made with difficulty of a joint exhibition in 1934 and the occasional lecture. 'de 8' was virtually entirely responsible for the editing of and contributions to de 8 en Opbouw. *The only exception is the study of parks and recreational facilities in Rotterdam, known as the 'Green Plan', which was shown as a contribution to the Fifth CIAM Congress in Paris in 1937.*[5]
Because of all this there was continual talk of disbanding 'Opbouw' and this finally happened in 1941.[6] *Although Van Tijen and others were involved in the first reconstruction plans in Rotterdam, the war years passed by without their being any question of an obvious movement in favour of 'Nieuwe*

inzending van 'Opbouw' op het CIAM-congres in Parijs, 1937, wordt getoond.[5]
Er wordt daarom steeds gesproken om 'Opbouw' maar op te heffen, wat dan ook uiteindelijk in 1941 gebeurt.[6]
Hoewel o.a. Van Tijen betrokken is bij de wederopbouwplannen in Rotterdam verstrijken de oorlogsjaren zonder dat er sprake is van een duidelijke beweging voor het Nieuwe Bouwen, voor polarisatie lijkt geen plaats. De periode wordt gekenmerkt door een brede samenspraak; in diverse studiegroepen, die zich buigen over wat er na de oorlog te doen staat op volkshuisvestingsgebied, zitten naast Nieuwe Bouwers architecten die zij voor de oorlog als 'traditioneel' en 'historiserend' beschouwden.[7]
De eerste naoorlogse jaren ademen dezelfde sfeer: 'Opbouw' bestaat niet meer, van een nieuw tijdschrift is geen sprake en zelfs 'de 8' wil zich opheffen, omdat er geen plaats meer zou zijn voor 'verzuiling', het motto luidt samenwerken, ondanks het feit dat vooral de 'traditionele' stromingen bij de wederopbouw betrokken zijn.
Twee Nieuwe Bouwers zijn fel gekant tegen deze gang van zaken, M. Stam en J.P. Kloos, beiden lid van 'de 8'.
Zij hadden zich al in de 'oorlogsjaargangen' van *de 8 en Opbouw* zeer bezorgd gemaakt over de toekomst van het Nieuwe Bouwen, waarbij zij vooral de 'jongere generatie' aanspoorden om op de door CIAM ingeslagen weg voort te gaan.[8] Beiden maken na de oorlog deel uit van de redactie van het slechts tweemaal verschenen *avantgarde-cahier Open Oog* (sept. 1946 en okt. 1947) waarin zij fulmineren tegen de alom heersende behoudzucht op het gebied van architectuur en stedebouw, ondanks de vele in de oorlog opgestelde rapporten en studies, die tot een nieuwe 'frisse' aanpak zouden kunnen leiden (afb. 1). Stam en Kloos zijn dan ook nauw betrokken bij het totstandkomen van een jongerengroep, waarvan de leden blijk geven zich actief en strijdbaar in te willen zetten voor het Nieuwe Bouwen, de 'contactgroep voor in- en exterieurarchitecten'.

Nieuwe generatie Nieuwe Bouwers
In februari 1946 vond te Den Haag een eerste bijeenkomst plaats van deze 'contactgroep', die vijf maanden later door interne moeilijkheden weer werd opgeheven. Van deze groep maakten deel uit Wim den Boon, Pierre Kleykamp, Hein Stolle (zgn. groep &), Dick van Woerkom, Cor de Neeff, Honoré Ritter en Willy Ruys, allen afkomstig van de Koninklijke Academie van Beeldende Kunsten in Den Haag, Jaap Bakema, Herman Haan en Lo Hoogenstraaten uit Rotterdam en een Amsterdamse afdeling rond het Instituut voor Kunstnijverheidsonderwijs (IvKNO) o.a.
Pien Ehrbecker, Coen de Vries, Mart Kamerling en Nol Oyevaar. Dat de contactgroep spoedig uiteen valt, lijkt vooral het gevolg van hooggespannen verwachtingen die de leden van hun werkzaamheden hebben: zij zien zichzelf als progressieve architecten, die hun doelstelling: *het komen tot een ruimtelijk bestel waarin een optimale levensontplooiing mogelijk is* d.m.v. eigen werk, publicaties, tentoonstellingen en eventuele congressen, willen uitdragen *tot een grotere groep van progressieven om hen heen en werkzaam op een ander terrein.* Sleutelposities zoals onderwijsinstellingen en overheid moeten 'bewerkt' worden, evenals b.v. warenhuizen die 'slechte' meubelen – en dan ook nog van pluche – verkopen. *De 'actie', gericht op grotere groepen van de bevolking, moet nú gevoerd worden, nu het sociaal besef duidelijk waarneembaar begint te worden: zie de gemeenschaps- en wijkgedachte.*
De Haagse groep wil aan de slag, opdrachten krijgen en invloed verwerven. De Amsterdammers daarentegen lopen niet zo hard van stapel en zijn, zoals ze zelf zeggen, 'door en door beschouwerig' en bang voor regels en orde die volgens hun gepaard gaan met een georganiseerde

Bouwen'. There seemed to be no room then for polarization and the period is in fact characterized by a broad dialogue, in which Functionalists sat side by side with architects who before the war had been stamped as 'traditional' and 'eclectic' in study groups concerned with what would have to be done after the war in the field of workers' housing.[7]
The first postwar years were marked by the same atmosphere. 'Opbouw' no longer existed, there was no question of a new periodical and even 'de 8' wanted to disband because it felt there was no longer any place for sectionalism. Co-operation was the watchword now, despite the fact that it was the 'traditional' movements in the main that were involved in the reconstruction. Two 'Nieuwe Bouwen' architects, M. Stam and J.P. Kloos, both members of 'de 8', were violently opposed to this state of affairs. They had already expressed great concern about the future of 'Nieuwe Bouwen' in the wartime numbers of de 8 en Opbouw, *urging the 'younger generation' in particular to continue along the path taken by CIAM.*[8]
After the war both of them formed part of the editorial board of Open Oog, *an avant-garde journal which only appeared twice (September 1946 and October 1947) and in which they fulminated against the all-pervading desire for preservation in the field of architecture and town-planning, despite the numerous reports and studies drawn up in the war years, which could have led to a new and fresh approach (fig. 1). Thus Stam and Kloos were closely involved in the creation of a group of young architects which evinced a willingness to act and fight on behalf of 'Nieuwe Bouwen', the 'contact group for architects and interior designers'.*

A new generation of 'Nieuwe Bouwen' architects
The first meeting of this group took place in The Hague in 1946, but it was given up again five months later because of internal difficulties. Its members included Wim den Boon, Pierre Kleykamp, Hein Stolle (the & Group), Dick van Woerkom, Cor de Neeff, Honoré Ritter and Willy Ruys, all from the Royal Academy of Fine Arts in The Hague. Participants from outside The Hague were Jaap Bakema, Herman Haan and Lo Hoogenstraaten of Rotterdam and an Amsterdam contingent around the Institute of Applied Art, including Pien Ehrbecker, Coen de Vries, Mart Kamerling and Nol Oyevaar. That the contact group rapidly disintegrated seems mainly to have been the result of the high expectations the members had of their activities: they saw themselves as progressive architects who wanted to propagate their aim, to arrive at an environmental order in which life can enjoy an optimal development, *by means of their own work, publications, exhibitions and possibly conferences among* a larger group of progressives around them and working in other fields. *Key positions such as educational institutions and governing bodies would need to be 'cultivated', as would, for example, department stores that sold 'bad' furniture and that even still with plush upholstery.* 'The 'campaign', directed at larger groups in the population, must be waged now, now that social awareness is beginning to be clearly perceptible: see the community and district idea.
The Hague group wanted to get going, to acquire commissions and influence. The Amsterdammers, on the other hand, were not so precipitate. They were, as they themselves said 'reflective through and through' and they were afraid of the rules and order that in their view went hand in hand with an organized movement.[9] *But despite the internal difficulties and short existence of the 'contact group', it undoubtedly filled a gap in the fight for and of 'Nieuwe Bouwen' through work on exhibitions,*[10] *letters and a few publications and it will have provided the most important impulse for the refounding of 'Opbouw' in 1947.*

beweging.[9]
Ondanks de interne strubbelingen en het korte bestaan van de 'contactgroep voor in- en exterieurarchitecten' heeft zij door werk op tentoonstellingen[10], brieven en enkele publicaties, een leemte gevuld in de strijd voor en van het Nieuwe Bouwen en zal de groep de belangrijkste impuls betekenen voor de heroprichting van 'Opbouw' in 1947.

Voorbereiding CIAM 6; 'Opbouw' weer opgericht

Wanneer in 1947, tijdens de voorbereidingen van het eerste CIAM-congres na de oorlog, stemmen opgaan om een 'esthetisch' onderwerp op het congres te behandelen, wordt dit van verschillende kanten met gemengde gevoelens ontvangen: sociaalmaatschappelijke problemen worden hiermee op een zijspoor gezet, CIAM zal grond onder de voeten verliezen.[11] Anderen zien in het introduceren van een esthetisch onderwerp echter een middel om het in hun ogen starre, functionele karakter van de vooroorlogse CIAM om te buigen in een meer beschouwelijke richting, waarin weer plaats is voor vormgevingsaspecten. Dit verschil in zienswijze, schrijft S. Giedion, secretaris van CIAM, na afloop van het congres toe aan het bestaan van twee stromingen binnen CIAM: een analytisch-statistische en een synthetisch-beschouwelijke.[12]
Vooruitlopend op de reorganisatie van CIAM in 1956, die in feite het einde van de beweging betekent, zal de tegenstelling tussen beide stromingen de congressen en in iets mindere mate de nationale groepen beheersen.
De Nederlandse CIAM-tak, die voorlopig alleen nog uit 'de 8' bestaat, lijkt zich echter eensgezind op te maken voor het eerste CIAM-congres na de oorlog dat in Bridgwater, Engeland, van 7 tot 13 september 1947 zal worden gehouden.[13] In de twee voorgestelde 'esthetische' congresthema's, ingediend door Zwitserland (de relatie tussen architectuur, schilder- en beeldhouwkunst) en Engeland (architectuur in relatie tot de 'gewone man'),[14] kan de Nederlandse groep zich niet vinden, zodat zij in mei 1947 met een tegenvoorstel komt, bestemd voor het afgevaardigden-congres, dat eveneens in mei bijeen zal komen om het uiteindelijke CIAM-congres voor te bereiden. *Zij* (de Nederlanders, J.S.) *stellen vast en willen dit met de uiterste klem onderstrepen dat er in de omstandigheden die vandaag in West-Europa, Oost-Europa en stellig ook in Amerika heersen, één thema is dat alle sociaal ingestelde architecten bezig houdt, dat is het probleem van de woningvoorziening, de woningtoestand, de woningnood en de daaruit voortvloeiende taak voor de architect als deel van de maatschappij, als organisator, als technicus en constructeur en stellig en vooral ook als vormgever en kunstenaar.*[15]
Hoewel het tegenvoorstel grotendeels door 'de 8' is opgesteld, is er wel overleg geweest met Van Tijen en Van den Broek, maar van groter belang is de uitnodiging van Ben Merkelbach, voorzitter van 'de 8', aan de 'jongeren' rond de 'contactgroep voor in- en exterieurarchitecten' om aanwezig te zijn bij de besprekingen en om deel te nemen aan het CIAM-congres.[16] In antwoord op Merkelbach's uitnodiging richtten ook deze jongeren een door Bakema ondertekend schrijven aan de afgevaardigden-bijeenkomst in Zürich waarin zij hun instemming betuigen met het voorstel van 'de 8'. Het Nieuwe Bouwen zien zij *als uiting van mensen, die door hun artistieke gevoel niet alleen wensen en verlangens willen vervullen, maar ook nieuwe verlangens willen opwekken.* Nog meer moet gestreefd worden naar vernieuwing van de maatschappelijke verhoudingen, niet alleen in economische, maar ook in culturele zin. Om dit te bereiken moeten drie begrippen centraal worden gesteld: sociale rechtvaardigheid, vrijheid en samenwerking.[17]
Deze eerste stappen van de jongeren in het kader van

Preparations for CIAM 6; 'Opbouw' established again

When voices were raised during the preparations for the first postwar CIAM congress in 1947 in favour of the discussion of an 'aesthetic' subject there, this was received on various sides with mixed feelings. Some argued that it would lead to social problems being sidetracked and that CIAM would lose ground as a result,[11] but others saw the introduction of such a subject as a means of bending what they regarded as the stiff, functional character of prewar CIAM in a more 'reflective' direction, which would again allow room for design aspects. After the congress was over Giedion, the secretary of CIAM, ascribed this difference of viewpoint to the existence of two movements within CIAM, an analytical– statistical movement and a synthetical – reflective one.[12]
In anticipation of the reorganization of CIAM in 1956, which in fact spelt the end of the organization, the contrast between the two movements was to dominate the congresses and, to a slightly lesser extent, the national groups.
However, the Dutch branch of CIAM, which for the time being still consisted only of 'de 8', seemed as yet to be of one mind as it made ready for the first postwar congress, which was to be held in Bridgwater in England from 7 to 13 September 1947.[13] It refused to entertain the two 'aesthetic' subjects proposed for the congress by Switzerland (the relationship between architecture, painting and sculpture) and England (architecture in relation to the 'common man'),[14] so it came forward in May 1947 with a counterproposal, meant for the delegate congress, which was likewise to meet in May in order to prepare for the congress proper. They *(the Dutch J.S.)* declare, and they wish to underline this with the utmost emphasis, that in the circumstances which prevail today in Western Europe, Eastern Europe and certainly in America as well, there is only one theme that concerns all socially-minded architects and that is the problem of the provision of housing, the housing situation, the housing shortage and the concomitant task for the architect as part of society, as organizer, as technical expert and constructor and certainly and above all as designer and artist.[15]
Although this counterproposal was largely drawn up by 'de 8', consultation certainly took place with Van Tijen and Van den Broek, but more important was the invitation issued by Ben Merkelbach, chairman of 'de 8', to the 'young' around the 'contact group for architects and interior designers' to be present at the discussions and to take part in the CIAM congress.[16] In answer to Merkelbach's invitation these young architects also drew up a memorandum, signed by Bakema, to the delegate meeting in Zürich, in which they expressed their approval of 'de 8's' proposal. They saw 'Nieuwe Bouwen' as the expression of people who want to use their artistic sensibility not only to fulfil wishes and desires, but also to awaken new desires. *It was necessary to strive still harder for the renewal of social relationships, not only in the economic, but also in the cultural sense. To archieve this three concepts must be given pride of place: social justice, freedom and co-operation.[17] These first steps taken by the 'young' in the context of CIAM led at a meeting of 'de 8', several former members of 'Opbouw' and the 'young' in June 1947 to the decision to re-establish 'Opbouw'. It was to comprise the young architects of Rotterdam and The Hague and the three prewar members of 'Opbouw', W. van Tijen, H.A. Maaskant and P. Zwart, along with J.J.P. Oud and J.H. van den Broek. Thus the new 'Opbouw', which was still to see many changes in its membership, primarily offered a place to a new generation.[18]*
The Dutch proposal was approved and the leaders of CIAM decided that the various countries should compile reports on the Dutch model, albeit amplified by one or two 'aesthetic' topics (fig. 2). These reports were to be discussed during the

CIAM leiden op een bijeenkomst van 'de 8', enkele ex-'Opbouw'leden en de jongeren in juni 1947 tot het besluit om 'Opbouw' opnieuw op te richten. Deze zal dan gevormd worden uit de Rotterdamse en Haagse jongeren, de 'Opbouw'leden van voor de oorlog W. van Tijen, H.A. Maaskant, P. Zwart en J.J.P. Oud, samen met J.H. van den Broek, zodat 'Opbouw', die nog vele ledenwisselingen zal meemaken, vooral plaats biedt aan een nieuwe generatie.[18]
Het Nederlandse voorstel wordt positief ontvangen en de CIAM-top besluit dat de verschillende landen rapporten zullen opstellen naar Nederlands model, echter aangevuld met enkele 'esthetische' onderwerpen (afb. 2).
Deze rapporten zullen de eerste drie dagen van het congres worden besproken. De resterende tijd zal besteed worden aan het vaststellen van een thema voor het 7e congres, dat gericht moet zijn op de (ontwerp)praktijk. Men wil met behulp van lezingen over 'de woonwijk en de wijkgedachte' en 'de architectonische expressie' richting geven aan een thema voor het 7e CIAM-congres in 1949.[19]

CIAM-Nederland 1947: zakelijkheid en creativiteit
De Nederlandse bijdrage aan het 6e CIAM-congres in Bridgwater 1947 vormt een bont geheel van rapporten en opstellen en geeft daarin een goed beeld van de verschillende ideeën die bij de Nieuwe Bouwers leven.[20]
Het rapport over het door de Nederlanders zelf ingediende thema, de situatie van de woningvoorraad, woningbehoefte, woningproduktie en het aandeel van de architect daarin, is o.a. opgesteld aan de hand van speciaal voor deze gelegenheid verstrekte gegevens van het Ministerie van Wederopbouw en de Dienst Publieke Werken van Amsterdam. Hierin wordt ingegaan op de economische situatie waaraan de woningbouw is gebonden en op juridische, organisatorische en technische aspecten die direct van invloed zijn op de woningbouw, zoals het grondvraagstuk, onteigeningsmogelijkheden, het functioneren van het streek- en nationaal plan en de ontwikkeling van geïndustrialiseerde bouwmethoden. Voor de sociale aspecten verwijst het rapport naar het resultaat van een tijdens de oorlog in Rotterdam verrichte studie o.l.v. de directeur van de dienst Volkshuisvesting, A. Bos, over de wijkgedachte: *De stad der toekomst, de toekomst der stad.*[21]
De studie, die buiten de Nederlandse CIAM tot stand kwam, hoewel Van Tijen als architect deel van deze commissie uitmaakte, stelt de sociaalmaatschappelijke kant van het stadsleven aan de orde en propageert als geneesmiddel voor de gedesintegreerde stad een hecht gemeenschapsbesef, stedebouwkundig te vertalen in het ontwikkelen van min of meer zelfstandige woonwijken.
Twee andere rapporten die door de Nederlanders in Bridgwater ter tafel worden gebracht, het 'normalisatierapport' en het 'architectenprogramma', zijn beide vrucht van de 'Studiegroep woningarchitectuur', die evenmin in het kader van CIAM opereerde.[22]
Het normalisatierapport pleit voor een verregaande rationalisatie van de 'architectonisch onbelangrijke' onderdelen als schroeven, leidingen, funderingen etc. en een gedeeltelijke rationalisatie van de 'architectuurbepalende' elementen als deuren, sanitair, keukenkasten etc. Bovendien wijst het nadrukkelijk op de gevaren van het normaliseren op grote schaal: vervlakking en eentonigheid.
In het architectenprogramma zijn een aantal voorwaarden opgesteld waaraan voldaan zou moeten worden wil de volkshuisvesting en stedebouw daadwerkelijk aangepakt kunnen worden. Voorop staat het gemeenschapsbelang en niet *de winst van de ondernemer en belegger (. . .) Het vrije spel van economische krachten is in het geheel niet in staat een goed resultaat te waarborgen.*

first three days of the congress. The remainder of the time would be devoted to fixing a theme for the 7th congress in 1949, which must focus on (design) practice. The idea was to give a pointer to the theme with the aid of lectures on 'the housing estate and the Neighbourhood-Unit concept' and 'architectural expression'.[19]

The Dutch contribution to CIAM 1947: functionalism and creativity
The Dutch contribution to the 6th CIAM Congress at Bridgwater in 1947 comprised a varied assemblage of reports and papers which give a good idea of the various ideas current among the 'Nieuwe Bouwen' architects.[20] *The report on the subject the Dutch themselves had submitted – the situation of the housing stock, housing shortage, housing production and the share of the architect in this – was compiled on the basis of, among other things, information expressly provided for this occasion by the Ministry of Reconstruction and the Public Works Department of Amsterdam. It covered the economic situation with which housing was bound up and legal, organizational and technical aspects that had a direct influence on housing, such as the land question, expropriation possibilities, the functioning of the regional and national plans and the development of industrialized building methods.*
For the social aspects it referred to the results of a study on the Neighbourhood Unit concept carried out in Rotterdam during the war under the leadership of the director of the Housing Department, A. Bos: The city of the future, the future of the city. *This study, which was undertaken outside the Dutch branch of CIAM, although Van Tijen participated in the committee as an architect, brought the social side of city life to the fore, advocating a solid sense of community as a cure for the disintegration of the city, which was translated into town planning as the development of more or less independent residential areas.*
Two other reports that were put on the table by the Dutch at Bridgwater, the 'normalization report' and the 'architects' programme', were both products of the study group on Domestic Architecture, which also operated outside the context of CIAM.[22]
The normalization report argued for a far-reaching rationalization of 'architecturally unimportant' components such as screws, service-pipes, foundations, etc. and a partial rationalization of elements that 'determine the architecture', such as doors, sanitary fitments, kitchen cupboards, etc.
On the other hand, it pointed out the dangers of normalization on a large scale: lack of subtlety and monotony.
In the 'architects' programme' a number of conditions were drawn up, which would have to be met if housing and town planning were to be tackled realistically. First and foremost were put the interests of the community and not the profits of the contractor and investor (. . .) The free play of economic forces is absolutely not in a position to guarantee a good result.
As regards the position of 'Nieuwe Bouwen' in the Netherlands the 'theme-report' stated that the objectives of CIAM had been realized in the Netherlands not only in individual buildings, but also in several housing complexes and municipal housing plans. It was further reported that on the initiative of CIAM members (Van Tijen in the main J.S.) study groups had been formed throughout the country during the war, in which the principles of housing had been worked out by both traditional and modern architects in concert.
After the war, however, the gulf between traditional (the principle of enclosedness) and modern (the principle of openness) proved not to have been bridged. The traditional ideas met with most sympathy among the public and the authorities, so that only a few reconstruction plans came into the hands of the moderns. Thus the young were certainly

Over de positie van het Nieuwe Bouwen in Nederland meldt het 'thema-rapport' dat de CIAM-doelstellingen behalve in individuele bouwwerken ook zijn gerealiseerd in enkele woningbouwcomplexen en stedelijke woningbouwplannen. Men vertelt voorts dat op initiatief van CIAM-leden (hoofdzakelijk Van Tijen, J.S.) in de oorlog over het gehele land studiegroepen zijn gevormd waarin de woning-principes zowel door traditionele als door moderne architecten gezamenlijk werden uitgewerkt. Na de oorlog blijkt de kloof tussen traditioneel (principiële beslotenheid) en modern (principiële openheid) echter niet overbrugd. De traditionele opvattingen vinden bij het publiek en de overheid de meeste sympathie, zodat slechts enkele weder-opbouwplannen in handen van de modernen komen. Zeker de jongeren komen daarom moeilijk aan de slag. Als lichtpuntjes noemt het rapport de invloed van de 'modernen' op de reglementering van de woningbouw door de overheid en de betrokkenheid van de modernen bij de prefabricatie. Tot slot wordt vermeld dat twee CIAM-leden eindelijk voet aan de grond hebben gekregen bij de Technische Hogeschool in Delft: Van Eesteren en Van den Broek zijn als docenten aangetrokken.
Naast de bovengenoemde bijdragen aan het congres wordt ook aandacht besteed aan het door Giedion naar voren gebrachte 'esthetische' onderwerp, de relatie tussen de architectuur en de 'vrije' kunsten. Rietveld sr. heeft dit gedeelte voor zijn rekening genomen.[23] Hij voelt voor een nauwe samenwerking tussen architect, schilder en beeldhouwer. *We staan duidelijk aan het begin van een nieuwe levensuiting; hoe meer ons wereldbeeld vaste omtrekken gaat aannemen, des te veelzijdiger de kunstenaars worden; hoe meer de kunsten in elkaar overgaan. De architectuur wordt schilderachtig, de schilderkunst plastisch en de plastiek gepolychromeerd.* Deze ontwikkeling moet niet geforceerd worden: *kunst dwingen is het tot onzin maken.*
Aldo van Eyck bouwt verder op deze zienswijze en meent dat de drie 'kunsten', architectuur, beeldhouwkunst en schilderkunst, de weg moeten effenen naar een nieuw collectief bewustzijn, dat nu slechts latent aanwezig is. De verbeeldingskracht moet hierbij leidraad zijn, want dat is de gemeenschappelijke band tussen mens en natuur. *Alleen stijl en verbeelding kunnen de fouten die de mens heeft begaan, goedmaken: dat moeten de quasi-sociale architecten die ten onrechte de nadruk op sociaal en economisch functionalisme leggen, goed onthouden.* Vijanden zijn zij, waaronder ook CIAM-leden, die zeggen dat er nu lang genoeg is geëxperimenteerd en dat de creatieve research allemaal goed en wel is, maar dat er nu toch eens iets gerealiseerd moet worden.
Een bijdrage van Kloos over de architectuur van de Nieuwe Zakelijkheid is nuchterder van toon.
Volgens hem beschouwt de Nederlandse CIAM-groep het functionele karakter van de Nieuwe Zakelijkheid nog steeds als een van de elementaire aspecten van het bouwen waarin drie aspecten onderscheiden moeten worden: 1) het sociale aspect (het doel), 2) het technische aspect (het middel) en 3) het beeldend aspect (het gevolg). Kloos wijst op het gevaar van een dergelijke analyse, omdat deze niet veel meer verschaft dan een probleemstelling en dan nog wel een hoogst gebrekkige. Het ontwerp komt immers niet automatisch uit de analyse voort, daar is een 'scheppings-daad' voor nodig.

Het meest karakteristiek voor dit congres is het op de voorgrond treden van een stroming, die de CIAM als 'artistieke avant-garde', hand in hand met de 'vrije kunsten', een vormtaal wil laten ontwikkelen, die uitdrukking geeft aan de 'Nieuwe Tijd', vaag aangeduid als 'De Nieuwe

finding it difficult to get going. As bright spots the report mentioned the influence of the 'moderns' on the regulation of housing by the government and the involvement of the moderns in prefabrication, while in conclusion it was reported that two members of CIAM had finally got a foot in the door of the Technological University at Delft, Van Eesteren and Van den Broek having been appointed lecturers there.
In addition to all these contributions to the congress, attention was also devoted to the 'aesthetic' subject brought up by Giedion, the relationship between architecture and the 'free' arts. Rietveld Sr. took the responsibility for this.[23] *He was in favour of close co-operation between architect, painter and sculptor.* We are clearly on the threehold of a new expression of life: the more our world picture acquires fixed outlines, the more versatile artists become and the more the arts merge with one another. Architecture becomes painterly, painting plastic and sculpture polychromed.
But this development must not be forced: to coerce art is to make a nonsense of it.
Aldo van Eyck elaborated this viewpoint further, holding that the three 'arts', architecture, sculpture and painting, must smooth the way to a new collective consciousness that was now only latent. The power of the imagination must be the guiding principle here, for that is the common link between man and nature. Only style and imagination can correct the mistakes man has made, something that the quasi-social architects, who wrongly lay the emphasis on social and economic functionalism, must clearly bear in mind. *Those who say that there have been enough experiments now and that creative research is all very well, but that the time has now come when something must be realized, are enemies, members of CIAM included.*
A contribution by Kloos on 'The architecture of 'Nieuwe Zakelijkheid' is more sober in tone and does not take things to extremes. According to him, the Dutch CIAM group still regarded the functional character of 'Nieuwe Zakelijkheid' as one of the elementary aspects of modern building, in which three facets were to be distinguished: 1. the social aspect (the objective), 2. the technical aspect (the means) and 3. the visual aspect (the result). Kloos pointed to the danger of such an analysis, which furnished little more than the statement of a problem and a highly defective one at that. After all, the design does not proceed automatically from the analysis: it requires a 'creative act'.

The most characteristic feature of this congress, was the emergence into the foreground of a movement, which wanted CIAM, as an 'artistic avant-garde' and hand in hand with the 'free' arts, to develop a formal language, vaguely referred to as the New Imagery, that would give expression to the New Era. Le Corbusier concluded that at last the imaginative power within CIAM had won the day; according to him, through a transformation of the individual consciousness the moral and spiritual chaos that the first machine-age had produced (the ugliness lies over everything, an indescribable frightfulness, a defeat for grace, for the smile, and happiness put to flight) *would make way for* harmony, the great word of our time, which in its turn would let the miracle of poetry shine through.
Bakema too saw a future in the 'new' CIAM movement: The faith in the new art is a faith in the new imagery of the new consciousness of the full life. *The only participant who did not share this faith, according to Bakema, was Van Tijen, because he* regarded the CIAM ideas alone as insufficient to encompass all the sectors of life.[24] *Bakema and Van Tijen were to continue to take opposing stands as far as this was concerned, as the Dutch spokesmen of the 'synthetical-reflective' and 'analytical-statistical' movements respectively.*

Beelding'. Le Corbusier concludeert dat eindelijk de verbeeldingskracht binnen de CIAM is gehaald; volgens hem zal door een hervorming van het persoonlijk bewustzijn de morele en geestelijke chaos, die het eerste tijdperk van de machine heeft voortgebracht *(over alles ligt de lelijkheid gespreid, een niet te omschrijven afschuwlijkheid, een nederlaag van de gratie, van de glimlach en een vlucht van het geluk),* plaats maken voor *harmonie, het grote woord van onze tijd, dat op zijn beurt het wonder van de poëzie zal laten schitteren.*
Ook Bakema ziet toekomst in de 'nieuwe' CIAM-stroming: *Het vertrouwen in de nieuwe kunst is het vertrouwen in de nieuwe beelding van de nieuwe bewustwording van het volledige leven.* De enige deelnemer die volgens Bakema dit vertrouwen niet zo deelde, was Van Tijen omdat hij *de CIAM-ideeën alléén onvoldoende vond om àlle levenssectoren te kunnen omvatten.*[24] Bakema en Van Tijen zullen wat dit betreft altijd tegenover elkaar blijven staan, als dé Nederlandse woordvoerders van respectievelijk de 'synthetisch-beschouwelijke' en 'analytisch-statistische' stroming.
Verrijkt met een nieuwe doelstelling, *te werken aan de totstandkoming van een fysieke omgeving, die voldoet aan de emotionele en materiële behoeften van de mens en die zijn geestelijke ontplooiing bevordert,* gaan de CIAM-leden naar huis om te werken aan de *ontwikkeling van een menselijke nederzetting en zijn architectonische expressie,* het thema voor het volgende congres, dat in 1949 in Bergamo zal worden gehouden.

'Opbouw' en Rotterdam
De Nederlandse CIAM-groepen 'de 8' en 'Opbouw' zoeken beide naar een geprojecteerde uitbreiding, die zou kunnen dienen als reële grondslag voor een studie in het kader van CIAM. Aanvankelijk overweegt 'de 8' een plan voor Slotermeer (Amsterdam) te ontwerpen[25], maar eind 1947 wordt besloten een ontwerp te leveren voor het in de Noordoostpolder geplande landarbeidersdorp Nagele. Hieraan zal 'de 8' tot 1953 werken, waarna de inmiddels met 'Opbouw'-leden uitgebreide werkgroep (J.B. Bakema, H. Hovens Greve, W.C.J. Boer, R. de Vries en later ook E.F. Groosman en W. Wissing) ook de realisatie ter hand neemt. De verschillende ontwikkelingsstadia vormen de bijdragen van 'de 8' aan de CIAM-congressen.[26]
'Opbouw' kiest begin 1948 'Pendrecht' als studie-object, een van de drie geprojecteerde woonwijken in het uitbreidingsplan voor Rotterdam-Zuid. Een survey is beschikbaar, nota bene samengesteld door drie 'Opbouw'leden in dienst van de gemeente Rotterdam: Jaap Bakema, werkzaam bij de dienst Volkshuisvesting, Hans Hovens Greve en Lotte Stam-Beese, beiden werkzaam bij de dienst Stadsontwikkeling.[27]
Met het bekleden van deze posten heeft de 'Opbouw' een belangrijke positie binnen de gemeente Rotterdam verworven, met name door de functie van Stam-Beese, die in 1948 wordt belast met het ontwerp voor Pendrecht, zodat zij zowel binnen de gemeente als binnen 'Opbouw' aan deze wijk werkt. Het Nieuwe Bouwen heeft in deze periode dan ook invloed in Rotterdam, niet zozeer op het Basisplan, de herbouw van de binnenstad, maar wel op het gebied van de woningbouwproblematiek en van de toekomstige uitbreidingen. Zo wordt bijvoorbeeld in 1945 alsnog begonnen met de realisatie van een uit 1939 stammend initiatief van 'de 8' en 'Opbouw': de bouw van 48 proefwoningen door T.N.O. (Toegepast Natuurwetenschappelijk Onderzoek) in de Carnissebuurt, Rotterdam-Zuid (afb. 3).[28] In het belang van de Volkshuisvesting willen de initiatiefnemers door praktische metingen na laten gaan in hoeverre het technisch en economisch mogelijk zou zijn

Enriched by a new objective – to work for the realization of a physical environment that satisfies man's emotional and material needs and furthers his spiritual development – *the CIAM members went home to work on the* development of a humane settlement and its architectural expression, *the theme for the next congress, which was to be held at Bergamo in 1949.*

'Opbouw' and Rotterdam
The Dutch CIAM groups, 'de 8' and 'Opbouw' both looked for a projected expansion, which would serve as a concrete basis for a study in the context of CIAM. 'de 8' began by considering the designing of a plan for Slotermeer (Amsterdam),[25] *but at the end of 1947 they decided to produce a design for Nagele, the farmworkers' village planned for the Noordoost Polder. The group was to work on this up to 1953, after which the working group, which had meanwhile been amplified by 'Opbouw' members (J.B. Bakema, H. Hovens Greve, W.C.J. Boer and R. de Vries, and later E.F. Groosman and W. Wissing as well), also took on the realization. The various stages of development constituted 'de 8's' contribution to the CIAM congresses.*
At the beginning of 1948 'Opbouw' chose as the object of its study Pendrecht, one of the three projected housing estates in the expansion plan for Rotterdam South. There exists a survey, compiled, be it noted, by three 'Opbouw' members in the service of the City of Rotterdam: Jaap Bakema, who worked in the Housing Department, Hans Hovens Greve and Lotte Stam-Beese, both in the Urban Development Department.[27]
The acquisition of these posts gave 'Opbouw' an important position within the municipality, in particular through that of Stam-Beese who in 1948 was charged with the design of Pendrecht, so that she worked on this district from within both the municipality and 'Opbouw'.
Thus at this period 'Nieuwe Bouwen' was influential in Rotterdam, not so much in respect of the Basic Plan, the rebuilding of the inner city, but certainly in the field of the housing problem and the future extensions. Thus in 1945, for example, a start was made on the realization of an initiative of 'de 8' and 'Opbouw' dating from 1939: the building of 48 experimental dwellings by TNO (Applied Scientific Research) in Carnissebuurt in Rotterdam South (fig. 3).[28] *In the interests of the Housing Department the idea was to investigate by practical measurement how far it would be possible technically and economically to improve damp- and sound-proofing and insulation by the use of new building constructions and materials. Various paint, heating and ventilation systems were also to be tried out in these dwellings. In this way various practical measurements would be made on a large scale for the first time in the Netherlands, the results of which were intended to lead to the drawing up of guidelines for the building industry. The small TNO site office near the experimental dwellings, from which the building and measuring were directed, was, in fact, Bakema's first 'work' in Rotterdam (fig. 4).*
The 'Opbouw' architects Van Tijen and Van den Broek were also closely in touch with the Rotterdam Housing and Urban Development Departments. Partly as a result of their activities during the war on behalf of OPRO (Opbouw Rotterdam: an advisory committee that was intended to help the city prepare the reconstruction plans) they were charged with making the plans for rebuilding the part of Kralingen that had been destroyed.[29] *Special guidelines had been drawn up by the city for the rebuilding of Kralingen, providing for, among other things, a considerable broadening of the current standards relating to the size of dwellings.*
In the service of the Urban Development Department Lotte Stam-Beese and others worked from 1947 onwards on the

vocht-, geluids- en warmte-isolatie te verbeteren door toepassing van nieuwe bouwconstructies en -materialen; daarnaast zullen in de woningen verschillende verf-, verwarmings- en ventilatiesystemen worden beproefd. Voor het eerst in Nederland kunnen zodoende op grote schaal diverse praktische metingen worden verricht, waarvan de resultaten moeten leiden tot het opstellen van richtlijnen voor de bouwnijverheid. Het directiegebouwtje van TNO bij de proefwoningen, van waaruit de bouw en de metingen worden geleid, is overigens het eerste Rotterdamse 'werk' van Bakema (afb. 4).
Ook de 'Opbouw'-architecten Van Tijen en Van den Broek staan in nauw contact met de gemeentediensten Volkshuisvesting en Stadsontwikkeling. Mede als gevolg van hun werkzaamheden tijdens de oorlog voor het OPRO (Opbouw Rotterdam: een adviescommissie die de gemeente moest bijstaan in het voorbereiden van wederopbouwplannen) worden zij belast met het maken van bouwplannen voor het verwoeste gedeelte van Kralingen.[29] De gemeente heeft voor het herbouwplan Kralingen speciale richtlijnen opgesteld, die o.a. voorzien in een aanzienlijke verruiming van de gangbare normen t.a.v. de woninggrootte.
In dienst van Stadsontwikkeling werkt o.a. Lotte Stam-Beese vanaf 1947 aan de eerste naoorlogse uitbreiding die in Rotterdam gerealiseerd zal worden: de woonwijk Kleinpolder (Overschie) (afb. 5 en 6). De ontwikkeling van Kleinpolder gaat uit van het idee van de min of meer zelfstandige woonwijk, gebaseerd op 'moderne' stedebouwkundige principes: open bebouwing, gemeenschappelijke tuinen (het zgn. 'wonen in het groen'), het begin van een scheiding van wonen en verkeer (door het introduceren van woonstraten en -paden) en een eerste aanzet tot een goede woningdifferentiatie (afb. 7). Bij de woningdifferentiatie staat voorop dat de verschillende gezinssamenstellingen (alleenstaanden, bejaarden, grote en kleine gezinnen) verschillende woonvormen (hoog-, etage- en laagbouw) nodig hebben; de verschillende woonvormen zijn uit sociale overwegingen gemengd, zodat concentraties van één bepaald gezinstype worden tegengegaan. Verder wordt aandacht besteed aan diverse wijkvoorzieningen: winkels, kerken, scholen voor kleuter-, lager en voortgezet onderwijs, recreatiemogelijkheden en een centrum met wijkgebouw voor verenigingen en sociale, culturele en medische doeleinden.[30]
Kleinpolder is tevens van belang omdat er op grote schaal is geëxperimenteerd met nieuwe bouwsystemen, een in Nederland haast onontgonnen terrein. De naoorlogse woningnood en het gebrek aan materiaal en aan geschoolde bouwvakarbeiders, dwingen ertoe hiermee snel ervaring op te doen.[31]
O.a. de 'Opbouw'-architect Romke de Vries en het bureau Van den Broek en Bakema hebben in Kleinpolder woningcomplexen in systeembouw gerealiseerd (afb. 8, 9 en 10).
De ontwikkeling van Kleinpolder is evenals het uitbreidingsplan voor de Linker Maasoever, vooral een gevolg van de invloed van de wijkgedachte in Rotterdam. De wijkvorming moest leiden tot een structurele orde, die door de overzichtelijke omvang, de wijkvoorzieningen en het eigen karakter van de wijk, het gemeenschapsbesef van de bewoner stimuleert. Dat de wijkvorming juist in Rotterdam zo succesvol ingang heeft gevonden wordt meestal verklaard uit het feit dat de kernen van de nieuwe uitbreidingen vaak zelfstandige gemeentes waren, voordat zij in de oorlog door Rotterdam werden geannexeerd en dat zij, *terugverlangend naar hun vroegere autonomie, deze nu herboren zien in de vorming van wijkraden en een besloten wijkleven,* aldus Stam-Beese.[32]
In verband met de wijkgedachte speelt de ontwikkeling van

first postwar extension to be realized in Rotterdam, the Kleinpolder residential area (Overschie) (figs. 5 and 6).
The development of Kleinpolder was based on the idea of the more or less autonomous residential area founded on 'modern' principles of town planning: open site-planning, communal gardens ('living amid greenery'), the beginnings of a separation of houses and traffic (through the introduction of residential streets and foot paths) and a first approach to a good differentiation between the dwellings (fig. 7). In the case of the differentiation of the dwellings the prime consideration was that various types of inhabitant (single people, old people, large and small families) needed different types of dwelling (high-rise blocks flats and low building), while the various types of dwelling were planned to be mixed up together for social reasons, so as to avoid concentrations of a single type of resident. Attention was further paid to the provision of various area facilities: shops, churches, infant, primary and secondary schools, recreational facilities and a community centre for associations and social, cultural and medical purposes.[30]*Kleinpolder is also important because large-scale experiments were made there with new building systems, an almost unexploited field in the Netherlands. The postwar housing shortage and the dearth of materials and skilled building workers made it imperative to gain rapid experience with them.*[31] *At Kleinpolder the 'Opbouw' architect Romke de Vries and the Van den Broek & Bakema partnership were among those who realized housing complexes in system building (figs. 8, 9 and 10).*
The development of Kleinpolder, like the extension plan for the left bank of the Maas, primarily resulted from the influence of the Neighbourhood Unit idea in Rotterdam. The formation of such unified areas was intended to lead to a structural order that would stimulate a feeling of community in the resident by reason of surveyable size, the provision of area facilities and the individual character of the district. That the creation of unified areas was so successful in finding an entrée precisely in Rotterdam is generally explained by the fact that the nucleii of the new extensions had often been independent communes before they were annexed by Rotterdam during the war, and that looking longingly back at their former autonomy, they now see this reborn in the formation of district councils and a closed district life, *as Stam-Beese put it.*[32]
An important role in connection with the Neighbourhood Unit idea was played by Zuidwijk, on which the Van Tijen & Maaskant partnership had already been working since 1943 in collaboration with the 'Opbouw' members Bakema and De Vries, among others.
The original design is a translation into town planning of the Neighbourhood Unit idea as worked out in theory by the Bos Committee. This first study was further elaborated and made ready for implementation after the war to the city's commission.[33]

Pendrecht: 'Opbouw's' residential area study

The Neighbourhood Unit idea in general and Zuidwijk as a town-planning model in particular constituted the basis at the beginning of 1948 for 'Opbouw's' first Pendrecht studies. Using the guidelines drawn up by the municipality in the Zuidwijk programme regarding the size of an 'autonomous residential area' (a minimum of around 20,000 inhabitants) and the standards for area facilities (schools, churches, shops, businesses, green spaces, recreation, etc.), the association began by making a provisional plan for the structuring of the area.[34]
The first sketches by Bakema, Stam-Beese, Vanderpaardt, Wissing and De Vries were sent round to the members and discussed in May 1948 (figs. 11 and 12). These designs contain quite a lot of high-rise buildings and this met with criticism from Oud, Van Tijen and Groosman in particular.

'Zuidwijk' een belangrijke rol, waaraan het bureau Van Tijen en Maaskant al sinds 1943 werkt, samen met o.a. de 'Opbouw'-leden Bakema en De Vries. Het oorspronkelijke ontwerp is een stedebouwkundige vertaling van de wijkgedachte, zoals deze in theorie door de commissie Bos is uitgewerkt. Het studieplan wordt in opdracht van de gemeente na de oorlog verder uitgewerkt en gereed gemaakt voor uitvoering.[33]

De wijkstudie van 'Opbouw': Pendrecht

De wijkgedachte in het algemeen en Zuidwijk, als stedebouwkundig model in het bijzonder, vormen begin 1948 de basis voor de eerste Pendrecht-studies van 'Opbouw'.
Aan de hand van de door de gemeente opgestelde richtlijnen in het programma voor Zuidwijk betreffende de omvang van een 'zelfstandige woonwijk' (min. ca. 20.000 inw.) en de normen voor wijkvoorzieningen (scholen, kerken, winkels, bedrijven, groen, recreatie e.d.) begint 'Opbouw' met een voorlopige structuurbepaling van de wijk.[34]
De eerste ideeschetsen van Bakema, Stam-Beese, Vanderpaardt, Wissing en De Vries worden in mei 1948 aan de leden rondgestuurd en besproken (afb. 11 en 12). In de ontwerpen komt nogal veel hoogbouw voor, wat op kritiek stuit van vooral Oud, Van Tijen en Groosman. Voorlopig wordt gekozen voor de plannen van Bakema en Stam-Beese, die samen met De Vries tot één voorstel moeten zien te komen. Studies voor 'losse' architectuurobjecten als woningen, scholen, winkels etc. worden over de andere leden verdeeld.[35]
Na deze vlotte start komt 'Opbouw' pas eind 1948 weer bij elkaar. Redenen hiervoor zijn dat Stam-Beese, Bakema en De Vries niet tot een gemeenschappelijk voorstel voor een stedebouwkundig ontwerp kunnen komen en dat er veel tijd is gaan zitten in het samenstellen van een dubbel nummer van *Forum* (nr. 2/3 1949), gewijd aan het Nieuwe Bouwen in Nederland. De vraag wordt gesteld of 'Opbouw' wel actief genoeg in CIAM-verband kan zijn, gezien de geringe tijd die de leden ter beschikking staat naast de praktijk van alle dag en gelet ook op het verschil in opvatting onderling. Bakema vindt dat stelling genomen moet worden tegen de traditionele invloeden die in het wederopbouwwerk de kop op steken. *Dit stellingnemen heeft de meeste betekenis, indien wij dit ook doen in en met ons dagelijks werk.*[36]
In december gaat 'Opbouw' inderdaad verder en wel met een uitgewerkt plan van Stam-Beese, dat zij in november voor Stadsontwikkeling heeft gemaakt (afb. 13).
Vanaf 1948 is deze dienst met de voorbereidingen voor Pendrecht begonnen, zodat aan het eind van dat jaar op twee niveaus aan de toekomstige woonwijk wordt gewerkt: aan de ene kant door 'Opbouw', die de reële situatie aangrijpt om een 'moderne' stedelijke woonwijk te ontwerpen, bedoeld als studieobject; aan de andere kant door de dienst Stadsontwikkeling, die zo snel mogelijk een redelijke uitbreiding aan Rotterdam wil toevoegen om de woningnood te verlichten. Vooralsnog is de invloed van 'Opbouw' op de verdere ontwikkeling van Pendrecht groot, met name door de 'dubbelfunctie' van Hovens Greve en Stam-Beese.
Besloten wordt dat Stam-Beese de structuur en de detaillering van de buurten van de wijk, de woningdifferentiatie en -oriëntatie, de toegankelijkheid tot de woningen en het groen om de woningen nader zal uitwerken.
Bakema zal proberen *de controverse tussen de geestelijke verdeeldheid, waarvan de Hollandse maatschappelijke structuur doortrokken is (en die stedebouwkundig tot uiting komt in de afzonderlijke gemeenschapsgebouwen, kerken en schoolcomplexen voor de onderscheiden richtingen), en het*

The choice fell for the time being on the plans by Bakema and Stam-Beese, who were then required to arrive at a single proposal in collaboration with De Vries, while studies for 'separate' architectural objects such as houses, schools, shops and so on were distributed among the other members.[35]
After this quick start the members of 'Opbouw' did not meet again until the end of 1948. The reasons for this were that Stam-Beese, Bakema and De Vries were unable to agree on a common proposal for a plan and a great deal of time was taken up by the compilation of a double number of Forum *(nos. 2-3, 1949) devoted to 'Nieuwe Bouwen' in the Netherlands.*
The question was raised as to whether 'Opbouw' could really be active enough in respect of CIAM, in view of the small amount of time available to members engaged in day-to-day practice as well as the differences of opinion that existed among them. Bakema felt that a stand must be made against the traditional influences that were rearing their heads in the reconstruction work and that this stand will acquire its greatest significance if we also adopt it in and with our everyday work.[36]
In December 'Opbouw' did, indeed, go further and that with a detailed plan which Stam-Beese had made in November for the Urban Development Department (fig. 13). This department had also made a start on the preparations for Pendrecht in 1948, so that at the end of that year work was being done on the future residential area on two levels: on the one level by 'Opbouw', which was seizing on the existing situation in order to design a 'modern' urban residential area, which was intended as an object of study, on the other by the Urban Development Department, which wanted to add a reasonable extension to Rotterdam as quickly as possible in order to alleviate the housing shortage. For the moment, 'Opbouw' had a big influence on the further development of Pendrecht, especially as a result of the 'double roles' of Hovens Greve and Stam-Beese.
It was decided that Stam-Beese would further work out the structure and detailing of the neighbourhoods in the area, the differentiation and orientation of the dwellings, the access to the dwellings and the green spaces around them.
Bakema was to try to resolve in the structure of the centre the controversy between religious and intellectual dissension permeating the Dutch social structure (which finds expression in town planning in separate community buildings, churches and school complexes for the different persuasions) and the feeling of the equal value of individuals and the necessity for co-operation and a stronger feeling of community. *Romke de Vries was to concern himself with improving the siting of the shops and business premises and Hovens Greve with summarizing the motives behind the creation of the area.*[37]
In March 1948 C. van Traa, the director of the Urban Development Department, was asked to give permission for the plan that had been designed for the department by the Stam-Beese at the beginning of that year (fig. 14) to be taken to the CIAM congress at Bergamo. He, however, forbad any form of publication, so that 'Opbouw' was forced to start work on a new plan.[38]

The housing unit

It was at this stage that the primary component of modern Pendrecht, the so-called 'housing unit', was created (fig. 15). On the basis of a good differentiation between dwellings and mixed site-planning 'Opbouw' looked for a way of distributing the various types of dwelling over the area evenly and in the correct proportions. The result is a unit of around 90 dwellings, which is repeatable from both the town-planning and social viewpoints and in which the various types of resident ('stages of life') can be accommodated.
These 'housing units' consist of two blocks of dwellings in 3

besef van gelijkwaardigheid als mens en de noodzaak van samenwerking en sterker gemeenschapsbeleving tot een oplossing te brengen in de structuur van het centrum.
Romke de Vries zal zich bezig houden met een betere situering van de winkels en bedrijfsruimten en Hovens Greve met een samenvatting van de motieven welke aanleiding zijn tot het stichten van de wijk.[37]
In maart 1948 wordt aan de directeur van Stadsontwikkeling, C. van Traa, toestemming gevraagd om het plan dat Stam-Beese aan het begin van dat jaar voor de dienst heeft ontworpen (afb. 14), mee te mogen nemen naar het CIAM-congres in Bergamo. Van Traa verbiedt echter iedere vorm van publicatie, zodat 'Opbouw' noodgedwongen aan een nieuwe opzet gaat werken.[38]

De wooneenheid
In deze fase wordt de bouwsteen van het huidige Pendrecht gevormd, de zgn. 'wooneenheid' (afb. 15): Uitgaande van een goede woningdifferentiatie en gemengde bebouwing zoekt 'Opbouw' naar een mogelijkheid om de verschillende woningtypes gelijkmatig en in de juiste verhouding over de wijk te verspreiden. Het resultaat is een zowel stedebouwkundig als sociaal herhaalbare eenheid van ca. 90 woningen, waarin de verschillende gezinssamenstellingen ('levensfasen') gehuisvest kunnen worden.
Deze wooneenheid bestaat uit twee blokken etagebouw (3 en 4 lagen) en drie blokken laagbouw (1 en 2 lagen). In mei 1949 leidt de wooneenheid tot een eerste ontwerp voor Pendrecht (afb. 16), dat de basis vormt voor de uiteindelijke versie die 'Opbouw' in juli als de 'Rotterdamse bijdrage' laat zien op het CIAM-congres in Bergamo (afb. 17).
In dit ontwerp vormen 10 wooneenheden een buurt, samen met één hoog woongebouw en een klein sub-centrum (winkels, bedrijven, kleuterschool); 5 van deze buurten, onderling gescheiden door groenstroken waarin scholen zijn gepland, vormen op hun beurt de wijk. In de grote open strook, die de wijk in 2 noordelijke en 3 zuidelijke buurten verdeelt, bevinden zich de wijkvoorzieningen.[39]
Het studieplan is vooral een poging om met stedebouwkundige middelen het 'gemeenschapsleven' vorm te geven en te stimuleren. Het grootschalige karakter, het in één keer realiseren van een woonwijk voor 20.000 inwoners, is als positief gegeven aanvaard, omdat een dergelijke omvang een bevolkingssamenstelling waarborgt, die de geschakeerdheid van het sociale en culturele (kerkelijke) leven weerspiegelt en levensvatbaarheid geeft.[40]
Deze stedebouwkundige problematiek zal 'Opbouw' tot haar opheffing blijven bezighouden, waarbij de wooneenheid als structureel principe verder wordt uitgewerkt.

CIAM 7: taak architect en stedebouwer
Het wezenlijkste wat het 7e CIAM-congres in Bergamo oplevert is het op gang komen van een discussie over de rol van de architect t.o.v. de maatschappij.
Aanleiding hiertoe is het verschil in inzicht over deze kwestie tussen grofweg de 'volksdemocratieën' en de 'westerse democratieën'. Nederland wilde op het congres duidelijk uitgesproken zien, dat de architect t.o.v. de maatschappij waarvoor hij bouwt, een stimulerende en initiërende taak heeft; de Poolse afgevaardigde Helena Syrkus was daarentegen van mening, dat de behoeften van de bevolking zonder meer richtsnoer zouden moeten zijn.[41]
De meningsverschillen traden op het congres nog duidelijker op de voorgrond bij het behandelen van Giedion's onderwerp, 'de relatie tussen architectuur, schilder- en beeldhouwkunst'.
CIAM aanvaardt geen classificering van mensen, noch het

and 4 layers and three low blocks of dwellings in 1 and 2 layers. The housing unit led in May 1949 to a first design for Pendrecht (fig. 16), which formed the basis for the final version that 'Opbouw' showed at the CIAM Congress in Bergamo in July as the 'Rotterdam contribution' (fig. 17).
In this design 10 housing units constitute a neighbourhood, along with one high-rise apartment block and a small 'subsidiary' centre (shops, businesses, infant school), while five of these neighbourhoods, separated from each other by green belts in which schools are planned, in their turn constitute the area or district. The area facilities are sited in the large open strip that divides the district into 2 northern and 3 southern neighbourhoods.[39] This study is primarily an attempt to give form and encouragement to 'community life' by means of town planning. Its large-scale character – the realization at a stroke of a residential area for 20,000 inhabitants – was accepted as a positive feature, because such a scope would guarantee a population mix that would reflect and lend viability to the variations in social and cultural (church) life.[40]
This town-planning problem was to continue to occupy 'Opbouw' until its dissolution, the housing unit being further elaborated as a structural principle.

CIAM 7: the task of the architect and town planner
The most fundamental contribution of the 7th CIAM Congress at Bergamo was the setting in train of a discussion of the role of the architect in society. It was occasioned by the difference of opinion on this question between, to put it broadly, the 'peoples democracies' and the 'Western democracies'.
The Netherlands wanted to see a clear statement at the congress that the architect has a stimulating and initiating task in the society for which he builds, whereas the Polish delegate Helena Syrkus was of the opinion that the needs of the people pure and simple should dictate his line of action.[41]
The differences of opinion came to the fore even more clearly at the congress in the treatment of Giedion's subject, 'the relationship between architecture, painting and sculpture'.
CIAM cannot accept any classification of people or the lowering of the level of the arts for emotional reasons or political motives. It is regarded as established that a person who has not been deformed by an erroneous education is truly able to appraise artistic values . . . It is our duty to mankind to offer it art of the most progressive form and the highest standard that it is possible to achieve.
The examples from the past affirm that true works of art are always recognized, at all events after a time. *So read two resolutions put forward by the congress committee on 'the common man and contemporary art', one of whose members was Giedion himself.[42] Naturally, the Eastern European representatives did not sign this vehement, manifesto-like plea for an autonomous position for the arts, but the English branch of CIAM and several other members also raised objections to it.*
This led at 'de 8' and 'Opbouw's' discussions after the congress in November 1949 to a discussion in which Van Tijen brought up the question of town-planning design and democratic freedom.[43] In his view the fundamental issue was the free and responsible position of the individual in society. The town planner did not have the right forcibly to impose a single given life style; both exclusively low (Vreewijk) and exclusively high-rise (Le Corbusier) building were improper. Better an ugly reality, if need be, than an imposed vision that is unjust to other ideas. The others were able to agree with Van Tijen up to a point, but they nonetheless placed more emphasis on the stimulating, formative task. Town planning was not the reflection of an age; the social reality was to the town planner what material was to the artist: it was his vision, his idea that must give it form.

omlaagdrukken van het peil der kunsten om gevoelsredenen of met politieke drijfveren. Men acht bewezen, dat de mens die niet door een verkeerde opvoeding is misvormd, in staat is waarachtig artistieke waarden te waarderen (...).
Onze plicht tegenover de mens is haar kunst aan te bieden in de meest vooruitstrevende vorm en van het hoogste gehalte dat men maar bereiken kan.
De voorbeelden uit het verleden bevestigen ons, dat de ware kunstwerken altijd erkend zijn, in ieder geval na enige tijd.
Zo luidden twee resoluties van de congrescommissie 'de gewone man en de hedendaagse kunst', waarin o.a. Giedion zelf zitting had.[42]
De Oosteuropese vertegenwoordigers hebben dit felle, manifestachtige pleidooi voor een autonome positie van de kunsten uiteraard niet medeondertekend; maar ook de Engelse CIAM-tak en enkele andere CIAM-leden hadden bezwaar tegen deze formulering.
Naar aanleiding hiervan ontspint zich op de nabespreking van 'de 8' en 'Opbouw', november 1949, een discussie waarin Van Tijen het vraagstuk van de stedebouwkundige vormgeving en democratische vrijheid naar voren haalt.[43]
Het gaat z.i. in wezen om de vrije en verantwoordelijke positie van het individu in de samenleving. De stedebouwer heeft niet het recht één bepaalde levensvorm dwingend op te leggen; zowel uitsluitend laag (Vreewijk) als uitsluitend hoog (Le Corbusier) bouwen is onbehoorlijk.
Desnoods beter een lelijke realiteit, dan een opgelegde visie, welke onrecht doet aan andere opvattingen.
De anderen kunnen zich ten dele verenigen met Van Tijen, maar leggen toch meer de nadruk op de stimulerende, vormgevende taak. Stedebouw is niet het afspiegelen van de tijd; de sociale werkelijkheid is voor de stedebouwer, wat het materiaal is voor de kunstenaar: het is zijn visie, zijn idee, die daar vorm aan moet geven.

Twijfels over de wooneenheid; 'core'
Al met al zijn de werkzaamheden aan het plan Pendrecht door de discussies rond het congres in Bergamo enigszins op de achtergrond geraakt. Naast lof voor de structurele ordening, waarbij een vergelijking werd getrokken met het 'structuralistische' werk van de schilder Lohse, is op het congres kritiek geuit op de te sterke herhaling van de wooneenheden in het plan. Dit bezwaar wordt ook door leden van 'de 8' gevoeld, die waarschuwen voor schematisering. Stam-Beese heeft in juni 1949 voor de gemeente een 'vrijer' ontwerp gemaakt, door de wooneenheden t.o.v. elkaar te spiegelen en naast de wooneenheden groepen eengezinshuizen toe te voegen (afb. 18). Het plan biedt zodoende meer mogelijkheden, maar verliest ook aan duidelijkheid. 'Opbouw' vraagt zich af of het toepassen van uniforme eenheden, ongeacht de grootte en de samenstelling, een werkelijke bijdrage zal zijn tot een vrijere en rijkere levensontplooiing of dat het toepassen tekort doet aan de menselijke natuur en de daaruit voortvloeiende levensbehoeften. Misschien kan de oplossing worden gevonden in een meer 'vrije' toepassing naast andere verkavelingen, zoals in het laatste plan voor de gemeente, hoewel dit eigenlijk een erkenning van het 'onvolmaakte' van de wooneenheid zou betekenen.[44]
In het kader van het thema voor het 8e CIAM-congres dat van 7-14 juli 1951 in Hoddesdon, Engeland zal worden gehouden, gaat 'Opbouw' eind oktober 1950 verder met haar werkzaamheden aan de woonwijkstudie, gesteund door drie nieuwe leden: W.C.J. Boer, F.J. van Gool en H.E. Oud.[45]
Als thema heeft de CIAM-raad een Engels voorstel gekozen, 'the core', 'the civic centre', oftewel 'de kern': het fysieke hart en geestelijk centrum van de menselijke nederzetting.[46] Aangezien 'Opbouw' zich wil bezighouden

Doubts about the housing unit; 'core'
All in all the work on the Pendrecht plan was pushed into the background to some extent by the discussions on the Bergamo congress. The structural ordering had been praised at the congress, where it had been compared with the 'structuralist' work of the painter Lohse, but the strong repetition of the housing units in the plan had provoked criticism. Members of 'de 8' also raised this objection, issuing a warning against schematization. Stam-Beese had also made a 'freer' design for the municipality in June 1949 by letting the housing units mirror each other and by adding groups of single-family houses alongside them (fig. 18).
The plan offered more possibilities as a result, but there was also a loss in clarity. 'Opbouw' wondered whether the application of uniform units, regardless of their size and composition, really would be a genuine contribution to the development of a freer and richer life or whether it wronged human nature and the needs arising from it. Perhaps the solution could be found in a 'freer' application coupled with a different land-organization, as in the most recent plan for the municipality, although this would actually mean recognizing the 'imperfection' of the housing unit.[44]
In the context of the theme for the 8th CIAM Congress, which was to be held at Hoddesdon in England from 7 to 14 July 1951, 'Opbouw' proceeded further with its work on the residential area study at the end of October 1950, supported by three new members, W.C.J. Boer, F.J. van Gool and H.E. Oud.[45]
The theme chosen by the CIAM council was an English proposal, 'the core' or 'the civic centre', the physical heart and spiritual centre of the human settlement.[46] *Since 'Opbouw' wanted to concern itself with 'the central binding element in each of the articulations: dwelling, housing unit, neighbourhood and district', this fitted in with the theme very nicely. Stam-Beese, Boer and Hovens Greve were to make a closer investigation of the size of the housing unit, Hovens Greve wanting to contact, for example, the women housing inspectors, who had experience of the needs of residents. Stam-Beese had the impression that the housing unit had hitherto been more of a formal than a social unit, so she wanted to get rid of the fourth storey, because this merely had the disadvantages of high-rise building, while lacking the advantages of low building. Oud Sr. pointed out the danger that in practice an area on either side of a street could sometimes start to act as a unit instead of the area between two streets, the actual housing unit.*

The housing unit enlarged: Pendrecht 2
'Opbouw' found more and more objections to the repetition of the (too) small housing unit. The aim must be to achieve either more differentiation in the houses within the area or a greater unity.[47] *Partly on the basis of designs by Van Tijen for Vlaardingen (fig. 19) and by Bakema for Hengelo (fig. 20), in which different housing units were projected, the discussion led to the realization that in addition to the 'biological' diversity in family life (large and small families, old people, single people) there also existed a 'psychological' diversity and that too little account had been taken of this in the housing units worked with up to then. These had been based too strongly on the idea of a single given type of dwelling for a single given type of resident. Freedom of choice must remain the starting-point, so that both 'community' and 'individuality' ought to be discoverable in the plan, both 'openness' and 'enclosure'. This required a freer and broader approach. Some members of 'Opbouw' (including Boer, Wissing and Van Tijen) wanted the housing units to differ from each other, so that, for example, living on the edge of an area or round its centre would take on its own character.*[48]
In view of the fact that Stam-Beese's design of October 1949

met 'het centrale bindende element in elk der geledingen: woning, wooneenheid, buurt en wijk' sluit het thema hierbij precies aan. Stam-Beese, Boer en Hovens Greve zullen de grootte van de wooneenheid nader bestuderen, waarbij Hovens Greve contact wil zoeken met b.v. Woning-inspectrices, die ervaring hebben op het gebied van de woningbehoeften van bewoners. Stam-Beese heeft de indruk dat de wooneenheid tot nu toe meer een vorm- dan een sociale eenheid is; zo wil zij de vierde woonlaag laten vervallen, omdat deze alleen de nadelen heeft van hoogbouw en de voordelen van laagbouw mist. Oud sr. wijst op het gevaar, dat in de praktijk wel eens een stuk aan weerszijden van een straat als eenheid zou kunnen gaan werken i.p.v. het stuk tússen twee straten: de eigenlijke wooneenheid.

De wooneenheid wordt vergroot: Pendrecht 2

'Opbouw' heeft steeds meer bezwaren tegen de herhaling van de (te) kleine wooneenheid. Gestreefd moet worden naar een verdere woningdifferentiatie binnen de buurt of naar een grotere eenheid.[47] Gedeeltelijk aan de hand van ontwerpen van Van Tijen voor Vlaardingen (afb. 19) en van Bakema voor Hengelo (afb. 20), waarin andere wooneenheden zijn geprojecteerd, leidt de discussie tot het besef dat er naast de 'biologische' verscheidenheid van het gezinsleven (grote en kleine gezinnen, bejaarden, alleenstaanden) ook een 'psychologische' verscheidenheid bestaat. Met dat laatste is in de tot nu toe gehanteerde wooneenheid te weinig rekening gehouden. Er is teveel uitgegaan van één bepaald woningtype voor één bepaald gezinstype. De vrije levenskeuze moet uitgangspunt blijven, zodat in het plan zowel 'gemeenschap' als 'individualiteit' terug te vinden moeten zijn, zowel 'openheid' als 'geslotenheid'. Dit vraagt om een vrijere en ruimere opzet. Een deel van 'Opbouw' (o.a. Boer, Wissing en Van Tijen) zou de wooneenheden onderling willen laten verschillen, waardoor b.v. het wonen aan de rand van de wijk of rond het centrum een eigen karakter krijgt.[48]

Aangezien het ontwerp voor Pendrecht van Stam-Beese, oktober 1949 (afb. 21), gebaseerd op de herhaling van de kleine wooneenheden, drie jaar later vrijwel ongewijzigd zal worden gerealiseerd, zijn bovenstaande overwegingen en kritiekpunten op deze wooneenheden opmerkelijk.[49]

Ruim tien jaar later, wanneer de wijk bijna is voltooid (afb. 22a-f) blijken ze overeen te komen met de uitkomsten van de eerste sociologische studies over Pendrecht. Daarin wordt gesteld dat de 'sociale idee' achter de wooneenheid ontoereikend is gebleken: de bewoners ervaren de wooneenheid niet als eenheid; van een 'hechter' gemeenschapsleven is geen sprake. Hoogstens kan gesproken worden van een nieuw vormgevend element.[50]

Het voorlopige resultaat van de 'Opbouw'-studies is het ontwerp van Bakema, dat op het congres in Hoddesdon (1951) wordt getoond (afb. 23).

De wooneenheden zijn nu vergroot, zes tot acht wooneenheden vormen een buurt en vier buurten de wijk.

In de wooneenheid zijn meer eengezinshuizen geprojecteerd. Nieuw zijn de flats van zes verdiepingen, de privé-tuinen voor etagebewoners, een kinderspeelplaats, een bedrijfsruimte en een 'gereedschapsberging' (tuingereedschap).[51]

Het enorme voorzieningenreservoir rond het centrale plein en in de Noord-Zuidlopende groenstrook, van crêches tot industrieflats, wordt ook door de meeste 'Opbouw'-leden wat 'overdadig' gevonden, maar het gaat dan ook meer om een idee, een studieontwerp, dan om een direct uit te voeren plan.[52] Voorlopig zal de woonwijkstudie van 'Opbouw' in deze 'versie' blijven liggen, mede omdat in november 1951 het definitieve ontwerp voor Pendrecht van Stam-Beese

for Pendrecht (fig. 21), based on the repetition of small housing units, was to be realized three years later virtually unaltered, the above considerations and points of criticism regarding these housing units are remarkable.[49] A good ten years later, when the area was nearly finished (figs. 22a-f), they proved to ally with the outcome of the first sociological studies of Pendrecht. Here it was stated that the 'social idea' behind the housing units had proved inadequate:
the residents did not experience the housing unit as a unit and there was no question of a more closely-knit community life. The most that could be said of the housing unit was that it was a new design element.[50]
The provisional result of the 'Opbouw' studies is the design by Bakema that was shown at the 1951 CIAM congress at Hoddesdon (fig. 23).
The housing units have now been enlarged, six to eight of them constituting a neighbourhood and four neighbourhoods the district, and more single-family houses are projected in the housing units. New features are the six-storey blocks of flats, the private gardens for flat-dwellers, a children's play area, a utility area and a 'tool store' (for garden tools).[51]
The enormous reservoir of facilities around the central square and the green belt running north-south, from crèches to blocks of industrial premises, was found somewhat 'overdone' even by most 'Opbouw' members, but it was also more of an idea, a study, than a plan for direct execution.[52]
'Opbouw's' residential area study was to stop at this 'version' for the time being, partly because Stam-Beese's definitive design for Pendrecht was presented to the City Council for approval by the Urban Development Department in November 1951.[53]

The crisis in CIAM: 'de 8' and 'Opbouw' divided

The period after the Hoddesdon congress was taken up with the question of the future of CIAM and more generally of 'Nieuwe Bouwen'. This was directly occasioned by the congress itself which produced virtually nothing. At all events the reactions of the Dutch were extremely negative.
The criticism was directed at the absence of any fundamental discussions on the plans submitted, the backgrounds and motives that had led to the plans having received little or no attention.[54]
The official CIAM publication on the congress, The Heart of the city *(London 1952), is a collection of the most diverse and curious contributions. The beauty and cosiness of the Italian piazzas runs through the book as a* Leitmotif, *with the Piazza San Marco in Venice and the Campidoglio in Rome as* the *examples of 'core'. What CIAM saw as the real possibilities for the creation of a 'core' remains unclear, it merely being emphasized that the 'core', that which makes the community into a unified entity, is important. Thus Hovens Greve became seriously worried about the development of CIAM.*
The vagueness and the lack of agreement must be overcome, otherwise CIAM would not make the next congress.
Nor did the difficulties occur internationally alone. 'de 8' and 'Opbouw' were also increasingly racked by internal divisions. At a joint meeting two standpoints came to the fore regarding the attention to the realization of the CIAM ideas that had been asked for at the congress.[55] Van Tijen was of the opinion that they must look more in the direction of industrialization, which would make it possible for the public to 'take up' the work. Aalto, for example, in contrast to Rietveld, designed furniture for mass production and had proved that the industrial production process need not necessarily lead to a debasement of standards.
Bakema felt that CIAM had an ethical duty to bear witness to the CIAM vision precisely through its own work. He was in favour of 'a fight with form'.
The most important point at this meeting was the acceptance

aan Burgemeester en Wethouders ter goedkeuring wordt aangeboden door de dienst Stadsontwikkeling.[53]

Crisis CIAM: 'de 8' en 'Opbouw' verdeeld
De periode na het congres in Hoddesdon wordt in beslag genomen door de vraag hoe het met CIAM en meer in het algemeen met het Nieuwe Bouwen verder moet. De directe aanleiding hiertoe is het congres zelf, dat vrijwel niets heeft opgeleverd. In ieder geval zijn de reacties van de Nederlanders uiterst negatief. De kritiek geldt het uitblijven van principiële discussies n.a.v. de ingezonden plannen; op de achtergronden en drijfveren die tot de plannen hebben geleid, werd niet of nauwelijks ingegaan.[54]
De officiële CIAM-publicatie over het congres, *The heart of the city* (Londen 1952), is een bundel met de meest uiteenlopende en merkwaardige bijdragen. Als rode draad loopt de schoonheid en gezelligheid van de Italiaanse piazza's door het boek, met als dé voorbeelden van 'core' het San Marco in Venetië en Campidoglio in Rome.
Wat CIAM als reële mogelijkheden voor het totstandbrengen van 'core' ziet, blijft onduidelijk; men benadrukt slechts dat 'core', dat wat de gemeenschap tot eenheid maakt, belangrijk is. Hovens Greve maakt zich dan ook ernstig zorgen over de ontwikkeling van CIAM. De vaagheid en het gebrek aan overeenstemming moeten overwonnen worden,anders haalt CIAM het volgende congres niet.
De moeilijkheden doen zich niet alleen internationaal voor, ook 'de 8' en 'Opbouw' raken intern steeds meer verdeeld. Op een gemeenschappelijke bijeenkomst komen twee standpunten naar voren over de op het congres gevraagde aandacht voor de verwerkelijking van de CIAM-ideeën.[55]
Van Tijen meent dat meer gezocht moet worden in de richting van de industrialisatie, waardoor het werk voor het publiek 'opneembaar' wordt. Aalto b.v., in tegenstelling tot Rietveld, ontwerpt meubelen voor massale produktie en bewijst dat het industriële produktieproces niet tot verburgerlijking hoeft te leiden.
Bakema vindt dat CIAM de ethische taak heeft juist door eigen werk te getuigen van de CIAM-visie. Hij is voorstander van 'een gevecht met de vorm'.
Het belangrijkste punt van deze bijeenkomst vormt het aanvaarden van een opdracht voor een wapenfabriek door het bureau Van den Broek en Bakema. Met name Aldo van Eyck is razend op Bakema, uitgerekend degene die het altijd heeft over 'creativiteit' en 'gemeenschapsbesef'.[56] De CIAM-gedachte is volgens Van Eyck op de meest onsmakelijke wijze geprostitueerd.
Bakema verdedigt zich door te stellen dat de architect bovenal vormgever is. De vorm is een strijdbaar element, door vorm kan men getuigen van het Nieuwe. Hij gaat zelfs zover te zeggen dat de vorm het doel heiligt. Het scheppen van een geslaagde ruimte bezorgt hem meer vreugde dan de 'last' dat er in de fabriek wapens worden gemaakt.
Wat kan de architectuur meer zijn dan zelfbevrediging van de architect? De aanwezigen zijn het allemaal oneens met Bakema om verschillende redenen. Van Tijen, die geen volstrekte weerloosheid voorstaat, wijst echter op de veranderde politieke situatie na de oorlog: de Amerikaanse agressie (Korea-crisis) zou voor hem een reden zijn geweest de opdracht te weigeren. Hoewel Van Eyck de zaak hoog opspeelt en om een duidelijke afkeuring van Bakema's houding vraagt, besluit men dat in een dergelijke situatie iedereen maar voor zichzelf moet beslissen.
Deze affaire en de magere resultaten van het congres te Hoddesdon maken eens te meer duidelijk dat binnen CIAM geen eensluidende overeenstemming in beginselen bestaat. De beweging blijft vaag teren op het sociale karakter van voor de oorlog, waaraan door velen het idee is toegevoegd dat d.m.v. vormexpressie het Nieuwe Bouwen gestalte zal krijgen.

of a commission for an armaments factory by the Van den Broek and Bakema partnership. Aldo van Eyck in particular was furious with Bakema, the very one who always had so much to say about 'creativity' and 'the feeling of community'.[56] *In Van Eyck's view this constituted the most unsavoury prostitution of the CIAM idea. Bakema defended himself by maintaining that the architect is above all a designer. Form is an element in the struggle: through it one can bear witness to the 'new'. He even went so far as to say that the form sanctifies the end. The joy he felt in the creation of a successful space outweighed the 'nuisance' of the fact that arms were made in the factory.* What can architecture be apart from the self-liberation of the architect?
Everyone present disagreed with Bakema for different reasons. Van Tijen, who was not in favour of total disarmament, nonetheless pointed to the change in the political situation after the war: American aggression (the Korea crisis) would have been reason enough for him to refuse the commission. Although Van Eyck made a great rumpus over the matter, demanding a clear condemnation of Bakema's attitude, it was decided that in a situation of this kind everyone must decide for himself.
This affair and the meagre results of the congress at Hoddesdon made it clear once again that there was no overall agreement on principles within CIAM. The movement was continuing vaguely to live on its social character of before the war, to which the idea was added by many that 'Nieuwe Bouwen' would acquire stature by means of formal expression.

Habitat and the 'young'
The period around the last two 'old-style' CIAM congresses was taken up by two themes: the working out of the subsidiary theme of the 'Habitat' that had been dealt with at Hoddesdon and the plan likewise established at Hoddesdon of handing over CIAM to the younger generation.[57] *Both themes were closely bound up with each other, because Le Corbusier (the vice-president of CIAM) in particular had insisted that at the 9th congress, to be held in Aix-en-Provence in the summer of 1953, they must draw up a 'Charte de l'Habitat' that would serve as a testament from the 'older' to the 'younger' generation to round off 25 years of CIAM.*[58] *That this charter was never published officially, not even after the 10th CIAM Congress, was not least due to the confusion regarding the concept of 'Habitat'. Interpretations of it varied from 'living conditions', the functions of 'the dwelling', the total complex of 'the human settlement' to 'the entire utilization of the earth by man'. The leaders of CIAM decided to define 'Habitat' as* rather more than the house and rather less than 'the district', *namely* the place of the individual's daily life.[59]
This interpretation too may not excel in clarity, but it does give some indication of what the problem was that 'Nieuwe Bouwen' found itself confronted with after the war, namely that of giving form to 'the whole of life', of creating a built environment in which the complex functions of a 'living settlement' (from hamlet to metropolis) and the complex relationships between people themselves (individual, family, community), between them and their dwellings and between them and the environment they live in are given expression in a lucid relationship with and in the correct proportions to each other.[60]
It was Hovens Greve who indicated after the congress at Aix-en-Provence what the discussions about 'Habitat' ought to lead to: nothing less than the formulation of a 'charter of town planning', in the widest sense, in which all the new insights in this field would be brought to a synthesis.[61] *Yet up to and including the 10th Congress 'Habitat' was mainly related to living in the immediate environment.*
As regards the young and CIAM, it was decided to pay special

Habitat en de 'jongeren'
De periode rondom de twee laatste CIAM-congressen 'oude stijl' wordt door twee onderwerpen in beslag genomen: het uitwerken van het in Hoddesdon behandelde sub-thema 'Habitat' en het eveneens in Hoddesdon vastgestelde plan om CIAM aan de jongere generatie over te dragen.[57] Beide onderwerpen zijn nauw met elkaar verweven, omdat met name door Le Corbusier (vice-president van CIAM) wordt aangedrongen om op het 9e congres, dat zomer 1953 in Aix-en-Provence plaats zal vinden, te komen tot het opstellen van een 'Charte de l'Habitat', dat zou moeten dienen als een testament van de 'ouderen' aan de 'jongeren' ter afsluiting van 25 jaar CIAM.[58] Dat dit handvest nooit officieel verschijnt, ook niet na het 10e CIAM-congres, heeft niet in de laatste plaats te maken met de verwarring omtrent het begrip 'Habitat'. De inhoud die aan 'Habitat' wordt gegeven varieert van 'wonen', de functies van 'de woning', het totale complex van 'de menselijke nederzetting' tot 'de gehele ingebruikneming van de aarde door de mens'. De CIAM-top besluit 'Habitat' te definiëren als *iets meer dan wonen en iets minder dan 'de wijk'*, n.l. *de plaats van het dagelijkse leven van de mens.*[59] Hoewel ook deze betekenis niet uitmunt in duidelijkheid, geeft het toch enigszins aan voor welk probleem de Nieuwe Bouwers zich na de oorlog zien geplaatst: vorm te geven aan het 'totale leven', een gebouwde omgeving creëren waarin de complexe functies van een 'levende nederzetting' (van gehucht tot metropool), de complexe relaties tussen mensen onderling (individu, familie, gemeenschap), mens en woning, mens en woon-omgeving, in een duidelijke relatie met en in de juiste verhouding tot elkaar, tot uitdrukking worden gebracht.[60]
Het is Hovens Greve die na het congres in Aix-en-Provence aangeeft waar de discussies over 'Habitat' toe moeten leiden: tot niets minder dan het formuleren van een 'handvest van de stedebouw', in de meest ruime betekenis, waarin alle nieuwe inzichten op dit gebied tot een synthese worden gebracht.[61] Toch zal tot en met het 10e congres 'Habitat' vnl. betrekking hebben op het wonen en de directe woonomgeving.
Wat betreft de jongeren en CIAM wordt besloten speciale aandacht te besteden aan het werk van deze groep op het 9e congres, tot het instellen van 'jongerengroepen' voor het Nieuwe Bouwen, tot het opnemen van jongere CIAM-leden in de 'top' en tenslotte tot de opdracht aan hen om het 10e congres voor te bereiden. Zo kan gezien worden of de nieuwe generatie *het talent en de vitaliteit heeft om het CIAM-werk voort te zetten.*[62]
De verhouding jongeren-ouderen speelt binnen de Nederlandse groepen ook een rol, maar men begrijpt niet waarom binnen CIAM deze zaak zo formeel benaderd wordt: in Nederland doen de jongeren vanzelfsprekend mee.[63] Wel worden eind 1952 jongeren buiten 'de 8' en 'Opbouw' uitgenodigd om in navolging van Engeland 'juniorengroepen' op te richten, echter vooral om de praktische reden dat de bestaande groepen anders te groot dreigen te worden. Op een gemeenschappelijke bijeenkomst over de 'jongeren-kwestie' lijkt nauwelijks enige sprake te zijn van tegenover elkaar liggende opvattingen. Van Eyck wijst erop dat de naoorlogse congressen wel enige invloed van de 'jongeren' hebben ondergaan, wat merkbaar is op de formulering van de nieuwe CIAM-doelstelling en bij de discussies over de 'core'; de mens staat nu meer centraal en er is een accentverschuiving van de analyse naar de synthese.[64]

Nieuwe wijkstudie 'Opbouw': Alexanderpolder
'Opbouw' zet zich inmiddels weer aan de wijkstudie, waarbij de wooneenheid ter discussie wordt gesteld.

attention to their work at the 9th Congress, to institute 'groups of the young' on behalf of 'Nieuwe Bouwen', to include younger CIAM members among the leaders and finally to commission them to prepare the 10th Congress. In this way it would be possible to see whether the new generation 'has the talent and the vitality to continue the work of CIAM'.[62]
The relationship between young and old also played a role within the Dutch groups, but they could not understand why this matter was approached so formally in CIAM, for in the Netherlands the young joined in as matter of course.[63] *At the end of 1952, however, young architects outside 'de 8' and 'Opbouw' were invited to set up 'junior groups' in emulation of England, albeit mainly for the practical reason that the existing groups threatened otherwise to become too large. At a joint meeting to discuss 'the question of the young' there seemed to be scarcely any sign of opposing opinions.*
Van Eyck pointed out that the postwar congresses had certainly been influenced by the young to some extent, as could be seen from the formulation of the new CIAM objectives and the discussions about the 'core': people now occupied a more central place and there was a shift of accent from analysis to synthesis.[64]

Alexanderpolder: 'Opbouw's' new residential area study
Meanwhile, 'Opbouw' had again addressed itself to the residential area study, the housing unit being brought up for discussion. Van Tijen had the impression that the housing unit did not really constitute a new town-planning element.
What was new, in his view, was mixed building. The housing unit was one of the possibilities for achieving this, but it had no social content like the neighbourhood or the district.
The development of a characteristic design of its own for mixed building demanded more space for experimentation than the housing unit. Bakema agreed that mixed building offered more flexibility, but he was of the opinion that the housing unit was the product of new ideas about space and relationships, a new scale of building, which, in Hovens Greve's view, could have prevented the 'blunder' of Hoogvliet (i.e. large blocks of flats).[65]
'Opbouw' got in touch with C. van Traa, the director of the Urban Development Department in Rotterdam, in order to acquire a new site within the Rotterdam expansion plan that would serve as the basis for a further study, with a possible view to realization. Van Traa responded with enthusiasm, suggesting that 'Opbouw' should turn its attention to Alexanderpolder, a part of the city to be built to the east of the Kralingse Lake. This extension was intended to have an important measure of autonomy and certainly not just to be a dormitory suburb. The plan would need to have a considerable underlying flexibility, because the future growth and spread of work opportunities could not yet be predicted, so that it would have to be capable of rapid or gradual expansion.
Account also had to be taken of the existing commune boundaries, agrarian interests (greenhouses), the existing and projected roads (including the motorway over the planned Van Brienenoord Bridge), the siting and accessibility of the work opportunities and the existing relationships between housing and work opportunities (a surplus of dwellings in Rotterdam South and a shortage in the North, which led to too much uneconomic and disproportionate traffic along the river banks with consequent traffic jams) and also and certainly not least the geographical situation: the Prins Alexanderpolder is the lowest in the Netherlands, 6.6 metres below New Amsterdam Level, and the state of the ground is extremely bad.[66] *It was precisely this last negative factor that brought 'Opbouw' to the discovery of the so-called 'vertical residential neighbourhood', a single very large block of differentiated dwellings, in which all the neighbourhood facilities were included. Stam-Beese put forward in the first instance the idea*

Van Tijen heeft de indruk dat met de wooneenheid niet een werkelijk nieuwe stedebouwkundige bouwsteen is gecreëerd; nieuw is volgens hem de gemengde bebouwing. De wooneenheid is één van de mogelijkheden om deze tot stand te brengen, maar ze heeft geen sociale inhoud zoals de buurt of de wijk. De ontwikkeling van een eigen vormgeving van de gemengde bebouwing vraagt om een grotere ruimte dan de wooneenheid om te experimenteren. Bakema is het ermee eens dat meer flexibiliteit geboden is, maar meent dat de wooneenheid de consequentie is van nieuwe opvattingen van ruimte en relaties, een nieuwe schaal van bouwen, die volgens Hovens Greve de 'blunder' van Hoogvliet (vnl. blokken etagebouw) had kunnen voorkomen.[65]
Met C. van Traa, directeur Stadsontwikkeling, wordt contact opgenomen om binnen het Rotterdamse uitbreidingsplan een nieuwe situatie als grondslag voor een verdere studie te krijgen, met een mogelijk perspectief tot realisatie. Van Traa reageert enthousiast en stelt voor dat 'Opbouw' zich buigt over het te stichten stadsdeel ten Oosten van de Kralingse Plas: Alexanderpolder.
Deze uitbreiding moet een belangrijke mate van zelfstandigheid krijgen en zeker niet alleen slaapstad worden. Een aanzienlijke flexibiliteit zal aan het plan ten grondslag moeten liggen, omdat de toekomstige groei en spreiding van de werkgelegenheid nog niet valt te voorspellen, zodat het plan snel of meer geleidelijk moet kunnen groeien. Rekening dient te worden gehouden met de bestaande gemeentegrenzen, de agrarische belangen (kassen), de bestaande en geprojecteerde wegen (o.a. de rijksweg over de geplande Van Brienenoordbrug), de ligging en bereikbaarheid van de werkgebieden en de bestaande verhoudingen tussen woon- en werkgelegenheid, (overschot aan woongelegenheid in Zuid, tekort in Noord, waardoor teveel oneconomisch en onevenredig oeververkeer: opstoppingen) en zeker niet op de laatste plaats met de geografische ligging: de Prins Alexanderpolder is de laagste in Nederland, –6,6 m N.A.P. en de bodemgesteldheid is uiterst slecht.[66] Het is juist dit laatste negatieve aspect dat 'Opbouw' op de vondst van de zgn. 'verticale woonbuurt' brengt, één zeer groot gedifferentieerd woongebouw, waarin alle buurtvoorzieningen zijn opgenomen. In eerste instantie wordt n.l. door Stam-Beese het idee geopperd om de wegen te onderheien en te combineren met bebouwing; deze gecombineerde weg-woningfundering geeft aanleiding tot een maximale bebouwingsconcentratie, zodat gedacht wordt aan enkele hoge woongebouwen boven de hoofdwegen, waardoor de grond tussen deze wegbebouwing vrij blijft voor recreatieve en agrarische doeleinden. Hoewel vooral Bakema dit idee verder zal ontwikkelen, denkt hij nog aan de mogelijkheid van laagbouw. Stam-Beese antwoordt hem echter *dat het met dat gekeutel nu eindelijk maar eens uit moet wezen.*
Groosman vindt dat de bodemgesteldheid nooit een primair uitgangspunt bij het ontwerpen van een hele stadswijk kan zijn, het is een aspect van de realisatie. Samen met Stam-Beese heeft hij schetsen gemaakt waarin de woonblokken vrij van de wegen zijn gemaakt. Enkele blokken van 2, 4, 6 en 15 woonlagen vormen een buurt van ca. 500 bij 500 m waarin verder voorzieningen als scholen en winkels aanwezig zijn. De woonblokken staan op poten (pilotis), vrij in het groen.[67] Bakema komt met een ontwerp, waarin de gehele wijk bestaat uit elf zeer grote, in aantal etages afnemende woongebouwen met aan de voet van het laagste gedeelte een laagbouwwijkje: de zgn. 'slagschepen' of 'Mammoeths' (afb. 24).
Uiteraard rijst er kritiek op elkaars plannen. Stam-Beese vindt Bakema's opzet teveel een doorsnijding van het landschap en zij is van mening dat er tussen de

of supporting all the roads on piles and combining them with building and this provision of a common foundation for roads and dwellings provided an opportunity for a maximum concentration of building, so that the idea came up of several high-rise blocks of flats above the main roads, leaving the land between the roads free for recreational and agricultural use. Although Bakema was to be mainly responsible for the further development of this idea, he was still considering the possibility of low building, but Stam-Beese answered that we must finally have done with that tinkering about now.
Groosman thought that the state of the ground could never be a primary consideration in the designing of a whole suburb; it was an aspect of the realization. In collaboration with Stam-Beese he had made sketches in which the housing blocks were separated from the roads. Several blocks of 2, 4, 6 and 15 storeys constituted a neighbourhood of approximately 500 x 500 metres, in which there were also facilities like schools and shops. The blocks, on pilotis, *were freestanding in the landscape.*[67] *Bakema came up with a design in which the whole area consisted of eleven huge stepped apartment blocks with a small area of low building at the foot of the lowest part, the so-called 'battleships' or 'mammoths' (fig. 24). Criticisms were naturally levelled by both parties at each other's plans. Stam-Beese considered that Bakema's plan cut the landscape up too much and that there was too little relationship between the blocks themselves and the blocks and their surroundings. Although she described the large scale as a positive element, the human dimension remained 2 metres, as she saw it, and this demanded a differentiation in the space around it. Bakema was of the opinion that the different blocks in Stam-Beese's plan did not achieve an expression of their own and that in addition the site was too full. In his view a clear manifestation must be given at the congress of the new possibilities that were available, both in form and in land use.*[68] *During the time that remained before the 9th Congress (July 1953) Hovens Greve and Stam-Beese tried to combine both designs in a single plan.*
The 'battleship' or 'mammoth' required a different approach from the apartment block normally built up to then; it was an entirely new form of housing, which, in Hovens Greve's view, needed further investigation. He introduced the concept of a 'vertical residential neighbourhood', making it clear that he did not want to include this type of block as part of an 'ordinary' horizontal neighbourhood. It must be made plain at the congress that every type of housing and every type of land organization had its own characteristic qualities and its own relationship to its surroundings. For example, the single-family house had private land (gardens), apartment blocks had communal land and the 'mammoth' public land (fig. 25).[69]
The final design shown by 'Opbouw' in Aix-en-Provence is an elaboration of the 'compromise' proposed by Hovens Greve and Stam-Beese (figs. 26a and b). The various types of housing to be found in the Netherlands were applied in such a way as to create a clear interrelationship in repeatable housing units, which in their turn formed a neighbourhood unit for around 4,000 inhabitants. The enlargement of scale represented by the neighbourhood unit made it possible to accommodate all the existing housing types, from single-family house to apartment block, in the various housing units. In this way Alexanderpolder consisted of two lots of four neighbourhood units, three 'vertical' residential neighbourhoods, each for around 350 families, and a large centre or 'core' with provisions at both district and regional level.
'Opbouw' regarded the fact that all types of dwelling were present in the immediate vicinity of each neighbourhood (detached house, terrace house, flats and gallery apartments, maisonettes and high-rise blocks of flats) as a stimulus to the development of a more completely integrated society, since

blokken onderling en de blokken en de omgeving te weinig relatie bestaat. Hoewel zij de grote schaal een positief element noemt, blijft voor haar de menselijke maat 2 m; deze vraagt een differentiatie van de ruimte om zich heen. Bakema is van mening dat in het plan van Stam-Beese de verschillende bouwblokken niet tot een eigen uitdrukking komen, bovendien is het terrein te vol. Op het congres moet volgens hem een duidelijke manifestatie worden gegeven van de nieuwe mogelijkheden die aanwezig zijn, zowel in vorm als in bodemgebruik.[68] De resterende tijd tot het 9e congres (juli 1953) trachten Hovens Greve en Stam-Beese beide ontwerpen tot één plan samen te voegen.
Het 'slagschip' of de 'Mammoeth' vergt een andere benadering dan het tot nu toe gebruikelijke woongebouw, het is een geheel nieuwe woonvorm, die verder onderzocht moet worden, volgens Hovens Greve. Hij introduceert het begrip 'verticale woonbuurt', waarmee hij aangeeft dit type niet als onderdeel van een 'gewone' horizontale buurt te willen opnemen. Op het congres moet worden duidelijk gemaakt dat iedere woonvorm en elke verkavelingsvorm eigen karakteristieke eigenschappen hebben en een eigen relatie tot de omgeving: zo heeft b.v. het eengezinshuis privé-grond (tuintjes), etagebouw gemeenschappelijke grond en de 'Mammoeth' openbare grond (afb. 25).[69]
Het uiteindelijke ontwerp dat 'Opbouw' in Aix-en-Provence laat zien is een uitwerking van het compromis dat Hovens Greve en Stam-Beese hebben voorgesteld (afb. 26a en b). De verschillende in Nederland voorkomende woningtypen zijn zo toegepast, dat een duidelijke onderlinge relatie ontstaat in herhaalbare wooneenheden, die op hun beurt een buurteenheid vormen voor ca. 4000 inwoners.
De schaalvergroting van de buurteenheid maakt het mogelijk alle bestaande woningtypen in de verschillende wooneenheden onder te brengen: van eengezinshuis tot woongebouw. Alexanderpolder bestaat zodoende uit 2 maal 4 buurteenheden, 3 'verticale' woonbuurten elk voor ca. 350 gezinnen en een uitgebreid centrum, 'core', met voorzieningen op zowel wijk- als streekniveau.
Het feit dat alle woonvormen in de onmiddellijke omgeving van elke wooncel (individueel huis, rijenhuis, etage- en galerijwoning, maisonette en hoogbouw) aanwezig zijn, acht 'Opbouw' een stimulans voor de ontwikkeling van een vollediger samenleving, omdat alle woonperioden en dus ook alle leeftijdsgroepen zijn vertegenwoordigd in de dagelijkse omgeving van ieder. *Daardoor kan tevens een architectonisch-stedebouwkundige verlevendiging en schaalvergroting worden bereikt i.p.v. de monotonie, die zich in de na-oorlogse periode dreigt te ontwikkelen. Alexanderpolder is een poging om het leven in een wijk, het wonen, het verkeer, de recreatie, als een zo volledig mogelijk geheel te doorgronden.*[70]
Het enige ontwerp dat op het rommelige congres in Aix-en-Provence alom respect afdwong was Alexanderpolder, dat voortbordurend op de Pendrechtstudies en in het kader van het thema 'Habitat' een duidelijk probleem stelt: de herhaalbare groepering van gemengde bebouwing. Het is waarschijnlijk mede hierom dat Giedion het volgende congres graag in Nederland zou willen houden.[71]

Bakema en 'Team 10'

Op de nabespreking die 'de 8' en 'Opbouw' aan het congres besteedt, wordt op voorstel van Hovens Greve een werkgroep gevormd die een concreet plan voor dit 10e congres moet voorbereiden. In het team zitten jongeren en ouderen: Van Eyck, Bakema, van Ginkel, Stam en Hovens Greve.
Op dezelfde bijeenkomst komen in een ander verband twee gezichtspunten naar voren die een belangrijk stempel zullen drukken op de verdere werkzaamheden van

all periods of housing and thus all age-groups were represented in each individual's everyday environment.
By this means it is also possible to achieve an architectural and town-planning enlivenment and enlargement of scale in place of the monotony that threatens to develop in the postwar period. Alexanderpolder is an attempt to sound out the life in a district, housing, traffic and recreation, as the most perfect possible whole.[70]
The only design that compelled universal respect at the disorderly congress at Aix-en-Provence was Alexanderpolder, which, elaborating on the Pendrecht studies and in the context of the 'Habitat' theme, posited a clear problem: the repeatable grouping of mixed building. It was probably partly because of this that Giedion would have liked the next congress to be held in the Netherlands.[71]

Bakema and 'Team 10'

At the discussion held on the congress by 'de 8' and 'Opbouw' after it ended a working group was formed at Hovens Greve's suggestion to prepare a concrete plan for this 10th Congress. It included both younger and older architects: Van Eyck, Bakema, Van Ginkel, Stam and Hovens Greve.
At the same meeting two points-of-view came to the fore in another context, which were to make an important mark on the further activities of 'Opbouw' and which illustrate the slumbering conflict between young and old in a certain way. In a discussion on town planning and architecture criticism arose of the postwar extensions, including Geuzenveld in Amsterdam. Van Tijen stood up for the plan, which he felt was symptomatic of the stature that CIAM had acquired, for after all a CIAM town planner (Van Eesteren) was working here in collaboration with CIAM architects (Van Tijen, Van den Broek & Bakema and Merkelbach & Elling). It was gratifying that what had been proposed in 1930 was now in process of becoming a reality, a touchstone for the value of our ideas and capabilities. *What was now being created must be compared with what had been built before the war and not with what might further be possible today. Thus Van Tijen considered it important that this stage was brought to a conclusion in concert, i.e. with the young, before a new stage was ushered in. It was destructive to criticize too much now.*[72]
This stance seemed clearly directed at the criticisms of the young, which in due course were put into words by Bakema in particular: Now, in 1953 non-creativity again constitutes a threat, for the extensions of our cities are after all certainly not what they were intended to be at La Sarraz (. . .) Massification is being built by our hands (. . .) To build mass housing one must now be possessed of the following qualities: 1. be a member of the political party from which burgomasters and altermen come; 2. be able to co-operate tactically with their high and low local government officers and above all not talk about architecture; 3. build up relationships with building firms, based on 1 and 2; 4. offer cheap solutions to ministries via a combination of 1, 2 and 3; 5. build in large quantities, preferably not below 500, if you please!!!
Results: Salvation Army cities, decorated with ivory towers, around their proselytizing centres.[73] *Both messages are clear enough: Van Tijen wanted to elaborate still further the results already achieved, while Bakema held that an entirely new creative approach was needed.*
Bakema acquired a great influence on the entire CIAM organization when he was officially appointed secretary of the preparatory committee for the 10th Congress in July 1954.[74]
This committee, known as 'Team 10', was a direct product of the working group initiated by Hovens Greve to study a plan for the coming congress, which had in the meantime held a meeting along with the 'young' English architects, Smithson and Voelcker. This meeting had led to a declaration about

'Opbouw' en die op een bepaalde manier het sluimerende jongeren-ouderenconflict illustreren. In een discussie over stedebouw en architectuur rijst kritiek op de naoorlogse uitbreidingen, waaronder de wijk Geuzenveld in Amsterdam. Van Tijen breekt een lans voor het plan, dat volgens hem symptomatisch is voor de gestalte die de CIAM heeft gekregen, immers hier werkt een CIAM-stedebouwer (Van Eesteren) samen met CIAM-architecten (Van Tijen, Van den Broek & Bakema en Merkelbach & Elling). Het is verheugend dat wat in 1930 gesteld werd, nu realiteit aan het worden is: *een toetssteen voor de waarde van onze ideeën en of we het kunnen.* Wat nu tot stand komt, moet vergeleken worden met wat er voor de oorlog werd gebouwd en niet met wat er vandaag al weer mogelijk zou zijn. Van Tijen vindt het daarom belangrijk dat deze fase gezamenlijk, dus met de jongeren, wordt afgemaakt, alvorens een nieuwe fase in te luiden. Het is destructief om nu al te veel te critiseren.[72]

Deze stellingname lijkt duidelijk op de kritiek van de jongeren gericht, die in de loop der tijd met name door Bakema is verwoord: *Nu in 1953 dreigt opnieuw de non-creativiteit, want de uitbreidingen van onze steden zijn toch zeker niet zoals ze in La Sarraz werden bedoeld (...)*
De massaficatie wordt gebouwd met onze handen (...)
Om volkshuisvesters te zijn moet men nu beschikken over de volgende kwaliteiten: 1. lid zijn van de politieke partij waaruit burgemeesters en wethouders komen; 2. tactisch kunnen omgaan met hun hoge en lage ambtenaren en vooral niet spreken over architectuur; 3. relaties opbouwen met bouw-industrieën, gebaseerd op 1 en 2; 4. goedkope oplossingen bieden aan ministeries, door een combinatie van 1, 2 en 3; 5. bouwen in grote hoeveelheden, liever niet beneden de 500 s.v.p.!!!
Gevolg: Leger des Heilssteden, versierd met ivoren torens, rondom hun bekeringscentra.[73]

Beide boodschappen zijn duidelijk: Van Tijen wil de reeds bereikte resultaten verder uitwerken, terwijl Bakema meent dat een geheel nieuwe creatieve benadering noodzakelijk is.

Bakema krijgt grote invloed op de gehele CIAM-organisatie, wanneer hij in juli 1954 officieel tot secretaris van het voorbereidingscomité van het 10e CIAM-congres wordt benoemd.[74] Dit z.g. 'Team 10' is een direct uitvloeisel van de door Hovens Greve in leven geroepen werkgroep die zich zou buigen over een plan voor het komende congres. Inmiddels is deze groep bijeen geweest samen met de 'jongere' Engelsen Smithson en Voelcker. De bijeenkomst heeft geleid tot een verklaring over 'Habitat', waarin de nadruk wordt gelegd op de 'menselijke verhoudingen' in de verschillende nederzettingsvormen (vrijstaand huis, dorpen, provinciesteden en metropolen): de 'scale of associations'. Dat zou het voornaamste doel zijn van een op te stellen 'Charte de l'Habitat', omdat het oude 'Charte d'Athènes', dat nog te veel gezien wordt als hét CIAM-handvest, juist op dit punt ontoereikend wordt geacht: het schenkt geen aandacht aan de samenleving als totaliteit.[75] De inhoud die aan 'Habitat' gegeven wordt is dus sinds de introductie van het begrip in Hoddesdon eigenlijk precies dezelfde gebleven en zal ook niet meer wezenlijk veranderen. Op de bijeenkomst van de CIAM-raad, waar het 'Team 10' is geïnstalleerd, wordt echter door Le Corbusier en Sert (president CIAM) besloten af te zien van het opstellen van een Charte; het congres moet een idee aanreiken in de vorm van opmerkingen en aanbevelingen en niet met een afgerond handvest komen. De vele pogingen van 'Team 10' om 'Habitat' nog verder uit te diepen, leiden niet tot een beoogde verheldering van het begrip. De uiteindelijke titel voor het 10e congres, 'Habitat, probleem van onderlinge betrekkingen', geeft dit enigszins aan, evenals het

'Habitat' in which the emphasis was placed on 'human proportions' in the various forms of settlement (isolated house, village, provincial town and metropolis): the 'scale of associations'. This would be the principal objective of a 'Charte de l'Habitat' to be drawn up, because the old 'Charte d'Athènes', which was still too much regarded as the CIAM charter, was regarded as inadequate on precisely this point: it paid no attention to society as a whole.[75] *Thus the interpretation given of 'Habitat' had actually remained exactly the same since the introduction of the concept at Hoddesdon and it was not to undergo any fundamental change later either.*

However, at the meeting of the CIAM Council at which 'Team 10' was installed Le Corbusier and Sert (the president of CIAM) decided not to proceed with drawing up a charter. The congress must pass on an idea in the form of comments and recommendations and not come up with a complete charter. 'Team 10's' various attempts to explore the concept of 'Habitat' still further did not produce the elucidation aimed at. The final title for the 10th Congress, 'Habitat, the problem of mutual relationships', indicates this to some extent, as does the manifold use of English concepts, such as 'the greater reality of the doorstep' (the relationship between inside and outside, dwelling and surroundings), 'the aesthetics of Number' (the repetition of dwellings, housing units), 'growth and change' (flexible housing) and 'visual group' (a grouping of building in such a way that it can be taken in at a glance as a 'unit').[76]

Le Corbusier, who had appointed himself adviser to 'Team 10', put this all down to the 'youthful inexperience' of the 'Team 10' members.[77]

In the Netherlands Van Tijen regarded 'Team 10's' individual and 'poetic' use of language as inappropriate, offering it as his advice that the subject should be discussed lucidly and soberly.[78] *But in any case it was considered that the preparations for the congress had not reached a stage at which it would be possible for the 10th Congress to take place in Algiers in the summer of 1955 as planned, so it was postponed for a year with Dubrovnik as the new venue.*[79]

Reality and utopia: 'Opbouw and the extensions'

The 'Habitat' problem occasioned many discussions about town planning and the relationship between architect and town planner within 'Opbouw' and at the joint meetings with 'de 8', in which the postwar extensions Zuidwijk, Pendrecht (Rotterdam), Slotermeer, Geuzenveld (Amsterdam) and Westwijk (Vlaardingen), plus the 'Opbouw' studies for Pendrecht and Alexanderpolder generally served as examples. Van Tijen, for instance, was of the opinion that the first Pendrecht studies were too tyrannical in respect of the architect and that this became even worse in the further study. In connection with his town-planning activities at Vlaardingen he said that even 'a Pouderoyen' (an architect put forward here as a symbol of the non- 'Nieuwe Bouwen' architect, J.S.) ought to be able to build in his plan according to his own ideas, which was why he had offered the architects the maximum freedom for development in the structure of Westwijk (fig. 27). He warned against too much personal expression and thought that a town-planning project ought to start from the meeting of the essential material needs of the individual and freedom of choice as regards lifestyle. Thus the chioce between high-rise and low building could only be approached from the standpoint of reality: approximately 45% of the population consisted of families with children under thirteen, so that between 45% and 50% of the dwellings built ought to be at ground level.[80]

This down-to-earth approach in no way reveals the doubt felt by most of the 'Nieuwe Bouwen' architects about the shortcomings of the extensions. This doubt was probably

veelvuldig gebruik van Engelse begrippen als 'the greater reality of the doorstep' (de relatie binnen-buiten, woning-omgeving), 'the aesthetics of Number' (de herhaling van woningen, wooneenheid), 'growth and change' (flexibiliteit woningen) en 'visual group' (een dusdanige groepering van bebouwing, die door het oog als eenheid kan worden overzien).[76]
Le Corbusier, die zichzelf tot adviseur van 'Team 10' heeft benoemd, wijdt dit alles aan de 'jeugdige onervarenheid' van de 'Team 10'-leden.[77]
In Nederland vindt Van Tijen het persoonlijk en 'poëtisch' woordgebruik dat 'Team 10' bezigt onjuist: het onderwerp moet helder en nuchter worden besproken.[78] In ieder geval acht men de voorbereiding van het congres niet in het stadium dat het 10e congres, dat in de zomer van 1955 in Algiers was gepland, doorgang kan vinden en wordt het een jaar uitgesteld met als congresplaats Dubrovnik.[79]

Realiteit en utopie: 'Opbouw' en de uitbreidingen
Het probleem 'Habitat' geeft binnen 'Opbouw' en op de bijeenkomsten samen met 'de 8' aanleiding tot vele gesprekken over stedebouw en de verhouding architect-stedebouwer. Hierbij dienen meestal de naoorlogse stadsuitbreidingen Zuidwijk, Pendrecht (Rotterdam), Slotermeer, Geuzenveld (Amsterdam), Westwijk (Vlaardingen) en de 'Opbouw'-studies voor Pendrecht en Alexanderpolder als voorbeelden. Zo is Van Tijen van mening dat de eerste Pendrecht-studies te tyranniek waren t.a.v. de architect, iets wat in de verdere studie nog is verergerd. Naar aanleiding van zijn stedebouwkundige werkzaamheden in Vlaardingen zegt hij dat ook 'een Pouderoyen' (een architect die hier als het symbool van een niet-Nieuw Bouwer wordt opgevoerd, J.S.) in zijn plan moet kunnen bouwen volgens eigen inzicht, vandaar dat hij in de structuur voor Westwijk (Vlaardingen) een maximale ontwikkelingsvrijheid aan de architecten biedt (afb. 27). Hij waarschuwt voor te veel persoonlijke expressie en ziet als uitgangspunten voor een stedebouwkundig plan het voldoen aan de wezenlijke materiële behoeften van de mens en de vrijheid van levenskeuze; de keuze tussen hoog- en laagbouw kan daarom alleen uit de realiteit worden benaderd: ca. 45% van de bevolking bestaat uit gezinnen met kinderen onder de dertien jaar, daarom moeten er tussen de 45% en 50% beganegrondwoningen worden gebouwd.[80]
Uit deze nuchtere benadering spreekt bepaald niet de twijfel die het merendeel van de Nieuwe Bouwers heeft over de tekortkomingen in de uitbreidingen. Deze twijfel wordt waarschijnlijk het scherpst verwoord door Hartsuyker die zich afvraagt *wat het is dat hij niet in Slotermeer of Geuzenveld wil wonen en niet weet waarom.*
Zelfs 'functionalisten' van het eerste uur lijken het niet meer te weten: Merkelbach en Kloos vinden dat 'het essentiële' hun steeds ontsnapt.
Van Gool brengt het probleem van het ruimtebeeld in de stadsuitbreidingen ter tafel; steeds is uitgegaan van afzonderlijke bouwblokken, waardoor de stedelijke ruimte is gedegradeerd tot een *bepaalde hoeveelheid lucht, cq. wind, tot een optisch onmeetbare dus onsamenhangende ruimte.*[81]
Het is deze onmeetbare ruimte die 'Team 10' te lijf wil gaan met het begrip 'visual group; dat wat door het oog als eenheid wordt ervaren' en waar 'Opbouw' alternatieven voor tracht te ontwikkelen in de verdere studie voor Alexanderpolder.
Voor de afdeling 'bouwen en wonen' van de tentoonstelling *E '55*, die in Rotterdam zal plaatsvinden (1955), is een grote maquette van een stadswijk gepland met als titel *de stad van morgen... die nu gebouwd zou kunnen worden.*
Bakema, die met zijn bureau de leiding over de afdeling

expressed most acutely by Hartsuyker, who enquired, Why is it that one doesn't want to live in Slotermeer or Geuzenveld and don't know why? Even 'Functionalists' of the first hour did not seem to know this any more. Merkelbach and Kloos also found that 'the fundamental point' invariably escaped them.
Van Gool brought up the problem of the spatial image in the urban extensions. These had always started from separate blocks of building, so that urban space had become downgraded to *a given amount of air, or in this case wind, to a space that cannot be measured by the eye and thus lacks coherence.*[81] *It was this unmeasurable space that 'Team 10' wanted to tackle with the concept 'visual group', that which the eye can experience as a unified entity and for which 'Opbouw' tried to develop alternatives in the further study for Alexanderpolder.*
For the section on 'building and housing' in the exhibition E '55 *that was to be held in Rotterdam (1955) a large maquette of an urban area was planned under the title* the city of tomorrow . . . that ought to be built now. *Bakema, who, with his office, was in charge of this section, suggested to both 'de 8' and 'Opbouw' that the Alexanderpolder Plan should be used for this and everyone agreed.*[82] *The detailing of the housing complexes at a scale of 1:200 (fig. 26b) forced the 'Opbouw' members who worked on them to give them three-dimensional form and, according to Bakema, among others, they learned a great deal from this about the putting into practice of the 'Team 10' ideas, i.e. about 'Habitat'.*[83] *In order to make the plan as realistic as possible and to get an idea of what the consequences of the Habitat theories applied would be, 'Opbouw' wanted to test the design and the types of dwelling developed against the available normative studies (the reports of the Building Centre, the provisional results of the study* Functional bases for housing architecture, *the architects' programme and several studies by the Rotterdam Urban Development Department). For the technical and industrial side they wanted to get in touch with TNO and the Stichting Ratiobouw.*[84] *But voices were also raised in favour of precisely abandoning reality and working on plans for the future. Bakema and Van Eyck in particular were greatly in favour of this, wanting to embark on a further development of the 'vertical residential neighbourhoods' in the form of the 'battleships'. Van Tijen had objections to these, regarding this as a problem of scale and farm, which he did not regard as a realistic starting-point. He continued to press for a study of basic principles, in which* the fundamental needs of each member of society ought to stand central.[85]

'50+ and 50–': the generation conflict
Some attemps on these lines by Van Tijen himself constituted the major part of the Dutch report for the 10th CIAM Congress at Dubrovnik at the beginning of August 1956.[86] *In addition there was also a further development by Bakema of the second plan for Alexanderpolder, which had been reduced as far as the built-up area was concerned to four large housing units, 60% of which was constituted by high-rise buildings (fig. 28). These two pieces of work clearly illustrate the difference in approach between Bakema and Van Tijen and are thus almost symptomatic of the developments at the 10th Congress in Yugoslavia, where a break took place in CIAM. The 'old' CIAM leadership (Giedion, Le Corbusier, Gropius and Sert) had already announced at the beginning of the congress that it no longer wanted to expend time or work on the movement; the younger generation must now carry on with CIAM or even just shut up shop (Van Eesteren). At this the young seized their chance and decided on a complete reorganization, which must lead to a 'new-style' CIAM.*[87] *Thus the conflict between 'young and old', which had already been fermenting for years, came to a head, but it actually also*

heeft, stelt zowel 'de 8' als 'Opbouw' voor om hiervoor het Alexanderpolderplan te gebruiken, waarmee iedereen accoord gaat.[82] Door het op schaal 1 : 200 detailleren van de woningcomplexen (afb. 26b) worden de 'Opbouw'-leden die eraan meewerken gedwongen driedimensionaal vorm te geven, waarvan volgens o.a. Bakema veel geleerd is t.a.v. het in praktijk brengen van de 'Team 10'-ideeën, oftewel 'Habitat'.[83] Om het plan zo reëel mogelijk te maken en om een indruk te krijgen wat de consequenties van de gehanteerde theorieën over 'Habitat' zijn, wil 'Opbouw' het ontwerp en de ontwikkelde woningtypen toetsen aan ter beschikking staande normatieve studies (rapporten Bouwcentrum, de voorlopige resultaten van de studie *Functionele grondslagen voor de woningarchitectuur,* het architectenprogramma en enkele studies van de dienst Stadsontwikkeling Rotterdam). T.a.v. de technische en industriële kant van het bouwen wil men contact met TNO en de Stichting Ratiobouw.[84] Er gaan echter ook stemmen op om de realiteit juist te verlaten en te werken aan toekomstplannen. Vooral Bakema en Van Eyck voelen hier veel voor en willen de verticale woonbuurten in de vorm van de 'slagschepen' verder ontwikkelen. Van Tijen heeft bedenkingen tegen de 'slagschepen' en beschouwt het als een schaal- en vormprobleem, dat hij geen reëel uitgangspunt vindt. Hij hamert op het totstandbrengen van grondslagenonderzoek, waarbij *de wezenlijke behoeften van ieder maatschappijlid centraal dienen te staan.*[85]

'+50 en –50': het generatieconflict

Enkele aanzetten hiertoe van Van Tijen zelf vormen het grootste deel van het Nederlandse rapport voor het 10e CIAM-congres in Dubrovnik, begin augustus 1956.[86] Daarnaast ligt er het door Bakema verder ontwikkelde 2e plan voor Alexanderpolder dat qua bebouwd oppervlak is gereduceerd tot vier zeer grote wooneenheden, waarin 60% hoogbouw is opgenomen (afb. 28). Deze twee 'werkstukken' illustreren duidelijk het verschil in benadering tussen Bakema en Van Tijen en zijn daarom welhaast symptomatisch voor de ontwikkelingen op het 10e congres in Joegoslavië, waar het tot een breuk binnen de CIAM komt. Al aan het begin van het congres laat de 'oude' CIAM-top (Giedion, Le Corbusier, Gropius en Sert) weten tijd noch werk meer in de beweging te willen stoppen; de jongere generatie moet CIAM maar voortzetten of zelfs opdoeken (Van Eesteren). De jongeren nemen hun kans waar en besluiten tot een algehele reorganisatie, die moet leiden naar een CIAM-nieuwe stijl.[87] Het al jaren slepende 'jongeren-ouderenconflict' bereikt hiermee een hoogtepunt, maar houdt eigenlijk direct op te bestaan omdat de 'ouderen' zich terugtrekken zonder precies uit te leggen waarom. De enige die als 'oudere' het generatieconflict en daarmee de breuk onder woorden tracht te brengen is Van Tijen.

In een emotionele brief, direct na het congres in de trein terug naar Nederland geschreven, spreekt hij over de ouderen als 'wij' en '+50' en over de jongeren als 'jullie' en '–50'.[88] *Onze generatie was het te doen om de concretisering van het werk van de Stijlgroep en jullie willen ons weer 'abstraheren' (...) Jullie vinden ons werk van tegenwoordig leeggebloed, zonder de elan en de eerlijke beperktheid van vroegere jaren (...) Van ons uit gezien heeft bij jullie de persoonlijke artistieke kant te eenzijdig jullie belangstelling, of beter gezegd het leven interesseert jullie wel hevig en echt, maar in de haast willen jullie het alleen direct, persoonlijk verbeelden (...) Daardoor krijgt jullie werk, dat in de veelheid van opgaven dikwijls snel tot stand moet komen vaak voor 'ons' en ook voor anderen, iets ondoorwerkts, rhetorisch, ik zou bijna zeggen demagogisch, want de onafheid wordt niet als zodanig erkend. Op het congres was dit zeer duidelijk (...)*

immediately ceased to exist, because the 'old' withdrew without saying exactly why they were doing so. The only one who tried as one of the 'old' to put the conflict between the generations, and with it the break, into words was Van Tijen. In an emotional letter written immediately after the congress in the train on the way back to the Netherlands he spoke of 'the old' as 'we' and '50+' and 'the young' as 'you' and '50–'[88]*:* The object of our generation was to concretize the work of the De Stijl group and you want to make us 'abstract' again (. . .) You regard our work of today as drained of life, lacking the elan and the honest limitation of earlier years (. . .) In our view the personal artistic side receives a disproportionate amount of your attention, or rather you certainly have a genuine and passionate interest in life, but in your haste you only want to represent it directly and personally (. . .) Because of this your work, which in the multiplicity of commissions frequently has to be done quickly, often has for 'us' and for others as well something insufficiently thought through about it, something rhetorical, I would almost say demagogic, for the incompleteness is not recognized as such. At the congress this was very clear (. . .) Scandalous densities ('back to urbanity'), flirtation with high-rise building and plasticity (. . .) With all our admiration for your work, it has for us, as I said, something demagogic about it, of which you yourselves are the biggest victims, a speechifying with fine formal words that skates over the real questions and passes them by.

It seems like that to us because you have abandoned something prematurely which you ought first to have completed with us, something that was and is a common task and responsibility . . . In our view CIAM must be further developed not only or mainly artistically and in respect of form, but also and above all in respect of its social, technical and functional principles. In that respect virtually everything still remains to be done. *Finally he hoped that 'we' and 'you' would still continue to have some contact with each other, because he regarded this as necessary for both parties.*

The end of CIAM, 'de 8' and 'Opbouw'

After the congress it was to be over a year before the reorganization of CIAM became a fact: at the beginning of September 1957 it was decided in La Sarraz to disband the national groups, so that in future CIAM would have only individual members. The name was changed to 'CIAM working group for the formation of social-visual relationships' and the leadership rested with Bakema, the general secretary.[89] *As a result of the dissolution of CIAM 'de 8' and 'Opbouw' also disbanded themselves, a small group (Bakema, Hartsuyker, Hovens Greve and Van Tijen) undertaking to try to formulate a common basis for a new working group.*[90]

This 'reorganization' too took over a year, but failed to produce any clear result. Opinions were too widely divided,[91] *so that at the 'final' 'de 8' and 'Opbouw' meeting on 26 October 1957 the complete dissolution of the Dutch CIAM group was unanimously agreed on, so that others who did not now belong to the 'exclusive' groups of 'Nieuwe Bouwen' architects would also be able to develop new initiatives under less of a restraint.*[92]

After 1957 Bakema and Van Eyck in particular were to express their views in, among other places, the periodical Forum, *of which they became the editors in 1959.*[93]

Forum was to continue until 1962 to publicize the ideas of the 'young' as formulated by 'Team 10' since the congress at Aix-en-Provence. The last congress still to be linked with the name CIAM was the new-style CIAM Congress that took place in Otterlo in 1959 and in which only two of the 'old' took part (fig. 29). At this congress, according to Bakema, the aggressive 'Team 10' movement finally got the upper hand: the name CIAM was abolished and the old congresses were to

Schandelijke dichtheden ('back to urbanity'), geflirt met hoogbouw en plasticiteit (...) Voor ons heeft bij alle waardering, jullie werk zoals ik al zeide iets demagogisch, waarvan jullie zelf het meeste de dupe worden, een praten met mooie(?) vorm-woorden over en om de werkelijke vraagstukken heen. Voor ons komt dat, omdat jullie voortijdig iets hebben losgelaten, dat jullie eerst met ons hadden moeten voltooien, iets dat een gezamenlijke taak en verantwoordelijkheid was en is (...) Voor ons moet CIAM niet alleen of hoofdzakelijk artistiek en in de vorm verder worden ontwikkeld, maar vooral ook in zijn maatschappelijke, technische en functionele grondslagen. Daar is nog vrijwel alles aan te doen. Tenslotte hoopt hij dat 'wij' en 'jullie' nog iets met elkaar te maken zullen hebben, want dat acht hij voor beide partijen noodzakelijk.

Opheffing CIAM, 'de 8' en 'Opbouw'

Het zal ruim een jaar duren voordat de reorganisatie van CIAM een feit is: begin september 1957 wordt in La Sarraz besloten de nationale groepen te ontbinden, zodat in de toekomst CIAM alleen nog individuele leden telt. De naam is veranderd in *CIAM-werkgroep voor de vorming van sociaal-visuele betrekkingen,* waarvan de leiding bij Bakema, algemeen secretaris, berust.[89] Als gevolg van de ontbinding van CIAM heffen ook 'de 8' en 'Opbouw' zichzelf op: een klein groepje (Bakema, Hartsuyker, Hovens Greve en Van Tijen) onderneemt een poging om een gemeenschappelijk uitgangspunt als basis voor een nieuwe werkgroep te formuleren.[90]

Ook deze reorganisatie neemt ruim een jaar in beslag, echter zonder een duidelijk resultaat. De meningen liggen te ver uiteen[91] zodat in de 'allerlaatste 8 en Opbouwbijeenkomst' op 26 oktober 1957 unaniem besloten wordt tot de volledige opheffing van de Nederlandse CIAM-groep, waardoor anderen, die nu niet tot het 'exclusieve' groepje Nieuwe Bouwers behoren, minder geremd zullen zijn nieuwe initiatieven te ontplooien.[92]

Na 1957 zullen vooral Bakema en Van Eyck van zich doen spreken, o.a. in het tijdschrift *Forum,* waarvan zij in 1959 de redactie mogen vormen.[93]

Forum zal tot in 1962 de ideeën van de 'jongeren' zoals die sinds het congres in Aix-en-Provence door 'Team 10' zijn geformuleerd, naar buiten brengen. Het laatste congres waar de naam CIAM nog aan verbonden is, is het CIAM-congres nieuwe stijl dat in 1959 in Otterlo plaatsvindt, en waar slechts twee 'ouderen' aan deelnemen (afb. 29). Op dit congres krijgt volgens Bakema de agressieve 'Team 10'-stroming definitief de overhand; de naam CIAM wordt geschrapt en de oude congressen zullen voortleven in een 'postbus' op het adres van het bureau van Bakema: *BPH* (Boîte Postale pour le développement de l'Habitat; postbus voor de ontwikkeling van Habitat), Posthoornstraat 12, Rotterdam.[94]

Jeroen Schilt

live on only in a 'Post Office Box' at the same address as Bakema's office (Boîte Postale pour le développement de l'Habitat) Posthoornstraat 12, Rotterdam.[94]

Jeroen Schilt

?

Zijn dat prentjes van een oud stadje, aan het een of ander boek ontleend? Vindt men hier de kleine bedrijfjes van handwerkers, van meester en gezellen?
Werden die bedrijfjes en woninkjes eeuwen geleden in naieve eenvoud opgetrokken door de dorpstimmerman?
Neen! het zijn schetsen volgens welke een der bijna geheel verwoeste steden in Nederland wederopgebouwd wordt . . . anno 1945-46-47!
Oh look, what's this? Pictures of some old-time little town, surely, taken from some guide-book! Where are the small workshops run by craftsmen, the master with his journeymen? Have those tiny living houses and shops, built by the village carpenter, stood there for centuries? . . . No! these are sketches showing how they are going to rebuild — A.D. 1945-46-47 — one of the Dutch towns that was almost completely destroyed during the war . . .

1
Open Oog, nr. 2 (1947), p. 10.

2
CIAM-top in Bridgwater, 1947; vlnr: J.L. Sert (V.S.), op congres gekozen tot CIAM-president als opvolger van zijn buurman C. van Eesteren (Nederland). Daarnaast S. Giedion (Zwitserland), algemeen secretaris van 1930-1957.
The leaders of CIAM at Bridgwater, 1947, from left to right: J.L. Sert (U.S.), elected president of CIAM at the congres as the successor to his neighbour C. van Eesteren (Netherlands) and beside him S. Giedion (Switzerland), general secretary from 1930 to 1957.

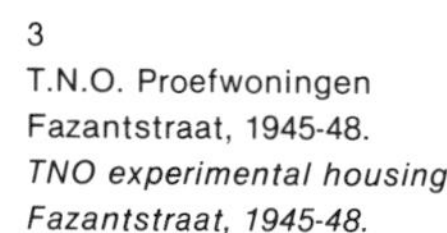

3
T.N.O. Proefwoningen Fazantstraat, 1945-48.
TNO experimental housing, Fazantstraat, 1945-48.

4
J.B. Bakema, Directiegebouwtje T.N.O., Fazantstraat, 1946 (afgebroken).
TNO site-office, Fazantstraat, 1946 (demolished).

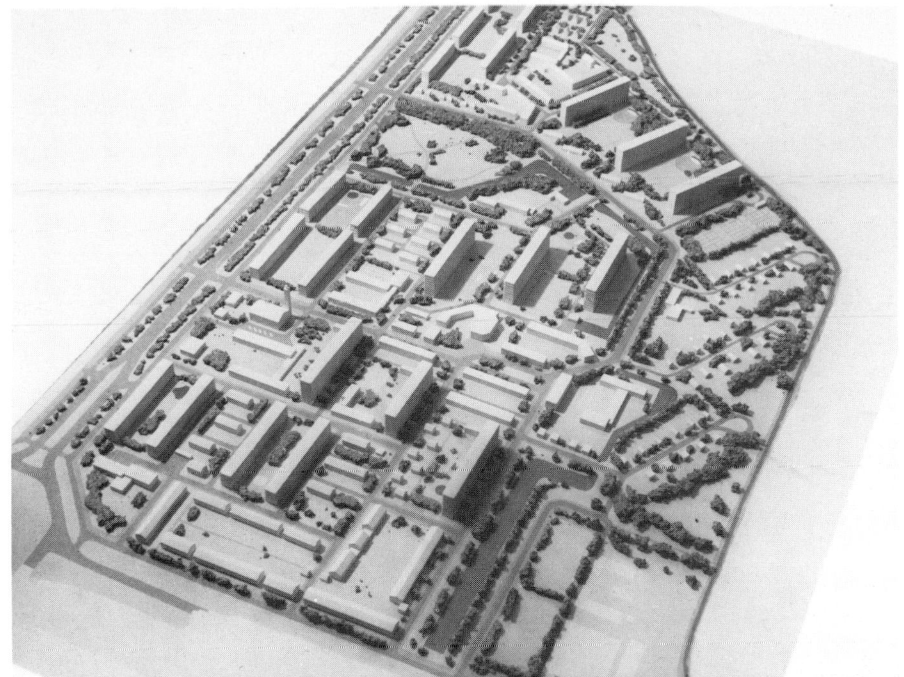

5
L. Stam-Beese (Dienst Stadsontwikkeling), Ontwerp Kleinpolder Oost (Overschie), 1947.
Design for Kleinpolder East (Overschie), 1947.

6
J.B. Bakema (Dienst Volkshuisvesting), ontwerp Kleinpolder, 1947.
Design for Kleinpolder, 1947.

7
'Wonen in het groen', Kleinpolder, 1953.
'Living amid greenery', Kleinpolder, 1953.

8a/8b
R. de Vries, Woningbouw Kleinpolder, 1947-50; systeem *Kossel:* wanden vervaardigd van op het werk gestorte beton.
Kleinpolder housing, 1947-50; Kossel *system: walls made of concrete poured in situ.*

9a/9b
Van den Broek & Bakema, Woningbouw Kleinpolder, 1952-54; systeem *Baksteen Montagebouw:* prefab vloer- en wandelementen worden op het werk gemonteerd, gevel opgebouwd uit mechanisch gemetselde baksteenelementen.

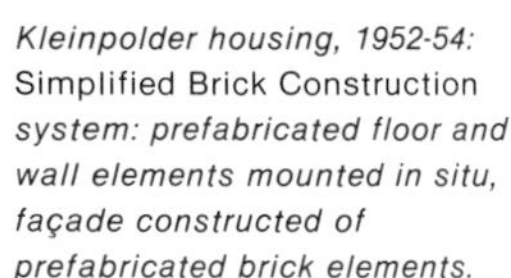

Kleinpolder housing, 1952-54: Simplified Brick Construction *system: prefabricated floor and wall elements mounted in situ, façade constructed of prefabricated brick elements.*

10a/10b
Wijmer en Breukelman, Woningbouw Kleinpolder, 1947-52; systeem *Systeembouw:* skeletconstructie waarbij kolommen, balken, raamspanten en gevelelementen kant en klaar op bouwplaats worden afgeleverd.
Kleinpolder housing, 1947-52; Systeembouw *system: skeleton construction in which columns, beams, window frames and façade elements are delivered to the site ready-made.*

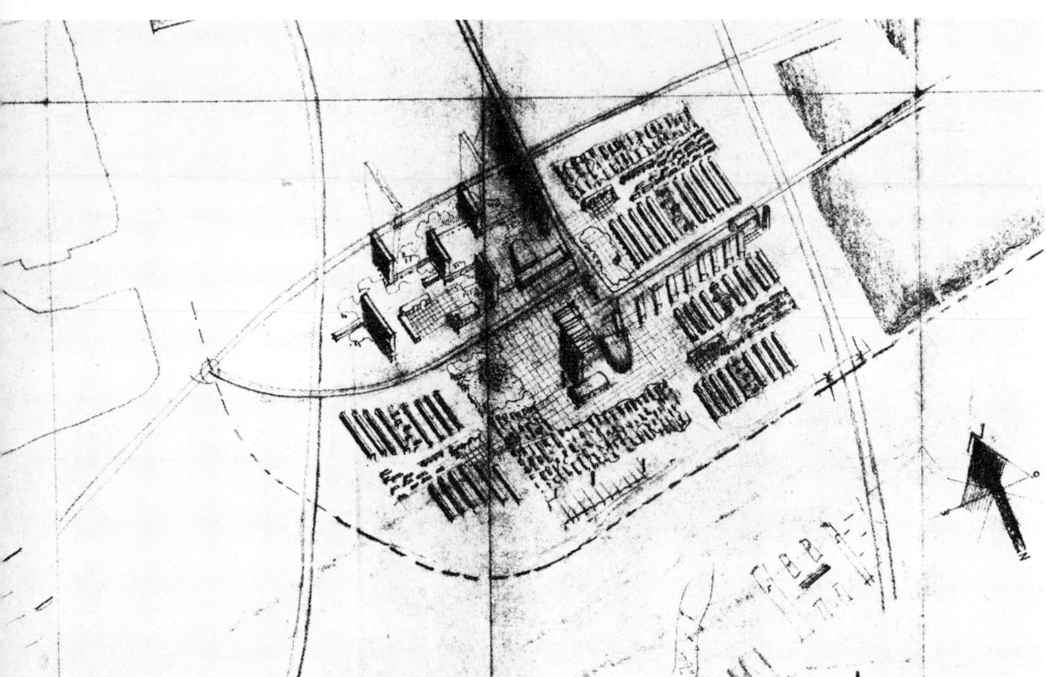

11
J.B. Bakema, Studieschets
Pendrecht, april 1948.
Study for Pendrecht, April 1948.

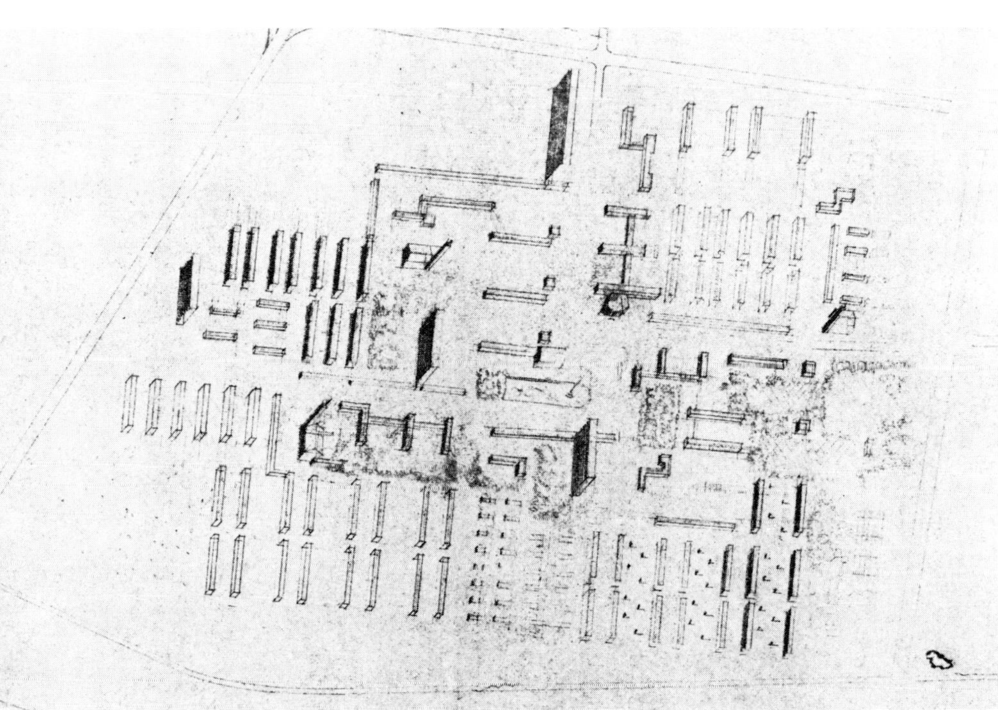

12
L. Stam-Beese, Studieschets
Pendrecht, april 1948.
Study for Pendrecht, April 1948.

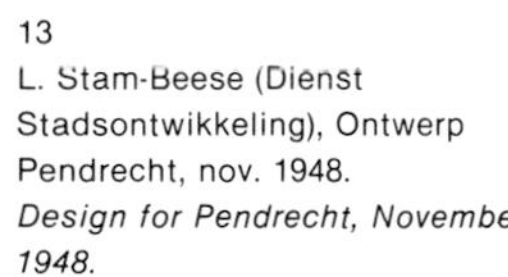

13
L. Stam-Beese (Dienst
Stadsontwikkeling), Ontwerp
Pendrecht, nov. 1948.
Design for Pendrecht, November 1948.

14
L. Stam-Beese (Dienst
Stadsontwikkeling), Ontwerp
Pendrecht, feb. 1949.
Design for Pendrecht, February 1949.

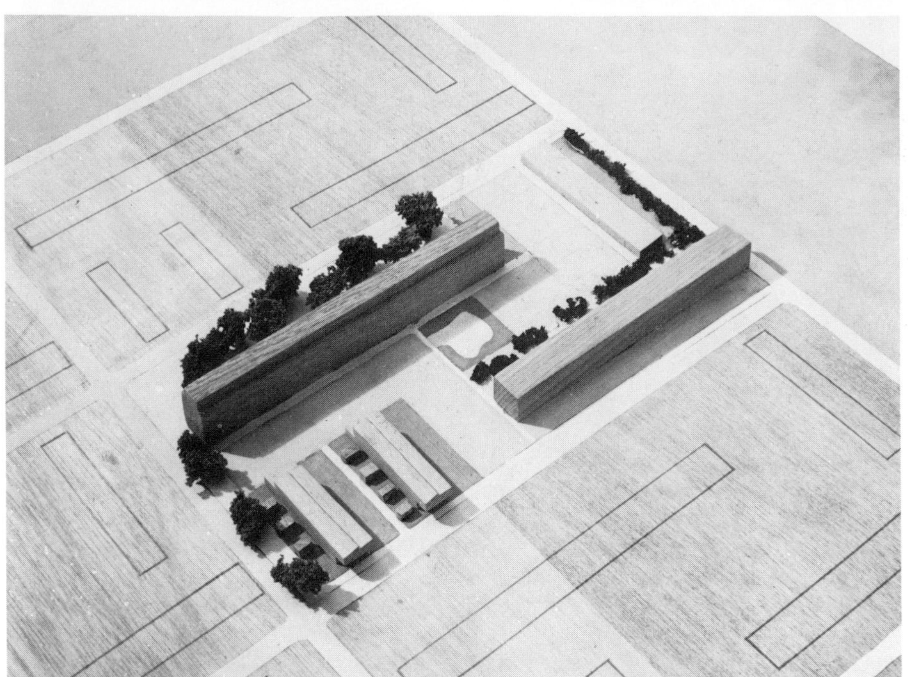

15
'Opbouw', De wooneenheid, mei 1949.
The housing unit, May 1949.

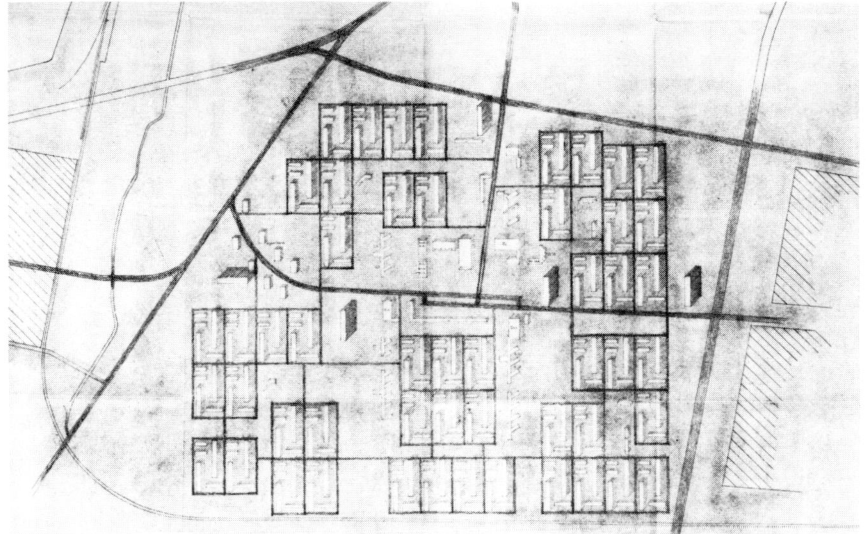

16
'Opbouw', Ontwerp Pendrecht, mei 1949.
Design for Pendrecht, May 1949.

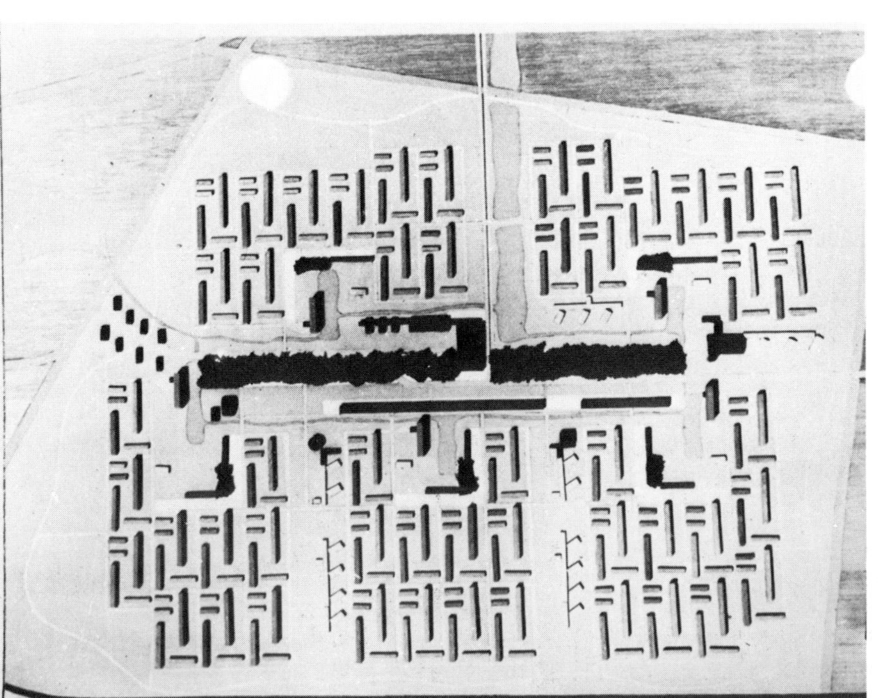

17
'Opbouw', Ontwerp Pendrecht, juni 1949; inzending CIAM-congres Bergamo, juli 1949.
Design for Pendrecht, June 1949; submitted to CIAM Congress at Bergamo, July 1949.

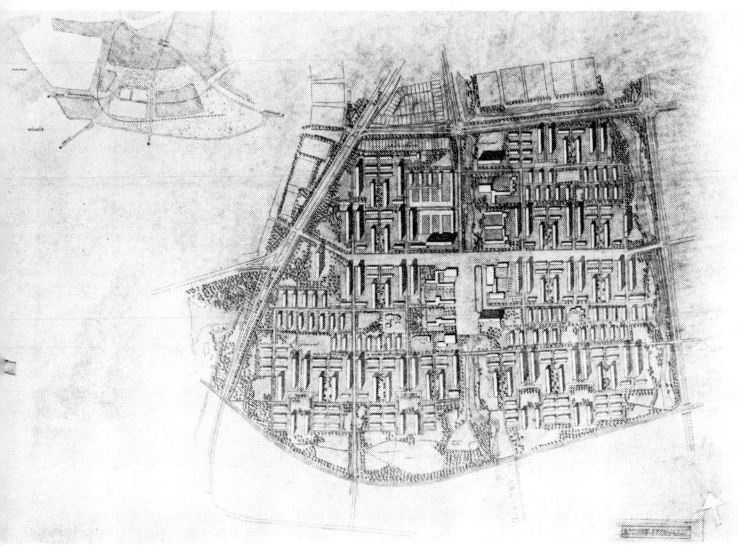

18a
L. Stam-Beese (Dienst Stadsontwikkeling), Ontwerp Pendrecht, juni 1949.
Design for Pendrecht, June 1949.

18b
Dienst Stadsontwikkeling, maquette gespiegelde wooneenheid.
Maquette of housing units placed counter to one another.

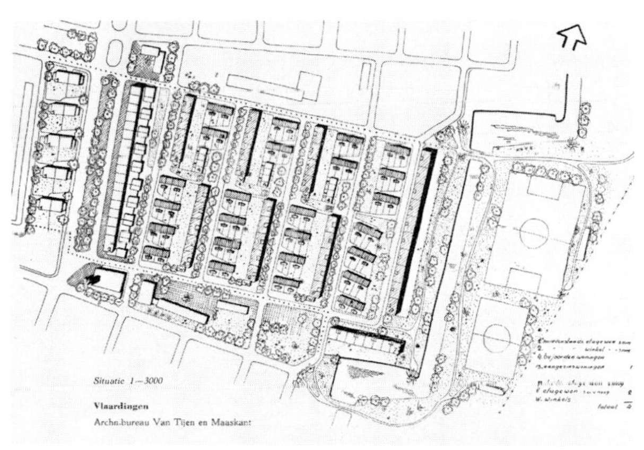

19
Van Tijen & Maaskant, Ontwerp *Babberspolder*, Vlaardingen, 1950.
Design for Babberspolder, *Vlaardingen, 1950.*

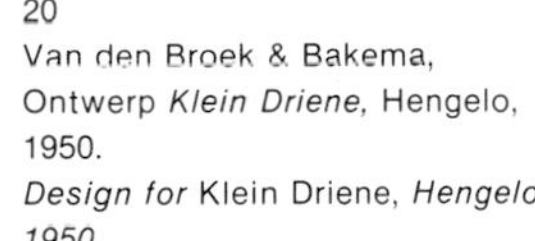

20
Van den Broek & Bakema, Ontwerp *Klein Driene*, Hengelo, 1950.
Design for Klein Driene, *Hengelo, 1950.*

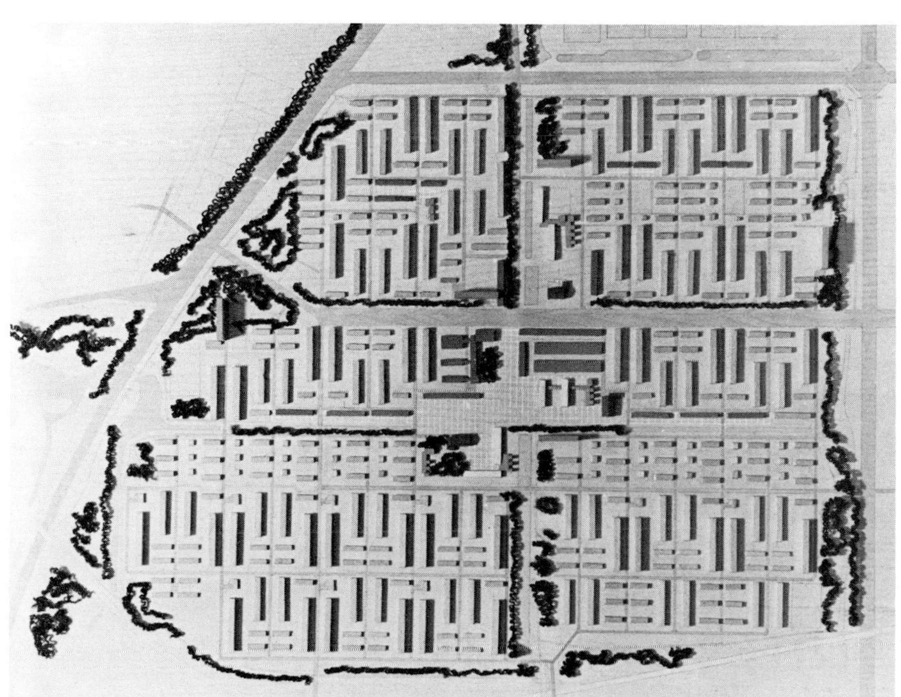

21
L. Stam-Beese (Dienst Stadsontwikkeling), Maquette ontwerp Pendrecht, oktober 1949.
Maquette of Pendrecht design, October 1949.

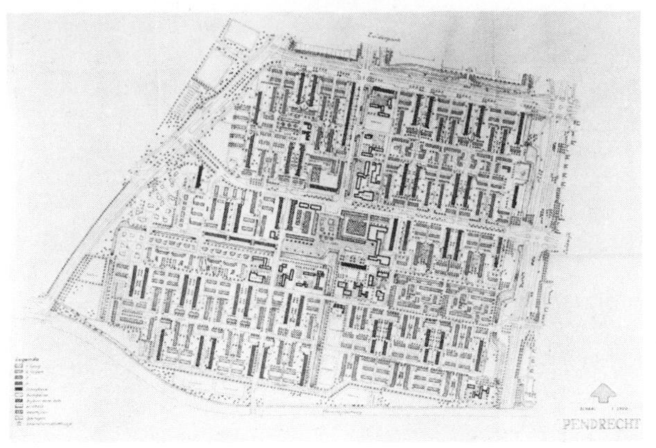

22a
De realisatie van Pendrecht; plattegrond met stand van zaken, uitvoering aug. 1961.
The realization of Pendrecht; ground plan with progress of work, August 1961.

22b
Het centrum: Plein 1953; flatgebouw van Swaneveld & Goslinga, 1959-60.
The centre: Plein 1953; block of flats by Swaneveld & Goslinga, 1959-60.

22c
J. en L. de Jonge, Een wooneenheid met op de voorgrond bejaardenwoningen, Stellendamhof, 1958.
A housing unit with old people's houses in the foreground, Stellendamhof, 1958.

22d
H. Nefkens, Eengezinswoningen, Slinge, 1956-57.
Single-family houses, Slinge, 1956-57.

22e
Hendriks, Van der Sluys en Van den Bosch, Galerijwoningen, Melissantstraat, 1955-57.
Gallery dwellings, Melissantstraat, 1955-57.

22f
H.D. Bakker, Galerijwoningen, Krabbendijkestraat, 1958.
Gallery dwellings, Krabbendijkestraat, 1958.

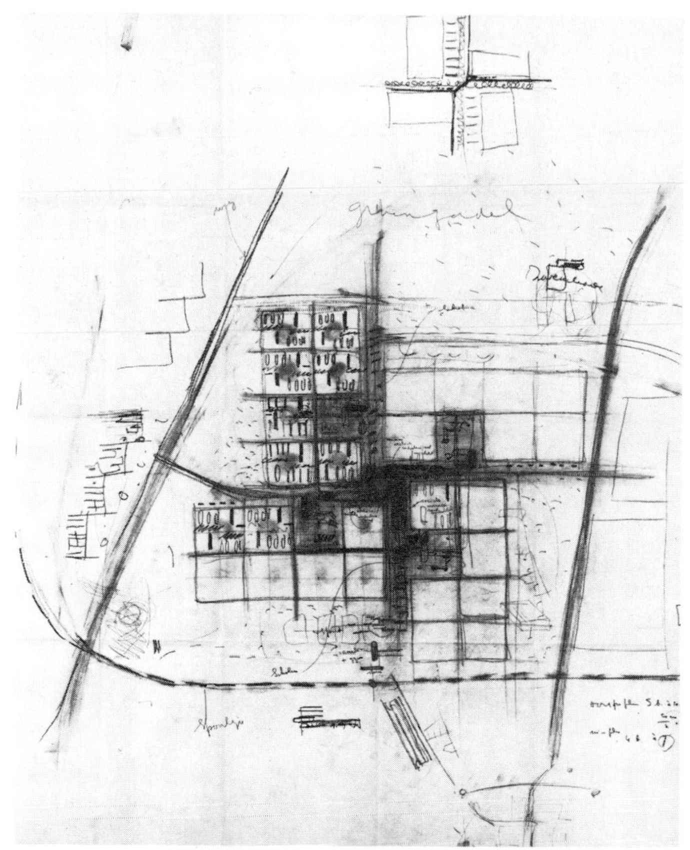

23a
J.B. Bakema ('Opbouw'),
Studieschets Pendrecht,
april 1951.
Study for Pendrecht, April 1951.

23b
'Opbouw', Ontwerp Pendrecht,
april 1951; inzending CIAM-
congres Hoddesdon, juli 1951.
Design for Pendrecht, April 1951;
submitted to CIAM-Congress at
Hoddesdon,
July 1951.

23c
De grotere wooneenheid.
The larger housing unit.

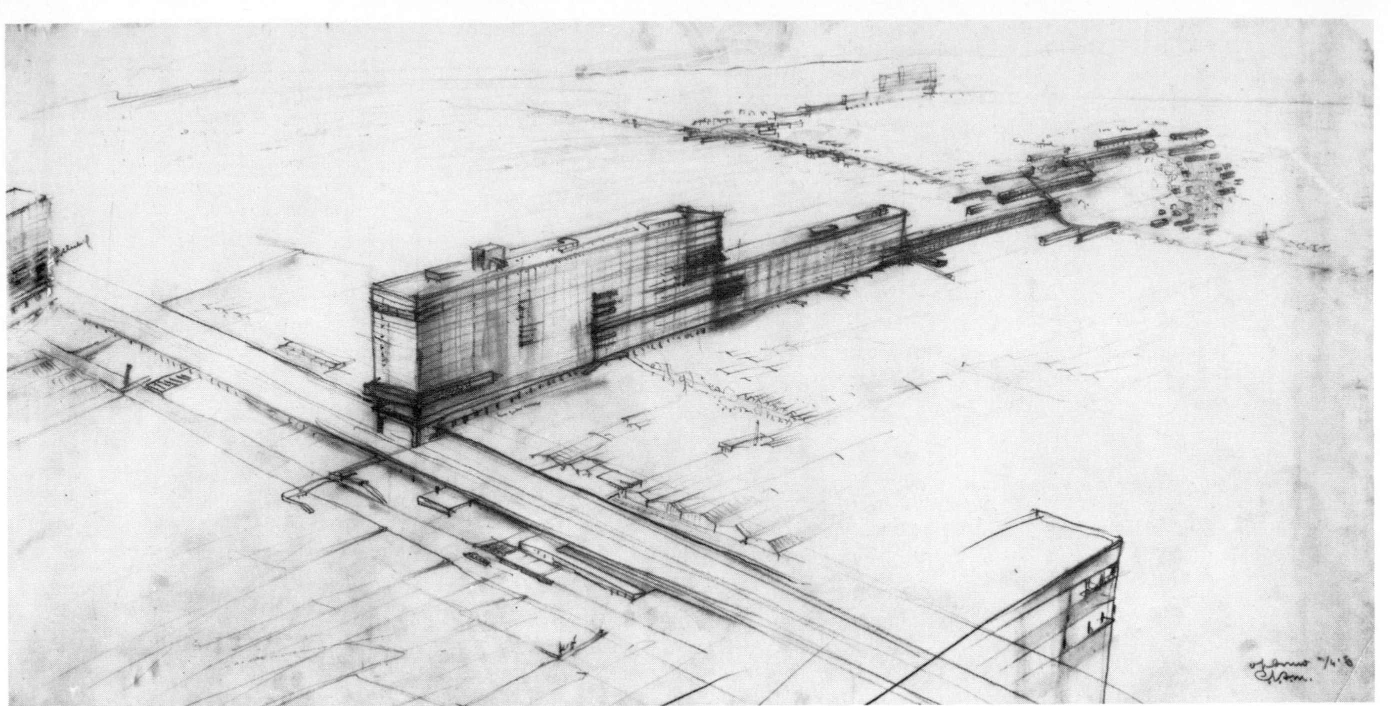

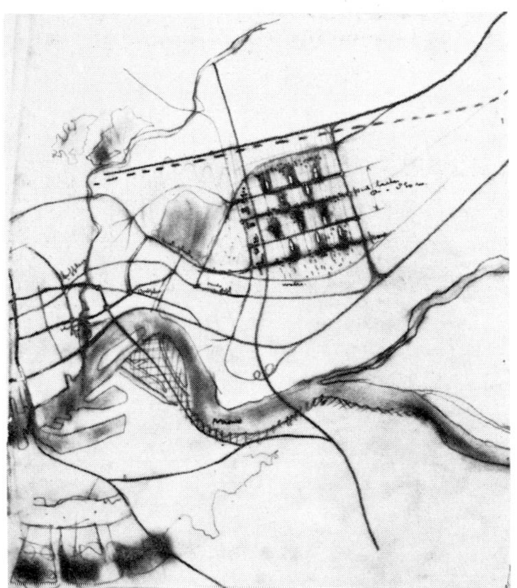

24b
De ligging van de elf verticale woonbuurten t.o.v. Rotterdam.
The siting of the eleven vertical residential neighbourhoods in relation to Rotterdam.

24a
J.B. Bakema ('Opbouw'), Verticale woonbuurt Alexanderpolder, april 1953.
Vertical residential neighbourhood Alexanderpolder, 1953.

25a/25b
'Opbouw', Studies naar groeperingsmogelijkheden van verschillende woonvormen in Alexanderpolder, juli 1953.
Studies of possible groupings of various types of dwelling in Alexanderpolder, July 1953.

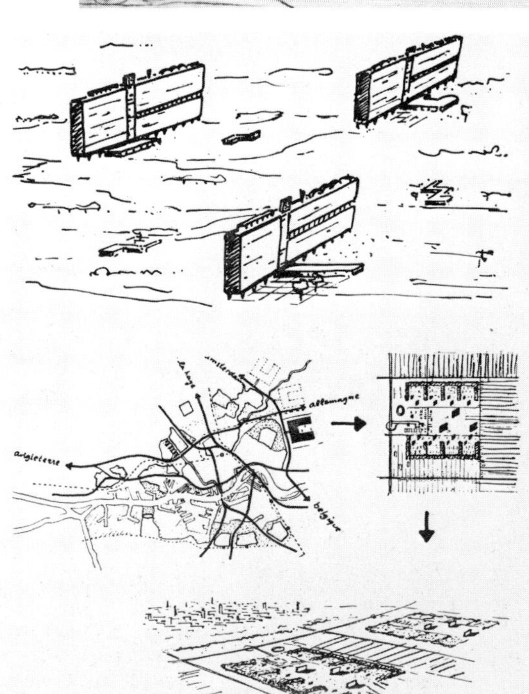

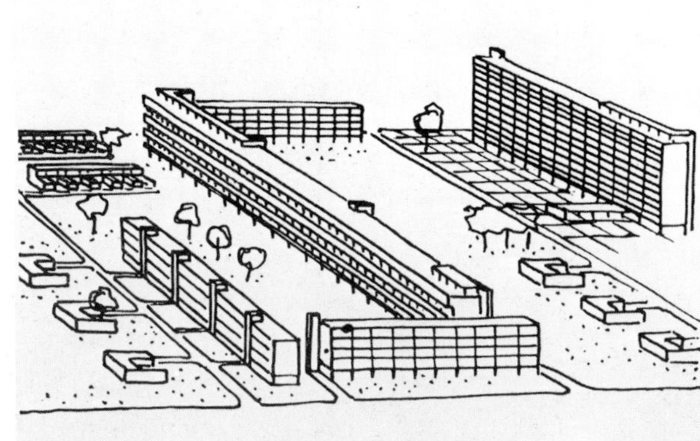

26a
'Opbouw', Ontwerp Alexanderpolder, juni/juli 1953; inzending CIAM-congres Aix-en-Provence, juli 1953.
Design for Alexanderpolder, June/July 1953; submitted to CIAM-Congress at Aix-en-Provence, July 1953.

26b
Maquette (15 x 15 m) Alexanderpolder voor tentoonstelling *E'55*, 1955.
Maquettte (15 x 15 m) of Alexanderpolder for exhibition E'55, *1955.*

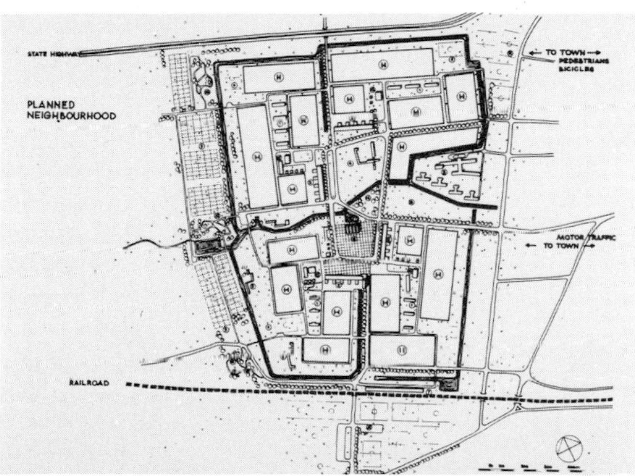

27
W. van Tijen en W. Wissing, Stedebouwkundige structuur Westwijk, Vlaardingen, ca. 1955.
Town-planning structure for Westwijk, Vlaardingen, c. 1955.

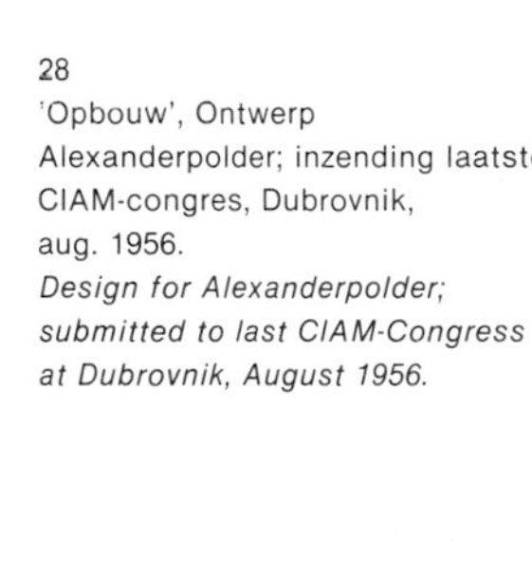

28
'Opbouw', Ontwerp Alexanderpolder; inzending laatste CIAM-congres, Dubrovnik, aug. 1956.
Design for Alexanderpolder; submitted to last CIAM-Congress at Dubrovnik, August 1956.

29
De algemeen secretaris van CIAM-'nieuwe stijl', Bakema, in gesprek met een van de twee aanwezige 'ouderen' (Rogers) op het congres in Otterlo, sept. 1959. Aan de wand de eerste pagina's van het nieuwe *Forum:* 'het verhaal van een andere gedachte' (sept. 1959).
The general secretary of CIAM 'new-style', Bakema, in conversation with one of the two 'old' (Rogers) at the congress at Otterlo, September 1959. On the wall the first pages of the new Forum: *'the story of a different idea' (September 1959).*

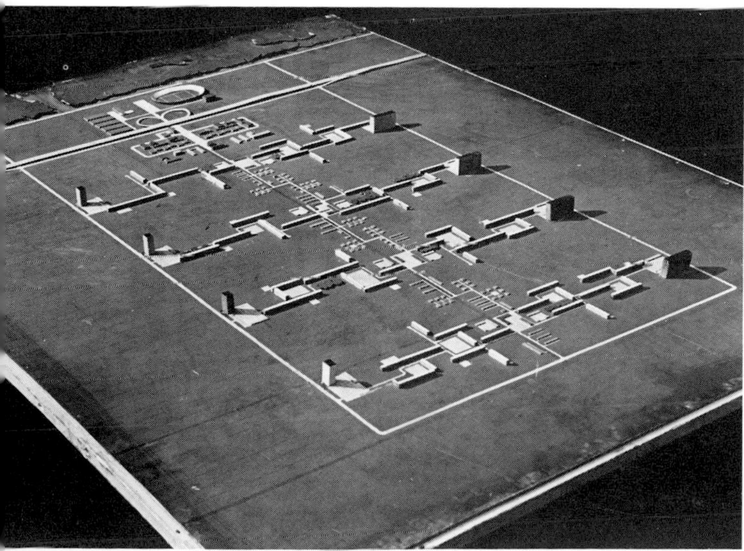

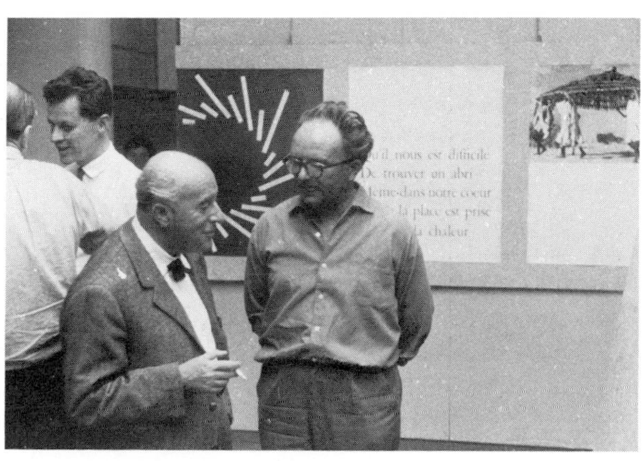

Noten

De archieven waarvan gebruik gemaakt is zijn alle in beheer van het Nederlands Documentatiecentrum voor de Bouwkunst (NDB) te Amsterdam, met uitzondering van het archief van J.B. Bakema dat eigendom is van de Architectengemeenschap Van den Broek & Bakema in Rotterdam.

1 Statuten 'Opbouw', 25 juni 1929; archief P. Zwart.
2 CIAM (Congrès Internationaux d'Architecture Moderne) is opgericht op een bijeenkomst in La Sarraz, Zwitserland, 25-29 juni 1928.
De beginselverklaring is door 24 architecten uit verschillende landen ondertekend, waaronder ook H.P. Berlage en G. Rietveld. M. Steinmann, *CIAM Dokumente 1928-1939,* Basel/Stuttgart 1979.
3 Notulen van de Nederlandse CIAM-groep zijn gedeeltelijk te vinden in het archief van B. Merkelbach.
4 Hiertoe is door de besturen van 'de 8' en 'Opbouw' besloten op 30 juli 1936; beide groepen werden op 12 mei 1937 lid van CIAM; archief B. Merkelbach.
5 Jaarverslagen 'Opbouw' 1934-1938; archief P. Zwart.
6 Op 19 dec. 1941 bericht de secretaris van 'Opbouw', P. Kluyver, aan de voorzitter van 'de 8', B. Merkelbach, dat op de laatste ledenvergadering besloten is 'Opbouw' te ontbinden; archief B. Merkelbach.
7 Op initiatief van W. van Tijen wordt in 1942 de *Studiegroep Woningarchitectuur* opgericht die zich buigt over diverse aspecten van de naoorlogse woningbouw; ca. 600 architecten, verspreid over het hele land, werken hieraan in 'bijgroepen' mee. Zie artikel T. Idsinga hfdst. 2, elders in de catalogus.
8 M. Stam, 'Het accent is verlegd', *de 8 en Opbouw* 1941, nr. 5 en 'De jongere generatie', ibid. 1942, nr. 4; J.P. Kloos, 'Na den oorlog', ibid. 1942, nr. 7/8.
9 Gegevens rond de contactgroep uit notulen en brieven; archief P. Kleykamp.
10 O.a. de tentoonstelling *Werk van jonge architecten* in Museum Boymans, besproken door E.F. Groosman in *De Vrije Kunstenaar* 1946, nr. 14.
11 S. Giedion, aankondiging afgevaardigdencongres CIAM (zgn. CIRPAC-bijeenkomst: Comité International pour la Réalisation des Problèmes Architecturaux Contemporains) mei 1947, 26 feb. 1947; archief G. Rietveld.
12 S. Giedion, *A decade of New Architecture,* Zürich 1951, p. 14.
13 Na Bridgwater volgen nog vier congressen vóór de reorganisatie: CIAM 7, 23-30 juli 1949 in Bergamo, Italië; CIAM 8, 7-14 juli 1951 in Hoddesdon, Engeland; CIAM 9, 19-26 juli 1953 in Aix-en-Provence, Frankrijk; CIAM 10, 4-11 aug. 1956 in Dubrovnik, Joegoslavië. Na de reorganisatie vindt nog één CIAM-congres 'nieuwe stijl' plaats: 7-15 sept. 1959 in Otterlo, Nederland, waar besloten is de naam CIAM definitief op te heffen.
14 Verslag CIAM-bijeenkomst, sept. 1946 in Londen, 12 okt. 1946; archief G. Rietveld.
15 Voorstel opgesteld door J.T.P. Bijhouwer, J. Niegeman en M. Stam, verstuurd 19 mei 1947; archief B. Merkelbach.
16 Uitnodiging 7 mei 1947; archief H.J.A. Hovens Greve.
17 'Nederlandse jongeren', 14 mei 1947; archief H.J.A. Hovens Greve.
18 De bijeenkomst vond plaats op 28 en 29 juni 1947 in de Van Nelle-fabriek getuige een brief van Kleykamp aan Verbeek, 17 aug. 1947; archief P. Kleykamp. Tot feb. 1948 is sprake van de 'Opbouw in oprichting'; op 2 feb. worden de statuten (onbekend) besproken en in aankondiging vergadering, 5 feb., is 'in oprichting' geschrapt; archief H.J.A. Hovens Greve.
19 Verslag CIRPAC-bijeenkomst 26-29 mei 1947; archief H.J.A. Hovens Greve.
20 Zie voor de Nederlandse bijdrage de archieven van H.J.A. Hovens Greve en G. Rietveld.
21 A. Bos e.a., *De stad der toekomst, de toekomst der stad,* R'dam 1946. Ook: artikel T. Idsinga hfdst. 3, elders in de catalogus.
22 Zie noot 7.
23 In een brief aan J.J.P. Oud, 30 juni 1947, uit G. Rietveld kritiek op het Nederlandse voorstel: *'t eenige ernstige standpunt op 't oogenblik schijnt het 'sociale' te zijn.* Hij vindt dat het voorstel niet als hét Nederlandse standpunt kan worden geaccepteerd; archief J.J.P. Oud.
24 J.B. Bakema, 'Bridgwater 1947', *Bouw* 1947, nr. 48. Hierin ook het citaat van Le Corbusier.
25 Verslag bijeenkomst 'de 8', 18 nov. 1947; archief M. Kamerling.
26 G. Andela, 'Nagele, lusthof voor het Nieuwe Bouwen', *Futura* 1982, nr. 6, p. 2.
27 Aankondiging bijeenkomst 'Opbouw', 16 jan. 1948; archief P. Zwart. De naam 'Pendrecht' hanteren zowel 'Opbouw' als de Dienst Stadsontwikkeling pas in 1949; daarvoor is sprake van de 'Zuid-Westwijk', 'Westwijk' en/of 'Waalwijk'.
28 'Voorstel tot het bouwen van proefwoningen', *de 8 en Opbouw* 1939, p. 196; 'De bouw van 48 proefwoningen te Rotterdam', *Bouwkundig*

Notes

The records of which use has been made are all in the Netherlands Museum of Modern Architecture (NDB) in Amsterdam, with the exception of those of J.B. Bakema which belong to the Van den Broek & Bakema partnership in Rotterdam.

1 *Statutes of 'Opbouw', 25 June 1929; records of P. Zwart.*
2 *CIAM was founded at a meeting in La Sarraz, Switzerland, 25-29 June 1928. The declaration of principles was signed by 24 architects from different countries, including H.P. Berlage and G. Rietveld. M. Steinmann,* CIAM Dokumente 1928-1939, *Basle/Stuttgart 1979.*
3 *The minutes of the Dutch CIAM group are partly to be found in the records of B. Merkelbach.*
4 *The committees of 'de 8' and 'Opbouw' decided on this on 30 July 1936; both groups became members of CIAM on 12 May 1937; records of B. Merkelbach.*
5 *Annual reports of 'Opbouw' 1934-8; records of P. Zwart.*
6 *P. Kluyver, the secretary of 'Opbouw' informed B. Merkelbach, the chairman of 'de 8' on 19 December 1941 that it had been decided to dissolve 'Opbouw' at the last general meeting; records of B. Merkelbach.*
7 *On W. van Tijen's initiative the* Study Group on Domestic Architecture *was set up in 1942 to consider various aspects of postwar housing. Around 600 architects all over the country worked on this in 'subgroups'. See section 2 in article by T. Idsinga, elsewhere in this catalogue.*
8 *M. Stam, 'Het accent is verlegd',* de 8 en Opbouw *1941, no. 5 and 'De jongere generatie', ibid. 1942, no. 4; J.P. Kloos, 'Na den oorlog', ibid. 1942, nos. 7/8.*
9 *Information about the 'contact group' has been derived from minutes and letters; records of P. Kleykamp.*
10 *For example, the exhibition* Work by young architects *in the Boymans Museum, reviewed by E.F. Groosman in* De Vrije Kunstenaar *1946, no. 14.*
11 *S. Giedion, announcement of CIAM delegate congress (known as the CIRPAC meeting: Comité International pour la Réalisation des Problèmes Architecturaux Contemporains) May 1947, 26 Feb. 1947; records of G. Rietveld.*
12 *S. Giedion,* A decade of New Architecture, *Zürich 1951, p. 14.*
13 *After Bridgwater there followed four more congresses before the reorganization: CIAM 7, 23-30 July 1949 in Bergamo, Italy; CIAM 8, 7-14 July 1951 in Hoddesdon, England; CIAM 9, 19-26 July 1953 in Aix-en-Provence, France; CIAM 10, 4-11 August 1956 in Dubrovnik, Yugoslavia. After the reorganization there took place on more 'new-style' CIAM congress: 7-15 September 1959 in Otterlo, the Netherlands, where it was decided to abolish the name CIAM for good.*
14 *Report of CIAM meeting of September 1946 in London, 12 October 1946; records of G. Rietveld.*
15 *Proposal drawn up by J.T.P. Bijhouwer, J. Niegeman and M. Stam, sent on 19 May 1947; records of B. Merkelbach.*
16 *Invitation of 7 May 1947; records of H.J.A. Hovens Greve.*
17 *'The Dutch Young', 14 May 1947; records of H.J.A. Hovens Greve.*
18 *The meeting took place on 28 and 29 June 1947 in the Van Nelle factory, witness a letter from Kleykamp to Verbeek, 17 August 1947; records of P. Kleykamp. Up to February 1948 'Opbouw' was spoken of as 'in process of foundation', but on 2 February the statutes (unknown) were discussed and in the announcement of the meeting of 5 February the qualification was scrapped; records of H.J.A. Hovens Greve.*
19 *Report of CIRPAC meeting 26-29 May 1947; records of H.J.A. Hovens Greve.*
20 *For the Dutch contribution see the records of H.J.A. Hovens Greve and G. Rietveld.*
21 *A. Bos and others,* De stad der toekomst, de toekomst der stad, *Rotterdam 1946. See also section 3 in article by T. Idsinga elsewhere in this catalogue.*
22 *See note 7.*
23 *G. Rietveld criticized the Dutch proposal in a letter to J.J.P. Oud, 30 June 1947:* The only serious standpoint at the moment seems to be the 'social' one. *He felt that the proposal could not be accepted as* the Dutch *standpoint; records of J.J.P. Oud.*
24 *J.B. Bakema, 'Bridgwater 1947',* Bouw *1947, no. 48, from which the quotation by Le Corbusier has also been taken.*
25 *Report of meeting of 'de 8', 18 Nov. 1947; records of M. Kamerling.*
26 *G. Andela, 'Nagele, lusthof voor het Nieuwe Bouwen',* Futura *1982, no. 6, p. 2.*
27 *Announcement of 'Opbouw' meeting, 16 Jan. 1948; records of P. Zwart. Neither 'Opbouw' nor the Urban Development Department used the name Pendrecht until 1949; before it was called 'Zuid-Westwijk' and/or 'Waalwijk'.*
28 *'Voorstel tot het bouwen van proefwoningen',* de 8 en Opbouw *1939, p. 196; 'De bouw van 48 proefwoningen te Rotterdam',* Bouwkundig Weekblad *1945-6, p. 251. Earlier attempts, in Amsterdam, on the present site in Rotterdam and elsewhere, were hampered by wartime conditions.*

Weekblad 1945/46, p. 251. Eerdere pogingen, o.a. in Amsterdam en op de huidige plek in Rotterdam, werden door oorlogsomstandigheden verhinderd.
29 Zie voor Kralingen artikel T. Idsinga hfdst. 2, elders in de catalogus.
30 Met de realisatie van Kleinpolder wordt in 1947 begonnen; het oorspronkelijke ontwerp zal tijdens de uitvoering dikwijls worden veranderd. 'Een nieuwe woonwijk verrijst - Kleinpolder', *Rotterdam Bouwt* 1951, dec., p. 9; L. Stam-Beese, 'Hoe zal men wonen in Rotterdam?', *Forum* 1953, nr. 4/5; R.H. Fledderus, 'Van de meetbaarheid der onmeetbare dingen', *Publieke Werken* 1954, nr. 4.
31 J.P. Mazure, 'Proefwoningbouw aan de Maas', *Bouw*, monografie Rotterdam, ter gelegenheid van 'Opbouwdag', 18 mei 1947.
32 L. Stam-Beese, 'Hoe zal men wonen in Rotterdam', *Forum* 1953,nr. 4/5.
33 Zie artikel T. Idsinga hfdst. 3 en 4, elders in de catalogus.
34 Verslag bijeenkomst 'Opbouw', 21 jan. 1948; archief H.J.A. Hovens Greve. Aankondigingen bijeenkomsten 'Opbouw', 2 en 10 maart 1948; archief J.J.P. Oud.
35 Verslag bijeenkomst 'Opbouw', 14 mei 1948; archief H.J.A. Hovens Greve.
36 Notitie J.B. Bakema aan 'Opbouw', 12 dec. 1948; archief P. Zwart.
37 Verslag bijeenkomst 'Opbouw', 23 dec. 1948; archief H.J.A. Hovens Greve.
38 Brief J.H. van den Broek aan C. van Traa, 24 maart 1949; archief H.J.A. Hovens Greve; het antwoord van C. van Traa, 23 april 1949, en aankondiging bijeenkomst 'Opbouw', 14 mei 1949; archief J.B. Bakema.
39 'Verantwoording van 'Opbouw'-activiteit', *Forum* 1952, p. 179.
40 'Korte uiteenzetting betreffende voornaamste objecten van studie', verslag van H.J.A. Hovens Greve en L. Stam-Beese; archief L. Stam-Beese; L. Stam-Beese, 'Aantekening bij het uitbreidingsplan Pendrecht', *Tijdschrift voor Volkshuisvesting en Stedebouw* 1953, 9 okt., p. 121.
41 Verslag bijeenkomst 'de 8' en 'Opbouw', 19 en 20 nov. 1949; archief H.J.A. Hovens Greve.
42 Rapport congrescommissie, 29 juli 1949; archief P. Zwart.
43 Op. cit. noot 41.
44 Op. cit. noot 41.
45 Verslag bijeenkomst 'Opbouw', 3 okt. 1950; archief H.J.A. Hovens Greve.
46 'Voorstellen van de MARS-groep (Engelse CIAM-groep) voor het 8e CIAM-congres', april 1950; archief H.J.A. Hovens Greve.
47 Verslagen bijeenkomsten 'Opbouw', 10 en 24 okt. 1950 (archief H.J.A. Hovens Greve), 12 dec. 1950 (archief J.J.P. Oud) en 20 dec. 1950 (archief P. Zwart).
48 Verslagen bijeenkomsten 'Opbouw', 12 dec. 1950 en 16 jan. 1951; archief P. Zwart.
49 Het ontwerp van L. Stam-Beese, ged. 25 okt. 1949, wordt door Stadsontwikkeling op 29 nov. 1949 ter goedkeuring gestuurd naar de verschillende Gemeentediensten (Volkshuisvesting, Gemeentewerken, Openbare Werken en Bouw- en Woningtoezicht). Na enkele wijzigingen (vnl. verruiming aantal woningen) wordt het plan in nov. 1951 aangeboden aan Burgemeester en Wethouders. De uiteindelijke goedkeuring van de Gemeenteraad valt op 8 mei 1952, waarna met de uitvoering kan worden begonnen; dossier 035.1.0. (Pendrecht) archief Dienst Stadsontwikkeling Rotterdam; *Handelingen* van de gemeenteraad 1952.
50 O.a. D. de Jonge, 'De wooneenheid in Pendrecht', *Stedebouwkundige studies* I, Arnhem 1962; Idem, 'Een kritische beschouwing van het begrip 'wooneenheid', *Misset's Bouwwereld* 1963, nr. 4; Centrale directie van de Volkshuisvesting en de Bouwnijverheid, 'Wooneenheden in Vlaardingen', serie *De naaste omgeving van de woning*, dl. 5, Den Haag 1966.
51 Op. cit. noot 39.
52 Verslag bijeenkomst 'Opbouw', 7 mei 1951; archief P. Zwart.
53 Op. cit. noot 49.
54 'Manifest aan de deelnemers van CIAM 8', namens 'de 8' en 'Opbouw' opgesteld door Hovens Greve, juli 1951; archief H.J.A. Hovens Greve.
55 Verslag bijeenkomst 'de 8' en 'Opbouw', 22 en 23 sept. 1951; archief H.J.A. Hovens Greve.
56 De zaak is aangekaart door het *Katholiek Bouwblad* van 14 april 1951, waarna A. van Eyck een zeer vinnige brief aan J.B. Bakema stuurt (juni 1951) en de kwestie in een 'de 8' en 'Opbouw'-bijeenkomst wil behandelen.
57 Verslag bijeenkomst CIAM-raad, Parijs 10 en 11 mei 1952; archief M. Kamerling.
58 Verslag bijeenkomst 'de 8' en 'Opbouw', 16 en 17 feb. 1952; archief P. Zwart. Le Corbusier drong al aan op een 'Charte de l'Habitat' tijdens de voorbereidingen voor Hoddesdon, verslag bijeenkomst 'de 8' en 'Opbouw', 20 mei 1950; archief M. Kamerling.
59 Op. cit. noot 57.
60 O.a. het programma voor het 9e congres van de Franse groep ASCORAL, 10 jan. 1952; archief H.J.A. Hovens Greve.
61 'Notities ten behoeve van besprekingen in Doorn', opgesteld door Hovens Greve, jan. 1954; archief H.J.A. Hovens Greve.
62 Op. cit. noot 57.
63 Verslag bijeenkomst 'de 8' en 'Opbouw', 21 mei 1952; archief G. Rietveld.
64 Verslag bijeenkomst 'de 8', 'Opbouw' en 'jongeren', 15 feb. 1953;

29 *For Kralingen see section 2 in article by T. Idsinga elsewhere in this catalogue.*
30 *The realization of Kleinpolder was begun on in 1947; the original design was often to be altered during the execution. 'Een nieuwe woonwijk verrijst – Kleinpolder',* Rotterdam Bouwt, *Dec. 1951, p. 9; L. Stam-Beese, 'Hoe zal men wonen in Rotterdam?',* Forum *1953, nos. 4-5; R.H. Fledderus, 'Van de meetbaarheid der onmeetbare dingen',* Publieke Werken *1954, no. 4.*
31 *J.P. Mazure, 'Proefwoningbouw aan de Maas',* Bouw, Rotterdam *number to mark the 'Opbouw' day, 18 May 1947.*
32 *L. Stam-Beese, op.cit. (see note 30).*
33 *See sections 3 and 4 in article by T. Idsinga elsewhere in this catalogue.*
34 *Report of 'Opbouw' meeting, 21 Jan. 1948: records of H.J.A. Hovens Greve. Announcements of 'Opbouw' meetings, 2 and 10 March 1948; records of J.J.P. Oud.*
35 *Report of 'Opbouw' meeting, 14 May 1948; records of H.J.A. Hovens Greve.*
36 *J.B. Bakema to 'Opbouw', 12 Dec. 1948; note in records of P. Zwart.*
37 *Report of 'Opbouw' meeting, 23 Dec. 1948; records of H.J.A. Hovens Greve.*
38 *Letter from J.H. van den Broek to C. van Traa, 24 March 1949; archives of H.J.A. Hovens Greve; Van Traa's answer, 23 April 1949, and announcement of 'Opbouw' meeting, 14 may 1949; records of J.B. Bakema.*
39 *'Verantwoording van "Opbouw"-activiteit',* Forum *1952, p. 179.*
40 *'Short explanation regarding the principal objects of study', report by H.J.A. Hovens Greve and L. Stam-Beese; records of L. Stam-Beese; L. Stam-Beese, 'Aantekening bij het uitbreidingsplan Pendrecht',* Tijdschrift voor Volkshuisvesting en Stedebouw *1953, 9 Oct., p. 121.*
41 *Report of 'de 8' and 'Opbouw' meeting, 19 and 20 Nov. 1949; records of H.J.A. Hovens Greve.*
42 *Report of congress committee, 29 July 1949; records of P. Zwart.*
43 *See note 41.*
44 *See note 41.*
45 *Report of 'Opbouw' meeting, 3 Oct. 1950; records of H.J.A. Hovens Greve.*
46 *'Proposals of the MARS group (the English CIAM group) for the 8th CIAM Congress', April 1950; records of H.J.A. Hovens Greve.*
47 *Reports of 'Opbouw' meetings, 10 and 24 Oct. 1950 (records of H.J.A. Hovens Greve), 12 Dec. 1950 (records of J.J.P. Oud) and 20 Dec. 1950 (records of P. Zwart).*
48 *Reports of 'Opbouw' meetings, 12 Dec. 1950 and 16 Jan. 1951; records of P. Zwart.*
49 *Stam-Beese's design, dated 25 Oct. 1949, was sent to the various municipal departments (Housing, Municipal Works, Public Works and Building and Housing Inspectorate) for approval by the Urban Development Department on 29 Nov. 1949. After a few alterations (mainly the enlargement of a number of dwellings) the plan was presented to the Burgomaster and Aldermen in November 1951. It was given the final approval by the Council on 8 May 1952, after which a start could be made on its execution; file 035.1.0. (Pendrecht) records of Urban Development Department Rotterdam and* Hand. R. *1952.*
50 *See, for example, D. de Jonge, 'De wooneenheid in Pendrecht',* Stedebouwkundige studies *I, Arnhem 1962; Idem, 'Een kritische beschouwing van het begrip 'wooneenheid',* Misset's Bouwwereld *1963, no. 4; Centrale directie van de Volkshuisvesting en de Bouwnijverheid, 'Wooneenheden in Vlaardingen', in the series* De naaste omgeving van de woning, *vol. 5, The Hague 1966.*
51 *See note 39.*
52 *Report of 'Opbouw' meeting, 7 May 1951; records of P. Zwart.*
53 *See note 49.*
54 *'Manifesto to the participants in CIAM 8', drawn up by Hovens Greve on behalf of 'de 8' and 'Opbouw', July 1951; records of H.J.A. Hovens Greve.*
55 *Report of meeting of 'de 8' and 'Opbouw', 22 and 23 Sept. 1951; records of H.J.A. Hovens Greve.*
56 *The matter was brought up by the* Katholiek Bouwblad *of 14 April 1951, after which Van Eyck sent a very caustic letter to Bakema (June 1951) and wanted to discuss the question at a 'de 8' and 'Opbouw' meeting.*
57 *Report of meeting of CIAM council, Paris 10 and 11 May 1952; records of M. Kamerling.*
58 *Report of meeting of 'de 8' and 'Opbouw', 16 and 17 Feb. 1952; archives of P. Zwart. Le Corbusier had already been pressing for a 'Charte de l'Habitat' during the preparations for Hoddesdon: report of meeting of 'de 8' and 'Opbouw', 20 May 1950; records of M. Kamerling.*
59 *See note 57.*
60 *For example, the programme for the 9th Congress of the French group ASCORAL, 10 Jan. 1952; archives of H.J.A. Hovens Greve.*
61 *'Notes for discussions in Doorn', compiled by Hovens Greve, Jan. 1954; records of H.J.A. Hovens Greve.*
62 *See note 57.*
63 *Report on meeting of 'de 8' and 'Opbouw', 21 May 1952; records of G. Rietveld.*
64 *Report of meeting of 'de 8', 'Opbouw' and the 'young', 15 Feb. 1953;*

archief Hovens Greve. De uitgenodigde 'jongeren': A.C. Albers, Andriesen, D. Apon, H. v/d Berg, N.A. de Boer, T. ter Braak, D.J. Dijk, Eykelenboom, Van Ginkel, M.P. Hompes, Kelderman, J. Kromhout, J.E. Kruisheer, G.S. Nassuth, A.N. Oyevaar, Van Reyn, W.F. Snieder, J. Stokla, Stokmans, P.H. Tauber, Van Velsen, Slebos en Dora Mees.

65 Verslag bijeenkomst 'Opbouw', 10 nov. 1952; archief P. Zwart.

66 Verslag bijeenkomst 'Opbouw', 9 feb. 1953, waar C. van Traa een toelichting op Alexanderpolder heeft gegeven; archief P. Zwart.

67 Verslagen bijeenkomsten 'Opbouw', 23 feb. 1953 (archief P. Zwart), 17 en 23 maart 1953 (archief J.B. Bakema).

68 Verslag bijeenkomst 'Opbouw', 12 mei 1953; archief B. Merkelbach.

69 Twee notities van H.J.A. Hovens Greve en L. Stam-Beese, 10 en 12 juni 1953; archief J.B. Bakema.

70 Begeleidend schrijven bij het plan, bedoeld voor het congres, ca. juli 1953; archief J.B. Bakema. *Forum* 1956, mei/juni, nr. samengesteld door 'de 8' en 'Opbouw'.

71 Verslag bijeenkomst 'de 8' en 'Opbouw', 7 en 8 nov. 1953; archief B. Merkelbach.

72 Op. cit. noot 71.

73 J.B. Bakema, 'CIAM-Holland december 1953'; archief B. Merkelbach.

74 Verslag CIRPAC-bijeenkomst, Parijs 30 juni en 1 juli 1954; archief B. Merkelbach.

75 'Statement on Habitat', resultaat bijeenkomst Doorn, 29-31 jan. 1954; archief B. Merkelbach. Uit de notulen (archief J.B. Bakema) spreekt kritiek op de 'oude' CIAM: teveel wetenschap contra emotie (Van Eyck), gebrek aan verbeeldingskracht (Bakema).

76 De verschillende 'instructies aan de groepen' van 'Team 10': 'Draft Framework 3', juli 1954 (archief B. Merkelbach), 'Draft Framework 5', dec. 1954 (archief H.J.A. Hovens Greve), het Nederlandse supplement hierbij, nov./dec. 1954 (archief M. Kamerling).

77 'Intervention du vice-président pour l'Europe, Le Corbusier', 9 mei 1955; archief B. Merkelbach. Hij heeft zelfs kritiek op de typografische verzorging van de 'Team 10' stukken; bovendien ergert hij zich eraan dat Engels de boventoon gaat spelen binnen CIAM: *La langue anglaise ne commande pas le monde.*

78 Verslag bijeenkomst 'de 8' en 'Opbouw', 20 nov. 1954; archief B. Merkelbach.

79 Verslag CIRPAC-bijeenkomst, Parijs 4 juli 1955; archief B. Merkelbach. Een geheel andere reden om het congres in Algiers uit te stellen wordt door B. Merkelbach aangevoerd, nl. de politieke situatie in Algerije, waar in 1954 de opstand tegen Frankrijk is uitgebroken. Hij vindt Algiers ongewenst, omdat CIAM ongetwijfeld financiële steun zal ontvangen van de Franse autoriteiten, terwijl een deel van het land in opstand is tegen deze autoriteiten. Deze stellingname, waar vrijwel alle '8'en 'Opbouw'leden achter staan leidt tot een fel conflict met J.B. Bakema en J.M. Stokla, die als enigen wel willen gaan: CIAM gaat over architectuur en stedebouw, niet over politiek, dat hoort thuis bij de Verenigde Naties en de UNESCO. De kwestie lijkt echter geen invloed te hebben gehad op de uiteindelijke beslissing het congres uit te stellen; archief B. Merkelbach.

80 Op. cit. noot 71 en verslag bijeenkomst 'Opbouw' 24 mei 1954; archief B. Merkelbach.

81 Verslag bijeenkomst 'de 8' en 'Opbouw', 14 juli 1954; archief Ch. Karsten. N.a.v. uitlatingen op deze bijeenkomst, stelt Merkelbach voor om de 'twijfels' op schrift te stellen, waar o.a. F.J. van Gool gehoor aan heeft gegeven, juli 1954; archief B. Merkelbach.

82 Notitie J.B. Bakema aan CIAM-Nederland, 20 dec. 1954; archief J.B. Bakema. Stam-Beese, Stokla, De Vries, Groosman en Wissing maken ontwerpen voor de buurten, Oyevaar en Stolle voor het wijkcentrum en de buurtcentra, Bakema verzorgt de 'verticale buurten', Van Eyck en Maaskant de scholen, Van Tijen richt zich op de huisvesting van bejaarden en alleenstaanden en Ritter tenslotte ontwerpt de 'wijkentree' en het stadion.

83 Verslag bijeenkomst 'de 8' en 'Opbouw', 21 jan. 1956; archief H.J.A. Hovens Greve. De maquette wordt in mei 1955 opgesteld in de Ahoyhal op de *E'55* tentoonstelling.

84 Verslag bijeenkomst 'de 8' en 'Opbouw', 12 nov. 1955; archief B. Merkelbach.

85 Op. cit. noot 83.

86 Van Tijen, 'Principiële uitgangspunten', 3 april 1956 en 'De omvang van de categorieën en de hen passende woonvormen', 30 juni 1956; archief B. Merkelbach. Rapport van het door de Nederlandse CIAM-groep verrichte werk voor het 10e congres, juli 1956; archief B. Merkelbach.

87 Verslag bijeenkomst 'de 8' en 'Opbouw', 24 en 25 nov. 1956; archief B. Merkelbach.

88 W. van Tijen, 'Van +50 aan −50', 15 aug. 1956; archief B. Merkelbach.

89 Notitie S. Giedion, sept. 1957; archief B. Merkelbach.

90 Op. cit. noot 87.

91 Verslag reorganisatie-commissie, 24 feb. 1957, en brief H.J.A. Hovens Greve aan J.B. Bakema, 18 okt. 1957; archief J.B. Bakema.

92 Verslag laatste bijeenkomst CIAM-Nederland, 26 okt. 1957; archief B. Merkelbach.

93 Eerste nummer van de nieuwe redactie: *Forum* 1959, nr. 7, 'Het verhaal van een andere gedachte'.

94 *Forum* 1959, nr. 9, 'Otterlo... of van CIAM naar BPH'.

records of H.J.A. Hovens Greve. The 'young' invited were A.C. Albers, Andriessen, D. Apon, H. v/d Berg, N.A. de Boer, T. ter Braak, D.J. Dijk, Eykelenboom, Van Ginkel, M.P. Hompes, Kelderman, J. Kromhout, J.E. Kruisheer, G.S. Nassuth, A.N. Oyevaar, Van Reyn, W.F. Snieder, J. Stokla, Stokmans, P.H. Tauber, Van Velsen, Slebos and Dora Mees.

65 *Report of meeting of 'Opbouw', 10 Nov. 1952; records of P. Zwart.*

66 *Report of meeting of 'Opbouw', 9 Feb. 1953, at which Van Traa gave an explanation of Alexanderpolder; records of P. Zwart.*

67 *Reports of meetings of 'Opbouw', 23 Feb. 1953 (records of P. Zwart), 17 and 23 March 1953 (records of J.B. Bakema).*

68 *Report of meeting of 'Opbouw', 12 May 1953; records of B. Merkelbach.*

69 *Two notes by H.J.A. Hovens Greve and L. Stam-Beese, 10 and 12 June 1953; records of J.B. Bakema.*

70 *Text accompanying plan, meant for the congress, around July 1953; records of J.B. Bakema.* Forum, *1956, May-June, specially compiled by 'de 8' and 'Opbouw'.*

71 *Report of meeting of 'de 8' and 'Opbouw', 7 and 8 Nov. 1953; records of B. Merkelbach.*

72 *See previous note.*

73 *J.B. Bakema, 'CIAM-Holland december 1953'; records of B. Merkelbach.*

74 *Report of CIRPAC meeting, Paris, 30 June and 1 July 1954; records of B. Merkelbach.*

75 *'Statement on Habitat', results of Doorn meeting, 29-31 Jan. 1954; records of B. Merkelbach. The minutes (records of J.B. Bakema) contain criticisms of the 'old' CIAM: too much science as opposed to emotion (Van Eyck), lack of imagination (Bakema).*

76 *The various 'instructions to the groups' from 'Team 10': 'Draft Framework 3', July 1954 (records of B. Merkelbach), 'Draft Framework 5', December 1954 (records of H.J.A. Hovens Greve), The Dutch supplement to this, Nov./Dec. 1954 (records of M. Kamerling).*

77 *'Intervention du vice-président pour l'Europe, le Corbusier', 9 May 1955; records of B. Merkelbach. He even criticized the typography of the 'Team 10' documents and he was also annoyed that English was beginning to come out on top in CIAM:* La langue anglaise ne commande pas le monde.

78 *Report of meeting of 'de 8' and 'Opbouw', 20 Nov, 1954; records of B. Merkelbach.*

79 *Report of CIRPAC meeting, Paris 4 July 1955; records of B. Merkelbach. A completely different reason for postponing the congress in Algiers was put forward by B. Merkelbach, namely the political situation in Algeria, where the revolt against France had broken out in 1954. He regarded Algiers as undesirable, because CIAM would undoubtedly receive financial support from the French authorities, while part of the country had risen in revolt against those authorities. This stance, which was supported by nearly all the members of 'de 8' and 'Opbouw', led to a fierce conflict with J.B. Bakema and J.M. Stokla, the only ones who did want to go to Algiers. In their view CIAM was concerned with architecture and planning, not politics, which belonged with the United Nations and UNESCO. However, this question does not seem to have any influence on the final decision to postpone the congress; archives of B. Merkelbach.*

80 *See note 71 and report of meeting of 'Opbouw', 24 May 1954; records of B. Merkelbach.*

81 *Report of meeting of 'de 8' and 'Opbouw', 14 July 1954; records of C. Karsten. As a result of things said at this meeting Merkelbach suggested putting the 'doubts' down in writing, to which F.J. van Gool, among others, responded, July 1954; records of B. Merkelbach.*

82 *Note from Bakema to Dutch CIAM group, 20 Dec. 1954; records of J.B. Bakema. Stam-Beese, Stokla, De Vries, Groosman and Wissing made designs for the neighbourhoods, Oyevaar and Stolle for the district and neighbourhood centres, Bakema took care of the 'vertical neighbourhoods', Van Eyck and Maaskant of the schools, Van Tijen addressed himself to the housing of old and single people and, finally, Ritter designed the 'entrance to the district' and the stadium.*

83 *Report of meeting of 'de 8' and 'Opbouw', 21 Jan. 1956; records of H.J.A. Hovens Greve. The maquette was set up in the Ahoy Hall in May 1955 at the* E'55 *exhibition.*

84 *Report of meeting of 'de 8' and 'Opbouw', 12 Nov. 1955; records of B. Merkelbach.*

85 *See note 83.*

86 *Van Tijen, 'Fundamental premises', 3 April 1956, and 'The range of the categories and forms of dwelling suited to them', 30 June 1956; records of B. Merkelbach. Report of the work done by the Dutch CIAM group for the 10th Congress, July 1956; records of B. Merkelbach.*

87 *Report of meeting of 'de 8' and 'Opbouw', 24 and 25 Nov. 1956; records of B. Merkelbach.*

88 *W. van Tijen, 'From 50+ to 50−', 15 Aug. 1956; records of B. Merkelbach.*

89 *Note by S. Giedion, Sept. 1957; records of B. Merkelbach.*

90 *See note 87.*

91 *Report of reorganization committee, 24 Feb. 1957, and letter from H.J.A. Hovens Greve to J.B. Bakema, 18 Oct. 1957; records of J.B. Bakema.*

92 *Report of last meeting of Dutch CIAM group, 26 Oct. 1957; records of B. Merkelbach.*

93 *First number under the new editors:* Forum *1959, no. 7, 'Het verhaal van een andere gedachte'.*

94 Forum *1959, no. 9, 'Otterlo... of van CIAM naar BPH'.*

Lijst van afkortingen

ASRO
Adviesbureau Stadplan Rotterdam

CIAM
Congrès Internationaux d'Architecture Moderne

DROS
Dienstenstructuur Ruimtelijke Ordening en Stadsvernieuwing Rotterdam

ETH
Eidgenössische Technische Hochschule, Zürich. Hier berusten de archieven van CIAM en van de architectuurhistoricus en -theoreticus, tevens secretaris van de CIAM, S. Giedion

GAR
Gemeentelijke Archiefdienst Rotterdam

Hand. R.
Handelingen (notulen) Gemeenteraadszittingen Gemeente Rotterdam

NDB
Nederlands Documentatiecentrum voor de Bouwkunst, Amsterdam. Hier berusten tal van archieven van Nederlandse 'moderne' architecten. Deze collectie zou de basis kunnen vormen voor een Nederlands Architectuurmuseum. Op dit ogenblik probeert de SAM (Stichting Architectuurmuseum) dit te realiseren.

OPRO
Commissie Opbouw Rotterdam

TNO
Toegepast Natuurwetenschappelijk Onderzoek

TVS
Tijdschrift voor Volkshuisvesting en Stedebouw, orgaan van het Nederlandsch Instituut voor Volkshuisvesting (en Stedebouw) en de Nationale Woningraad.

Verz. R.
Gedrukte Verzamelingen Gemeente Rotterdam

List of abbreviations

ASRO
Advisory Bureau on the Rotterdam Town Plan

CIAM
Congrès Internationaux d'Architecture Moderne

DROS
Department for Planning Urban Renewal and Housing Rotterdam

ETH
Eidgenössische Technische Hochschule, Zürich. Here are to be found the records of CIAM and of the architectural historian and theoretician, S. Giedion, who was also secretary of CIAM

GAR
Municipal Archives, Rotterdam

Hand R.
Minutes of Council Meetings, Municipality of Rotterdam

NDB
Nederlands Documentatiecentrum voor de Bouwkunst, Amsterdam. Here are to be found numerous records of Dutch 'modern' architects. This collection will form the basis of the Netherlands Museum of Modern Architecture, which the Architecture Museum Foundation is currently trying to realize.

OPRO
Committee for the Building Rotterdam

TNO
Applied Scientific Research

TVS
Tijdschrift voor Volkshuisvesting en Stedebouw (Journal of Housing and Town Planning), organ of the Netherlands Institute for Housing (and Town Planning) and the National Housing Council.

Verz. R.
Printed Collection of Municipality of Rotterdam

Colofon
Colophon

Voorbereiding en organisatie tentoonstelling
Exhibition prepared and organized by
Wim Beeren
Cor Blok
Rob Dettingmeijer
Elbrig de Groot
Ton Idsinga
Jeroen Schilt
Talitha Schoon
Lon Schröder
Martin Visser
Charlotte Wiethoff

Secretariaat tentoonstelling
Exhibition secretariat
Josien van Hekken
Anke Smit

Ontwerp inrichting
Exhibition designed by
Marijke van der Wijst, Tam Tadema
Bureau Bauer BMI, Amsterdam
Daphne Duijvelshoff-van Peski, Reynoud Homan, Marcel Speller
Total Design, Amsterdam

Uitvoering inrichting
Exhibition installed by
Technische dienst museum Boymans-van Beuningen, Rotterdam
Coördinatie Wim Boeren en Theo Broersen

Reconstructie Bergpolderflat
Reconstruction of Bergpolder flat by
Marijke van der Wijst, Georges Abels, Tam Tadema
Bureau Bauer BMI, Amsterdam
Fa. Ottenheijm, Helmond

Bouw maquettes
Maquettes by
onder leiding van Ir. M. Risselada,
met adviezen van F. Postma,
in samenwerking met de afdeling Bouwkunde, TH Delft

Bergpolderflat en Plaslaanflat: Han Bohlmeyer, Bertha van den Dolder, Marius Voet
Woning Kiefhoek: Jacques Keet, Robert Nottrot
Woonhuis C.H. van der Leeuw: Robert Jochin, Ton Venhoeven

Van Nellefabriek: Architectengemeenschap Van den Broek en Bakema, Rotterdam, Arie Dubbeldam

Film- en diapresentatie
Film and slide presentation by
Ton Idsinga
Maarten Rens
Marja Sonneveld

Uitvoering en plaatsing borden stad
Noticeboards in city made and installed by
Bureau Kees Zwart, Breda
Gemeentewerken Rotterdam, afd. beheer gebouwen, coördinatie Hans Helbers
Technische dienst museum Boymans-van Beuningen, Rotterdam

Redactie catalogus
Catalogue edited by
Wim Beeren
Paul Donker Duyvis
Talitha Schoon
Charlotte Wiethoff

Secretariaat catalogus
Catalogue secretariat
Anke Smit
Anja Ekelaar

Research en teksten catalogus
Catalogue researched and written by
Rob Dettingmeijer
Ton Idsinga
Frank Kauffmann
Jeroen Schilt

Vertalingen
Translations by
Patricia Wardle, Amsterdam

Ontwerp catalogus
Catalogue designed by
Wim Crouwel, Marcel Speller
Total Design, Amsterdam

Fotografie
Photography by
Gerrit Burg, Rotterdam
G. Geljon, Rotterdam
Joh. Kamman, Schiedam
G. Kiljan
J. van Maanen
Openbare Werken, Rotterdam
J.F.H. Roovers, Rotterdam
D.J.H. van der Ven, Rotterdam
J. Versnel, Amsterdam
Het Vrije Volk, Rotterdam
J.A. Vrijhof, Rotterdam

Herkomst foto's
Sources of illustrations
Architectengemeenschap Van den Broek & Bakema Rotterdam
Bouwcentrum Rotterdam
Dienst Gemeentelijke Gebouwen Rotterdam
Dienst Stadsontwikkeling Rotterdam
Gemeentelijke Archiefdienst Rotterdam
Kunsthistorisch Instituut der Rijksuniversiteit Utrecht
Nederlands Documentatiecentrum voor de Bouwkunst Amsterdam
Stichting Wonen Amsterdam
de 8 en Opbouw 1933, 1935, 1936, 1937, 1938, 1939
J. Emmen, *Ontwerp voor een oeververbinding over de Nieuwe Maas te Rotterdam,* Amsterdam 1935
ASRO, *Het nieuwe hart van Rotterdam,* Rotterdam 1946
H.M. Kraaijvanger, *Hoe zal Rotterdam bouwen?,* serie *Hoe bouwen wij Rotterdam,* dl 2, 1946
Open Oog 1947
S. Giedion, *CIAM a decade of New Architecture,* Zürich 1951
Forum 1952
C. van Traa (red.), *Rotterdam De geschiedenis van tien jaren wederopbouw,* Rotterdam 1955
R. Blijstra, *Rotterdam Stad in beweging,* Amsterdam e.a. 1965

L. Ott, *Van luchtkasteel tot koopmansburcht,*
Rotterdam Den Haag 1969
Plan 1970
Ir. J.B. van Loghem b.i., *Bouwen bauen bâtir building,*
Nijmegen 1980
U. Barbieri e.a. (red.), *Stedebouw in Rotterdam,*
Amsterdam 1981
F. Ottenhof (red.), *Goedkoope arbeiderswoningen (1936),*
Amsterdam 1981
Wonen TA/BK 1981

Litho's
Plates by
Grafisch Reprobedrijf A.C. Verhees, 's-Hertogenbosch

Druk
Printed by
Lecturis b.v., Eindhoven

Bindwerk
Bound by
Oosterbosch b.v., Veldhoven